DIEDERICHS MÄRCHEN DER WELTLITERATUR

Begründet von Friedrich von der Leyen
Herausgegeben von Hans-Jörg Uther

NORWEGISCHE VOLKSMÄRCHEN

*Herausgegeben und übersetzt
von Klara Stroebe und
Reidar Th. Christiansen*

ROWOHLT

Veröffentlicht im Rowohlt Taschenbuch Verlag
GmbH, Reinbek bei Hamburg, November 1997
Copyright © 1967 by
Eugen Diederichs Verlag, München
Umschlaggestaltung Hanke / Lemke / Rothfos
(Illustration: Barbara Hanke)
Gesetzt aus der Bembo (Linotronic 500)
Gesamtherstellung Clausen & Bosse, Leck
Printed in Germany
1490-ISBN 3 499 35062 9

NORWEGISCHE
VOLKSMÄRCHEN

1

Per Gynt

In alten Zeiten lebte in Kvam ein Schütze, der hieß Per Gynt. Er lag beständig droben im Gebirge und schoß dort Bären und Elche, denn damals gab es noch mehr Wälder auf dem Fjäll, und in ihnen hielt sich derartiges Getier auf. Einmal, spät im Herbst, nachdem das Vieh schon längst von den Bergweiden herabgetrieben war, wollte Per Gynt wieder einmal hinauf in den Fjäll. Außer drei Sennerinnen hatten schon alle Hirtenleute das Gebirge verlassen. Als Per Gynt die Hövringalm erreichte, wo er in einer Sennhütte übernachten wollte, war es schon so dunkel, daß er die Hand nicht vor sich sehen konnte. Da fingen die Hunde plötzlich so fürchterlich zu bellen an, daß es ihm ganz unheimlich zumute wurde. Plötzlich stieß er mit dem Fuß an etwas an, und als er es anfaßte, war es kalt und groß und schlüpfrig, da er aber nicht vom Wege abgekommen zu sein meinte, konnte er sich gar nicht erklären, was das sein könnte; aber geheuer war es ihm nicht.

«Wer ist denn das?» fragte Per Gynt, denn er merkte, daß es sich bewegte.

«Ei, ich bin der Krumme», lautete die Antwort. Damit war aber Per so klug wie vorher. Er ging nun daran entlang, ‹denn einmal muß ich doch daran vorbeikommen›, dachte er.

Im Weitergehen stieß er plötzlich wieder an etwas, und als er es anfühlte, war es wieder kalt und groß und schlüpfrig.

«Wer ist das?» fragte Per Gynt.

«Ich bin der Krumme», lautete die Antwort wieder.

«Ei, ob du gerade oder krumm bist, du mußt mich doch weiterlassen», sagte Per Gynt, denn er merkte, daß er im Kreise herumging und der Krumme sich um die Sennhütte herumgeschlängelt hatte. Bei diesen Worten schob sich der Krumme ein wenig auf die Seite, so daß Per Gynt an die Sennhütte hingelangen konnte. Als er hineinkam, war es da drinnen nicht heller als draußen; er stolperte und tastete an den Wänden umher, denn er wollte seine Flinte abstellen und seine Jagdtasche ablegen. Aber während er so suchend umhertappte, spürte er wieder das Kalte, Große und Schlüpfrige.

«Wer ist das denn jetzt?» rief Per Gynt.

«Ach, ich bin der große Krumme», lautete die Antwort. Und wohin er auch faßte und wohin er den Fuß setzte, überall fühlte er den Ring des Krummen um sich gelegt.

‹Hier ist nicht gut sein›, dachte Per Gynt, ‹denn dieser Krumme ist draußen und drinnen, aber ich werde diesen Querkopf bald gerademachen.› Er nahm seine Flinte, ging wieder hinaus und tastete den Krummen entlang, bis er den Kopf fand.

«Wer bist du denn eigentlich?» fragte er.

«Ach, ich bin der große Krumme von Etnedal», sagte der große Troll. Da machte Per Gynt kurzen Prozeß und schoß ihm drei Kugeln mitten durch den Kopf.

«Schieß noch einmal!» rief der Krumme. Aber Per Gynt wußte es besser, denn wenn er noch einmal geschossen hätte, wäre die Kugel auf ihn selbst zurückgeprallt. Als dies getan war, faßten Per Gynt und die Hunde fest zu und zogen den großen Troll aus der Hütte heraus, damit sie es sich in der Hütte bequem machen könnten. Währenddessen lachte und höhnte es von allen Bergen ringsum.

«Per Gynt zog viel, aber die Hunde zogen mehr!» ertönte es. Am Morgen wollte Per Gynt hinaus auf die Jagd. Als er tief in den Fjäll hineinkam, sah er ein Mädchen, das Schafe und Ziegen über einen Berggipfel trieb. Als er aber den Gipfel erreicht hatte, war das Mädchen fort und die Tiere auch, und Per Gynt sah nichts als ein großes Rudel Bären.

‹Ich habe doch noch nie Bären in Rudeln beisammen gesehen›, dachte Per Gynt. Als er aber näher kam, waren alle bis auf einen verschwunden. Da klang es von einem Berge in der Nähe:

«Nimm in acht den Eber dein,
Per Gynt steht draußen
mit dem Stutzen sein!»

«Ach, dann geht es Per Gynt schlecht, nicht aber meinem Eber, denn er hat sich heute nicht gewaschen», rief es aus dem Berge. Per Gynt wusch sich die Hände mit seinem eigenen Wasser und schoß den Bären tot. Im Berge erhob sich ein schallendes Gelächter.

«Du hättest auf deinen Eber achtgeben sollen», rief die eine Stimme.

«Ich habe nicht daran gedacht, daß er die Waschschüssel in den Hosen hat», erwiderte die andere.

Per Gynt zog dem Bären die Haut ab und vergrub den Körper im Geröll; aber den Kopf und das Fell nahm er mit. Auf dem Rückweg begegnete er einem Bergfuchs.

«Sieh, mein Lämmchen, wie fett du bist!» rief es von einem Hügel her. «Seht nur, wie hoch Per Gynt den Stutzen trägt!» tönte es von einem andern Hügel, als Per Gynt die Flinte zum Schießen an die Wange legte und den Fuchs erschoß. Er zog auch diesem den Balg ab und nahm ihn mit; und als er in der Sennhütte ankam, nagelte er die Köpfe mit aufgesperrten Rachen außen an die Wand. Darauf machte er Feuer und stellte einen Suppentopf darüber; aber es rauchte so fürchterlich, daß er kaum die Augen offenhalten konnte, und er mußte deshalb eine Luke aufmachen. Plötzlich kam ein Troll herbei und steckte seine Nase durch die Luke herein, aber die Nase war so lang, daß sie bis an den Herd reichte.

«Hier kannst du sehen ein Riechehorn», sagte er.

«Hier kannst du schmecken ein Suppenkorn», sagte Per Gynt und goß ihm den ganzen Topf Suppe über die Nase. Der Troll stürzte davon und jammerte laut; aber ringsum von allen Höhen lachte und spottete und rief es:

«Gyri Suppenrüssel, Gyri Suppenrüssel!»

Hierauf war eine Weile alles still; doch dauerte es nicht lange, da erhob sich draußen wieder Lärm und Getöse. Per Gynt sah hinaus, und da erblickte er einen mit Bären bespannten Wagen; der große Troll wurde aufgeladen, und dann ging es hinauf in den Fjäll mit ihm. Plötzlich wurde ein Eimer Wasser durch den Schornstein herabgegossen und erstickte das Feuer, und Per Gynt saß im Dunkeln. Da begann es in allen Ecken zu lachen und zu spotten, und eine Stimme sagte:

«Jetzt wird es Per Gynt nicht besser gehen als den Sennerinnen in der Val-Hütte.»

Per Gynt zündete das Feuer wieder an, rief seine Hunde herbei, verschloß die Sennhütte und ging weiter nach Norden bis zu der Val-hütte, in der die drei Sennerinnen waren. Als er eine Strecke zurückgelegt hatte, sah er ein Feuer, als wenn die ganze Val-Hütte in hellen Flammen stünde, und in demselben Augenblick stieß er auf ein Rudel Wölfe, von denen er einige niederschoß und die anderen erschlug. Als er die Val-Hütte erreicht hatte, war es da stockfinster und weit und breit kein Brand zu sehen, aber es waren vier fremde Männer in der Hütte, die es auf die Sennerinnen abgesehen hatten; das waren vier Bergtrolle, die hießen Gust i Väre, Tron Valfjeldet, Kjöstöl Aabacken und Rolf Eldförpungen. Gust i Väre stand vor der Tür und sollte Wache halten, während die anderen bei den Sennerinnen drinnen waren und zudringlich werden wollten. Per Gynt schoß auf Gust i Väre, verfehlte ihn aber, und da lief er davon. Als dann Per Gynt in die Stube kam, waren die Sennerinnen übel dran; zwei von ihnen waren ganz außer sich vor Schrecken und flehten zu Gott um Hilfe und Rettung, die dritte aber, die man die tolle Kari nannte, hatte keine Angst. Sie sagte, sie sollten nur kommen, sie hätte wirklich Lust, zu sehen, ob solche Kerle auch Schneid hätten. Als aber die Trolle merkten, daß Per Gynt im Zimmer war, fingen sie zu jammern an und sagten zu Eldförpungen, er solle Feuer machen. In demselben Augenblick fielen die Hunde über Kjöstöl Aabakken her und warfen ihn kopfüber auf den Herd, daß Asche und Funken nur so umherstoben.

«Hast du meine Schlangen gesehen, Per Gynt?» fragte Tron Valfjeldet – so nannte er die Wölfe.

«Ja, und nun sollst du denselben Weg gehen wie deine Schlangen!» rief Per Gynt und erschoß ihn. Dann schlug er Aabakken mit dem Flintenkolben tot; aber Eldförpungen war durch den Schornstein entflohen. Nachdem Per Gynt dies getan hatte, begleitete er die Sennerinnen nach ihrem Dorfe, denn sie trauten sich nicht länger in der Hütte zu bleiben.

Als nun die Weihnachtszeit herankam, war Per Gynt wieder unterwegs. Er hatte von einem Hof auf Dovre gehört, wo sich am Christabend so viele Trolle einfanden, daß die Bewohner flüchten und auf anderen Höfen Unterkunft suchen mußten; dieses Gehöft wollte Per Gynt aufsuchen, denn er hatte Lust, diese Trolle zu sehen. Er zog zerrissene Kleider an, nahm einen zahmen Bären, der ihm gehörte, sowie einen Pfriemen, Pech und Draht mit. Als er den Hof erreicht hatte, ging er ins Haus hinein und bat um Obdach.

«Gott steh uns bei!» sagte der Mann. «Wir können dir kein Obdach geben, wir müssen selbst den Hof verlassen, denn an jedem Heiligen Abend wimmelt es hier von Trollen.»

Aber Per Gynt meinte, er werde das Haus schon von den

Trollen säubern. Da hieß man ihn dableiben, und er bekam noch obendrein eine Schweinshaut. Darauf legte sich der Bär hinter den Herd, Per holte Pech, Pfriemen und Draht hervor und machte sich daran, aus der ganzen Schweinshaut einen einzigen großen Schuh zu machen. Als Schnürband zog er einen dicken Strick hindurch, so daß er den Schuh rundherum zuschnüren konnte, und überdies hatte er noch zwei Handspeichen bereit. Plötzlich kamen die Trolle auch schon mit Fiedeln und Spielleuten dahergezogen, und die einen tanzten, die andern aßen von dem Weihnachtsessen, das auf dem Tisch stand, einige brieten Speck, andere brieten Frösche und Kröten und ähnlich ekelhaftes Zeug – dieses Weihnachtsessen hatten sie selber mitgebracht. Inzwischen bemerkten einige den von Per Gynt verfertigten Schuh. Da er offenbar für einen großen Fuß bestimmt zu sein schien, wollten die Trolle ihn anprobieren, und als jeder von ihnen einen Fuß hineingestellt hatte, zog Per Gynt den Schuh zu, zwängte eine Speiche hinein und schnürte ihn so stark zu, daß alle miteinander in dem Schuh festsaßen. Aber jetzt streckte der Bär die Nase vor und schnupperte nach dem Braten.

«Möchtest du Kuchen haben, mein weißes Kätzchen?» sagte einer der Trolle und warf dem Bären einen noch brennend heißen gebratenen Frosch in den Rachen.

«Schlag los, Meister Petz!» rief Per Gynt. Da wurde der Bär so zornlg, daß er auf die Trolle losfuhr und nach allen Seiten Hiebe austeilte und sie kratzte. Und Per Gynt schlug mit der anderen Speiche in den Haufen hinein, wie wenn er allen den Schädel einschlagen wollte. Da mußten die Trolle die Flucht ergreifen; Per Gynt aber blieb da und schmauste die ganze Weihnachtszeit über von dem Weihnachtsessen, und nun hörte man viele Jahre lang nichts mehr von den Trollen. Der Bauer aber hatte eine weiße Stute; da gab ihm Per Gynt den Rat, von dieser Stute Füllen aufzuziehen, diese dann in den Bergen herumstreifen und da Junge kriegen zu lassen.

Nach vielen Jahren war die Weihnachtszeit wieder einmal vor der Tür. Der Bauer war im Walde und fällte Holz zum Feste. Da kam ein Troll herbei und rief ihm zu:

«Hast du deine große weiße Katze noch?»

«Ja, sie liegt daheim hinter dem Ofen», sagte der Mann, «und sie hat sieben Junge bekommen, die noch viel größer und böser sind als sie selbst.»

«Dann kommen wir nie mehr zu dir!» rief der Troll.

2

Die Insel Utröst

Auf Vaerö, nahe bei Röst, wohnte einst ein armer Fischer, der hieß Isaak. Er hatte nichts als ein Boot und ein Paar Ziegen, die seine Frau kümmerlich mit Fischabfall fütterte und mit dem Gras, das sie auf den Bergen ringsherum sammeln konnten; aber seine ganze Hütte hatte er voll hungriger Kinder. Trotzdem war er immer zufrieden mit dem, was Gott ihm bestimmt hatte. Das einzige, was ihn plagte, war, daß er mit seinem Nachbarn nie recht in Frieden leben konnte. Der war ein reicher Mann und bildete sich ein, er müsse alles besser haben als solch ein Bettelsack wie Isaak, und deshalb wollte er Isaak weghaben, weil er sich den Anlegeplatz vor seiner Hütte aneignen wollte.

Eines Tages war Isaak ein paar Meilen aufs Meer hinausgefahren, um zu fischen; da kam auf einmal ein dunkler Nebel herauf, und in einem Augenblick brach ein so gewaltiger Sturm los, daß er all seine Fische über Bord werfen mußte, um das Schiff leichter zu machen und sein Leben zu retten.

Trotzdem war es sehr schwer, das Schiff flottzuhalten; aber er wand seinen Kurs geschickt zwischen und über die Sturzwellen, die jeden Augenblick bereit waren, ihn hinunterzuschlingen. Als er auf diese Art fünf oder sechs Stunden gefahren war, dachte er, er müsse nun irgendwo auf Land stoßen. Aber die Zeit verging, und der Sturm und der Nebel wurden immer ärger. Da fing er an zu begreifen, daß er dem Meere zusteuerte oder daß der Wind sich gedreht hatte, und schließlich merkte er, daß es wirklich so war, denn er fuhr und fuhr und sah doch nirgends Land. Auf einmal hörte er einen häßlichen Schrei vom Steven her, und er glaubte schon, das sei der Draug, der ihm den Leichenpsalm singe. Aber er bat zu Gott für seine Frau und Kinder, denn er meinte, sein letztes Stündlein sei gekommen. Wie er so saß und betete, erblickte er undeutlich etwas Schwarzes, aber als er näher kam, waren es nur drei Seeraben, die auf einem Treibholz saßen – und witsch war er daran vorbei. So fuhr er lange Zeit, und er wurde so durstig und so hungrig und müde, daß er sich gar nicht zu helfen wußte, meist saß er mit dem Steuerruder in der Hand und schlief. Aber auf einmal fuhr das Boot auf den Strand und stand stille. Da machte Isaak wohl die Augen auf. Die Sonne brach durch den Nebel und schien über ein schönes Land. Die Hügel und Berge waren grün bis hinauf zum Gipfel, und Äcker und Wiesen lagen dazwischen an den Abhängen, und er glaubte einen Duft von Blumen und Gras zu verspüren, so süß, wie es ihm noch nie vorgekommen war.

«Gott sei Dank, jetzt bin ich geborgen, das ist Utröst!» sagte Isaak zu sich selber. Gleich vor ihm lag ein Gerstenacker mit Ähren so groß und voll, wie er niemals etwas Ähnliches gesehen hatte, und durch den Gerstenacker ging ein schmaler Weg hinauf zu einer grünen torfbelegten Erdhütte, die über dem Acker lag; auf dem Dach der Hütte weidete eine weiße Ziege mit vergoldeten Hörnern, und ein Euter hatte sie, so groß wie die größte Kuh. Vor der Tür saß ein kleiner blaugekleideter Mann auf einem Holzstuhl und schmauchte ein Pfeifchen; er hatte einen Bart, so groß und lang, daß er ihm weit auf die Brust hinunterreichte.

«Willkommen in Utröst, Isaak», sagte der Mann.

«Grüß Gott, Vater», sagte Isaak. «Kennt Ihr mich denn?»

«Das kann schon sein», sagte der Mann, «du willst wohl heute hier übernachten?»

«Das wäre schon schön, Vater», gab Isaak zurück.

«Es ist arg mit meinen Söhnen, sie können keine Christen riechen», sagte der Mann darauf. «Bist du ihnen nicht begegnet?»

«Nein, ich bin nichts begegnet als drei Seeraben, die saßen auf einem Treibholz und krächzten», gab Isaak zur Antwort.

«Ja, das waren meine Söhne», sagte der Mann und klopfte seine Pfeife aus, «nun geh einstweilen hinein; ich denke, du wirst hungrig und durstig sein.»

«Ich bin so frei, Vater», sagte Isaak.

Aber als der Mann die Tür aufmachte, war es drinnen so schön, daß Isaak von einem Erstaunen ins andere kam. So etwas hatte er noch nicht gesehen. Der Tisch war mit den prächtigsten Gerichten gedeckt, Rahmschüsseln und Rotfisch und Wildbret und Leberknödel mit Sirup und Käse dazu, ganze Haufen von Kringeln, Branntwein und Bier und Met und alles Gute. Isaak aß und trank, so tapfer er konnte, und doch wurde sein Teller nie leer, und soviel er auch trank – das Glas war immer gleich voll. Der Mann, der aß nicht viel und sagte auch nicht viel; aber auf einmal hörten sie Schreien und Lärmen draußen, und da ging er hinaus. Nach einer Weile kam er wieder herein mit seinen drei Söhnen; Isaak zitterte innerlich, als sie zur Tür hereinkamen, aber der Mann mußte sie wohl zur Ruhe gebracht haben, denn sie waren sehr freundlich und liebenswürdig und sagten, er solle doch sein Tischrecht gebrauchen und sitzen bleiben und mit ihnen trinken, denn Isaak war aufgestanden und wollte vom Tisch

weggehen; er sei satt, sagte er. Aber er gab nach, und sie
tranken Zug um Zug, und zwischenhinein nahmen sie einen
Schluck Bier oder Met; gute Freunde wurden sie und verstanden sich recht gut, und sie sagten, Isaak solle mit ihnen
zum Fischen hinausfahren, damit er doch etwas mitzuneh-
men habe, wenn er wieder heim wolle.

Die erste Ausfahrt, die sie machten, geschah in einem gewaltigen Sturm. Einer von den Söhnen saß am Steuer, der
zweite vorn und der dritte in der Mitte, und Isaak mußte mit
dem großen Schöpfkübel hantieren, daß er von Schweiß nur
so troff. Sie segelten, als wären sie toll. Nie refften sie die
Segel, und wenn das Boot voller Wasser war, tanzten sie
oben auf den Wellenkämmen und fuhren wieder hinunter,
daß das Wasser am Heck hochspritzte wie ein Wasserfall.
Nach einer Weile legte sich das Unwetter, und sie fingen an
zu fischen. Da war es so voller Fische, daß das Senkblei nicht
durch die Berge von Fischen unter ihnen dringen konnte. Die
Söhne von Utröst zogen Stück um Stück in die Höhe; Isaak
verstand sich auch gut auf die Kunst, aber er hatte sein eigenes Fischzeug mitgenommen, und jedesmal, wenn ihm ein
Fisch anbiß, kam er wieder los, und schließlich hatte er keine
Gräte gefangen. Als das Boot voll war, fuhren sie wieder
heim nach Utröst, und die Söhne richteten die Fische zu und
legten sie auf die Ständer. Währenddessen klagte Isaak dem
Vater, daß er so wenig Glück gehabt hatte. Der Mann versprach, es solle ihm das nächstemal besser gehen, und gab
ihm ein paar Angeln, und als sie das nächstemal zum Fischen
ausfuhren, zog Isaak ebensoviel Fische auf wie die andern,
und als sie heimkamen, fielen drei Ständer voll Fische auf sein
Teil.

Schließlich bekam Isaak Heimweh, und als er fortfahren
wollte, verehrte ihm der Mann ein neues Fischerboot voll
Mehl und Tauzeug und andere nützliche Dinge. Isaak dankte
vielmals, und der Mann lud ihn ein, er solle doch wieder

kommen, wenn die Schiffahrt beginne, er wolle mit einer Ladung im zweiten Stevne[1] nach Bergen, und da könnte Isaak mitfahren und selber dort seine Fische verkaufen. Isaak war gern bereit und fragte, was für einen Kurs er halten solle, wenn er wieder nach Utröst wolle. «Fahr nur dem Seeraben nach, wenn er aufs offene Meer zufliegt, dann hast du den rechten Kurs», sagte der Mann, «Glück auf die Reise!»

Aber als Isaak unterwegs war und sich umschaute, sah er kein Utröst mehr; er sah nichts mehr als das Meer weit und breit.

Als es Zeit war, fuhr Isaak zur Ausfahrt der Jacht[2]. Aber eine solche Jacht hatte er noch nicht gesehen; sie war zwei Ruf lang, so daß der Ruderknecht es nicht hören konnte, wenn der Steuermann, der im Vordersteven Ausguck hielt, ihm etwas zurufen wollte. Deshalb hatte man noch einen Mann mitten ins Schiff gesetzt, dicht neben den Mast, der mußte den Ruf des Steuermanns dem Ruderknecht zurufen, und auch der mußte noch schreien, so sehr er konnte.

Isaaks Teil legten sie in den Vorderteil der Jacht; er nahm selbst die Fische von den Ständern, aber er konnte nicht begreifen, wie das zuging, immer kamen wieder neue Fische auf die Ständer, soviel er auch wegnehmen mochte, und als er wegfuhr, waren sie ebenso voll wie zuvor. Als er nach Bergen kam, verkaufte er seine Fische und bekam so viel Geld dafür, daß er sich eine neue Jacht mit ganzer Ausrüstung und Ladung und allem, was dazugehört, kaufen konnte, denn der Mann riet ihm dazu. Spät am Abend, als er heimfahren wollte, kam der Mann zu ihm an Bord und sagte, er solle die nicht vergessen, die nach seinem Nachbarn lebten, denn er

---

1 Stevne = eine Reihe von Schiffen, die zusammen von Nordland nach Bergen fahren, um Fische zu verkaufen.
2 nämlich zu dem Zeitpunkt, wo im Frühjahr die Schiffahrt wieder beginnt.

selbst sei gestorben, und dann sagte er dem Isaak Glück und Segen für die Jacht voraus. «Alles ist gut, und alles hält, was in die Luft ragt», sagte er, und damit meinte er, es sei einer an Bord, den niemand sehe, der aber den Mast mit seinem Rükken stütze, wenn es nötig sei.

Isaak hatte seit der Zeit immer Glück. Er merkte wohl, wo das herkam, und vergaß niemals dem, der die Winterwacht hielt, etwas Gutes herzurichten, wenn er die Jacht im Herbst aufs Trockene zog. Und an jedem Julabend glänzte und schimmerte es von der Jacht her, und man hörte Fiedeln und Musik und Lachen und Lärm, und es war Tanz in der verlassenen Jacht.

3

Die Totenmette

Es war einmal eine Frau, die dachte am Weihnachtsabend bei sich selbst, sie wollte am Weihnachtsmorgen in die Frühpredigt gehen, denn sie war eine eifrige Kirchgängerin. Also gab sie Kaffee heraus, um am Morgen einen warmen Schluck zu haben und nicht nüchtern in die Kirche zu müssen. Als sie aufwachte, schien der Mond ins Zimmer, aber als sie aufstand, um nach der Uhr zu sehen, war sie stehengeblieben, und der Zeiger wies auf halb zwölf. Da wußte sie nicht, wie es an der Zeit war, und ging ans Fenster und schaute nach der Kirche hinüber. Dort sah sie Licht in allen Fenstern. Nun weckte sie das Mädchen und ließ sie Kaffee kochen, während sie sich anzog, und dann nahm sie ihr Gesangbuch und ging zur Kirche. Es war ganz still auf der Straße, und sie sah keinen Menschen auf dem Weg. Als sie in die Kirche kam, setzte sie sich auf ihren gewohnten Platz, aber als sie sich umsah, kamen ihr die Leute alle so bleich und wunderlich vor, gerade, als ob sie alle tot wären. Sie kannte niemanden, aber manche meinte sie schon früher gesehen zu haben, doch sie konnte sich nicht entsinnen wo. Als der Priester auf die Kanzel stieg, war es keiner von den Priestern in der Stadt, sondern ein großer, blasser Mann, der ihr auch bekannt vorkam. Er predigte sehr erbaulich, und es war keine solche Unruhe und kein Husten und Räuspern, wie es sonst am Weihnachtsmorgen in der Frühpredigt zu sein pflegt, es war so stille, daß man eine Nadel hätte fallen hören können, ja, es war so stille, daß ihr ganz angst und bange wurde.

Als sie wieder zu singen anfingen, beugte sich eine Frau, die neben ihr saß, zu ihr und wisperte ihr ins Ohr: «Wirf den Mantel lose um dich und geh, denn wenn du wartest, bis es vorbei ist, so machen sie dir den Garaus. Das ist die Totenmette.»

Da ängstigte sie sich sehr, denn als sie die Stimme hörte und zu der Frau hinübersah, da erkannte sie sie; es war ihre Nachbarin, die seit langen Jahren tot war. Ihr Blut wurde zu Eis, so hatte sie Angst. Sie nahm den Mantel lose um, wie die Frau ihr gesagt hatte, und ging hinaus; aber es war ihr, als ob alle nach ihr griffen, und die Knie wankten ihr, und sie wäre fast auf den Kirchenboden niedergesunken. Als sie an die Treppe kam, packten sie schon ihren Mantel; sie ließ ihn los und eilte nach Hause, so rasch sie konnte. Gerade, als sie in der Tür stand, schlug es ein Uhr, und wie sie hineinkam, war sie halb tot vor Angst. Am Morgen, als die Leute zur Kirche gingen, lag der Mantel auf der Treppe, aber er war in tausend Stücke zerrissen.

4

Drei Zitronen

Es waren einmal drei Brüder, die hatten ihre Eltern verloren, und weil diese gar nichts hinterlassen hatten, wovon die Söhne hätten leben können, mußten sie in die Welt hinaus und ihr Glück versuchen. Die zwei Ältesten rüsteten sich aus, so gut sie konnten, aber den Jüngsten, den sie Ofenmichel nannten, weil er immer hinter dem Ofen saß und Kienspäne schnitzte, den wollten sie nicht mithaben. Sie zogen im Morgengrauen aus; aber so sehr sie sich eilten, so war doch Ofenmichel ebenso zeitig am Königshof wie sie. Als sie hinkamen, baten sie um einen Dienst. Der König sagte, er habe eigentlich keine Arbeit für sie zu tun, aber weil sie so arm seien, wolle er ihnen doch etwas zu schaffen geben, es werde wohl immer irgend etwas zu tun sein in einem so großen Anwesen; sie könnten ja Nägel in die Wand schlagen, und wenn sie damit fertig wären, so könnten sie sie wieder herausziehen. Als sie damit fertig waren, sollten sie Holz und Wasser in die Küche tragen. Der Ofenmichel hatte am schnellsten seine Nägel in die Wand geschlagen und am schnellsten wieder herausgezogen, und Holz und Wasser hatte er auch flink getragen. Deshalb wurden die Brüder neidisch auf ihn und sagten, er habe behauptet, er könne dem König die schönste Prinzessin von zwölf Königreichen verschaffen, denn dem König war seine Frau gestorben, und er war Witwer. Als der König das zu Ohren bekam, sagte er zum Ofenmichel, er solle tun, was er gesagt habe, sonst würde er auf den Block gelegt und ihm der Kopf abgeschlagen.

Ofenmichel sagte, er habe das weder gesagt noch gedacht, aber da der König so streng sei, wolle er es probieren. Also nahm er einen Ranzen voll Proviant mit und zog davon. Aber er war noch nicht weit in den Wald hineingekommen, als er Hunger bekam und den Mundvorrat versuchen wollte, den sie ihm im Königsschloß mitgegeben hatten. Als er sich in Ruhe und Behaglichkeit unter einer Tanne am Rand des Weges niedergelassen hatte, kam eine alte Frau dahergehinkt und fragte, was er in seinem Rucksack habe. «Fleisch und Speck, Großmutter», sagte der Bursche, «wenn du hungrig bist, so komm und halte mit!» Sie dankte und stillte ihren Hunger und sagte, sie würde ihm schon einen Gegendienst erweisen, und damit hinkte sie wieder in den Wald hinein. Als Ofenmichel ordentlich satt war, nahm er den Rucksack wieder auf den Buckel und ging weiter; aber er war noch nicht weit gegangen, da fand er eine Pfeife. Das wäre nett, wenn er die hätte und sich unterwegs eins pfeifen könnte, dachte er bei sich, und es dauerte auch gar nicht lange, so hatte er schon einen Ton herausgebracht. Aber da wimmelte es auf einmal von Zwergen, und die fragten alle zusammen: «Was hat mein Herr für Befehle? Was hat der Herr für Befehle?» Ofenmichel sagte, er wisse nichts davon, daß er ihr Herr sei, aber wenn er etwas befehlen solle, so möchten sie ihm die schönste Prinzessin von zwölf Königreichen herbeischaffen. Das sei keine besondere Sache, sagten die Zwerge; sie wüßten wohl, wo sie sei, und den Weg könnten sie ihm zeigen, dann könne er hingehen und sie selbst mitnehmen, denn sie anzurühren hätten die Zwerge keine Macht. Sie zeigten ihm den Weg, und er kam gut und rasch hin; es gab niemanden, der ihm irgendwie in die Quere kam. Es war ein Trollschloß da, und darin saßen drei schöne Prinzessinnen; aber als Ofenmichel hereinkam, wurden sie ganz närrisch und rannten durcheinander wie verängstigte Lämmer, und schließlich wurden sie zu drei Zitronen, die auf dem Fensterbrett lagen. Ofenmichel war ganz verzweifelt und unglücklich darüber, daß er sich gar nicht zu helfen wußte. Aber als er sich ein bißchen bedacht hatte, nahm er die drei Zitronen und steckte sie in die Tasche; er dachte, er würde wohl froh darum sein, wenn er auf der Reise Durst bekäme, denn er hatte gehört, daß Zitronen sauer seien.

Als er ein Stück Wegs gegangen war, wurde ihm sehr heiß, und er bekam Durst; Wasser war nirgends zu finden, und er wußte nicht, was er anstellen sollte, um sich zu erfrischen. Da fielen ihm die Zitronen ein, und er nahm eine und biß hinein. Aber darin saß die Prinzessin, bis an die Arme sichtbar, und rief: «Wasser! Wasser!» Wenn sie kein Wasser bekäme, müsse sie sterben, sagte sie. Der Bursche rannte überall herum und suchte nach Wasser, als ob er rein von Sinnen wäre; aber Wasser war keines da und keines zu finden, und als er wieder hinkam, war sie tot.

Als er noch eine Weile gegangen war, wurde er noch viel durstiger, und weil er nichts fand, womit er sich hätte erfrischen können, nahm er die andere Zitrone und biß hinein. Da schaute auch eine Prinzessin bis an die Schultern heraus, und die war noch viel schöner als die erste. Sie schrie nach Wasser und sagte, wenn sie kein Wasser bekäme, so müsse sie auf der Stelle sterben. Ofenmichel rannte herum und suchte unter Stein und Moos, aber er fand kein Wasser, und so starb auch diese Prinzessin.

Dem Ofenmichel kam es immer schlimmer vor, und es war auch so, denn je länger er ging, um so heißer wurde es. Die Gegend war so dürr und ausgetrocknet, daß kein Tröpfchen Wasser aufzutreiben war, und er war halbtot vor Durst. Lange wollte er die letzte Zitrone nicht anbeißen, aber schließlich blieb ihm nichts anderes übrig. Als er hineingebissen hatte, schaute auch eine Prinzessin heraus; sie war die Schönste in zwölf Königreichen, und sie schrie, wenn sie kein Wasser bekäme, müsse sie auf der Stelle sterben. Ofenmichel rannte und suchte nach Wasser, und diesmal traf er den Müller des Königs, der zeigte ihm den Weg zum Mühlenteich. Als er mit ihr zu dem Teich kam und ihr Wasser gegeben hatte, kam sie ganz aus der Zitrone heraus und hatte gar nichts an. Ofenmichel mußte ihr seinen Kittel geben, und sie zog ihn an und versteckte sich in einem Baum, während er ins Schloß gehen sollte und Kleider für sie holen und dem König erzählen, daß er sie gefunden hätte, und wie das alles zugegangen sei.

Während dieser Zeit kam die Köchin hinunter an den Teich und wollte Wasser holen. Als sie das schöne Gesicht sah, das sich im Teich spiegelte, meinte sie, das sei sie selbst, und freute sich so, daß sie anfing zu tanzen und zu springen, weil sie so schön geworden war.

«Da soll der Teufel Wasser holen, ich bin viel zu schön dazu!» sagte sie und warf die Wassereimer weg. Aber auf einmal merkte sie, daß das Gesicht im Teich ja der Prinzessin gehörte, die auf dem Baum saß. Da wurde sie so böse, daß sie sie vom Baum herunterriß und in den Teich warf. Sie selbst aber zog Ofenmichels Kittel an und kletterte auf den Baum. Als der König kam und das häßliche schwarze Küchenmädchen sah, wurde er bald rot, bald blaß, aber als er hörte, daß die Leute sagten, sie sei die Schönste in zwölf Königreichen, da mußte er wohl oder übel glauben, daß etwas daran sei, und es schien ihm auch unrecht gegen den Ofenmichel, der so viel Mühe gehabt hatte, bis er sie fand. Mit der Zeit würde sie vielleicht auch schöner, dachte er sich, wenn man sie schmückte und ihr schöne Kleider anzöge, und so nahm er sie denn mit sich heim. Dann wurde nach Perückenmachern und Näherinnen geschickt, und sie wurde geschmückt und angezogen wie eine Prinzessin, aber so sehr man sie auch wusch und schmückte, so blieb sie doch schwarz und häßlich. Nach einer Weile sollte das Küchenmädchen an den Teich gehen und Wasser holen, da fing sie einen großen Silberfisch in ihrer Bütte. Sie trug ihn hinauf und zeigte ihn dem König, und er fand ihn ganz wunderschön; aber die häßliche Prinzessin sagte, das sei Hexenwerk, und sie sollten ihn verbrennen, denn sie hatte gleich gemerkt, was das war. Also wurde der Fisch verbrannt, und am nächsten Morgen fanden sie einen Silberklumpen in der Asche. Da kam die Köchin hinauf und erzählte es dem König, und es kam ihm höchst wunderbar vor; aber die Prinzessin sagte, das sei das pure Hexenwerk und hieß sie, es in dem Misthaufen vergraben. Der König wollte nicht, aber sie ließ ihm weder Ruhe noch Frieden, und schließlich sagte er, sie sollten es tun. Aber am nächsten Tag stand eine wunderschöne Linde da, wo sie den Silberklumpen eingegraben hatten, und die Linde hatte Blätter, die glitzerten wie Silber. Als sie das dem König erzählten, kam es ihm wunderlich vor; aber die Prinzessin sagte, das sei nichts anderes als Hexenwerk, und sie sollten die Linde auf der Stelle umhauen. Der König wollte durchaus nicht, aber die Prinzessin plagte ihn so sehr, bis er schließlich auch darin nachgab. Als die Mägde hinausgingen und von der Linde Holz zum Feueranmachen holten, war es das pure Silber. «Das brauchen wir dem König und der Prinzessin gar nicht zu sagen», sagte eine von ihnen, «denn die würden es doch nur verbrennen und einschmelzen lassen. Wir wollen es lieber in unserem Schrank aufheben. Das kann uns noch einmal viel nützen, wenn einer kommt und wir heiraten wollen.» Damit waren sie alle einverstanden; aber als sie es eine Weile getragen hatten, wurde es so furchtbar schwer. Als sie danach sehen wollten, von was das käme, da hatten sich die Holzspäne in ein kleines Kind verwandelt, und es dauerte nicht lange, bis es die schönste Prinzessin war, die man sich nur denken konnte. Die Mädchen merkten wohl, daß das nicht mit rechten Dingen zuging, sie gaben ihr Kleider und rannten davon und holten den Burschen, der die schönste Prinzessin in zwölf Königreichen hatte holen sollen, und sagten ihm die Geschichte. Und als Ofenmichel kam, erzählte die Prinzessin ihm, wie das alles zugegangen war, daß die Köchin sie in den Teich geworfen hatte und daß sie der Silberfisch und der Silberklumpen und die Linde und die Späne gewesen sei, und sie sei die Rechte. Des Königs konnte man nicht so leicht habhaft werden, denn die häßliche schwarze Köchin steckte früh und spät bei ihm; aber schließlich kamen sie darauf, zu sagen, es sei von dem Nachbarkönig eine Kriegserklärung gekommen, damit bekamen sie ihn heraus, und als er die schöne Prinzessin sah, wurde er so verliebt in sie, daß er auf der Stelle Hochzeit machen wollte, und wie er hörte, wie schlimm die häßliche schwarze Köchin mit ihr umgegangen war, befahl er, man solle sie in ein Faß mit Nägeln stecken und herumrollen. Dann hielten sie Hochzeit, daß man es in zwölf Königreichen hörte und davon sprach.

5
Der unterirdische Nachbar

Es war einmal ein Bauer, der wohnte in Telemarken und hatte einen großen Hof, aber er hatte nur Mißwachs und Unglück mit seinem Vieh, und zuletzt kam er um Haus und Hof. Es blieb ihm fast nichts mehr, und um das wenige kaufte er sich ein Fleckchen Land, das ganz abseits lag, weit weg von der Stadt, im wilden Wald und in der Einöde. Eines Tages ging er durch den Hof, da begegnete er einem Mann.

«Guten Tag, Nachbar», sagte der Mann.

«Guten Tag», sagte der Bauer, «ich meinte, ich sei allein hier; bist du mein Nachbar?»

«Da siehst du meinen Hof», sagte der Mann, «er ist gar nicht weit von dem deinigen.» Und da lag ein Hof, wie er noch nie einen gesehen hatte, schön und stattlich und gut im Stand. Nun merkte er wohl, daß das einer von den Unterirdischen war, aber er fürchtete sich nicht; er lud den Nachbarn ein, sein Bier zu versuchen, und der Nachbar ließ sich's wohl schmecken.

«Hör einmal», sagte der Nachbar, «ein Ding solltest du mir zu Gefallen tun.»

«Laß mich zuerst hören, was das ist», sagte der Bauer.

«Du mußt deinen Kuhstall verlegen, denn er steht mir im Weg», gab er dem Bauern zur Antwort.

«Nein, das tu ich nicht», sagte der Bauer. «Im Sommer erst hab ich ihn neu gebaut, und nun geht es gegen den Winter. Was soll ich denn dann mit meinem Vieh machen?»

«Ja, tu nur, wie du willst, aber wenn du ihn nicht niederreißest, so wird dich's noch gereuen», sagte der Nachbar. Und damit ging er.

Der Mann wunderte sich darüber, und er wußte nicht, was er tun sollte. Daß er sich gegen die Winternacht hin daranmachen sollte, den Stall niederzureißen, das schien ihm ganz unsinnig, und Hilfe hatte er auch fast keine.

Eines Tages, als er im Stall stand, sank er in den Boden hinein. Da unten, wo er hinkam, war es unerhört schön. Alles war aus Gold und Silber. Da kam auch der Mann, der sagte, er sei sein Nachbar, und hieß ihn niedersitzen. Nach einer Weile wurden Speisen auf silberner Platte und Bier in silbernem Kruge hereingetragen, und der Nachbar lud ihn ein, sich an den Tisch zu setzen und zu essen. Der Bauer wagte keinen Widerspruch und ließ sich am Tisch nieder, aber gerade, als er mit dem Löffel in die Schüssel langen wollte, fiel von der Decke etwas herunter ins Essen, so daß ihm der Appetit verging. – «Jawohl», sagte der Mann aus dem Berg, «da kannst du sehen, was deine Kühe uns schenken. Wir können nie in Ruhe essen, denn sobald wir uns zu Tisch setzen, fällt Unrat herunter, und wenn wir auch noch so hungrig sind, so vergeht uns der Appetit, und wir können nicht essen. Aber, wenn du mir den Gefallen tun willst, den Stall zu verlegen, so soll es dir niemals an Futter und guten

Ernten fehlen, und wenn du noch so alt wirst. Wenn du aber nicht willst, so sollst du nichts als Mißwachs haben, solang du lebst.»

Als der Mann das hörte, ging er schleunigst daran, seinen Stall niederzureißen und an einem andern Platz wiederaufzubauen. Aber er mußte nicht allein bauen, denn zur Nacht, wenn alles schlief, wuchs der Bau ebenso wie am Tag, und er merkte wohl, daß der Nachbar ihm half.

Er bereute es auch später nicht, denn er hatte Futter und Korn genug, und sein Vieh gedieh schön. Einmal war ein schlimmes Jahr, und das Futter war so knapp, daß er mit dem Gedanken umging, seinen halben Viehstand zu schlachten oder zu verkaufen. Aber eines Morgens, als die Kuhmagd in den Stall kam, war der Hüterhund fort und mit ihm alle Kühe und das ganze Jungvieh. Sie fing an zu weinen und sagte es dem Bauern. Aber der dachte bei sich selbst, das werde wohl der Nachbar sein, der die Tiere auf die Weide genommen habe. Und das war auch so, denn gegen den Frühling, als es grün wurde im Wald, da sah er eines Tages den Herdenhund bellend und springend am Waldrand daherkommen, und hinter ihm kamen alle Kühe und alles Jungvieh, und die ganze Herde war so blank, daß es eine Freude war, sie anzusehen.

6

Die Toten im Meer und
die Toten auf dem Lande

In einem Handelsort in Lofoten, wo Waren verkauft wurden und die Fischerei geordnet wurde, wollten die Leute eines Hofes den heiligen Weihnachtsabend feiern, und ein Bursche wurde zum Packhaus unten am Strande geschickt, um

Branntwein aus einer Tonne zu holen. Draußen war viel Regen und Wind. Der Bursche hatte seine Kanne schon beinahe gefüllt, als er zufällig einen Blick nach der Tür warf. Da sah er einen Draug die Treppe heraufklettern. Um ihn lag ein Schimmer von Meerleuchten. Der Draug setzte sich auf die Schwelle, und er war so groß, daß er die ganze Türöffnung füllte, so daß niemand an ihm vorbeikommen konnte. Er sagte: «Willst du mir nicht einen Schnaps geben an diesem heiligen Abend?» – «Freilich», erwiderte der Bursche und schleuderte sofort seine Kanne wider ihn, so daß der Draug hinab ins Meer taumelte. Der Bursche aber wartete nicht lange, sprang zur Tür hinaus und so schnell er nur konnte zum Hofe hinauf.

Es dauerte nicht lange, da hörte er hinter sich Lärm und Getöse, als ob viele hundert Männer hinter ihm her kämen, und er merkte, daß der Geruch vom Meer immer näher kam. Sein Weg führte am Kirchhof vorbei, und er sprang über die Mauer, die um den Kirchhof führte, und rief: «Stehet auf, alle Christenseelen, und helfet mir.» Danach sprang er eiligst über die Mauer auf der anderen Seite. Er rettete sich ins Haus und ging sofort schlafen, denn er wußte wohl, daß man niemals von solchen Erlebnissen jemandem etwas erzählen soll, bevor man darüber geschlafen hat.

Am nächsten Morgen konnte man sehen, daß der ganze Kirchhof von Brettern aus Särgen übersät war, die als Waffen von den Verstorbenen verwendet worden waren. Daneben lagen auch dicke Stämme, die aus dem Tang gerissen waren, sowie Ruder und Holzstücke von Schiffen und Booten, die ins Meer versunken waren. Das waren die Waffen der Drauge gewesen.

7

Der Kamerad

*E*s war einmal ein Bauernbursch, dem träumte, er werde eine Prinzessin bekommen, weit, weit fort, und sie wäre so weiß wie Milch und so rot wie Blut und so reich, daß ihr Reichtum kein Ende hätte. Beim Aufwachen vermeinte er noch, sie stünde leibhaftig vor ihm, und sie war so schön und lieblich, daß er nicht weiterleben konnte ohne sie. Da verkaufte er alles, was er hatte, und zog aus und suchte sie. Er wanderte weit umher und kam schließlich zur Winterszeit in ein Land, wo alle Straßen geradeaus gingen und keinerlei Biegung machten. Als er ein viertel Jahr lang geradeaus gewandert war, kam er in eine Stadt. Da lag außen vor der Kirchentür ein großer Eisklumpen, und mitten darin war eine Leiche, und die ganze Gemeinde spuckte im Vorbeigehen darauf. Der Bursche verwunderte sich darüber, und als der Pfarrer aus der Kirche kam, fragte er ihn, was das bedeuten solle. «Das ist ein arger Missetäter gewesen», sagte der Pfarrer, «man hat ihn um seiner Sünden willen hingerichtet und hier zu Spott und Schande aufgestellt.» – «Was hat er denn getan?» fragte der Bursche. – «In diesem irdischen Leben war er ein Weinhändler», sagte der Pfarrer, «und er hat Wasser in den Wein geschüttet.»

So erschrecklich kam das dem Burschen nicht vor. «Wenn man ihn mit dem Leben hat dafür bezahlen lassen, könnte man ihm jetzt ein christliches Begräbnis verstatten und ruhen lassen!» Aber darauf sagte der Pfarrer, das sei auf keine Weise zu machen, denn um ihn aus dem Eis herauszubrechen, brauche man Leute; und man brauche Geld, um von der Kirche das Grab zu kaufen, und der Totengräber wolle Geld für seine Mühe, der Küster für die Glocken, der Kantor für den Gesang und der Pfarrer für die Leichenpredigt.

«Glaubst du, daß es einen Menschen gibt, der all das viele Geld für einen solch argen Sünder zahlen will?» fragte der Pfarrer.

«Ja», sagte der Bursche, wenn er ihm nur ein Begräbnis verschaffen könne, so wolle er schon den Leichenschmaus zahlen aus seinem schmalen Beutel.

Der Pfarrer wollte erst nichts davon wissen, aber als der Bursche mit zwei Männern wiederkam und ihn vor ihren Ohren fragte, ob er das christliche Begräbnis verweigere, wagte er keinen Widerspruch mehr.

Also befreiten sie den Weinhändler aus dem Eisklotz und legten ihn in geweihte Erde. Die Glocken läuteten, und es wurde gesungen, und der Pfarrer warf Erde auf den Sarg, und sie hielten einen Leichenschmaus, und es gab abwechselnd Tränen und Gelächter. Als aber der Bursche den Leichenschmaus bezahlt hatte, hatte er nicht mehr viel Groschen in der Tasche.

Darauf machte er sich wieder auf den Weg; aber er war noch nicht weit gegangen, als ein Mann hinter ihm herkam und ihn fragte, ob er es nicht langweilig finde, so allein vor sich hinzugehen?

«Nein», sagte der Bursche, er habe immer etwas, woran er denken müsse. Der Mann fragte, ob er nicht einen Diener brauchen könne.

«Nein», sagte der Bursche, «ich bin gewöhnt, mein eigener Diener zu sein, deshalb brauche ich keinen, und wenn ich auch noch so gern einen haben wollte, so könnte ich doch nicht, denn ich habe kein Geld für Kost und Lohn.»

«Du hast aber doch einen Diener nötig, das weiß ich besser als du», sagte der Mann, «und zwar brauchst du einen, auf den du dich im Leben und Tod verlassen kannst. Wenn du mich aber nicht als Diener haben willst, so nimm mich als Kameraden; ich verspreche dir, es soll dein Schade nicht sein, und ich werde dich keinen Schilling kosten. Ich reise auf eigene Kosten, und um Essen und Kleider brauchst du dich auch nicht zu bemühen.»

Unter diesen Umständen wollte er ihn gern als Kameraden annehmen, und so setzten sie die Reise zusammen fort, und der Mann ging gewöhnlich voraus und zeigte den Weg.

Als sie lang durch die Lande gezogen waren, über Berge und Heiden, standen sie plötzlich vor einer Felswand. Der Kamerad klopfte an und bat um Einlaß. Da tat sich der Fels vor ihnen auf, und als sie ein gut Stück in den Berg hineingegangen waren, kam ihnen eine Hexe entgegen und bot ihnen einen Stuhl an: «Seid so gut und setzt euch, ihr werdet müd sein!» sagte sie.

«Setz dich selbst!» sagte der Mann. Da mußte sie sich setzen und da sitzen bleiben, denn der Stuhl hatte die Eigenschaft, daß er alles festhielt, was ihm nahe kam. Inzwischen wanderten sie im Berg herum, und der Kamerad sah sich um, bis er ein Schwert erblickte, das über der Tür hing, das wollte er haben und versprach der Hexe, er wolle sie von dem Stuhl befreien, wenn sie ihm das Schwert überlasse.

«Nein», schrie sie, «bitte mich, um was du willst! Alles andere kannst du haben, nur das nicht, denn das ist mein Dreischwestern-Schwert!» (Es waren nämlich drei Schwestern, denen das Schwert zusammen gehörte.) «Dann kannst du hier sitzen bleiben bis an der Welt Ende!» sagte der Mann. Als sie das hörte, versprach sie ihm doch das Schwert, wenn er sie befreien wolle.

Er nahm das Schwert und ging damit davon und ließ sie doch sitzen. Als sie weit gewandert waren, über nackte Felsen und öde Heiden, kamen sie wieder an eine Felswand. Da pochte der Kamerad wieder und bat um Einlaß. Es ging wie das letztemal, der Fels tat sich auf, und als sie tief drinnen im Berg waren, kam ihnen eine Hexe mit einem Stuhl entgegen und hieß sie niedersitzen, «sie seien wohl müde», sagte sie.

«Setz dich selbst!» sagte der Kamerad. Und es ging ihr wie

ihrer Schwester, sie mußte sich setzen und konnte nicht mehr loskommen. Indessen gingen der Bursche und sein Kamerad im Berge umher, und er machte alle Schränke und Schubladen auf, bis er fand, was er suchte, nämlich ein Knäuel Goldfaden. Das wollte er haben und versprach der Hexe, sie von dem Stuhl loszulassen, wenn sie ihm das Knäuel geben wolle. Sie sagte, er könne all ihr Hab und Gut nehmen, aber das Knäuel könne sie nicht hergeben, das sei ihr Dreischwestern-Knäuel. Aber als sie hörte, daß sie bis zum Jüngsten Tag hier sitzen bleiben sollte, wenn sie das Knäuel nicht hergebe, so ging sie doch darauf ein. Da nahm der Kamerad das Knäuel und ließ sie trotzdem sitzen, wo sie saß.

Darauf gingen sie manchen Tag durch Wald und Heide, bis sie wieder an eine Felswand kamen. Es ging gerade wie die beiden vorigen Male, der Kamerad klopfte an, der Berg tat sich auf, und drinnen kam ihnen eine Hexe mit einem Stuhl entgegen und hieß sie sitzen, sie seien wohl müde. Aber der Kamerad befahl: «Setz dich selber!», und da mußte sie sich setzen. Die beiden waren noch nicht durch viele Gemächer gegangen, da erblickte der Kamerad einen alten Hut an einem Haken hinter der Tür. Den wollte er haben; aber die Alte wollte sich nicht davon trennen, denn es sei ihr Dreischwestern-Hut, wenn sie den hergebe, werde sie grundunglücklich. Als sie jedoch hörte, daß sie hier bis an den Jüngsten Tag sitzen bleiben sollte, wenn sie den Hut nicht hergebe, so willigte sie endlich ein. Der Kamerad nahm den Hut und hieß sie dann ebenfalls sitzenbleiben, wo sie saß.

Schließlich kamen sie an einen Fluß. Da nahm der Kamerad das Knäuel und warf es so kräftig an den Berg auf der anderen Seite des Flusses, daß es wieder zurückflog, und als es mehrmals hin und wider geflogen war, stand eine Brücke da. Darauf überschritten sie den Fluß, und als sie auf der anderen Seite ankamen, sagte der Mann zu dem Burschen, er solle so rasch wie möglich den Goldfaden wieder aufwickeln, «denn wenn wir ihn nicht schnell wegschaffen, so kommen die drei Hexen herüber und reißen uns in Stücke». Der Bursche wickelte, so rasch er konnte, und wie er gerade am letzten Faden war, kamen die Hexen angefaucht; sie stürzten sich ins Wasser, daß der Schaum hoch aufspritzte, und haschten nach dem Ende des Fadens. Aber sie konnten es nicht packen und ertranken in dem Fluß.

Als sie wieder einige Tage gegangen waren, sagte der Kamerad: «Nun kommen wir bald an das Schloß, in dem sie wohnt, die Prinzessin, von der du geträumt hast, und wenn wir hinkommen, so mußt du ins Schloß hineingehen und dem König sagen, was du geträumt hast und was dein Reiseziel ist.» Als sie hinkamen, tat er das und wurde sehr gut aufgenommen; er bekam ein Zimmer für sich und eins für seinen Diener, und als es Essenszeit war, wurde er an des Königs eigenen Tisch entboten. Als er die Prinzessin erblickte, erkannte er sie sogleich wieder nach dem Traumgesicht. Er sagte ihr auch, weshalb er gekommen sei, und sie antwortete, sie könne ihn gut leiden und wolle ihn gern nehmen, aber zuerst müsse er drei Proben bestehen. Als sie gespeist hatten, gab sie ihm eine goldene Schere und sagte: «Die erste Probe ist, daß du diese Schere nimmst und aufhebst und sie mir morgen mittag wiedergibst. Das ist keine sehr schwere Probe», sagte sie und lächelte, «aber wenn du sie nicht bestehst, so mußt du sterben, so will es das Gesetz, und dein Körper wird aufs Rad geflochten und dein Kopf auf einen Spieß gesteckt, und es geht dir wie den Freiern, deren Schädel und Gerippe du draußen vor dem Schloß sehen kannst.»

‹Das ist doch keine Kunst›, dachte sich der Bursche. Aber die Prinzessin war so lustig und munter und trieb solche Possen mit ihm, daß er die Schere und sich selbst darüber vergaß, und während sie lachten und schäkerten, stibitzte sie ihm heimlich die Schere weg, ohne daß er es merkte. Als er am

Abend in die Kammer kam und erzählte, wie es ihm gegangen war und was sie zu ihm gesagt hätte, und von der Schere, die sie ihm zum Aufheben gegeben hätte, fragte der Kamerad: «Hast du die Schere auch noch?»

Der Bursche suchte in allen seinen Taschen, aber es war keine Schere darin, und er war mehr als unglücklich, als er merkte, daß er sie verloren hatte.

«Nun, nun, sei nur ruhig, ich will sehen, ob ich sie dir wieder verschaffen kann», sagte der Kamerad und ging hinunter in den Stall. Da stand ein mächtiger Bock, der gehörte der Prinzessin und konnte viel schneller durch die Luft fliegen als auf ebener Erde gehen. Der Kamerad nahm das Dreischwestern-Schwert und gab ihm damit einen Hieb zwischen die Hörner und fragte: «Wann reitet die Prinzessin heut nacht zu ihrem Liebsten?» Der Bock meckerte und sagte, das traue er sich nicht zu sagen, aber als der Kamerad ihm noch einen Hieb gab, sagte er doch, die Prinzessin werde Punkt elf Uhr kommen. Der Kamerad setzte den Dreischwestern-Hut auf, da war er unsichtbar, und wartete auf die Prinzessin. Als sie kam, schmierte sie den Bock mit einer Salbe ein, die sie in einem großen Horn mitbrachte, und dann rief sie: «Auf! Auf! Über Giebel und Turm, über Land, über See, über Berg und Tal, zum Liebsten, der mich im Berg erwartet!»

Wie der Bock aufflog, schwang sich der Kamerad hinten auf, und nun ging es wie der Wind durch die Wolken; der Weg war nicht lang. Auf einmal waren sie vor einer Felswand, sie klopfte an, und dann ging die Fahrt in den Berg hinein zu dem Troll, der ihr Liebster war. «Jetzt ist ein neuer Freier gekommen, der mich haben will, Schätzchen», sagte sie, «er ist jung und hübsch; aber ich will keinen haben als dich», sagte sie und tat dem Troll schön. «Ich habe ihm eine Probe auferlegt, und hier ist die Schere, die er aufheben und verwahren sollte; verwahre du sie jetzt!» Da lachten die beiden, als wäre der Bursche schon aufs Rad geflochten. «Ja, ich will sie aufheben und gut verwahren, und ich will schlafen in Liebchens Arm, wenn den Burschen umkrächzt der Krähenschwarm!» sagte der Troll und legte die Schere in einen eisernen Schrein mit drei Schlössern davor. Aber in dem Augenblick, wo sie die Schere in den Schrein fallen ließen, nahm der Kamerad sie weg. Keiner konnte es sehen, denn er hatte den Dreischwestern-Hut auf; also schloß der Troll den leeren Schrein sorgfältig zu, und die Schlüssel steckte er in einen hohlen Backenzahn, wo er noch andere Zauberdinge aufhob. Da würde ihn der Freier gewiß nicht finden, meinte er.

Nach Mitternacht machte sie sich auf den Heimweg. Der Kamerad schwang sich wieder hinten auf, und der Heimweg war nicht lange.

Am nächsten Mittag wurde der Bursche zur königlichen Tafel geladen. Aber da hatte die Prinzessin ein so hochnäsiges Benehmen und war so stolz und schnippisch, daß sie fast gar nicht nach der Seite hinsah, wo der Bursche saß. Aber nachdem man gespeist hatte, machte sie ein recht feierliches Gesicht und fragte zuckersüß: «Du hast wohl die Schere noch, die ich dir gestern zum Aufheben gegeben habe?»

«Ja, hier ist sie», sagte der Bursche, zog die Schere heraus und schleuderte sie auf den Tisch, daß es nur so klirrte. Die Prinzessin hätte nicht mehr erschrecken können, wenn er ihr die Schere ins Gesicht geworfen hätte. Aber sie machte gute Miene zum bösen Spiel und sagte mit süßer Stimme: «Da du die Schere so gut verwahrt hast, wird es dir nicht so schwerfallen, mein Knäuel Goldfaden aufzuheben. Morgen mittag möchte ich es wiederhaben, aber wenn du es da nicht hast, so mußt du von Rechts wegen sterben», sagte sie; der Bursche meinte, das sei ja nicht so schwer, und steckte das Knäuel Goldfaden in die Tasche. Aber da fing die Prinzessin wieder an, mit ihm zu scherzen und Spaß zu treiben, so daß er sich selbst und das goldene Knäuel dazu vergaß, und während sie mitten im lustigsten Spaß darin waren, stibitzte sie ihm das Knäuel weg und hieß ihn dann gehen.

Als er hinauf in die Kammer kam und erzählte, was sie gesagt und getan hatte, fragte sein Kamerad: «Du hast doch das Knäuel noch?»

«Ja, freilich», sagte der Bursche und griff in die Tasche, in die er es gesteckt hatte. Aber da war kein Knäuel, und da kam er so in Verzweiflung, daß er nicht wußte, was anfangen.

«Sei nur ruhig», sagte der Kamerad, «ich will sehen, ob ich es nicht wiederbekommen kann.» Er nahm sein Schwert und seinen Hut und ging zu einem Schmied und ließ an sein Schwert noch zwölf Pfund Eisen anschmelzen; als er dann in den Stall kam, gab er dem Bock damit einen Schlag zwischen die Hörner, daß er taumelte, und fragte ihn: «Wann reitet die Prinzessin heut nacht zu ihrem Liebsten?»

«Punkt zwölf Uhr», sagte der Bock.

Der Kamerad setzte wieder seinen Dreischwestern-Hut auf und wartete, bis die Prinzessin mit dem Salbenhorn kam und den Bock einrieb. Dann sagte sie wieder wie das erstemal: «Auf! Auf! Über Giebel und Turm, über Land, über See, über Berg und Tal, zum Liebsten, der mich im Berg erwartet!» Wie nun der Bock auffuhr, schwang sich der Kamerad hinten auf, und nun ging's wie der Blitz durch die Luft. Bald waren sie am Trollberg, und als sie drei Schläge getan hatte, ging es durch den Berg hindurch bis zu dem Troll, der ihr Liebster war.

«Wie hast du denn die goldene Schere verwahrt, die ich dir gestern gab, mein Freund?» fragte die Prinzessin. «Der Freier hatte sie und gab sie mir wieder.»

Das sei ganz unmöglich, sagte der Troll, denn er habe sie in einen Schrein mit drei Schlössern eingeschlossen und die Schlüssel in seinen hohlen Zahn gesteckt. Aber als sie den Schrein aufschlossen und nachsahen, war keine Schere darin. Da erzählte die Prinzessin, daß sie ihm nun ihr goldenes Knäuel gegeben hätte.

«Hier ist es», sagte sie, «ich habe es ihm wieder abgenommen, ohne daß er es merkte, aber was sollen wir nun anfangen, wenn er sich auf solche Künste versteht?»

Der Troll wußte auch keinen Rat; aber als sie eine Weile nachgedacht hatten, kamen sie auf den Gedanken, ein großes Feuer anzuzünden und das Knäuel zu verbrennen, dann könne der Freier es gewiß nicht wiederbekommen. Aber wie sie es ins Feuer warf, stand der Kamerad auf dem Sprung und fing es auf, ohne daß es jemand sah, denn er hatte den Drei-schwestern-Hut auf. Als die Prinzessin eine Weile bei dem Troll gewesen war und es gegen Morgen ging, fuhr sie wieder heim; der Kamerad saß wieder hinten auf, und die Heimreise ging rasch und gut. Als der Bursche zur Tafel geladen wurde, gab der Kamerad ihm das Knäuel. Die Prinzessin war noch spitzer und spöttischer als das erstemal, und nachdem man gegessen hatte, kniff sie den Mund ganz schmal und sagte: «Könnte ich nicht vielleicht mein goldenes Knäuel wiederbekommen, das ich dir gestern gab?»

«Ja», sagte der Bursche, «das kannst du haben; hier!», und er warf es auf den Tisch, daß er dröhnte und der König vor Schrecken hoch in die Höhe fuhr.

Die Prinzessin wurde weiß wie eine Leiche, aber sie machte gute Miene zum bösen Spiel und sagte, er habe seine Sache gut gemacht. Nun habe er nur noch eine kleine Probe zu bestehen: «Wenn du mir das, an was ich denke, bis morgen mittag beschaffen kannst, so sollst du mich haben und behalten.»

Der Bursche kam sich vor wie ein zum Tode Verurteilter, denn es schien ihm ganz unmöglich, zu wissen, an was die Prinzessin denke, und noch unmöglicher, den Gegenstand zu beschaffen. Und als er in seine Kammer kam, konnte ihn der Kamerad kaum beruhigen. Er sagte, er wolle die Sache schon

in die Hand nehmen wie die beiden ersten Male, und schließlich beruhigte sich der Bursche und legte sich schlafen. Inzwischen ging der Kamerad wieder zu dem Schmied und ließ
sich noch vierundzwanzig Pfund Eisen an sein Schwert an-
schmieden, und als das geschehen war, ging er in den Stall
und hieb den Bock zwischen die Hörner, daß er an die andere
Wand flog.

«Wann reitet die Prinzessin heut nacht zu ihrem Liebsten?»
sagte er.

«Punkt ein Uhr», meckerte der Bock.

Als es Zeit war, stand der Kamerad mit seinem Dreischwestern-Hut im Stall, und nachdem sie den Bock eingerieben
und ihren Spruch gesagt hatte wie sonst, ging es wieder
durch die Luft davon, und der Kamerad saß hinten auf. Aber
diesmal war er gar nicht sanft, sondern gab der Prinzessin
bald hier einen Puff, bald dort einen Puff und zerbleute sie
fürchterlich. Als sie an die Felswand kamen, klopfte sie dreimal an, und der Berg öffnete sich, und sie fuhren hindurch bis
zu ihrem Liebsten. Da beklagte sie sich sehr bei ihm und jammerte und sagte, sie hätte nicht gedacht, daß einen das Wetter
so mitnehmen könne; es sei ihr vorgekommen, als fliege jemand mit, der auf sie und den Bock losschlüge, und sie sei
gewiß am ganzen Leibe braun und blau, so bös sei er mit ihr
umgegangen. Und dann erzählte sie, daß der Freier auch das
Knäuel wieder gehabt habe; wie das zugegangen war, konnte
sich weder sie noch der Troll denken.

«Aber weißt du, was ich mir ausgedacht habe?» sagte sie.

Das konnte der Troll nicht wissen.

«Ja», sagte sie, «ich habe ihm gesagt, er solle mir das, an
was ich denke, bis morgen mittag beschaffen, und das war
dein Kopf. Glaubst du, lieber Freund, daß er das schaffen
kann?» sagte die Prinzessin und tat dem Troll recht schön.

«Das glaube ich nicht», sagte der Troll, und er war seiner
Sache ganz sicher und lachte und gluckste vor Vergnügen

ganz bösartig, und er und die Prinzessin glaubten steif und fest, eher werde der Bursche aufs Rad geflochten und Futter für die Raben, als daß er den Kopf des Troll beischaffen könne.

Als es gegen Morgen ging, wollte die Prinzessin wieder nach Hause, aber sie hatte Angst, denn sie glaubte, es sei jemand hinter ihr her, und sie traute sich nicht allein zu reiten; der Troll solle sie begleiten. Er war auch bereit dazu und zog seinen Bock aus dem Stall – er hatte den gleichen wie die Prinzessin – und rieb ihn ein und salbte ihn auch zwischen den Hörnern. Als der Troll aufgestiegen war, saß der Kamerad bei ihm hinten auf, und dann ging es durch die Luft dem Königsschloß zu. Aber unterwegs schlug der Kamerad wakker auf den Troll und auf den Bock los und gab ihnen Hieb auf Hieb und Schlag auf Schlag mit dem Schwert, daß sie tiefer und tiefer hinuntergerieten und schließlich fast ins Meer gesunken wären, über das sie die Reise führte. Als der Troll merkte, wie bös es draußen zuging, begleitete er die Prinzessin bis zum Schloß und machte außen halt, um zu sehen, daß sie wirklich wohlbehalten heimkam. Aber in dem Augenblick, wo sie die Tür hinter sich zumachte, schlug der Kamerad dem Troll das Haupt ab und ging damit hinauf in die Kammer zu dem Burschen.

«Hier ist das Ding, an das die Prinzessin gedacht hat», sagte er.

Da war denn alles in schönster Ordnung, und als der Bursche zur Tafel geladen wurde und sie gegessen hatten, wurde die Prinzessin munter wie eine Lerche. «Hast du vielleicht das, woran ich gedacht habe?» fragte sie. «Ja, freilich», sagte der Bursche und zog das Haupt unter seinen Rockschößen hervor und schleuderte es hin, daß der Tisch mit allem, was darauf war, umfiel.

Die Prinzessin sah aus, als käme sie aus dem Grab; aber sie konnte nicht leugnen, daß das das Ding war, woran sie gedacht hatte, und nun mußte sie den Burschen nehmen, wie sie versprochen hatte. Also wurde die Hochzeit gefeiert, und es war große Freude im ganzen Königreich.

Aber der Kamerad nahm den Burschen beiseite und sagte, in der Hochzeitsnacht dürfe er wohl die Augen zumachen und tun, als ob er schliefe, aber wenn er sein Leben liebhabe und ihm folgen wolle, so dürfe er auch keinen Augenblick schlafen, bevor er nicht die Prinzessin von ihrer Trollhaut befreit hätte. Er müsse sie ihr mit neun neuen Birkenruten lospeitschen und dann noch in drei Milchbädern abstreifen; erst solle er sie in einem Kübel voll jähriger Molken abschruppen, dann in einem Kübel voll saurer Milch abreiben und schließlich in einem Kübel voll süßer Milch abschwemmen. Die Birkenruten habe er unters Bett gelegt und die drei Kübel mit Milch in die Ecke gestellt; es sei alles bereit. Der Bursche versprach, er wolle ihm folgen und tun, was er ihm gesagt hatte. Als sie sich abends ins Bett gelegt hatten, tat er, als ob er schliefe; die Prinzessin richtete sich auf dem Ellenbogen auf, um zu sehen, ob er wirklich schlafe, und kitzelte ihn unter der Nase; aber er schlief ganz fest. Da zupfte sie ihn am Haar und am Bart. Aber er schlief wie ein Sack, meinte sie wenigstens. Da zog sie unter ihrem Kopfkissen ein großes Schlächtermesser hervor und wollte ihm den Kopf abhacken. Aber da fuhr der Bursche auf, schlug ihr das Messer aus der Hand, packte sie an den Haaren und peitschte sie mit den Ruten und hörte nicht auf, bis keine einzige mehr ganz war. Darauf warf er sie in den Molkenkübel, und da sah er, was für ein Tier sie war, denn sie war rabenschwarz am ganzen Körper. Aber als er sie in den Molken abgeschruppt hatte und in der Sauermilch abgerieben und in der süßen Milch abgeschwemmt, da war die Trollhaut ganz weg, und sie war so wunderschön, wie sie zuvor noch nie gewesen war.

Am folgenden Tag sagte der Kamerad, nun sollten sie reisen. Der Bursche war reisefertig und die Prinzessin auch, denn ihre Mitgift war schon lang bereit. In der Nacht brachte der Kamerad alles Gold und Silber und alle Kostbarkeiten, die der Troll im Berg hinterlassen hatte, ins Schloß, und als sie am Morgen fortreisen wollten, war der ganze Hof so voll, daß sie kaum durchkommen konnten. Diese Mitgift war mehr wert als das ganze Land des Königs, und sie wußten gar nicht, wie sie sie heimschaffen sollten. Aber der Kamerad wußte einen Ausweg aus der Verlegenheit. Der Troll hatte auch sechs Böcke hinterlassen, die durch die Luft fliegen konnten. Die belud er so reichlich mit Gold und Silber, daß sie auf der Erde gehen mußten und nicht stark genug waren, um sich in die Luft zu heben; was die Böcke nicht mehr tragen konnten, mußte im Schloß zurückbleiben. So reisten sie eine lange Zeit, aber schließlich wurden die Böcke so müde und elend, daß sie nicht mehr weitergehen konnten. Der Bursche und die Prinzessin wußten sich nicht zu helfen; aber als der Kamerad sah, daß sie nicht mehr von der Stelle kamen, nahm er die ganze Mitgift auf den Rücken, legte die Böcke obendrauf und trug das alles, bis man nur noch eine halbe Meile von der Heimat des Burschen entfernt war. Dann sagte der Kamerad: «Nun muß ich mich von dir trennen; ich kann nicht weiter bei dir bleiben.» Aber der Bursche wollte von einer Trennung nichts wissen und wollte ihn um keinen Preis scheiden lassen.

Also ging er noch eine halbe Meile mit, aber weiter konnte er nicht mehr, und als der Bursche in ihn drang und ihn nötigen wollte, mit ihm nach Hause zu kommen und da zu bleiben oder doch wenigstens die Heimkehr mitzufeiern, da sagte er immer nur, nein, er könne nicht. Da fragte ihn der Bursche, was er denn haben wolle als Lohn für seine Begleitung und Hilfe. «Wenn ich mir etwas wünschen soll, so möchte ich die Hälfte haben von allem, was du in den nächsten fünf Jahren gewinnst», sagte der Kamerad. Das wurde ihm auch zugesagt.

Als der Kamerad fort war, versteckte der Bursche seinen ganzen Reichtum und zog spornstreichs nach Hause. Da feierten sie ein Heimkehrfest, daß man in sieben Königreichen davon sprach, und als das vorbei war, mußten sie den ganzen Winter lang mit den Böcken und mit den zwölf Pferden, die der Vater hatte, hin und her fahren, um all das Gold und Silber nach Hause zu schaffen.

Nach fünf Jahren kam der Kamerad wieder und wollte sein Teil haben. Da schied der Mann seine ganze Habe in zwei gleiche Teile.

«Aber ein Ding hast du nicht geteilt», sagte der Kamerad.

«Was wäre das?» fragte der Mann. «Ich glaubte, ich hätte alles geteilt.»

«Du hast doch ein Kind bekommen», sagte der Kamerad; «das mußt du auch in zwei Teile teilen.»

Ja, so war es wirklich. Er nahm also das Schwert, aber als er es aufhob und das Kind teilen wollte, packte der Kamerad die Schwertspitze, so daß er nicht zuschlagen konnte.

«Freust du dich nicht, daß du nicht zuschlagen mußtest?» sagte er.

«Ja, so froh war ich noch nie», sagte der Mann.

«So froh war auch ich, als du mich aus dem Eisklumpen befreitest», sagte der Kamerad. «Behalte alles, was du hast; ich brauch nichts, denn ich bin ein schwebender Geist.» Und er erzählte, er sei der Weinhändler, der in dem Eisklotz vor der Kirchentür lag und den alle anspien; und er sei sein Kamerad geworden und habe ihm geholfen, weil der Bursche seine Habe drangegeben habe, um ihm Frieden und ein christliches Begräbnis zu verschaffen. Er habe ihn ein Jahr lang begleiten dürfen, und das sei bei ihrem ersten Abschied abgelaufen gewesen. Nun habe er ihn nochmals besuchen dürfen, aber jetzt müßten sie für alle Zeiten scheiden, denn nun riefen ihn die Himmelsglocken.

8

Espenklotz

*E*_spenklotz_ hatte eine Espe zur Mutter. Den, der sie um-
hieb, den erschlug er. Dann ging er zum König und fragte,
ob er bei ihm Arbeit bekommen könne. Er wolle keinen anderen Lohn, nur wolle er dem König drei Schläge auf den
Rücken geben, wenn er keine Arbeit mehr für ihn habe. Der
König ging auf die Bedingung ein; denn er dachte, er würde
immer Arbeit für Espenklotz haben. Nun schickte er ihn in
den Wald zum Holzholen. Aber Espenklotz lud eine so unge-
heure Fuhre auf, daß die Pferde den Wagen nicht ziehen
konnten. Da nahm er zwei weiße Bären und spannte sie vor,
fuhr alles nach Hause und ließ dann die Bären in den Stall,
und sie fraßen dem König all sein Vieh auf.

Dann sollte er auf einer Mühle mahlen, die der Böse häufig
zum Stehen brachte. Kaum hatte Espenklotz angefangen zu
mahlen, so stand die Mühle auch schon wirklich. Espenklotz
nahm ein Licht und sah nach, richtig, da hatte Herr Urian
seinen Schenkel zwischen die Mühlsteine gezwängt. Espenklotz hatte kaum das Bein erblickt, so schlug er es mit seiner
Keule ab. Da kam der Böse auf einem Bein angehumpelt und
bat gar de- und wehmütig, er wolle sein anderes Bein wiederhaben. Nein, er bekomme es nicht, sagte der Bursche, wenn
er ihm nicht einen Scheffel Geld dafür geben wolle. Aber als
der Böse mit dem Geld herausrücken mußte, wollte er
Espenklotz darum betrügen und sagte, sie wollten Scheffel
gegen Scheffel wetten, wer am höchsten werfen könne. Sie
verhandelten eine Weile hin und her, wer den ersten Wurf tun
sollte. Schließlich mußte Espenklotz anfangen. Nun hatte
der Böse eine Kugel, mit der wollten sie werfen. Espenklotz
stand lange und schaute nach dem Mond. «Warum tust du
das?» fragte der Böse. «Ja, ich möchte gerne sehen, ob ich die

Kugel nicht in den Mond setzen könnte», sagte Espenklotz, «siehst du die schwarzen Flecken, das sind die Kugeln, die ich schon früher in den Mond geworfen habe.» Da ward dem Bösen angst um seine Kugel, und er wagte nicht, Espenklotz werfen zu lassen.

Doch nun setzten sie Scheffel gegen Scheffel, wer am höchsten blasen könne. «Du kannst zuerst blasen», sagte Espenklotz. «Nein, du.» Schließlich kam es darauf hinaus, daß Espenklotz zuerst blasen sollte. Da ging er auf einen Hügel, nahm eine gewaltige Fichte und wand sie wie eine Weide um das Horn. «Was soll das werden?» fragte der Böse. «Ja, sonst springt das Horn, wenn ich blase», gab Espenklotz zurück. Nun bekam der Böse Angst, und Espenklotz kam mit einer halben Tonne Geld nach Hause.

Aber bald hatte der König kein Korn mehr zu mahlen. Da gab es Krieg im Lande. ‹Nun wird es wohl Arbeit für ihn geben, daß er seiner Lebtag genug hat›, dachte sich der König. Und er sagte, Espenklotz solle gegen den Feind ziehen. Espenklotz war gleich dazu bereit, aber viel Mundvorrat wollte er mithaben. Dann machte er sich auf den Weg, und als er den Feind erblickte, setzte er sich zum Essen nieder. Die Feinde schossen, was sie konnten, die Kugeln aber griffen ihn nicht an. Als Espenklotz sich satt gegessen hatte, stand er auf, riß eine gewaltige Eiche mit der Wurzel aus und schlug damit um sich. Und es dauerte nicht lange, so hatte er damit alle Feinde niedergehauen. Dann ging er wieder zum König nach Hause.

«Hast du noch Arbeit für mich?» fragte er. «Nein, jetzt habe ich keine Arbeit mehr», sagte der König. «Dann will ich dir deine drei Schläge auf den Rücken geben», sagte Espenklotz. Der König bat um die Erlaubnis, Kissen unterzulegen. «Ja, leg nur unter, soviel du willst», sagte Espenklotz. Er schlug zu, und mit dem ersten Schlag zersprang der König in viele Stücke.

9

Die Trollhochzeit

Es war einmal in einem Sommer vor langer, langer Zeit, da zogen die Leute von Melbustad mit der Herde zur Alm. Aber sie waren noch nicht lang oben, da fingen die Tiere an so unruhig zu werden, daß es rein unmöglich war, sie in Ordnung zu halten. Zwar probierten viele Mädchen sie zu hüten, aber es wurde nicht besser, bis eine kam, die versprochen war, und der Verspruch war kürzlich gefeiert worden. Da wurden sie auf einmal ruhig und waren ganz leicht zu hüten. Das Mädchen blieb allein oben und hatte kein anderes Wesen bei sich als einen Hund. Als sie nun eines Nachmittags in der Hütte saß, da schien es ihr, als ob ihr Schatz käme und sich neben sie setzte und davon anfing, daß sie jetzt Hochzeit machen wollten. Aber sie blieb ganz still sitzen und gab keine Antwort; denn er kam ihr so wunderlich vor. Nach und nach kamen mehr und immer mehr Leute herein, und die begannen die Tische mit Silberzeug zu decken und Speisen aufzutragen, und die Brautjungfern brachten die Krone und den Schmuck und ein schönes Brautkleid, und das zogen sie ihr an, und die Krone setzten sie ihr auf, wie es damals Brauch war, und Ringe steckten sie ihr an die Finger.

Es schien ihr auch, als ob sie alle die Leute kennte, die da waren; da waren die Frauen vom Dorf und die Mädchen, die mit ihr im gleichen Alter waren. Aber der Hund hatte wohl gemerkt, daß da etwas nicht geheuer war. Er rannte in langen Sätzen hinunter nach Melbustad und heulte und bellte ganz erbärmlich und ließ den Leuten keine Ruhe, bis man ihm folgte. Der Bursche, der ihr Liebster war, nahm seine Flinte und stieg hinauf auf die Alm; aber als er in die Nähe kam, da stand rundherum eine Menge gesattelter Pferde. Er schlich sich an die Hütte und schaute durch einen Spalt in der Tür und sah, wie sie alle drin beisammensaßen. Es war ganz klar, daß das Trolle und Unterirdische waren, und deshalb feuerte er seine Büchse über das Dach ab. In dem Augenblick flog die Tür auf, und ein graues Garnknäuel, größer als das andere, schoß heraus und schnurrte ihm um die Beine. Als er hinein-kam, da saß sie im vollen Brautstaat, und es fehlte nur noch ein Ring am kleinen Finger, so wäre sie fertig gewesen.

«Aber um Himmels willen, was ist hier denn los?» fragte er, als er sich umsah. Alles Silberzeug stand noch auf dem Tisch, aber all die schönen Speisen waren zu Moos und Pilzen und Kuhmist und Kröten und Fröschen und derlei gewor-den.

«Was bedeutet denn das alles?» sagte er. «Du sitzt ja da im Staat wie eine Braut?»

«Wie kannst du nur fragen?» sagte das Mädchen. «Du hast ja selbst hier gesessen und von der Hochzeit gesprochen den ganzen Nachmittag!»

«Nein, ich bin ja eben erst gekommen», sagte er, «das muß wohl einer gewesen sein, der meine Gestalt angenom-men hat.»

Da kam sie auch allmählich wieder zu sich selbst, aber erst nach langer Zeit kam sie wieder ganz zu Verstand, und sie erzählte, daß sie steif und fest geglaubt habe, er selbst und die ganze Verwandtschaft und Bekanntschaft sei dagewesen. Er nahm sie gleich mit in das Dorf, und damit sie kein solches Teufelszeug mehr zu fürchten hätte, hielten sie Hochzeit, während sie noch den Brautstaat der Unterirdischen anhatte. Die Krone und der ganze Schmuck wurde in Melbustad auf-gehängt und soll heutigentags noch dort hängen.

Der reiche Peter Krämer

Es war einmal ein Mann, den hieß man den reichen Peter Krämer. Denn er war mit Kramwaren herumgezogen und hatte viel Geld verdient und war ein reicher Mann geworden. Dieser reiche Peter hatte eine Tochter, und mit der wollte er so hoch hinaus, daß alle Freier, die sich um sie bewarben, ein Nein zu hören bekamen, denn er meinte, es sei keiner gut genug für sie. Weil es allen so ging, kam schließlich keiner mehr, und wie die Jahre vergingen, so bekam Peter Angst, daß sie vielleicht überhaupt keinen Mann bekäme. «Es wundert mich sehr», sagte er zu seiner Frau, «daß niemand mehr kommt und um unsere Tochter freit, die doch so reich ist. Das wäre ja kurios, wenn sich keiner fände, der sie haben wollte, denn sie hat Geld und bekommt noch mehr. Ich meine, ich will zu den Sternguckern reisen und sie fragen, was das Mädchen für einen Mann bekommen soll; denn hierher kommt ja kein Mensch!» – «Wie können denn die Sterngucker das wissen?» fragte die Frau. – «Ja, die lesen alles aus den Sternen», sagte der reiche Peter. Und er nahm viel Geld mit und reiste zu den Sternguckern und bat sie, nach den Sternen zu sehen und ihm zu sagen, was für einen Mann seine Tochter bekommen solle. Die Sterngucker sahen nach den Sternen, aber sie sagten, sie könnten es nicht erkennen. Aber Peter bat, sie möchten genauer nachschauen und es ihm doch sagen, er wolle sie gut bezahlen. Die Sterngucker schauten genauer nach und sagten, seine Tochter solle zum Mann das Müllerkind bekommen, das eben in der Mühle dicht neben dem Hof des reichen Peter zur Welt gekommen sei. Peter gab den Sternguckern hundert Taler und zog wieder heim mit der Weissagung, die er erhalten hatte. Ihm kam es allzu kurios vor, daß seine Tochter einen zum Mann bekommen sollte, der erst eben geboren war und außerdem von so geringer Herkunft. Das sagte er auch zu seiner Frau und meinte: «Ich möchte wohl wissen, ob sie mir den Knaben nicht verkaufen wollen, dann könnten wir ihn loswerden.» – «Das meine ich auch», gab die Frau zur Antwort, «es sind ja arme Leute.» Peter Krämer ging also in die Mühle hinunter und fragte die Frau, ob sie ihm nicht ihren Sohn verkaufen wolle. Sie wollte aber durchaus nicht. «Ich verstehe nicht, warum es dir nicht recht ist», sagte der reiche Peter, «bei euch ist ja die nackte Armut zu Haus, und das Kind wird's euch auch nicht leichter machen, meine ich.» Aber die Frau hatte das Kind so gern, daß sie ihn nicht hergeben wollte. Als der Müller eintrat, sagte Peter zu ihm das gleiche und versprach ihm sechshundert Taler für den Kleinen, so daß die Müllersleute sich einen Hof kaufen könnten und nicht mehr nötig hätten, für fremde Leute zu mahlen und am Hungertuch zu nagen, wenn einmal das Mühlwasser ausbleibe. Das leuchtete dem Müller ein, und er sprach mit seiner Frau, und schließlich bekam der reiche Peter den Knaben. Die Mutter weinte und jammerte, aber Peter tröstete sie und sagte, der Kleine werde es gut haben; sie mußten aber versprechen, nicht nach ihm zu fragen, denn er wolle ihn weit fort in andere Länder schicken, um die fremden Sprachen zu lernen.

Als der reiche Peter mit dem Kleinen nach Hause kam, ließ er ein kleines Kistchen zimmern, das war innen so fein, daß es eine Lust war. Er machte es mit Pech dicht, legte das Müllerkind hinein, machte das Schloß zu und setzte das Kistchen in den Fluß, daß die Strömung es mit sich nahm. ‹Nun bin ich ihn los›, dachte der reiche Peter.

Aber als das Kistchen weit den Fluß hinuntergeschwommen war, geriet es in einen Wasserlauf, der zu einer anderen Mühle führte, und trieb dort ins Mühlrad hinein, daß die Mühle stehenblieb. Da ging der Müller hinunter und wollte sehen, warum das Rad stand; er fand das Kistchen und nahm es mit. Als er am Mittag zu seiner Frau kam, sagte er: «Ich möchte nur wissen, was in dem Kistchen sein könnte; es ist vom Bach ins Mühlrad getrieben worden und hat die Mühle zum Stillstehen gebracht.» – «Das können wir ja leicht erfahren», sagte die Frau, «der Schlüssel steckt ja im Schloß; so schließ nur auf.» Als das Kistchen aufging, da lag das hübscheste Kind darin, das man sich denken kann, und die Leute freuten sich sehr und wollten den Kleinen behalten; denn sie hatten selber keine Kinder und waren auch schon so vorgerückt an Jahren, daß sie nicht mehr hoffen konnten, eines zu bekommen.

Nach einiger Zeit fing Peter Krämer wieder an, sich zu wundern, warum denn kein Freier für seine Tochter käme, die doch so reich war und so viel Geld hatte. Aber es kam keiner, und so machte er wieder die Reise zu den Sterngukkern und bot ihnen viel Geld, wenn sie ihm sagen könnten, was für einen Mann seine Tochter bekommen würde. «Wir haben dir ja schon gesagt, daß sie das Müllerkind bekommen soll», erwiderten ihm die Sterngucker. «Ja, das ist ja ganz schön», sagte Peter Krämer darauf, «aber mit dem ist es nun schiefgegangen, er ist nämlich gestorben. Und wenn ich erfahren könnte, wen meine Tochter zum Mann bekommen soll, so würde ich gern zweihundert Taler hergeben.» Die Sterngucker sahen wieder nach den Sternen, aber dann wurden sie zornig und sagten: «Trotzdem soll sie den Müllerbuben bekommen, den du im Fluß ausgesetzt hast und umbringen wolltest; denn er lebt noch und ist in der Mühle, die da und da drunten liegt.» Peter Krämer gab ihnen zweihundert Taler für ihren Spruch und dachte nach, ob er nicht doch dem Müllersohn den Garaus machen könnte.

Als er wieder zu Hause war, ging sein erster Weg nach jener Mühle. Da war der Junge schon so groß, daß er eingesegnet war und dem Müller half. Er war ein hübscher Bursch geworden. «Könntest du mir nicht den Jungen überlassen?»

sagte der Krämer zu dem Müller. «Nein», gab der zur Antwort, «ich habe ihn wie mein eigenes Kind aufgezogen, und er ist gut geartet, so daß er mir jetzt eine Hilfe und Stütze in der Mühle sein kann, denn ich selber fange an, alt und gebrechlich zu werden.» – «Ja, mir geht es ebenso», gab Peter Krämer zurück. «Und deshalb möchte ich auch gerne einen haben, dem ich das Geschäft beibrächte. Wenn du den Burschen mir überlassen willst, so gebe ich dir sechshundert Taler, damit kannst du dir einen Hof kaufen und deine alten Tage in Ruhe und Frieden verbringen.» Als der Müller das hörte, gab er den Burschen dem reichen Peter.

Der und der Junge zogen nun weit in der Welt herum und verkauften ihre Waren, bis sie in ein Wirtshaus kamen, das am Rand eines großen Waldes lag. Von hier aus schickte Peter den Burschen nach Hause mit einem Brief an seine Frau – denn geradeaus durch den Wald war es nicht weit – und trug ihm auf, er solle seiner Frau sagen, sie solle so schnell wie möglich tun, was in dem Brief stehe. Aber in dem Brief stand, sie solle augenblicklich ein großes Feuer anzünden und den Müllerburschen hineinwerfen, und wenn sie es nicht tun wolle, so solle sie selber lebendigen Leibes verbrannt werden. Der Bursche ging mit dem Brief durch den Wald. Gegen Abend kam er an ein Haus weit drinnen im Walde, und da trat er ein. Im Hause sah er keinen Menschen. Aber in einem Zimmer stand ein aufgedecktes Bett, da legte er sich quer hinein. Den Brief hatte er unter sein Hutband geschoben, und den Hut legte er auf sein Gesicht. Als die Räuber nach Hause kamen – denn das Haus gehörte zwölf Räubern –, sahen sie den Burschen auf dem Bett liegen und wunderten sich, wer er wohl sein könne, und einer von den Räubern nahm den Brief, machte ihn auf und las. «Hm, hm», sagte er, «das ist Peter Krämer, er ist unterwegs. Aber wir wollen ihm einen Possen spielen, denn es wäre Sünd und Schand, wenn das alte Weib diesem jungen hübschen Burschen den Garaus machte.» Also schrieben die Räuber einen anderen Brief an Peter Krämers Frau und schoben ihn unter das Hutband, während der Bursche noch schlief, und in dem Brief schrieben sie, die Frau solle ihre Tochter und den Müllerburschen augenblicklich verheiraten und ihnen Pferde und Vieh und Hausrat geben und sie ganz und gar auf dem Hofe einrichten, den sie am Berghang besaßen, und wenn das alles nicht geschehen sei, bis er, der Krämer, zurückkomme, so solle es der Frau dafür übel gehen.

Am folgenden Tag ließen die Räuber den Burschen ziehen, und als er nach Hause kam und der Frau den Brief gab, richtete er einen Gruß vom Peter Krämer aus, und sie solle so rasch wie möglich tun, was in dem Brief stünde. «Du mußt ihm sehr von Nutzen gewesen sein», sagte die Frau zu dem Burschen, «daß er mir nun einen solchen Brief schreibt. Denn als ihr fortzogt, da war er so böse auf dich, daß er gar nicht wußte, wie er dich ums Leben bringen sollte.»

Sie bereitete rasch die Hochzeit und stattete die jungen Leute mit Pferden und Rindern und Hausgerät aus und gab ihnen den Hof am Bergabhang.

Nicht lange darauf kam Peter Krämer wieder heim, und seine erste Frage war, ob die Frau getan habe, was er ihr geschrieben hatte. «Ja, es kam mir zwar kurios vor, aber ich wagte nichts anderes zu tun», gab die Frau zur Antwort. Dann fragte Peter, wo ihre Tochter sei. «Du mußt doch selber wissen, wo sie ist», gab die Frau zurück, «sie sitzt doch mit ihm auf dem Hof am Bergabhang, wie es in dem Briefe stand.» Als Peter Krämer erfuhr, wie es zusammenhing, und den Brief zu Gesicht bekam, geriet er in solchen Zorn, daß er am liebsten in Stücke gesprungen wäre, und dann lief er stracks hinauf nach dem Hof zu den jungen Leuten. «Das ist ganz schön, mein Sohn, daß du meine Tochter bekommen hast», sagte er zu dem Müllerssohn, «aber wenn du sie wirklich behalten willst, so mußt du zum Drachen von Dybenfart gehen und mir drei Federn aus seinem Schwanz verschaffen, denn wer die hat, kann bekommen, was er will.» – «Wo soll ich ihn denn finden?» fragte der Schwiegersohn. «Das ist deine Sache, ich weiß es nicht!» gab der reiche Peter Krämer zurück.

Der Bursche machte sich getrost auf den Weg, und als er eine Weile gegangen war, kam er an ein Königsschloß. ‹Hier will ich hineingehen und mich weiterfragen›, dachte er, ‹denn solche Leute kennen sich besser aus in der Welt als andere, und vielleicht erfahre ich hier den richtigen Weg.› Der König fragte ihn, wo er her sei und was er wolle. «Ich soll zum Drachen von Dybenfart und ihm drei Federn aus dem Schwanz reißen; wenn ich ihn nur finden könnte!» – «Dazu gehört Glück», meinte der König, «denn ich habe noch nie gehört, daß einer von dort wieder zurückgekommen ist. Aber wenn du ihn treffen solltest, so frage ihn doch bitte von mir, warum ich kein reines Wasser aus meinem Brunnen bekommen kann. Ich habe ihn ein Mal nach dem andern ausputzen lassen, und doch gibt er kein reines Wasser.» – «Ja, das will ich tun», sagte der Bursche. Im Schloß hatte er es gut, und man gab ihm Mundvorrat und auch Geld, als er weiterzog.

Gegen Abend kam er an ein anderes Schloß. Als er in die Küche trat, kam der König heraus und fragte, wo er her sei und was er wolle. «Ich soll zum Drachen von Dybenfart und ihm drei Federn aus dem Schwanz reißen», sagte der Bursche. «Dazu gehört Glück», sagte der König darauf, «denn ich habe noch nie gehört, daß einer von dort zurückgekommen ist. Aber wenn du hinkommen solltest, so könntest du ihn in meinem Namen fragen, wo meine Tochter hingekommen ist, die verschwunden ist vor vielen Jahren. Ich habe nach ihr gesucht und von allen Kirchen nach ihr läuten lassen; aber keiner konnte mir eine Nachricht von ihr geben.» – «Das will ich tun», gab der Bursche zur Antwort. Auf dem

Schloß ging es ihm gut, und als er weiterwanderte, bekam er Mundvorrat und Geld.

Als es wieder gegen Abend ging, kam er wieder an ein Schloß. Hier kam die Königin heraus in die Küche und fragte ihn, wo er her sei und was er wolle. «Ich soll zum Drachen von Dybenfart und ihm drei Federn aus dem Schwanz reißen», sagte der Bursche. «Dazu gehört Glück», meinte die Königin, «denn ich habe nie gehört, daß jemand von dort zurückgekommen ist. Aber wenn du ihn finden solltest, so könntest du ihn wohl von mir fragen, wo ich meine goldenen Schlüssel finden kann, die ich verloren habe.» – «Das will ich tun», antwortete der Bursche.

Als er eine Zeitlang gegangen war, kam er an einen großen, breiten Fluß. Während er nun so dastand und sich überlegte, wie er wohl da hinüberkommen könnte oder ob er besser den Fluß entlangginge, kam ein alter, gebeugter Mann auf ihn zu und fragte ihn, wo er hinwolle. «Ich will zu dem Drachen von Dybenfart, wenn mir einer sagen könnte, wo er zu finden ist.» – «Das kann ich dir schon sagen», meinte der Mann. «Denn ich setze die Leute über, die zu ihm wollen, er wohnt gerade da drüben. Wenn du auf diesen Hügel kommst, so siehst du sein Schloß, und wenn du mit ihm ins Gespräch kommst, so könntest du ihn fragen, wie lange ich noch hierstehen und die Leute übersetzen soll.» – «Das will ich tun», gab der Bursche zur Antwort. Der Mann nahm ihn auf den Rücken und trug ihn durch den Fluß, und als er den Hügel erstiegen hatte, erblickte er das Schloß und ging hinein. Da war die Prinzessin allein zu Hause. «Aber, lieber Freund, wagen sich Christenmenschen hierher?» rief sie aus. «Seit ich hier bin, ist noch keiner gekommen, und es ist wohl am besten, wenn du dich so rasch als möglich wieder davonmachst, denn wenn der Drache nach Hause kommt, so wittert er dich, und dann wird er dich auffressen, und mich machst du auch unglücklich.» – «Nein», gab der Bursche zurück, «ich kann nicht gehen, ehe ich drei Federn aus seinem Schwanz habe.» – «Die bekommst du nie», sagte die Prinzessin.

Aber der Bursche wollte durchaus nicht gehen; er wollte auf den Drachen warten und die drei Federn aus seinem Schwanz und Antwort auf seine Fragen haben. «Ja, wenn du so sehr darauf versessen bist, so muß ich wohl sehen, wie ich dir helfen kann», sagte die Prinzessin. «Versuch einmal, ob du das Schwert aufheben kannst, das dort an der Wand hängt?»

Der Bursche konnte es nicht einmal vom Fleck bewegen. «Ja, dann mußt du einen Schluck aus dieser Flasche nehmen», sagte die Prinzessin. Als der Bursche eine Weile gesessen hatte, mußte er wieder einen Versuch machen, und da konnte er es gerade vom Platz bewegen. «Du mußt noch einen Schluck nehmen», sagte die Prinzessin, «und dann erzähl mir deinen Auftrag.» Der Bursche nahm noch einen Schluck, und dann berichtete er, daß ihn ein König gebeten habe, den Drachen zu fragen, warum sein Brunnen kein reines Wasser gäbe; von einem anderen König sollte er fragen, wo sich seine Tochter befinde, die vor vielen Jahren verschwunden sei, und von einer Königin sollte er den Drachen fragen, wo ihre goldenen Schlüssel hingekommen seien, und endlich sollte er den Drachen von dem Fährmann fragen, wie lange er noch die Leute übersetzen solle. Wie er nun das Schwert packte, konnte er es schwingen. «Wenn dich nicht der Drache gleich zuerst umbringen soll, so mußt du jetzt unters Bett kriechen», sagte die Prinzessin, als es gegen Abend ging, «denn jetzt kommt er bald nach Hause; und unter dem Bett mußt du ganz still liegen, daß er nichts von dir merkt. Wenn wir dann im Bett liegen, will ich ihn fragen; aber du mußt horchen und gut achtgeben, was er sagt, und du mußt unter dem Bett bleiben, bis alles still ist und der Drache schläft; dann schleich leise hervor, nimm das

Schwert, und wenn er aufsteht, mußt du aufpassen und ihm mit einem Schlag den Kopf abhauen und zugleich ihm die drei Federn ausreißen; denn sonst reißt er sie sich selber aus, damit keiner Nutzen davon hat.»

Bald nachdem der Bursche unters Bett gekrochen war, kam der Drache nach Hause. «Hier riecht's nach Menschenfleisch!» sagte der Drache. – «Ach ja, es ist ein Rabe vorbeigeflogen mit einem Menschenknochen im Schnabel und hat sich aufs Dach gesetzt», sagte die Prinzessin, «das wird es wohl sein, was du riechst.» – «Ja, so», sagte der Drache. Dann trug die Prinzessin das Essen auf, und als sie gegessen hatten, legten sie sich ins Bett. Aber als sie eine Weile gelegen hatten, wurde die Prinzessin unruhig, und auf einmal wachte sie auf. «Au, au», schrie sie. «Was fehlt dir denn?» fragte der Drache. «Ach, ich habe gar keine Ruhe», gab die Prinzessin zur Antwort, «und ich habe auch so wunderlich geträumt.» – «Was hast du denn geträumt?» fragte der Drache weiter. «Mir träumte, es sei ein König gekommen und fragte dich, was er anfangen solle, damit sein Brunnen reines Wasser gebe», sagte die Prinzessin. – «Ach, das könnte er doch selber wissen», gab der Drache zurück, «wenn er den Brunnen umgraben und den alten verfaulten Stock herausnehmen läßt, der auf dem Grunde liegt, so bekommt er reines Wasser. Aber jetzt sei nur ruhig und träume nicht mehr!»

Als die Prinzessin eine Weile gelegen hatte, wurde sie wieder unruhig und warf sich im Bett hin und her, und dann wachte sie wieder auf. «Au, au!» rief sie. – «Was ist denn jetzt schon wieder los?» fragte der Drache. «Ach, ich schlafe so unruhig und hatte einen solch wunderlichen Traum», gab die Prinzessin zurück. «Du hast aber ein schlimmes Träumen», sagte der Drache. «Was hast du denn geträumt?» – «Mir schien, es käme ein König und fragte dich, wo seine Tochter sich befinde, die vor vielen Jahren verschwunden ist», sagte die Prinzessin. «Das bist du», sagte der Drache darauf, «aber dich bekommt er nie mehr zu sehen. Aber jetzt mußt du mich wirklich schlafen lassen und nicht mehr träumen, sonst zerbreche ich dir die Rippen!»

Die Prinzessin war noch nicht lang gelegen, da wurde sie schon wieder unruhig. Auf einmal wachte sie auf und schrie: «Au, au.» – «Nun, geht's schon wieder los? Was ist denn jetzt wieder?» sagte der Drache. Da war er so zornig und aus dem Schlaf geärgert, daß er fast in lauter Kieselsteine zersprungen wäre. «Ach, du mußt nicht böse sein», sagte die Prinzessin «aber ich hatte einen solch wunderlichen Traum.» – «Das geht ja mit dem Teufel zu, deine Träumerei. Was hast du denn schon wieder geträumt?» – «Mir schien, als käme eine Königin und fragte dich, ob du ihr nicht sagen könntest, wo sie ihre goldenen Schlüssel suchen solle, die sie verloren hat.» – «Ach, sie soll unter den Büschen nachsehen, wo sie damals lag – sie weiß schon –, da findet sie sie», gab der Drache zurück. «Aber nun laß mich in Frieden und komm mir nicht mit weiteren Träumen.»

Nun schliefen sie eine Weile, dann begann die Prinzessin wieder unruhig zu werden, und auf einmal erwachte sie. «Au, au.» – «Du bist doch gewiß nicht ruhig, bis ich dir den Hals umdrehe!» schrie der Drache und war so böse, daß aus seinen Augen Funken sprühten. «Was ist denn jetzt schon wieder los?» – «Ach, du darfst wirklich nicht zornig werden, ich kann nichts dafür», sagte die Prinzessin, «aber ich hatte einen solch wunderlichen Traum.» – «Solch eine Träumerei ist mir aber noch nicht vorgekommen», rief der Drache, «was hast du denn geträumt?» – «Mir schien, der Mann von der Furt da drunten sei gekommen und habe dich gefragt, wie lange er noch dastehen und die Leute übersetzen soll?» – «Der dumme Kerl, davon kann er leicht loskommen», rief der Drache, «denn wenn einer kommt, der hinüber will, so muß er ihn in den Fluß werfen und dazu sagen: ‹Nun setz du über, bis du abgelöst wirst.› Aber nun laß mich endlich in

Ruhe mit deinen Träumen, sonst werd ich andere Saiten aufziehen.»

Nun ließ ihn die Prinzessin in Frieden schlafen. Aber sobald es ganz still war und der Müllerssohn den Drachen nur noch schnarchen hörte, kroch er unter dem Bett hervor. Ehe der Tag graute, stand der Drache auf, aber kaum stand er mit beiden Beinen auf dem Boden, so hieb ihm der Bursche schon das Haupt ab und riß ihm die drei Federn aus dem Schwanz. Da gab es eine große Freude, und der Bursche und die Prinzessin nahmen so viel Silber und Gold und andere Kostbarkeiten, als sie einpacken konnten, und als sie an die Furt kamen, hielten sie den Mann so in Atem mit allem, was sie hinüberzubringen hatten, daß er ganz zu fragen vergaß, was der Drache gesagt hatte, bis alle die Herrlichkeiten und der Bursche und die Prinzessin über dem Wasser drüben waren. «Ja, so», sagte der Fährmann, als sie weiterwollten, «hast du den Drachen danach gefragt, um was ich dich gebeten habe?» – «Ja», gab der Bursche zurück, «er sagte, wenn einer kommt, der hinüber will, so wirf ihn mitten in den Fluß und sage: ‹Setz du nun über, bis du abgelöst wirst› – dann bist du frei.» – «O weh», rief da der Mann, «hättest du das früher gesagt, so hättest du mich ablösen müssen.»

Als sie an den ersten Königshof kamen, fragte die Königin, ob der Bursch den Drachen nach ihren Goldschlüsseln gefragt hätte. «Ja», gab der Bursche zur Antwort und wisperte der Königin ins Ohr, «er hat gesagt, du sollst zwischen den Büschen suchen, wo du damals gelegen hast – du weißt schon –.» – «St, st, sei still», sagte die Königin und gab dem Burschen hundert Taler. Als er in das zweite Schloß kam, fragte der König, ob er dem Drachen seine Frage vorgelegt hätte. «Ja», gab der Bursche zur Antwort, «das habe ich getan, und hier ist deine Tochter.» Da freute sich der König sehr und hätte dem Müllerssohn gern die Prinzessin und das halbe Reich gegeben. Aber da er ja schon eine Frau hatte, bekam er zweihundert Taler und Pferde und Wagen und so viel Gold und Silber geschenkt, als er nur mitnehmen konnte.

Als er nun zu dem dritten Schlosse kam, trat der König heraus und fragte, ob er sich bei dem Drachen nach seiner Sache erkundigt hätte. «Ja», gab der Bursche zur Antwort, «er hat gesagt, du sollst den Brunnen umgraben und den alten verfaulten Stock herausnehmen lassen, der auf dem Grund liegt, dann bekommst du reines Wasser.» Da gab ihm der König dreihundert Taler.

Von hier aus zog er heimwärts, und er war mit Gold und Silber so herrlich ausgestattet, daß er weithin glänzte und leuchtete. Nun war er viel reicher als Peter Krämer. Als dieser die Federn bekam, hatte er nichts mehr gegen die Heirat einzuwenden; aber als er all den Reichtum sah, erkundigte er sich, ob beim Drachen noch mehr solcher Herrlichkeiten seien. «Ja», gab der Bursche zurück, «es war viel mehr dort, als ich mitnehmen konnte, und es ist so viel, daß man viele Pferde braucht, um es wegzubringen, und wenn du hinreisen willst, so wird es sogar für dich genug sein.» Peter Krämer wollte wirklich hinreisen. Da sagte ihm sein Schwiegersohn den Weg, so daß er ihn nicht erfragen mußte. «Aber die Pferde», sagte er, «wirst du am besten auf dieser Seite des Flusses zurücklassen, denn der alte Mann hilft dir schon herüber.» Peter zog fort und nahm großen Mundvorrat mit und viele Pferde. Aber die ließ er am Ufer des Flusses zurück, wie es ihm sein Schwiegersohn gesagt hatte. Der Mann nahm ihn auf den Rücken, und als er mitten im Fluß war, warf er ihn hinein und sagte: «Nun kannst du hier die Leute übersetzen, bis du abgelöst wirst.»

Und wenn ihn niemand abgelöst hat, dann setzt der reiche Peter Krämer dort noch heutigentags die Leute über.

11

Der Huldrehut

Es war einmal irgendwo auf einem Hof eine große Hochzeit, und zu dieser Hochzeit ging auch ein Häusler. Wie er gerade über einen Acker wanderte, fand er ein Milchsieb, wie man es gewöhnlich aus Kuhschwänzen macht; es sah gerade aus wie ein brauner Lappen. Er hob es auf, denn er dachte, man könne es ja auswaschen, und dann wollte er es seiner Frau zum Geschirrspülen geben. Aber als er in das Hochzeitshaus kam, da war es, als ob ihn keiner sähe. Den anderen Leuten nickten der Bräutigam und die Braut zu, man redete mit ihnen und schenkte ihnen auch ein; aber er bekam keinen Trunk und keinen Gruß. Dann kam der Küchenmeister und bat die anderen Leute, sich zu Tisch zu setzen, aber ihn bat er nicht, und er bekam auch nichts zu essen, denn von selbst wollte er sich nicht zu Tisch setzen, wenn ihn niemand aufforderte. Schließlich wurde er zornig und dachte: ‹Ich kann ja wieder heimgehen, wenn sich hier kein Mensch um mich kümmert.›

Als er nach Hause kam, sagte er: «Guten Abend, da bin ich wieder.»

«Um Gottes willen, kommst du schon wieder?» sagte seine Frau.

«Ja, es war kein Mensch da, der sich um mich kümmerte oder mich nur angeschaut hätte», sagte der Mann, «und wenn mir die Leute so wenig Achtung schenken, so meine ich, habe ich nichts dort zu suchen.»

«Aber wo bist du denn? Ich höre dich, aber ich kann dich nicht sehen!» rief die Frau.

Der Mann war unsichtbar, denn was er gefunden hatte, war ein Huldrehut.

«Was redest du denn? Siehst du mich nicht? Bist du auch

närrisch geworden?» fragte der Mann. «Da hast du ein altes Haarsieb, ich habs draußen auf der Erde gefunden», sagte er und warf es auf die Bank. Da sah ihn die Frau, aber in demselben Augenblick war der Huldrehut verschwunden, denn er hätte ihn nur leihen, nicht schenken dürfen. Nun merkte der Mann, wie das alles zusammenhing, und ging wieder auf das Hochzeitsfest. Diesmal nahmen ihn die Leute freundlich auf, und man bot ihm zu trinken an und hieß ihn sich zu Tische setzen.

12

Marienkind

Weit, weit von hier, in einem großen Wald, wohnten ein paar arme Leute. Die Frau gebar ein allerliebstes Töchterchen; aber da die Leute so arm waren, wußten sie nicht, wie sie das Kind getauft bekommen sollten. Da mußte der Mann sich aufmachen und zusehen, ob er nicht Gevattern finden könne, die für ihn das Taufgeld bezahlten. Er ging den ganzen Tag von einem zum anderen, aber keiner von ihnen wollte Gevatter sein.

Gegen Abend, als er nach Hause ging, begegnete ihm eine sehr schöne Frau, die hatte so prächtige Kleider an und sah so gütig und freundlich aus und erbot sich, das Kind zur Taufe zu schaffen, wenn sie es nachher behalten dürfe. Der Mann antwortete, er müsse erst seine Frau fragen. Aber als er nach Hause kam und ihr die Sache vorstellte, sagte sie glatt heraus nein. Am anderen Tag ging der Mann wieder aus; aber Gevattern wollten sie alle nicht sein, wenn sie selbst das Taufgeld bezahlen sollten, und wie sehr der Mann sie auch bitten mochte, es half doch alles nichts. Als er am Abend nach

Hause ging, begegnete ihm wieder die schöne Frau, die so sanft aussah, und sie machte ihm wieder dasselbe Anerbieten. Der Mann erzählte nun seiner Frau, was ihm abermals begegnet war, und die sagte darauf, wenn er auch den nächsten Tag keinen Gevatter für das Kind bekommen könne, so müßten sie es wohl der Frau überlassen, da sie doch so gut und freundlich aussehe. Der Mann ging nun zum drittenmal aus, bekam aber auch an diesem Tage keine Gevattern. Und als ihm daher am Abend wieder die freundliche Frau begegnete, versprach er ihr das Kind, wenn sie es taufen lassen wolle. Am anderen Morgen kam die Frau in die Hütte des Mannes und hatte noch zwei Männer bei sich. Sie nahm nun das Kind und ging damit in die Kirche, und da wurde es getauft; darauf nahm sie es mit sich, und das kleine Mädchen blieb bei ihr mehrere Jahre lang, und die Pflegemutter war immer gut und freundlich gegen sie.

Als nun das Mädchen so groß geworden war, daß es schon unterscheiden konnte und Verstand bekam, wollte die Pflegemutter einmal eine Reise machen. «Du darfst in alle Zimmer gehen, in welche du willst», sagte sie zu dem Mädchen, «nur in diese drei Zimmer darfst du nicht gehen», und darauf reiste sie ab. Das Mädchen konnte es aber nicht unterlassen, die Tür zu dem einen Zimmer ein wenig zu öffnen – und wutsch! so flog ein Stern hinaus. Als die Pflegemutter nach Hause kam, betrübte es sie sehr, daß der Stern herausgeflogen war, und so unwillig war sie auf ihre Pflegetochter, daß sie ihr drohte, sie fortjagen zu wollen. Aber das Mädchen bat und weinte so lange, bis sie endlich doch bleiben durfte. – Nach einiger Zeit wollte die Pflegemutter abermals verreisen und verbot nun dem Mädchen, beileibe nicht in die zwei Zimmer zu gehen, in welchen sie noch nicht gewesen sei. Das Mädchen versprach ihr nun auch, sie wolle diesmal gehorsam sein. Als sie aber eine Zeitlang allein gewesen war und sich allerlei Gedanken gemacht hatte, was doch wohl in dem zweiten Zimmer sein möchte, konnte sie sich nicht enthalten, auch die zweite Tür ein wenig zu öffnen – und wutsch! flog der Mond heraus. Als die Pflegemutter zurückkehrte und sah, daß der Mond herausgeschlüpft war, ward sie wieder sehr betrübt und sagte zu dem Mädchen, nun könne sie sie durchaus nicht länger behalten, jetzt müsse sie fort.

Aber da das Mädchen wieder so bitterlich weinte und gar zu artig bat, so durfte sie denn auch diesmal bleiben. – Nach dieser Zeit wollte die Pflegemutter abermals verreisen, und da legte sie es dem Mädchen, das nun schon halb erwachsen war, recht ernstlich ans Herz, es ja nicht versuchen zu wollen, in das dritte Zimmer zu gehen oder auch nur hineinzugukken. Als aber die Pflegemutter eine Zeitlang verreist war und das Mädchen so allein ging und sich langweilte, konnte sie es zuletzt nicht mehr aushalten. ‹Ach›, dachte sie, ‹wie artig es sein müßte, ein wenig in das dritte Zimmer zu gucken!› Sie dachte zwar zuerst, sie wollte es doch nicht tun, der Pflegemutter wegen, aber als sie wieder auf den Gedanken zurückkam, konnte sie sich doch nicht länger halten; sie meinte, sie solle und müsse durchaus hineingucken, und da machte sie die Tür ein ganz klein wenig auf – und wutsch! flog die Sonne heraus. Als die Pflegemutter nun zurückkehrte und sah, daß die Sonne herausgeflogen war, ward sie so betrübt und sagte zu dem Mädchen, nun könne sie durchaus nicht länger bei ihr bleiben. Die Pflegetochter weinte und bat noch artiger als zuvor, aber es half alles nichts. «Nein, ich muß dich jetzt strafen», sagte die Pflegemutter. «Aber du sollst die Wahl haben, entweder das allerschönste Frauenzimmer zu werden und nicht sprechen zu können oder das allerhäßlichste und sprechen zu können. Aber weg von hier mußt du.» Das Mädchen sagte: «So will ich denn lieber das allerschönste Frauenzimmer werden und nicht sprechen können» – und das ward sie denn auch, aber von der Zeit an war sie stumm.

Als nun das Mädchen ihre Pflegemutter verlassen hatte und eine Zeitlang fortgewandert war, kam sie in einen großen, großen Wald, aber so weit sie auch ging, sie konnte doch nie das Ende erreichen. Als es Abend wurde, kletterte sie auf einen hohen Baum, der oberhalb einer Quelle stand, und setzte sich darin zum Schlafen nieder. Nicht weit davon aber lag ein Königsschloß, und aus diesem kam früh am anderen Morgen eine Dirne und wollte Wasser zum Tee für den Prinzen aus der Quelle holen. Als nun die Dirne das schöne Gesicht in der Quelle sah, glaubte sie, es wäre ihr eigenes. Sie warf sogleich den Eimer hin, lief nach Hause, trug den Kopf hoch und sagte: «Bin ich so schön, so bin ich auch wohl zu gut, um Wasser im Eimer zu holen.» Nun sollte eine andere hin und Wasser holen; aber mit der ging es ebenso; sie kam auch zurück und sagte, sie wäre viel zu schön und zu gut, um nach der Quelle zu gehen und Wasser für den Prinzen zu holen. Da ging der Prinz selbst hin, denn er wollte sehen, wie das zusammenhing. Als er nun zu der Quelle kam, erblickte er ebenfalls das Bild, und sogleich sah er nach dem Baume hinauf. Da ward er denn das schöne Mädchen gewahr, das in den Zweigen saß. Er schmeichelte sie herunter und nahm sie mit nach Hause und wollte sie durchaus zur Gemahlin haben, weil sie so schön war; aber seine Mutter, die noch lebte, machte Einwendungen. «Sie kann nicht sprechen», sagte sie, «am Ende gehört sie zu den Trollen.» Aber der Prinz gab sich nicht eher zufrieden, bis er sie bekam.

Als der Königin nach einiger Zeit ein Knabe geboren wurde, stellte der Prinz eine starke Wache um sie her. Aber plötzlich schliefen alle ein; da kam ihre Pflegemutter, schnitt das Kind in den kleinen Finger und bestrich der Königin mit dem Blute den Mund und die Hände und sagte: «Nun sollst du ebenso betrübt werden, als ich damals war, wie du den Stern hattest hinausschlüpfen lassen.» Und darauf verschwand sie mit dem Kinde. Als die, welche der Prinz zur

Bewachung hingestellt hatte, die Augen wieder aufschlugen, glaubten sie, die Königin hätte ihr Kind aufgefressen, und die alte Königin wollte daher, daß man sie verbrennen solle; aber der Prinz hatte sie so herzlich lieb, und nach vielem Bitten gelang es ihm, sie von der Strafe zu befreien, aber nur mit genauer Not. Beim zweiten Kinde wurde eine Wache um sie gestellt, die war doppelt so stark als die erste; aber es ging wieder ebenso wie das vorige Mal, nur daß jetzt die Pflegemutter zu ihr sagte: «Nun sollst du ebenso betrübt werden, wie ich damals war, als du den Mond hattest hinausschlüpfen lassen.» Die Königin weinte und bat – denn wenn die Pflegemutter da war, konnte sie sprechen –, aber es half alles nichts. Nun wollte die alte Königin durchaus, daß sie verbrannt werden sollte. Aber der Prinz bat sie auch dieses Mal noch frei. Beim dritten Kinde wurde eine dreifache Wache um sie gestellt; aber es ging wieder ganz so wie zuvor. Die Pflegemutter kam, während die Wache schlief, nahm das Kind, schnitt es in den kleinen Finger und strich der Königin das Blut um den Mund; nun, sagte sie, solle sie ebenso betrübt werden, wie sie selber es damals gewesen sei, als sie die Sonne hatte hinausschlüpfen lassen. Jetzt konnte der Prinz sie auf keine Weise mehr retten, sie mußte und sollte verbrannt werden. Aber gerade in dem Augenblick, als man sie auf den Scheiterhaufen brachte, erschien die Pflegemutter mit allen drei Kindern; die beiden ältesten führte sie an der Hand, und das jüngste trug sie auf dem Arm. Sie trat auf die junge Königin zu und sprach: «Hier sind deine Kinder, jetzt gebe ich sie dir zurück. Ich bin die Jungfrau Maria, und so betrübt, wie du nun gewesen bist, so betrübt war ich damals, als du den Stern, den Mond und die Sonne hattest hinausschlüpfen lassen. Jetzt hast du für das, was du getan, deine Strafe erlitten, und von nun an sollst du wieder sprechen können.» Wie froh da der Prinz und die Prinzessin waren, das läßt sich wohl denken, aber nicht beschreiben; sie lebten nachher immer glücklich zusammen, und auch des Prinzen Mutter hatte von der Zeit an die junge Königin recht lieb.

13

Hexe Pfarrerin

Es war einmal ein Pfarrhaus in einem Dorf bei Christianssand, wo man gar keine Dienstboten behalten konnte. Wenn sie noch so starke und rüstige Leute nahmen, so kamen sie von Kräften und wurden elend, wenn sie eine Weile da waren; sie wurden gemütskrank und sonst leidend, und auch das Essen schlug ihnen nicht an. Aber einmal kam ein Bursche hin, dem ging es besser, denn seine Mutter wohnte in der Nähe, und bei der war er und erhielt dann und wann etwas fremdes Essen. Aber in der Julnacht verspürte er ein wunderliches Reißen und Zucken im Kopf und in den Gliedern, und als er erwachte, war er in Schweiß gebadet, und er war so müde und matt, als ob er eine schwere Arbeit getan hätte. Der Bursche war in diesem Jahr viel zu Hause bei seiner Mutter; er meinte, das Essen schmecke viel besser da, und er blieb prächtig bei Kräften. Als es auf die Julzeit zuging, nahm er sich vor, in der Julnacht nicht zu schlafen; aber er konnte nicht dagegen ankämpfen; in der Nacht verspürte er wieder dasselbe Reißen und Zucken im Kopf und in den Gliedern wie das letztemal, und als er aufwachte, war er wieder so matt und abgearbeitet, daß der Schweiß nur so tropfte.

Abermals ging ein Jahr ins Land, und er blieb prächtig bei Kräften; aber als die Julnacht kam, setzte er sich in der Gesindestube an den Tisch mit etwas Branntwein vor sich – denn den gab es um die Julzeit im Pfarrhaus in Hülle und Fülle –, und er wollte auf keinen Fall einschlafen. Aber so sehr er auch dagegen kämpfte, er schlief doch ein, als es gegen zwölf Uhr ging, und verspürte wieder dasselbe Reißen und Ziehen. Er wollte furchtbar gerne aufwachen, aber er konnte nicht, so sehr er sich auch anstrengte und meinte, des Schlafes Herr werden zu können. Schließlich erwachte er wirklich, und da stand er im Schnee vor einer Kirche. Zu seinen Füßen lag ein Zaum, und um ihn herum standen die verschiedensten gesattelten Pferde. Er wunderte sich darüber, und da er Licht in den Kirchenfenstern sah und hörte, daß Leute darin waren, so kletterte er hinauf und schaute durch das eine Fenster. Da sah es aus wie in einer Besuchsstube; es war so voll von Hexen, daß es nur so wimmelte, und die ersten und vornehmsten in der Versammlung waren die Pfarrerin und eine böse Frau, die an einem Bach in der Nähe des Pfarrhauses wohnte.

‹Aha, also so steht es!› dachte sich der Bursche, kletterte vorsichtig hinunter und stellte sich wieder an seinen Platz, und als die Frau herauskam, warf er ihr die Halfter über den Kopf, und da war sie auf einmal eine schwarze Stute. Er war nicht faul, aufzusteigen; es ging auf und davon, und er schonte weder Sporn noch Zügel. Als sie heimkamen, stellte er die Stute in den Stall und band sie fest, aber er hütete sich wohl, ihr die Halfter abzunehmen, und dann ging er hinein und legte sich schlafen.

Am Morgen in der Frühe ging der Pfarrer in die Kirche, um die Frühpredigt zu halten, und merkte nicht, daß die Pfarrerin nicht da war. Doch als sie noch nicht da war, als er aus der Kirche kam, fragte man in der Nachbarschaft nach ihr, aber es war keiner da, der die Pfarrerin gesehen hatte, und man fragte weiter durch das ganze Dorf, aber nein, niemand hatte sie gesehen oder wußte etwas von ihr, und der Bursche sagte: «Nur Geduld, sie wird schon kommen!»

Als er in den Stall kam, stand da eine Stute, die zerrte an der Halfter, stampfte gegen ihren Verschlag und schlug mit den

Hinterbeinen an die Wand, als ob sie den ganzen Stall umrennen wollte. Aber der Bursche kümmerte sich weder um das eine noch um das andere, er sah überhaupt nicht hin.

Der Pfarrer hatte sich schon mehrmals an ihn herangemacht und wollte wissen, wo seine Frau sei. Aber er rückte nicht mit der Sprache heraus und entgegnete nur, sie werde schon wiederkommen. «Du wirst wohl etwas von ihr wissen oder wo sie ist, weil du so gewiß sagen kannst, daß sie wiederkommt, und jetzt will ich haben, daß du mir Rede und Antwort stehst, die Sache mag sein, wie sie will.»

«Ja, wenn Ihr es denn haben wollt, so will ich's wohl sagen, Vater», sagte da der Bursche. «Das ist ja eine nette Frau, die Eurige; jetzt will ich Euch zeigen, wie sie beschaffen ist.» Und damit führte er den Pfarrer in den Stall.

«Was sagst du da? Ist sie im Stall?» sagte der Pfarrer.

«Da steht sie», sagte der Bursche. Der Pfarrer verwunderte sich, denn diese Stute hatte er noch nie gesehen, und sie stand da und stampfte gegen den Verschlag, daß die Splitter nur so flogen, und war so wild, daß ihr der Schaum vor dem Maul stand.

«Geht nur hinein und nehmt ihr die Halfter ab», sagte der Bursche. Das tat der Pfarrer, und wie die Halfter weg war, stand die Pfarrerin da in heller Wut und wollte dem Burschen in die Haare fahren. «Halt, Frau!» sagte der Pfarrer. «Jetzt gibt's einen anderen Tanz!»

Der Bursche erzählte alles, aber die Pfarrerin leugnete und sagte, jedes Wort sei erlogen. Da holten sie das Bettelweib vom Bach und versprachen ihr, sie solle mit dem Leben davonkommen, wenn sie Buße tun wolle und gestehen, was für Hexen im Dorf seien. Als sie das hörte, besann sie sich eine Weile; aber dann nannte sie noch acht außer sich selbst und erzählte, was sie alles getrieben hätten, und daß Herr Urian mit der Pfarrerin den Tanz in der Kirche und auf dem Johannisberg angeführt hätte. Als das alles ans Licht kam, wur-

den sie in Gewahrsam genommen und bei der Obrigkeit ver-
klagt, und das Urteil war, daß sie alle acht verbrannt werden
sollten. Da bauten die Leute eine viereckige Mauer und schich-
teten Holz darunter auf und legten Feuer daran. Die Hexen
setzten sie oben auf die Mauer und schoben sie hinunter ins
Feuer, eine nach der anderen. Als die Pfarrerin hinauf sollte,
war sie so wild und wütend, daß sie fast geborsten wäre, weil
sie dem Burschen nichts antun konnte. Aber es gab keinen
Pardon, sie mußte hinauf.

«Ja, das hilft nichts», sagte der Pfarrer, «das Recht muß
seinen Gang gehen; jetzt geht es dir auch an den Kragen, denn
du bist die Schlimmste von allen gewesen.» – Da schafften sie
sie auf die Mauer hinauf; aber sie sagte, wenn sie gewußt hätte,
daß der Tanz ein solches Ende nehmen werde, so hätte sie
dafür gesorgt, daß der Teufel auch den Pfarrer in die Klauen
bekommen hätte. «Aber jetzt ist mir's gleich», sagte sie, «ich
pfeif auf euch und euer windiges Feuer», und damit zog sie ein
graues Garnknäuel heraus, warf das Ende gegen den Himmel
hinauf und kletterte an dem Faden in die Höhe wie eine Katze.
Seit der Zeit hat man nichts mehr von ihr gesehen.

14

Der Sturmzauber

Ein Schiffsjunge war den ganzen Sommer über mit einem
Kapitän auf Reisen gewesen, aber als sie sich zur Herbstaus-
reise rüsteten, wurde er unruhig und wollte nicht mit. Der
Kapitän konnte ihn gut leiden, denn obgleich er noch ein
blutjunger Bursche war, wußte er doch an Bord recht gut
Bescheid; er war ein großer und starker Kerl und scheute sich
nicht, gehörig mit Hand anzulegen, wenn es darauf ankam;

er schaffte fast wie ein Vollmatrose und brachte mit seiner Lustigkeit Leben in die ganze Besatzung; deshalb wollte ihn der Kapitän ungern entbehren. Aber der Junge hatte schlechterdings keine Lust, im Herbst auf den blauen Teich zu gehen; doch wollte er an Bord bleiben, bis sie geladen hätten und segelfertig wären. Eines Sonntags, als die Mannschaft an Land war und der Kapitän bei einem Waldbauern kleines Bauholz und Scheite als Decklast einhandeln wollte – vermutlich auf eigene Rechnung –, sollte der Bursche das Schiff bewachen. Aber das müßt ihr wissen, daß er ein Sonntagskind war und ein vierblättriges Kleeblatt gefunden hatte; deshalb war er hellsehend, er konnte die Unsichtbaren sehen, aber sie konnten ihn nicht sehen.

Wie er nun so in der Vorkajüte saß, hörte er innen sprechen. Er schaute durch einen Spalt, und da sah er drei kohlschwarze Raben innen auf den Decksbalken sitzen, und die sprachen über ihre Männer. Alle waren sie ihrer überdrüssig und dachten auf ihren Tod. Man sah gleich, daß es Hexen waren, die andere Gestalt angenommen hatten.

«Aber ist auch gewiß keiner hier, der uns zuhören könnte?» sagte die eine von diesen Krähen. Der Bursche hörte an der Sprache, daß es die Frau des Kapitäns war.

«Nein, du siehst es ja», sagten die anderen, das war die Frau des Ersten und die des Zweiten Steuermanns, «hier ist keine Menschenseele an Bord.»

«Also will ich es sagen; ich weiß eine gute Art, sie loszuwerden», sagte die Kapitänsfrau wieder und hüpfte näher zu den beiden anderen hin; «wir wollen uns in drei Sturzwellen verwandeln und sie über Bord spülen und das Schiff mit Mann und Maus zum Sinken bringen.»

Das gefiel den anderen auch; und sie saßen lange und sprachen über den Tag und das Fahrwasser. «Aber es kann uns doch gewiß keiner hören?» sagte die Kapitänsfrau noch einmal.

«Das weißt du ja», sagten die beiden anderen.

«Ja, denn es gibt ein Mittel dagegen, und wenn das gebraucht wird, so geht es uns schlecht; dann kostet es uns nicht weniger als Leib und Leben.»

«Was ist denn das für ein Mittel, Schwester?» fragte die eine Steuermannsfrau.

«Ist es auch gewiß wahr, daß uns niemand zuhört? Ich meine, es rauchte jemand in der Vorkajüte.»

«Du weißt doch, wir haben in jeden Winkel geschaut. Sie haben nur vergessen, das Feuer in der Kombüse ausgehen zu lassen, deshalb raucht es», sagte die Steuermannsfrau. «Also sag nur.»

«Wenn sie drei Klafter Birkenholz kaufen», sagte die Hexe, «aber das Maß muß vollgemessen sein, und sie dürfen nicht darum feilschen – und sie werfen das eine Klafter Stück für Stück ins Wasser, wenn die erste Sturzwelle kommt, und das zweite Klafter Stück für Stück, wenn die zweite kommt, und das dritte Klafter Stück für Stück, wenn die dritte kommt, so ist es aus mit uns.»

«Ja, das ist wahr, Schwester, dann ist es aus mit uns! Dann ist es aus mit uns!» sagten die Steuermannsfrauen. «Aber es weiß es ja keiner», riefen sie und lachten laut, und damit flogen sie zur Luke hinaus und schrien und krächzten wie die Raben.

Als es an die Ausreise ging, wollte der Schiffsjunge um keinen Preis der Welt mit; was auch der Kapitän ihm zuredete und versprach, es half nichts; er wollte um keinen Preis mit. Schließlich fragten sie, ob er sich fürchte, weil es auf den Herbst zugehe, und sich lieber hinter dem Ofen in Mutters Schürze verkriechen wolle. Nein, sagte der Bursch, Angst habe er nicht, und sie hätten wohl noch nie solche Landrattenstreiche von ihm gesehen; das wolle er ihnen auch zeigen, denn nun gehe er mit, aber das wolle er sich ausbedingen, daß drei vollgemessene Klafter Birkenholz gekauft würden und daß er an einem bestimmten Tag kommandieren dürfe, als sei er selbst der Kapitän. Der Kapitän fragte, was das für eine Narretei sei und ob er jemals gehört hätte, daß man einem Schiffsjungen das Kommando eines Schiffes anvertraut habe. Aber der Junge antwortete, das sei ihm gleich; wenn sie nicht die drei Klafter Birkenholz kaufen und ihm gehorchen wollten, als sei er der Kapitän, nur einen einzigen Tag lang – den Tag solle der Kapitän und die Mannschaft im voraus zu wissen bekommen –, so werde er das Schiff mit keinem Fuß mehr betreten, und noch viel weniger würde er dort jemals wieder Pech oder Teer an die Hände bekommen. Dem Kapitän kam die Sache kurios vor, aber schließlich gab er nach, weil er den Burschen mithaben wollte, und er dachte sich auch wohl, er werde wieder zu Verstand kommen, wenn sie erst einmal unterwegs wären. Der Steuermann war derselben Ansicht. «Laßt ihn nur ruhig kommandieren! Wenn es gar zu schiefgeht, so werden wir ihm schon helfen», sagte er. Also wurde das Birkenholz gekauft, vollgemessen und ungefeilscht, und sie stachen in See.

Als der Tag anbrach, an dem der Schiffsjunge kommandieren sollte, war das Wetter ruhig und schön; aber er trommelte die ganze Mannschaft heraus und ließ die ganzen Segel bis auf ein winziges Stückchen reffen. Der Kapitän und die Mannschaft lachten dazu und sagten: «Da kann man sehen, was für einer das Kommando hat; sollen wir nicht auch noch das letzte Segel reffen?» – «Noch nicht», sagte der Schiffsjunge, «aber in einer kleinen Weile.»

Da kam auf einmal eine Bö daher und gleich so heftig, daß sie glaubten, sie würden kentern, und wenn sie nicht die Segel gerefft hätten, so wären sie ohne Zweifel untergegangen, als die erste Sturzwelle über das Schiff brauste. Der Bursche befahl, sie sollten das erste Klafter Birkenholz über Bord werfen, aber Stück für Stück, eins nach dem andern, niemals zwei, und die anderen zwei Klafter dürften sie nicht anrühren. Jetzt gehorchten sie ihm aufs Wort und lachten nicht mehr, sondern warfen Stück für Stück das Birkenholz hinaus. Als das letzte fiel, hörten sie ein Stöhnen wie von einem, der mit dem Tode ringt, und da war die Bö schon vorbei.

«Gott sei Dank!» sagte die Besatzung – und der Kapitän sagte: «Das will ich aber der Reederei zu wissen tun, daß du Schiff und Ladung gerettet hast!»

«Das ist schon recht, aber wir sind noch nicht fertig», sagte der Bursche, «es kommt noch viel schlimmer», und er hieß sie jeden Fetzen festbinden, auch den Rest vom großen Marssegel. Die zweite Bö kam noch gewaltiger als die erste, und sie war so böse und heftig, daß die ganze Besatzung Angst hatte. Als es am schlimmsten war, sagte der Bursche, sie sollten nun das zweite Klafter über Bord werfen; und sie warfen Stück für Stück hinaus und gaben wohl acht, daß sie nichts vom dritten Klafter nahmen. Als das letzte Stück fiel, hörten sie wieder ein tiefes Stöhnen, und dann wurde es ruhig. «Nun kommt noch ein Ansturm, und das ist der schlimmste», sagte der Bursche und kommandierte jeden auf seinen Posten, und am Schiff war kein Tau mehr los.

Die letzte Bö kam noch viel heftiger als die beiden ersten; das Schiff legte sich über, daß sie glaubten, es würde sich nicht mehr aufrichten, und die Sturzwelle ging über das Deck.

Aber der Bursche hieß sie das letzte Klafter Holz über Bord werfen, Stück für Stück und nicht zwei auf einmal. Als das letzte Holzstück fiel, hörten sie ein tiefes Stöhnen wie von einem, der einen schweren Tod stirbt, und als es ruhig wurde, war die ganze See mit Blut gefärbt, so weit sie sehen konnten.

Als sie an Land kamen, sprachen der Kapitän und der Steuermann davon, daß sie an ihre Frauen schreiben wollten. «Das könnt ihr ruhig bleiben lassen», sagte der Schiffsjunge, «ihr habt ja doch keine Frauen mehr.»

«Was faselst du da, du Grünschnabel! Haben wir denn keine Frauen?» sagte der Kapitän. – «Oder hast du sie am Ende gar umgebracht?» sagte der Steuermann.

«Nein, das haben wir alle zusammen besorgt», gab der Junge zur Antwort und erzählte, was er an jenem Sonntag, als er das Schiff bewachte, gehört und gesehen hatte, als die Mannschaft an Land war und der Kapitän bei dem Holzbauern Extrafracht einhandelte.

Als sie heimkamen, erfuhren sie, daß ihre Frauen am Tag vor dem Unwetter verschwunden seien, und seitdem hatte niemand etwas von ihnen gesehen oder gehört.

15

Der Meisterdieb

Es war einmal ein Häusler, der hatte drei Söhne; er hatte ihnen gar nichts zu hinterlassen und war zu arm, um sie auch nur ein Handwerk lernen zu lassen. Schließlich sagte er, sie sollten anfangen, was ihnen am besten paßte, und gehen, wohin sie Lust hätten, er wolle sie gern ein Stück weit begleiten; das tat er auch und ging mit, bis sie an einen dreifachen Kreuzweg kamen; da wählte sich jeder seinen Weg, und der Vater nahm Abschied von ihnen und zog wieder heim. Wo die beiden Ältesten hingekommen sind, habe ich nie erfahren, aber der Jüngste kam weit herum.

Eines Nachts, als er durch einen großen Wald wanderte, kam ein gewaltiges Unwetter über ihn; der Sturm blies und fauchte, daß er kaum mehr die Augen offenhalten konnte, und ehe er sich's versah, hatte er sich verirrt und konnte weder Weg noch Steg mehr finden; aber schließlich sah er fern im Wald ein Licht schimmern. Das machte er sich zum Ziel, und schließlich kam er auch dorthin. Es war ein großes Haus, und darin brannte helles Herdfeuer, so daß er sah, daß die Bewohner noch nicht zu Bette gegangen waren. Er trat ein und fand drinnen eine alte Frau, die sich allerhand zu schaffen machte.

«Guten Abend!» sagte der Bursche. «Guten Abend!» sagte die Frau. «Hu! Es ist so abscheuliches Wetter draußen heut nacht!» sagte der Bursche. «Das ist wahr», sagte die Frau. «Kann ich heut nacht bei Euch Unterkunft finden?» fragte der Bursche. «Hier ist nicht gut unterkriechen», sagte die Frau, «denn wenn die Leute heimkommen und dich antreffen, so bringen sie dich und mich um.» – «Was wohnen denn für Leute hier?» fragte der Bursche. «Ach, Räuber und derartiges Pack», sagte die Frau. «Und mich haben sie geraubt, als ich klein war, und mich zu ihrer Haushälterin gemacht.» – «Ich glaube, ich quartiere mich doch hier ein», sagte der Bursche, «es mag nun gehen, wie es will; denn hinaus möchte ich bei diesem Wetter nicht mehr.» – «Ja, da tust du dir selbst das Schlimmste an», antwortete die Frau.

Der Bursche legte sich in ein Bett, das dort stand, aber zu schlafen traute er sich nicht, und auf einmal kamen die Räuber, und da sagte die Frau, es sei ein fremder Bursch gekommen, den sie nicht wieder hinausgebracht habe.

«Hast du gesehen, ob er Geld bei sich hatte?» sagten die Räuber. «Ach, der und Geld!» sagte die Frau. «Der hatte ja kaum Kleider auf dem Leibe.» Die Räuber sprachen leise miteinander und berieten, was sie mit ihm anfangen könnten, ob sie ihn umbringen sollten oder was sonst. Da stand der Bursche auf und fing ein Gespräch mit ihnen an und fragte, ob sie nicht einen Knecht nötig hätten, denn er habe große Lust, bei ihnen zu dienen. «Ja», sagten sie, «wenn du Lust zu unserm Handwerk hast, dann kannst du schon bei uns in Dienst treten.» – «Ja, das ist mir ganz gleich», sagte der Bursche, «was für ein Handwerk ich treibe, denn als ich von Hause auszog, hat mir mein Vater erlaubt, zu lernen, was ich wollte.» – «Hast du also Lust zum Stehlen?» fragten die Räuber. «Ja», sagte der Bursche, das Handwerk werde er schon lernen.

Ein Stück von ihnen weg wohnte ein Mann, der hatte drei Ochsen, mit einem davon wollte er in die Stadt gehen und ihn verkaufen. Das hatten die Räuber herausgebracht. Da sagten sie zu dem Burschen, wenn er es fertigbrächte, dem Manne unterwegs den Ochsen zu stehlen, ohne daß dieser es merke und ohne daß er ihm ein Leids tue, so wollten sie ihn in Dienst nehmen, sonst nicht. – Da nahm der Bursche einen schönen Schuh mit silberner Schnalle, der gerade dastand, und machte sich auf den Weg. Den Schuh stellte er auf den Weg, wo der Mann mit dem Ochsen vorbei mußte, und er selbst versteckte sich im Wald hinter einem Busch. Als der Mann kam, fiel ihm der Schuh sofort in die Augen. «Das wäre ein schöner Schuh», sagte er, «wenn ich den anderen auch hätte, so würde ich sie mit nach Hause nehmen, damit könnte ich meiner Frau einmal eine Freude machen.» Denn er hatte eine so böse und bissige Ehehälfte, daß er nie lange Zeit ohne Schläge und Prügel durchkam. Aber er dachte, mit dem einen Schuh könne er nichts anfangen, wenn er nicht auch den anderen hätte, und ging weiter und ließ den Schuh stehen. Der Bursche nahm den Schuh und eilte dem Mann voraus durch den Wald und stellte den Schuh wieder vor ihm auf den Weg. Als der Mann mit dem Ochsen kam, ärgerte er sich, weil er so dumm gewesen war, den ersten Schuh stehenzulassen. «Ich will doch zurücklaufen und auch noch den anderen Schuh holen», sagte er zu sich selbst und band den Ochsen an den Zaun. «Dann habe ich ein Paar schöne Schuhe für meine Frau, vielleicht ist sie dann endlich einmal zufrieden.»

Er ging also und suchte weit und breit nach dem Schuh, aber er fand ihn nicht; schließlich mußte er mit dem einzelnen, den er hatte, wieder umkehren. Währenddessen hatte der Bursche den Ochsen losgebunden und sich aus dem Staub mit ihm gemacht. Als der Mann kam und sah, daß der Ochse fort war, fing er an zu weinen und zu jammern, denn er hatte Angst, seine Frau möchte ihn totschlagen, wenn sie hörte, daß der Ochse abhanden gekommen war.

Schließlich kam ihm der Einfall, nach Hause zu gehen und den anderen Ochsen aus dem Stall zu nehmen und mit ihm in die Stadt zu gehen und ihn recht teuer zu verkaufen, daß seine Frau nichts merkte. Aber die Räuber hatten auch das wieder ausspioniert und sagten zu dem Burschen, wenn er es fertigbrächte, auch diesen zu stehlen, ohne daß es der Mann merkte und ohne daß er ihm ein Leid antue, so wollten sie ihn als ihresgleichen anerkennen. Das sei nicht sonderlich schwer, sagte der Bursche.

Diesmal nahm er einen Strick mit und hängte sich unter den Armen auf, gerade da, wo der Mann vorbei mußte. Als der Mann mit seinem Ochsen ankam und die Gestalt da hängen sah, wurde ihm doch ein wenig eigen zumute, und er sagte: «Du hast's aber ernst genommen, wie du dich da aufgehängt hast; aber von mir aus kannst du dort hängenbleiben, ich kann dich doch nicht wieder lebendig machen.» Und damit ging er mit seinem Ochsen weiter. Da sprang der Bursche vom Baum herunter, lief auf einem näheren Weg und kam dem Mann voraus und hängte sich ihm wieder mitten in den Weg. «Ob du dich wirklich und wahrhaftig aufgehängt hast oder ob du bloß ein Spuk bist?» sagte der Mann. «Aber von mir aus kannst du hängenbleiben, ob du nun ein Spuk bist oder sonst was!» sagte er und ging mit seinem Ochsen wieder weiter. Der Bursche machte es wieder genauso wie das vorige Mal, sprang vom Baum, lief einen kürzeren Weg und hängte sich dem Mann mitten in den Weg. Als er das sah, sagte er zu sich selbst: «Das ist ja gräßlich! Haben sich die nun alle drei ernsthaft aufgehängt? Aber ich glaube doch, ich sehe Gespenster! Jetzt will ich aber wissen, wie es sich verhält;

hängen die beiden anderen noch, so ist es Wirklichkeit, hängen sie nicht mehr, so ist es nur Spuk!»

Damit band er seinen Ochsen fest und ging seinen Weg zurück und wollte sehen, ob die beiden anderen wirklich noch hingen. Während er nun ging und an allen Bäumen hinaufschaute, sprang der Bursche hinunter und machte sich mit dem Ochsen davon. Als der Mann zurückkam und sah, daß der Ochse fort war, kam er ganz aus dem Häuschen, fing an zu jammern und zu weinen. Aber schließlich beruhigte er sich wieder und dachte: ‹Es bleibt mir nichts anderes übrig, als nach Hause zu gehen und auch den dritten zu holen, ohne daß es die Frau merkt, und den muß ich dann um so teurer losschlagen.› Er ging auch heim und holte ihn und zog mit ihm ab, ohne daß die Frau etwas merkte. Aber die Räuber merkten es wohl und sagten zu dem Burschen, wenn er es fertigbrächte, auch diesen Ochsen zu stehlen, ebenso wie die beiden anderen, so solle er ihr Hauptmann werden.

Der Bursche ging wieder in den Wald, und als der Mann mit dem Ochsen kam, fing er an zu brüllen wie ein anderer großer Ochse. Da freute sich der Mann, denn er meinte, seinen Mastochsen zu hören, und dachte, nun würde er sie alle beide wiederfinden, band also den dritten fest und lief in den Wald und suchte. Inzwischen machte sich der Bursche mit dem dritten Ochsen davon. Als der Mann wieder an die Stelle kam und merkte, daß der dritte Ochs nun auch fort war, war er über alle Maßen verzweifelt und weinte und lamentierte und getraute sich viele Tage lang nicht heimzugehen aus lauter Angst, seine Frau möchte ihn totschlagen. Die Räuber aber waren auch nicht sonderlich zufrieden, daß sie den Burschen nun als ihren Hauptmann anerkennen mußten.

Da wollten sie einmal einen Streich ausführen, den ihnen der Bursche nicht nachmachen konnte; sie gingen also alle zusammen fort und ließen ihn allein zu Hause.

Das erste, was der Bursche tat, als sie glücklich fort waren, war, daß er die Ochsen hinausließ, so daß sie wieder zu ihrem rechtmäßigen Besitzer zurückkehrten; und der Bauer war wahrhaftig froh. Darauf nahm der Bursche alle Pferde, die die Räuber hatten, und belud sie mit dem Besten und Schönsten, was er fand, mit Gold und Silber und Gewändern und anderen prächtigen Dingen, und trug der Alten einen schönen Gruß an die Räuber auf, er ließe sich vielmals bedanken und er ginge jetzt fort, und sie würden ihn nicht so leicht wieder einholen; und damit machte er sich davon.

Nach langem Wandern kam er wieder auf den Weg, von dem aus er zuerst zu den Räubern gekommen war. Bevor er aber nach Hause kam, da, wo sein Vater wohnte, zog er eine Uniform an, die er unter den Sachen der Räuber gefunden hatte. Es war eine Art Generalsuniform, und er fuhr darin vor wie ein großer Herr. Dann stieg er ab und ging ins Haus und fragte, ob er ein Unterkommen für die Nacht haben könne. Nein, das sei durchaus nicht möglich. «Wie könnte ich denn einen so vornehmen Herrn beherbergen?» sagte der Mann. «Ich habe kaum ein Bett für mich selbst, und das ist noch dazu elend und schlecht.» – «Du bist immer ein harter Mann gewesen, und das bist du auch heute noch», sagte der Bursche, «daß du nicht einmal deinen eigenen Sohn aufnehmen willst.» – «Ja, bist denn du mein Sohn?» fragte der Mann. – «Kennst du mich denn gar nicht mehr?» sagte der Bursche. Da erkannte er ihn wieder. «Aber, was hast du denn angefangen, daß so rasch ein solch vornehmer Herr aus dir geworden ist?» fragte der Vater. «Das will ich dir gleich sagen!» antwortete der Bursche. «Du hast gesagt, ich solle anfangen, was ich wolle, und da bin ich bei etlichen Dieben und Räubern in die Lehre gegangen, und jetzt habe ich die Lehrzeit hinter mir und bin Meisterdieb», sagte er.

Ganz nahe neben dem Vater wohnte ein Amtmann, der hatte ein großes Anwesen und so viel Geld, daß er kaum selbst wußte wieviel, und außerdem eine Tochter, die war lieb und wunderschön. Diese wollte der Meisterdieb zur Frau haben, und er sagte zu seinem Vater, er solle zu dem Amtmann gehen und für ihn um seine Tochter anhalten. «Wenn er fragt, was für ein Handwerk ich treibe, so sage nur, ich bin der Meisterdieb», sagte er. «Ich glaube, du bist ganz verrückt», antwortete der Mann, «denn bei Sinnen bist du gewiß nicht, wenn du solche Narrenspossen ausheckst.» Doch, er solle auf jeden Fall zum Amtmann gehen und um seine Tochter anhalten, es müsse unbedingt sein, sagte der Bursche. «Aber ich traue mich nicht, deinen Freiwerber zu machen beim Amtmann, der so reich ist und so viel Geld hat!» meinte der Mann. Er müsse aber, ob er wolle oder nicht, sagte der Meisterdieb. Wenn er nicht in Güte gehen wolle, so müsse er mit Gewalt. Aber der Vater wollte immer noch nicht, und da drohte der Sohn ihm mit einem großen Birkenast, so daß der Vater jammernd und heulend zum Amtmann gelaufen kam. «Was fehlt dir denn?» fragte der Amtmann. Da erzählte der Mann, daß er drei Söhne habe, und wie er ihnen versprochen habe, daß sie gehen dürften, wohin sie wollten, und anfangen, was sie wollten, «und nun ist der jüngste heimgekommen und hat mich bedroht und gezwungen, zu dir zu gehen und deine Tochter für ihn zur Frau zu verlangen, und ich sollte sagen, er sei Meisterdieb». – «Sei nur ganz ruhig, guter Mann», sagte da der Amtmann, «und sage ihm von mir, daß er das erst beweisen muß. Wenn er am Sonntag den Braten vom Spieß stehlen kann in meiner Küche, wenn alle darauf aufpassen, dann soll er meine Tochter bekommen.» Das richtete der Vater aus, und der Bursche sagte, das sei ja eine Kleinigkeit für ihn. Er fing drei lebende Hasen, steckte sie in einen Sack und zog sich recht zerlumpt an, so daß er arm und jämmerlich aussah, und in diesem elenden Aufzug schlich er sich am Sonntagvormittag in den Hausgang des Amtmanns wie ein Betteljunge. Der Amtmann selbst und alle Leute im Hause waren in der Küche, um den Braten zu hüten. Da auf einmal ließ der Bursche den einen Hasen heraus, und der rannte davon und lief draußen auf dem Hof herum. «Nein, seht nur den Hasen da!» sagten sie drinnen in der Küche und wollten hinaus, um ihn zu fangen. Der Amtmann sah ihn auch. «Ach, laßt ihn laufen!» sagte er. «Einen Hasen im Sprung kann man nicht fangen.»

Es dauerte nicht lange, so ließ der Bursche den zweiten Hasen laufen, und die in der Küche sahen ihn und meinten, es sei der gleiche; sie wollten wieder hinaus und ihn fangen, aber der Amtmann sagte, das habe keinen Zweck. Aber nach einer Weile ließ er den dritten los, und der rannte davon und lief im Hofe herum. Die in der Küche sahen ihn auch und meinten wieder, es sei der gleiche, und wollten hinaus und ihn fangen. «Das ist doch ein kurioser Hase», sagte der Amtmann. «Wir wollen doch sehen, ob wir ihn nicht erwischen können!» Er und die anderen hinaus, und der Hase voran, und die Gesellschaft hinterdrein, daß es nur so eine Art hatte. Aber mittlerweile nahm der Meisterdieb den Braten und lief damit davon, und woher der Amtmann einen Sonntagsbraten bekommen hat, weiß ich nicht, aber das weiß ich, daß er zu keinem Hasenbraten gekommen ist, obgleich er sich heiß und müde rannte.

Am Mittag kam der Pfarrer, und der Amtmann erzählte ihm den Streich. Und da lachte der Pfarrer ihn ganz gewaltig aus. «Ich weiß nicht, wie es mir hätte passieren können, daß mich ein solcher Kerl an der Nase herumführen sollte!» sagte der Pfarrer. «Ja, wart du nur!» meinte der Amtmann. «Vielleicht kriegt er dich dran, ehe du dich's versiehst!» Aber der Pfarrer blieb bei seiner Meinung und lachte den Amtmann aus, weil er sich hatte narren lassen.

Später am Nachmittag kam der Meisterdieb und wollte die Amtmannstochter haben, der Abrede gemäß. «Erst mußt du noch weitere Probestücklein liefern», sagte der Amtmann und redete ihm gütlich zu. «Denn was du heute geleistet hast, war gerade nichts Besonderes. Könntest du nicht dem Pfarrer einen tüchtigen Streich spielen, weil er mich so auslacht, daß ich mich von so einem Kerl habe narren lassen?» Ja freilich, das sei eine Kleinigkeit für ihn, sagte der Meisterdieb.

Er verkleidete sich in einen Vogel, hängte sich eine große weiße Decke um, riß einer Gans die Flügel ab und band sie an seinem Rücken fest und kletterte so auf einen großen Ahornbaum, der im Pfarrgarten stand. Als der Pfarrer am Abend nach Hause kam, fing der Bursche an zu schreien: «Herr Lars! Herr Lars!», denn der Pfarrer hieß Herr Lars. «Wer ruft mich?» fragte der Pfarrer. «Ich bin ein Engel und von Gott gesandt, um dir zu verkünden, daß du lebendig ins Himmelreich kommen sollst um deiner großen Frömmigkeit willen», sagte der Meisterdieb. «Am nächsten Montagabend mußt du dich reisefertig halten, denn da werde ich kommen und dich in einem Sack holen, und alles Gold und Silber und was du sonst von irdischen Gütern besitzest, mußt du auf einen Haufen legen in deiner guten Stube!» Herr Lars fiel auf die Knie und dankte für die Botschaft, und am nächsten Sonntag hielt er eine Abschiedspredigt und sprach darüber, daß ihm ein Engel vom Himmel in seinem großen Ahornbaum erschienen sei und ihm verkündigt habe, daß er bei lebendem Leib in den Himmel kommen werde um seiner großen Frömmigkeit willen, und er predigte so herzbewegend, daß alle Leute in der Kirche, jung und alt, weinten. Am Montag kam der Meisterdieb wieder als Engel, und der Pfarrer fiel wieder auf die Knie und dankte ihm, bevor er in den Sack gesteckt wurde, und als er darin war, da zog und schleifte ihn der Meisterdieb über Stock und Stein. «Au! Au!» schrie der Pfarrer. «Wo kommen wir hin?» – «Das ist der schmale Weg, der zum Himmelreich führt!» sagte der Meisterdieb und schleifte ihn weiter, daß er sich fast alle Knochen brach. Zuletzt warf er ihn in den Gänsestall des Amtmanns, und die Gänse fielen über ihn her und zischten und bissen, daß der Pfarrer im Sack mehr tot als lebendig war. «Au! Au! Wo bin ich jetzt?» schrie er. «Nun bist du im Fegefeuer und wirst gereinigt und geläutert für das ewige Leben!» sagte der Meisterdieb und holte sich alles Gold und Silber und all die schönen Sachen, die der Pfarrer in seiner Stube aufgehäuft hatte.

Am anderen Morgen kam die Gänsehirtin und wollte die Gänse aus dem Stall lassen; da hörte sie den Pfarrer in dem Sack jammern und lamentieren. «Aber um Gottes willen, wer seid Ihr und was fehlt Euch denn?» – «Ach, wenn du ein Engel vom Himmel bist, so laß mich heraus und schick mich wieder auf die Erde, hier geht es mir schlimmer als in der Hölle, die kleinen Teufel zwicken mich ja mit Zangen!» sagte der Pfarrer. «Ich bin gewiß kein Engel, Gott helf uns!» sagte das Mädchen und half ihm aus dem Sack. «Ich hüte nur des Amtmanns Gänse, und das sind wohl die kleinen Teufel, die Euch so zugesetzt haben!» – «O weh, das ist der Meisterdieb gewesen! O mein schönes Gold und Silber und meine pracht-vollen Kleider!» schrie der Pfarrer und jammerte sehr und rannte nach Hause, daß das Gänsemädchen meinte, er hätte den Verstand verloren.

Als der Amtmann erfuhr, wie es dem Pfarrer ergangen war, daß er auf dem schmalen Weg zum Himmel und auch im Fegefeuer gewesen sei, lachte er, daß er fast platzte. Aber als der Meisterdieb kam und seine Tochter haben wollte, wie es ausgemacht war, redete er ihm gütlich zu und sagte: «Du mußt nochmals eine Probe ablegen, die schwerer ist, damit ich auch wirklich sehe, ob du tüchtig bist. Ich habe zwölf Pferde im Stall, und auf jedem will ich einen Knecht sitzen lassen; wenn du es fertigbringst, die Pferde unter ihnen weg-zustehlen, so will ich sehn, was ich für dich tun kann.» – «Ja, das ließe sich hören», sagte der Meisterdieb, «wenn ich auf diese Weise deine Tochter bekäme, so...» – «Ja, wenn du das fertigbringst, so will ich mein Bestes tun», sagte der Amt-mann.

Da ging der Meisterdieb zum Krämer und kaufte sich Branntwein, zwei Flaschen voll; in die eine goß er einen Schlaftrunk, in der anderen aber ließ er den Branntwein, wie er war. Dann bestellte er elf Knechte, die mußten sich zur Nacht hinter der Scheune des Amtmanns verstecken. Für Geld und gute Worte verschaffte er sich von einem alten Weib einen zerlumpten Rock und einen Kittel, nahm einen Stock in die Hand und einen Sack auf den Rücken, und als es gegen Abend ging, humpelte er in diesem Aufzug gegen den Stall des Amtmanns zu. Als er dort ankam, tränkten eben die Leute die Pferde und waren sehr beschäftigt damit. «Was zum Kuckuck willst du denn da?» sagte einer von den Knechten zur Alten. «Ach Gott, es ist so kalt», jammerte die Frau und schüttelte sich und klapperte vor Frost und lamentierte. «Ach Gott, es ist so kalt, daß eine arme Seele zu Stein und Bein frieren könnte!» Und sie zitterte und bebte und klapperte mit den Zähnen. «Darf ich nicht hier hinter der Stalltür bleiben?» sagte sie. «Was du dir nicht einbildest! Pack dich fort, denn wenn der Amtmann dich erwischt, so pfeift er uns was!» sagte einer. «Ach, das elende alte Weib!» sagte einer, der offenbar Mitleid mit ihr hatte. «Die Alte kann doch ruhig dasitzen, die richtet doch gewiß kein Unheil an!» Die anderen aber wollten nichts davon wissen, und während sie darüber stritten und die Pferde besorgten, schlich sich die Alte immer weiter hinein und kroch schließlich hinter die Tür, und da bemerkte sie zunächst niemand.

In der Nacht aber wurde es den Leuten kalt, die da so ruhig auf den Pferden sitzen mußten. «Huh, das ist ja ganz verflucht kalt!» sagte einer und schlug sich mit den Armen um die Schultern. «Ja, mich friert, daß ich nur so klappere», sagte ein anderer. «Wer nur ein bißchen Tabak hätte», sagte ein dritter. Ein anderer hatte auch wirklich ein Päckchen, das teilten sie, es war zwar nicht viel für jeden, aber sie kauten und spuckten doch. Ein wenig half es wohl, aber bald danach waren sie wieder gleich übel dran. «Huh!» sagte einer und schüttelte sich. «Huh!» sagte die Alte und klapperte mit den Zähnen, daß die Kiefer nur so wackelten. Dann nahm sie die Flasche mit dem puren Branntwein und schüttelte sie, daß es schwappte, und dann nahm sie einen Schluck, daß es ihr in der Kehle gluckste. «Was hast du da in der Flasche?» sagte einer von den Stallknechten. «Ach, nur ein bißchen Branntwein», sagte sie. «Branntwein! Was? Gib her! Gib her!» schrien sie alle zwölf wie aus einem Munde. «Ach, ich habe ja nur so wenig», sagte sie, «ihr könnt ja nicht einmal den Mund damit anfeuchten.» Aber sie wollten ihn durchaus haben und ließen nicht ab. Da nahm die Alte die Flasche mit dem Schlaftrunk und hielt sie dem ersten an den Mund und ruhte nicht, bis jeder genug hatte, und der zwölfte hatte noch nicht getrunken, als auch der erste schon dasaß und schnarchte. Da tat der Meisterdieb seine Lumpen ab und nahm sachte den einen nach dem anderen herunter und setzte ihn quer auf den Balken und rief seine elf Leute und jagte mit den Pferden davon.

Als der Amtmann am Morgen kam und nach seinen Leuten sah, kamen sie erst so allmählich zu sich, die einen hieben mit den Sporen in den Balken, daß die Späne davonflogen, und die anderen blieben hängen und saßen da wie die Narren. «Aha», sagte der Amtmann, «ich merke schon, wer hier gewesen ist. Aber ihr seid mir doch ganz traurige Kerle, so dazusitzen und euch die Pferde unter dem Hosenleder wegstehlen zu lassen!» Und so bekamen sie ihr Fett, weil sie nicht besser aufgepaßt hatten.

Später am Tag kam der Meisterdieb und erzählte, wie er die Sache angefangen hatte, und wollte die Tochter des Amtmanns haben, wie es ausgemacht war. Aber der Amtmann gab ihm hundert Taler und sagte, er müsse noch ein besseres Stück liefern. «Glaubst du, du kannst mir das Pferd unter dem Leib wegstehlen, während ich darauf sitze und reite?»

sagte der Amtmann. «Ja, das könnte ich schon tun, wenn ich nur dann deine Tochter bekäme!» sagte der Meisterdieb. Ja, er wolle sehen, was sich tun lasse, sagte er und gab ihm einen Tag an, wo er auf einem großen Exerzierplatz spazierenreiten werde.

Der Meisterdieb verschaffte sich sogleich eine alte abgerackerte Schindmähre, flocht sich einen Zaum aus Weiden und Reisern, kaufte sich einen alten Karren und eine große Tonne und sagte dann zu einem zahnlosen alten Weib, er wolle ihr zehn Taler geben, wenn sie in das Faß kriechen und hinter dem Zapfloch den Mund aufsperren wolle, er werde dann den Finger hineinstecken – Böses solle ihr nicht geschehen, sie würde nur ein bißchen herumgefahren werden –, und wenn er den Finger mehr als einmal herauszöge, so solle sie noch weitere zehn Taler haben. Er selbst zog alte Lumpen an, machte sich schwarz im Gesicht, setzte eine Perücke auf und klebte sich einen großen Bart von Ziegenhaaren an, so daß kein Mensch ihn erkennen konnte. Und so zog er nach dem Platz, wo der Amtmann schon lang herumgeritten war.

Das Fuhrwerk ging aber so langsam und traurig vor sich, daß es fast nicht vom Fleck kam; es kroch ein wenig vorwärts, dann stand es wieder ganz still; dann kroch es wieder ein bißchen, und das Ganze nahm sich so elend aus, daß der Amtmann nie und nimmer auf den Gedanken kommen konnte, daß das der Meisterdieb sein möchte. Er ritt auf ihn zu und fragte ihn, ob er nicht einen im Wald habe herumschleichen sehen. «Nein», sagte der Mann, er habe niemand gesehen. «Hör einmal», sagte der Amtmann, «du könntest in den Wald reiten und nachsehen, ob du niemand siehst, der da drinnen herumschleicht, ich will dir mein Pferd dazu leihen, und du bekommst auch ein gutes Trinkgeld für deine Mühe!» – «Nein, das kann ich nicht», sagte der Mann, «denn ich muß dieses Faß Met zu einer Hochzeit fahren, aber unterwegs ist mir der Zapfen herausgefallen, und nun muß ich die ganze Zeit den Finger ins Loch halten.» – «Reit nur ruhig hin!» sagte der Amtmann. «Ich will schon auf das Pferd und das Faß aufpassen.» Nun, dann wolle er reiten, sagte der Bursche, aber der Amtmann müsse sogleich seinen Finger ins Zapfloch stecken, sowie er den seinigen herauszöge. Der Amtmann sagte, er werde sein Bestes tun, und also stieg der Meisterdieb auf das Pferd, aber die Zeit verging und verging, und es kam niemand zurück. Schließlich wurde es dem Amtmann langweilig, den Finger ins Zapfloch zu stecken, und er zog ihn heraus. «Nun bekomme ich noch einmal zehn Taler!» schrie die Alte in der Tonne. Da merkte er schon, wie die Sache zusammenhing, und machte sich auf den Heimweg. Aber als er ein Stückchen gegangen war, brachte man ihm schon sein Pferd entgegen, denn der Meisterdieb war bereits damit nach Hause gekommen.

Am Tag darauf kam er zum Amtmann und wollte seine Tochter haben, der Abrede gemäß. Der Amtmann redete gütlich mit ihm, gab ihm zweihundert Taler und sagte, er müsse noch eine Probe ablegen; wenn er diese bestehe, so solle er sie zur Frau haben. Der Meisterdieb wollte gleich die Bedingungen erfahren. «Kannst du mir wohl das Leintuch aus meinem Bett stehlen und meiner Frau das Hemd vom Leib?» sagte der Amtmann. «Das läßt sich schon machen», sagte der Meisterdieb, «wenn ich nur ebenso sicher deine Tochter hätte!»

Als es Nacht wurde, ging der Meisterdieb hinaus zum Galgen und schnitt einen Dieb herunter, lud ihn auf seinen Rükken und nahm ihn mit; weiter holte er sich eine Leiter, stellte sie unter das Kammerfenster des Amtmanns, stieg hinauf und ließ vor dem Fenster den Toten auf und nieder hantieren, gerade als ob einer zum Fenster hereinsteigen wollte. «Das ist der Meisterdieb, Frau!» sagte der Amtmann und puffte seine Frau in die Seite. «Jetzt schieße ich auf ihn!» sagte er und langte eine Flinte herauf, die er neben sein Bett gelegt hatte.

«Nein, das darfst du nicht tun», sagte die Frau, «du hast ihn ja selber bestellt!» – «Doch, ich will auf ihn schießen!» sagte er und zielte sorgfältig; aber einmal war der Kopf so weit oben, daß er ein Stückchen davon sah, dann war er wieder weg, so daß er gar nichts sah; schließlich knallte er doch los, und der Tote fiel mit einem Plumps auf die Erde. Der Meisterdieb von der Leiter herunter, so schnell er nur gerade konnte.

«Zwar bin ich ja selber die hohe Obrigkeit», sagte der Amtmann, «aber ich möchte doch nicht, daß die Leute Anlaß zu Gerede hätten und den Toten zu sehen bekämen; da ist es wohl am besten, ich gehe hinunter und begrabe ihn.» – «Das mußt du machen, wie du es für recht findest», sagte die Frau. Der Amtmann ging hinunter, und kaum war er draußen, so schlüpfte der Meisterdieb hinein und schlich sich zu der Frau hin. «Nun, Mann», sagte die, denn sie glaubte, es sei ihr Mann, «bist du schon fertig?» – «Ach ja», sagte der Meisterdieb, «ich habe ihn nur eingegraben und Erde darübergescharrt, daß man ihn nicht sieht, denn es regnet so sehr draußen; ich kann's ja später noch gründlicher machen; du mußt mir aber das Leintuch zum Abtrocknen geben, ich habe mich dabei über und über voll Blut beschmiert.» Das gab sie ihm. «Du mußt mir auch noch dein Hemd geben», sagte er, «denn das Leintuch reicht nicht, wie ich eben merke.» Auch das bekam er; aber da fiel ihm ein, daß er vergessen hatte, das Tor wieder zuzuschließen, und er mußte noch einmal hinunter, ehe er sich wieder zu Bett legen konnte. Und so machte er sich mit dem Leintuch und dem Hemd davon.

Eine Weile hernach kam der wirkliche Amtmann. «Nein, hast du aber lang gebraucht, um die Tür zuzuschließen!» sagte die Frau. «Was hast du nun mit dem Hemd und dem Leintuch gemacht?» – «Was?» fragte der Amtmann. «Ach, ich fragte nur, was du mit dem Hemd und dem Leintuch angefangen hast, die ich dir gab, um das Blut damit abzutrocknen?» sagte sie. «Zum Teufel!» schrie der Amtmann. «Ist er nun damit auch fort?»

Am Tag darauf kam der Meisterdieb und wollte des Amtmanns Tochter haben, wie es verabredet war. Und da konnte er nichts anderes machen, als sie ihm geben und eine stattliche Mitgift dazu, denn der Meisterdieb hätte ihm sonst noch die Augen aus dem Kopf gestohlen und ihn gar zu sehr in der Leute Mäuler gebracht. Der Meisterdieb lebte nun glücklich und in Freuden; ob er weiter gestohlen hat, weiß ich nicht; hat er es aber getan, so war es sicher nur zum Vergnügen.

16

Der ehrliche Vierschilling

Es war einmal eine arme Frau, die wohnte in einer elenden Hütte weit vom Dorfe weg. Wenig hatte sie zu beißen und gar nichts zu brennen, und deshalb schickte sie ihren kleinen Buben in den Wald, um Holz zu sammeln. Er hüpfte und sprang und sprang und hüpfte, um sich warm zu halten; denn es war ein kalter grauer Herbsttag, und jedesmal, wenn er einen Ast oder eine Wurzel in sein Holzbündel gesammelt hatte, mußte er mit den Armen gegen die Schultern schlagen, denn seine Hände waren vor lauter Kälte so rot wie die Preiselbeersträucher, über die er ging. Als er seine Holztrage voll hatte und heimwärts wanderte, kam er über ein Stoppelfeld. Da sah er einen eckigen weißen Stein liegen. «Ach, du armer alter Stein, wie weiß und bleich du bist, du frierst gewiß entsetzlich!» sagte der Bursche, zog seine Jacke aus und legte sie über den Stein. Als er nun mit dem Holz nach Hause kam, fragte seine Mutter, was denn das bedeuten solle, daß er in der Herbstkälte hemdsärmelig ginge? Er erzählte, er habe einen alten eckigen Stein gesehen, der sei ganz weiß und bleich vor Frost gewesen und dem habe er seine Jacke gegeben. «Du Narr», sagte die Frau, «meinst du, der Stein friert? Und wenn er auch geklappert hätte vor Kälte, so ist doch jeder sich selbst der Nächste. Deine Kleider kosten schon so genug, auch wenn du sie nicht draußen im Feld den Steinen anhängst» – und damit jagte sie den Burschen davon, seine Jacke zu holen. Als er zu dem Stein kam, hatte der sich gedreht und mit der einen Seite von der Erde erhoben. – «Ja, das ist gewiß, weil du die Jacke hast, du Armer», sagte der Bursche. Aber als er genauer hinschaute, stand da eine Geldkiste voller blanker Silbermünzen unter dem Stein. ‹Das ist gewiß gestohlenes Geld›, dachte der Bursche, ‹kein Mensch legt ehrlich erworbenes Geld unter Steine im Wald.› Und er nahm die Kiste und trug sie hinunter an den Teich in der Nähe und warf den ganzen Haufen Geld hinein. Aber ein Vierschilling blieb auf dem Wasser schwimmen. «Ja, der ist ehrlich, der Ehrliche sinkt nicht», sagte der Bursche. Er nahm den Vierschilling und ging mit ihm und seiner Jacke heim. Seiner Mutter erzählte er, wie es ihm gegangen war, daß der Stein sich gewendet hätte und daß er eine Kiste voll Silbermünzen gefunden und draußen in den Teich geworfen hätte, weil es gestohlenes Geld gewesen sei. «Aber ein Vierschilling schwamm oben, und den habe ich genommen, denn der war ehrlich», sagte der Bursche. «Du bist ein Narr», sagte die Frau – sie war voller Zorn –, «wenn nichts ehrlich wäre, als was auf dem Wasser schwimmt, dann gäbe es nicht viel Ehrlichkeit in der Welt. Und wenn das Geld zehnmal gestohlen gewesen wäre, so hast du es doch gefunden, und jeder ist sich selbst der Nächste. Hättest du das Geld behalten, so hätten wir unser Lebtag in Ruhe und Behagen leben können. Aber du bist ein Dummkopf und bleibst ein Dummkopf, und jetzt will ich mich nicht mehr länger mit dir plagen und schleppen. Nun mußt du hinaus und dein Brot verdienen.»

Da mußte der Bursche hinaus in die weite Welt, und er wanderte weit und breit umher und suchte einen Dienst. Aber wo er auch hinkam, da fanden ihn die Leute zu klein und zu schwach und sagten, sie könnten ihn zu nichts brauchen. Endlich kam er zu einem Kaufmann. Da behielt man ihn für die Küche, und er mußte der Köchin Holz und Wasser tragen. Als er dort lange Zeit gewesen war, wollte der Kaufmann einmal in ferne Länder reisen und fragte alle seine Dienstleute, was er für sie kaufen und mit nach Hause bringen solle. Als alle gesagt hatten, was sie sich wünschten, kam die Reihe auch an den kleinen Burschen, der in der Küche Holz und Wasser trug. Der reichte seinen Vierschilling her. «Ja, was soll ich denn dafür kaufen?» fragte der Kaufmann. «Das wird kein großer Einkauf werden.» – «Kauft, was Ihr dafür bekommen könnt, er ist ehrlich, das weiß ich», sagte der Bursche. Der Herr versprach es und segelte fort.

Als der Kaufmann nun im fremden Lande gelöscht und wieder geladen hatte und gekauft, was sich seine Dienstleute wünschten, ging er wieder auf sein Schiff und wollte vom Ufer abstoßen. Erst da fiel es ihm ein, daß ihm der Küchenjunge einen Vierschilling mitgegeben hatte, um etwas dafür zu kaufen. ‹Soll ich nun wegen dieses Vierschillings noch einmal hinauf in die Stadt? Man hat doch nur Ungelegenheiten, wenn man solches Pack aufnimmt›, dachte der Kaufmann. Da kam eine Frau gegangen mit einem Sack auf dem Rücken. «Was hast du denn da in dem Sack, Mütterchen?» fragte der Kaufmann. «Ach, nur eine Katze, ich kann sie nicht länger mehr füttern und will sie ins Meer werfen, damit ich sie loswerde», sagte die Alte. «Der Bursche hat ja gesagt, ich solle kaufen, was ich für den Vierschilling bekommen könne», sagte der Kaufmann zu sich selber und fragte die Frau, ob sie vier Schillinge für ihre Katze haben wolle. Die Frau war nicht faul und schlug ein, und der Handel war fertig.

Als nun der Kaufmann ein Stück weit gesegelt war, kam ein fürchterliches Unwetter über ihn und ein Himmelssturm ohne Maßen, und er trieb und trieb und wußte nicht, wohin. Schließlich kam er an ein Land, wo er noch nie zuvor gewesen war, und ging hinauf in die Stadt.

In dem Wirtshaus, wo er einkehrte, war der Tisch gedeckt, und an jedem Platz lag für jeden Gast ein Reis. Das kam dem Kaufmann wunderlich vor, denn er begriff nicht, was man mit all den Reisern anfangen sollte. Aber er setzte sich nieder und dachte: ‹Ich will genau sehen, was die andern damit tun, und dann kann ich es nachmachen.› – Ja, als die Speisen auf den Tisch kamen, da merkte er, wozu die Reiser da waren; da wimmelte es von Tausenden von Mäusen, und alle, die am Tische saßen, mußten mit ihrem Reis hantieren und fechten und um sich schlagen, und man hörte nichts als das Klatschen der Reiser, einmal ärger als das anderemal. Manchmal trafen die Leute einander ins Gesicht, da mußten sie sich Zeit nehmen und sagen: «Um Verzeihung!»

«Das Essen ist eine schwere Arbeit in diesem Land», sagte der Kaufmann, «warum haben die Leute hier denn keine Katze?» – «Katze?» fragten die Leute: sie wußten nicht, was das war. Da ließ der Kaufmann die Katze holen, die er für den Küchenjungen gekauft hatte, und als die Katze über den Tisch kam, da mußten die Mäuse schleunigst in ihre Löcher verschwinden, und die Leute hatten seit Menschengedenken noch nie in so guter Ruhe essen können. Sie baten und beschworen nun den Kaufmann, er solle ihnen doch seine Katze verkaufen. Schließlich sagte er, er wolle sie ihnen überlassen, aber hundert Taler wolle er dafür haben; die zahlten sie und bedankten sich noch schön.

Dann segelte der Kaufmann wieder weiter, aber kaum war er auf hohe See hinausgekommen, so sah er die Katze im großen Mast sitzen. Und gleich darauf kam wieder ein Sturm und Unwetter, noch schlimmer als das erstemal, und er trieb und trieb, bis er an einen Ort kam, wo er noch nie zuvor gewesen war. Der Kaufmann ging wieder in ein Wirtshaus, und hier war der Tisch auch mit Reisern gedeckt, aber sie waren viel größer und länger als da, wo er zuerst war. Und man hatte sie wohl nötig, denn hier waren noch viel mehr Mäuse und doppelt so große als die, die er zuerst gesehen hatte.

Hier verkaufte er wieder seine Katze, und diesmal bekam er zweihundert Taler dafür, und das ohne Feilschen.

Als er fortgesegelt war und ein Stück ins Meer hinausgekommen, saß die Katze oben im Mast. Und gleich fing das Unwetter wieder an, und schließlich wurde er auch diesmal an ein Land verschlagen, wo er noch nie gewesen war. Er kehrte wieder in ein Wirtshaus ein; da war der Tisch auch mit Reisern gedeckt, aber jedes Reis war anderthalb Ellen lang und so dick wie ein kleiner Besen, und die Leute sagten, sie kennten nichts Ärgeres, als sich zum Essen niederzusetzen, denn hier waren große häßliche Ratten zu Tausenden. Mit Not und Mühe konnte man einmal zwischendurch einen Bissen in den Mund schieben, so schwer hatte man es, die Ratten abzuwehren. Da wurde wiederum die Katze vom Schiff geholt, und nun konnten die Leute in Ruhe essen. Sie bettelten und baten nun den Kaufmann, er möchte ihnen doch seine Katze verkaufen; lange sagte er nein, aber schließlich sollten sie sie für dreihundert Taler bekommen; die zahlten sie, bedankten sich und segneten ihn noch obendrein.

Als nun der Kaufmann aufs Meer hinauskam, überlegte er, wieviel der Bursche mit dem Vierschilling gewonnen hatte, den er ihm mitgegeben hatte. «Ja, etwas von dem Gelde soll er bekommen», sagte der Kaufmann zu sich selber, «aber nicht alles. Denn mir hat er zu danken für die Katze, die ich für ihn gekauft habe, und jeder ist sich selbst der Nächste.»

Aber als der Kaufmann das dachte, kam ein Sturm und Unwetter, daß alle glaubten, das Schiff werde untergehen.

Da merkte der Kaufmann, daß ihm nichts anderes übrigbleiben werde, als zu geloben, daß der Bursche alles Geld bekommen solle. Kaum hatte er das Gelübde getan, so wurde
das Wetter gut, und er bekam strammen Wind nach Hause.
Als er an Land kam, gab er dem Burschen die sechshundert
Taler und seine Tochter dazu. Denn nun war der Küchenjunge ebenso reich wie der Kaufmann und mehr als das, und
seitdem lebte er in Herrlichkeit und Freude. Seine Mutter
nahm er zu sich und war freundlich gegen sie. «Denn ich
glaube nicht daran, daß jeder sich selbst der Nächste ist»,
sagte der Bursche.

17

Wie König Olav der Heilige
die Kirche in Seljord gebaut hat

In Seljord in Telemark liegt ein großer Berg, Bringsås, und
im Berge lebte ein Troll. Sein Name war Skaane oder auch
Vindfell. Der König hatte überall Kirchen gebaut, und auch
in Seljord suchte er einen Baumeister, der die Arbeit übernehmen könnte. Da hat er mit dem Riesen einen Vertrag geschlossen. Der Riese sollte innerhalb einer bestimmten Zeit
die Kirche bauen; falls der König den Namen des Riesen
nicht gefunden hatte, bevor die Kirche fertig war, sollte der
Riese zum Lohn die Sonne, den Mond und dazu des Königs
Kopf erhalten.

Wie man es erwartet hatte, ging die Arbeit sehr schnell
vonstatten, es fehlten nur die Spitze und die Wetterfahne,
und die sollten schon am nächsten Tag errichtet werden. Der
König aber hatte den Namen des Riesen noch nicht gefunden. Er war sehr bekümmert darüber und bat Gott, ihm zu

helfen. Der letzte Abend war schon da, und der Riese war in den Wald gegangen, um ein feines Stück Holz für die Spitze zu finden. Als der König an Bringsåas vorbeikam, hörte er aus dem Berge Gesang. Die Frau des Riesen brachte ihr Kind zum Schlafen und sang dabei:

> Schlaf, Kindchen, schlaf,
> Bald wird Skaane kommen
> Mit der Sonne und dem Mond,
> Und den Kopf des Königs
> Sollst du zum Spielzeug haben.

So war der König gerettet, und am nächsten Tag ging er zu der Kirche, wo der Riese oben auf dem Turme stand und die Spitze aufsetzte. Der Riese war ganz sicher, daß er den Lohn gewinnen würde, und er rief dem König zu: «Wie liegt die Kirche?» Da erwiderte der König: «Nach Osten und Westen, Skaane.» Als der Riese seinen Namen hörte, wurde er so zornig, daß er vom Turme herabfiel und sich erschlug. Die Kirche wird seitdem «Die Kirche Sankt Olavs» genannt, und so heißt sie noch am heutigen Tage.

18

Die Zauberäpfel

Es war einmal ein Bursche, der tat es immer allen andern zuvor. Es fehlte ihm nie an Geld; das kam daher, daß er einen Beutel hatte, der nie leer war. Nie fehlte es ihm an Nahrung; denn er hatte ein Tuch, und sobald er das ausbreitete, bekam er alles, was er wollte, Essen und Trinken. Dazu hatte er noch einen Wünschelhut. Wenn er den aufsetzte, konnte er sich wünschen, wohin er wollte, und sogleich war er dort. – Nur an einem Ding fehlte es ihm noch: er hatte keine Frau, und nun kam er allmählich in die Jahre, wo er sich hätte eilen müssen.

Aber als er so eines Tages trübselig dahinging, fiel es ihm ein, sich zu der schönsten Königstochter in der Welt zu wünschen. Kaum hatte er es gedacht, so war er schon dort. Und es war ein Land, das er noch nie erblickt hatte, und eine Stadt, in der er noch nie gewesen war. Und der König hatte eine Tochter, so schön, wie er noch nie etwas gesehen hatte, und die wollte er auf der Stelle haben. Aber sie wollte gar nichts von ihm wissen und war sehr hochmütig.

Schließlich war er ganz verzweifelt, und so kam er außer sich, daß er nicht mehr sein konnte, wo sie nicht war. Da nahm er seinen Wünschelhut und wünschte sich ins Schloß. Er wolle adieu sagen, sagte er. Und sie gaben sich die Hand. «Ich wollte, wir wären weit überm Ende der Welt!» sagte der Bursch, und da waren sie dort. Sie setzten sich, um zu ruhen, unter einen Baum; es war in einem großen Wald. Aber die Königstochter weinte und bat, ob sie nicht wieder heim dürfe. Er könne alles Silber und Gold, das im Schloß sei, dafür haben. «Ich hab selber Geld genug», sagte der Bursch und schüttelte seinen Beutel, daß das Geld nur so herumrollte. Er dürfte jeden Tag an der königlichen Tafel sitzen und von den besten Speisen essen und den feinsten Wein trinken, sagte sie. «Ich habe selber Essen und Trinken genug», sagte der Bursch und breitete gleich sein Tuch aus. «Sieh, du magst dich zu Tische setzen», sagte er. Da stand ein Tisch gedeckt mit dem Besten, was man sich wünschen kann; selbst der König führte keine so feine Tafel.

Als sie gegessen hatten, sagte die Königstochter: «Ach, schau doch die schönen Äpfel da oben an dem Baum. Wenn du brav wärest, holtest du mir ein paar herunter!» Der Bursche, nicht faul, kletterte hinauf. Aber er hatte das Tuch und den Beutel vergessen, und die nahm sie an sich. Und als er die Äpfel hinunterschütteln wollte, fiel ihm der Hut hinab. Den setzte sie sich auf und wünschte sich heim in ihr eigenes Zimmer, und stracks war sie auch dort.

«Das hättest du wissen sollen!» sagte sich der Bursche und eilte vom Baum herunter. Er fing an zu weinen und wußte sich gar nicht zu helfen. Als er so dasaß, versuchte er die Äpfel, die er hinuntergeworfen hatte. Kaum hatte er recht versucht, so hatte er ein kurioses Gefühl im Kopf, und als er recht zusah, hatte er Hörner. «Nun kann es ja nichts mehr schaden», sagte er und aß ruhig weiter von den Äpfeln. Aber auf einmal war das Horn weg, und er war wie früher. «Auch gut», sagte der Bursche. Damit steckte er die Äpfel ein und machte sich auf die Suche nach der Königstochter. Er zog von Stadt zu Stadt und segelte von Land zu Land. Aber es war eine weite Reise und dauerte über Jahr und Tag und noch länger.

Aber eines Tages kam er doch hin. Es war ein Sonntag, und er erfragte, daß die Königstochter in der Kirche sei. Da setzte er sich mit seinen Äpfeln vors Kirchentor und gab sich als Handelsmann aus. «Äpfel von Damaskus! Äpfel von Damaskus!» schrie er. Da kam auch schon die Königstochter und hieß ihr Mädchen gehen und schauen, was der fremde Handelsmann Schönes feil habe. Ja, das seien Äpfel von Damaskus. «Was hat man von den Äpfeln Gutes?» fragte das Mädchen. «Klugheit und Schönheit!» sagte der Kaufmann, und das Mädchen kaufte.

Als die Königstochter von den Äpfeln gegessen hatte, bekam sie Hörner. Und da war ein so jämmerliches Klagen im Schloß, daß es ein Jammer war. Und sie schlugen das Schloß schwarz aus und ließen im ganzen Reich von allen Kanzeln verkünden, wer der Königstochter helfen könne, der solle sie und das halbe Königreich dazu bekommen. Da kamen Hinz und Kunz und die besten Ärzte im Land. Aber keiner konnte helfen.

Da kam eines Tags ein fremder Doktor von weit her an den Hof. Er sei nicht aus dem Lande, sagte er, und habe extra die lange Reise gemacht, nur um sein Heil hier zu versuchen. Aber er müsse mit der Königstochter allein sein, sagte er, und das wurde ihm erlaubt.

Die Königstochter erkannte ihn und wurde rot und blaß. «Wenn ich dir jetzt helfe, willst du mich dann heiraten?» fragte der Bursch. Ja, das wollte sie. Da gab er ihr einen von den Wunderäpfeln, und da waren die Hörner nur noch halb so groß. «Mehr kann ich nicht tun, bevor ich nicht auch meinen Hut und mein Tuch und meinen Beutel wiederhabe», sagte er. Da holte sie ihm die Sachen herbei. Da gab er ihr noch einen Wunderapfel, und da waren die Hörner nur noch ganz winzig kleine Hörnchen. «Jetzt kann ich nicht weitermachen, ehe du mir nicht schwörst, treu zu sein», sagte er. Das schwur sie ihm. Aber als sie den dritten Apfel bekam, wurde ihre Stirn wieder ganz glatt, und sie war noch schöner als in früheren Tagen.

Da war die Freude groß im Schloß. So richteten sie die Hochzeit zu mit Backen und Brauen und luden Leute aus Ost und West dazu ein. Da tranken sie und waren froh und guter Dinge, und wenn sie nicht aufgehört haben, so sind sie es heute noch.

19

Dem fehlt nichts, in den alle Weiber verliebt sind

Es *waren einmal drei Brüder;* ich weiß nicht genau, wie das zugegangen war, aber jeder von ihnen hatte einen Wunsch frei; die zwei ältesten bedachten sich nicht lange, sondern wünschten sich, daß, sooft sie in die Tasche langten, diese voll Geld sei. «Denn wenn man Geld hat, soviel man will, so kommt man leicht durch die Welt», sagten sie. Aber der jüngste wußte noch einen besseren Wunsch zu tun: Er wünschte sich, daß alle Frauen sich in ihn verlieben sollten, sobald sie ihn zu sehen bekämen. Und das war viel besser als Geld und Gut, wie ihr gleich hören werdet. Als sich nun jeder sein Teil gewünscht hatte, wollten die beiden ältesten hinaus in die Welt, und der jüngste, der dumme Hans, bat, ob er nicht auch mitdürfe; aber sie wollten ihn durchaus nicht mitnehmen. «Wo wir hinkommen, werden wir wie Grafen und Prinzen aufgenommen», sagten sie, «aber du Habenichts, wer wird sich denn um dich kümmern!» – «Aber ihr könnt mich doch als Diener mitnehmen», sagte Hans, «es wird schon überall ein Bissen für mich abfallen, wenn ich bei so vornehmen Herrschaften bin!» Schließlich nahmen sie ihn als Diener mit. Sonst wollten sie nichts mit ihm zu tun haben.

Als sie nun ungefähr eine Tagesreise weit waren, kamen sie an ein Gasthaus; die zwei kehrten ein und bestellten Braten und Fisch, Branntwein und Met und alle guten Dinge, aber der arme Hans mußte auf ihre Sachen aufpassen. Wie er nun aber im Hofe auf und ab ging, sah ihn die Wirtin durch das Fenster, und einen so schönen Burschen meinte sie noch nie gesehen zu haben. «Was, Teufel, hast du denn da draußen anzuglotzen!» schrie ihr Mann. «Ich meine, es wäre besser, du kümmertest dich darum, daß das Spanferkel gut gebraten wird, als daß du dastehst und Maulaffen feilhältst! Du weißt ja, was für vornehme Gäste wir heute haben!» – «Ach, was kümmre ich mich um das vornehme Pack! Wenn es ihnen nicht gefällt, so können sie gehen, woher sie gekommen sind! Aber, komm mal her und schau, was für einer da im Hof spaziert! So einen schönen Burschen hab ich mein Lebtag nicht gesehen! Wenn dir's recht ist, so laden wir ihn ein und traktieren ihn; der arme Kerl hat wohl nicht viel übrig.»

– «Hast du denn dein bißchen Verstand ganz und gar verloren, Frau!» schrie der Mann im hellsten Zorn. «Marsch hinaus in die Küche und an den Herd! Das Äugeln nach fremden
Burschen will ich dir schon vertreiben!» Der Frau blieb
nichts übrig, als in die Küche zu gehen und sich ums Essen zu
kümmern; den Burschen durfte sie nicht einmal ansehen, ge-
schweige denn einladen. Aber mitten unter dem Kochen
machte sie sich im Hof zu schaffen und gab Hans eine Schere,
die hatte die Eigenschaft, daß man nur mit ihr zu klappern
brauchte, so schnitt sie die wunderbarsten Kleider aus Seide
und Samt und allen schönen Stoffen. «Die will ich dir schenken, weil du so hübsch bist!» sagte die Frau.

Als nun die beiden Brüder das Spanferkel und alles Gesot-
tene und Gebratene verzehrt hatten, wollten sie wieder weiter, und Hans stand wieder hinten auf dem Wagen als ihr
Diener. So fuhren sie wieder ein gutes Stück, bis sie abermals
an ein Wirtshaus kamen. Da wollten die Brüder einkehren,
aber den Hans, der gar kein Geld hatte, wollten sie nicht mitnehmen. Er mußte wieder auf ihr Gepäck achtgeben. «Und
wenn dich jemand fragt, wer deine Herrschaft ist, so sag, es
seien zwei fremde Prinzen», sagten sie. Dann ging es aber
wieder wie das vorige Mal. Während Hans außen im Hof
stand, sah ihn die Wirtin vom Fenster aus und verliebte sich
stracks in ihn, genauso wie die erste Wirtin. Sie stand da und
sah hinaus und konnte sich nicht satt an ihm sehen. Da kam
ihr Mann herbeigerannt mit einem Auftrag von den beiden
Prinzen. «Steh doch nicht da und glotz wie die Kuh vorm
neuen Scheunentor, geh hinaus in die Küche und hinter deine
Fischpfanne!» sagte der Mann. «Du weißt ja, was für vornehme Gäste wir heute haben!» – «Mir liegt nichts an dem
vornehmen Pack!» sagte die Frau. «Wenn ihnen unser Essen
nicht schmeckt, so sollen sie essen, was sie bei sich haben.
Komm nur einmal her und schau! Einen so schmucken Menschen wie den da draußen im Hof habe ich meiner Lebtag

noch nicht gesehen! Wenn es dir recht ist, so wollen wir ihn hereinbitten und gut bewirten, denn er hat es wohl nötig, der arme Kerl! Und gar so hübsch ist er!» – «Viel Verstand hast du ja nie gehabt, und das bißchen, das du noch hattest, das ist dir nun offenbar auch abhanden gekommen!» schrie der Mann. Er war noch viel zorniger als der erste Wirt und zerrte die Wirtin hinaus in die Küche. «Hinaus mit dir in die Küche und bleib nicht stehen und mach Augen nach jungen Burschen!» sagte er. Da mußte sie an ihre Fischpfanne, und traktieren durfte sie den armen Hans nicht, weil sie Angst vor ihrem Mann hatte. Aber während sie kochte, machte sie sich im Hof zu schaffen und steckte dem armen Hans ein Tuch zu, das hatte die Eigenschaft, daß es sich mit den allerbesten Gerichten deckte, wenn man es nur ausbreitete. «Das sollst du haben, weil du so schmuck bist», sagte sie zu ihm.

Als nun die zwei Brüder gegessen und getrunken hatten und teuer bezahlt, reisten sie wieder weiter, und der arme Hans mußte hinten auf dem Wagen stehen. Wie sie so lange unterwegs waren, daß sie wieder Hunger spürten, kehrten sie abermals in einem Gasthaus ein und verlangten das Allerteuerste und Beste. «Denn wir sind zwei reisende Könige und haben Geld wie Heu!» sagten sie. Als der Wirt das hörte, ging ein Backen und Braten an, daß man es bis zum nächsten Nachbardorf riechen konnte, und der Wirt wußte kaum, was er seinen vornehmen Gästen alles vorsetzen sollte; aber der arme Hans stand wieder draußen und mußte auf Gepäck und Wagen achtgeben. Da ging es wieder genauso wie die beiden ersten Male. Die Wirtin schaute zum Fenster hinaus und erblickte den Burschen, der draußen beim Wagen stand; einen so hübschen Burschen hatte sie noch niemals gesehen; sie schaute und schaute, und je länger sie ihn ansah, desto schöner kam er ihr vor. Der Wirt kam hereingestürzt mit einer Platte, die die zwei reisenden Könige verlangt hatten, und er war gar nicht zufrieden, daß seine Frau am Fenster stand und hinausstarrte. «Hast du nichts Besseres zu tun, als hier zu stehen und zu glotzen, wenn wir so vornehme Gäste haben?» sagte er zu ihr. «Marsch hinaus in die Küche an deinen Kessel, und ohne langes Besinnen!» – «Ach, das ist doch nicht so gefährlich; wenn sie nicht warten mögen, bis die Grütze gekocht ist, können sie ja wieder gehen», gab die Frau zur Antwort. «Komm nur hierher und schau einmal! Einen so schmucken Burschen wie den, der da draußen steht, habe ich noch nie mit Augen gesehen. Wenn es dir recht ist, so wollen wir ihn hereinbitten und tüchtig traktieren, denn er kann es wohl brauchen, er sieht danach aus. Und wie schmuck er ist!» – «Du bist schon immer verrückt gewesen, und das bist du auch jetzt noch», sagte der Mann. Er war so wütend, daß er nicht aus noch ein wußte. «Aber, wenn du nicht schaust, daß du an deine Grützepfanne kommst, so werde ich dir Beine machen!» Da mußte die Frau eiligst in die Küche, denn sie wußte, daß mit ihrem Mann nicht zu spaßen war. Aber sie schlüpfte rasch in den Hof hinunter und steckte dem armen Hans einen Zapfhahn zu. «Wenn du bloß den Hahn umdrehst», sagte sie, «so bekommst du die besten Getränke, die du willst, Met und Wein und Branntwein. Das sollst du haben, weil du ein so hübscher Bursch bist», sagte sie.

Als nun die beiden Brüder nach Herzenslust gegessen und getrunken hatten, reisten sie weiter, und Hans stand hinten auf dem Wagen als ihr Diener. So fuhren sie lange und kamen schließlich an ein Königsschloß, und da gaben die älteren Brüder sich für Kaisersöhne aus, und da sie Geld genug hatten und so stattlich geputzt waren, daß man sie weithin glänzen sah, wurden sie auch sehr gut aufgenommen; sie sollten im Schloß wohnen, und der König wußte nicht, was für Ehren er ihnen alle antun sollte. Aber den armen Hans, der immer noch in seinen alten Lumpen daherkam und keinen Pfennig in der Tasche hatte, den packte die Polizei und setzte ihn auf eine Insel; dahin ruderte man nämlich alle Bettler und

Vagabunden, die in das Schloß kamen, denn der König wollte nicht, daß sie die allgemeine Lustigkeit stören sollten, wenn sie so zerlumpt und traurig herumliefen; auf der Insel bekamen sie aber nur gerade so viel zu essen, daß sie nicht verhungerten. Die Brüder des armen Hans sahen wohl, daß die Wache mit ihm nach der Insel ruderte, aber sie waren froh, daß sie ihn los waren, und kümmerten sich nicht im mindesten darum. Aber als nun der arme Hans auf die Insel kam, klapperte er nur mit seiner Schere; da schnitt sie die schönsten Kleider, die man sich nur wünschen konnte, aus Samt und Seide, so daß die Vagabunden draußen auf der Insel viel prächtiger daherkamen als der König und sein ganzer Hofstaat. Dann nahm der arme Hans sein Tuch heraus und breitete es aus, und da hatten die armen Vagabunden auf einmal zu essen; eine solche Mahlzeit war vor dem König noch nicht aufgetragen worden, wie sie diesen Tag vor den armen Bettelleuten stand.

«Durstig werdet ihr wohl auch sein?» sagte Hans, zog seinen Zapfhahn heraus und drehte ihn ein wenig; solches Bier und solchen Met hatte der König sein Lebtag noch nicht bekommen.

Als nun die, die das Essen auf die Bettlerinsel zu schaffen hatten, mit ihrer kalten Grütze und ihren sauern Molken ankamen – denn diese Kost gab es für die Vagabunden –, so wollten die auf der Insel es nicht einmal versuchen. Die vom Schloß wunderten sich sehr, aber noch mehr mußten sie sich wundern, als sie sich die Bettler ansahen, denn die waren so stattlich gekleidet, als ob sie lauter Kaiser und Päpste wären, so daß sie glaubten, sie wären auf die falsche Insel gerudert. Aber schließlich kannten sie sich doch aus. Nun dachten sie sich schon, daß der, den sie gestern hinausgerudert hatten, den Bettlern die ganze Herrlichkeit verschafft habe, und als sie wieder ins Schloß kamen, erzählten sie gleich, daß der, den sie gestern hinausgerudert hätten, die Bettler so prächtig ausstaffiert habe, daß sie von Gold nur so strotzten. «Unsere Grütze und die Molken haben sie nicht einmal angerührt», sagten sie, «so hochmütig sind sie geworden.» Einer von ihnen hatte sogar herausgeschnüffelt, daß der Bursche eine Schere besitze, mit der er die Kleider zugeschnitten habe. «Wenn er die Schere nur in die Luft streckt und damit klappert, so schneidet sie lauter Seide und Samt», sagte er. Als die Prinzessin das hörte, hatte sie weder Rast noch Ruhe mehr, bis sie den Burschen und die Schere zu Gesicht bekam, die Seide und Samt aus der Luft schnitt. Die Schere hätte sie wohl gern, dachte sie bei sich, denn damit konnte sie allen Putz bekommen, den sie sich wünschte. Da bat sie den König so lange, bis er wirklich nach dem Burschen mit der Schere schickte, und als er ins Schloß kam, fragte die Prinzessin, ob es wirklich wahr sei, daß er eine Schere mit den und den Eigenschaften hätte und ob sie ihm feil sei? Ja, er habe wohl eine solche Schere, sagte der Bursche, aber verkaufen wollte er sie nicht. Damit nahm er die Schere aus der Tasche, klapperte mit ihr in der Luft, daß die Seiden- und Samtstücke nur so flogen. «Du mußt mir sie aber doch verkaufen!» sagte die Prinzessin. «Du kannst verlangen, was du willst, aber haben muß ich sie!» Nein, verkaufen wolle er sie nicht, durchaus nicht, denn eine solche Schere bekomme er niemals wieder, sagte er. Und während sie so standen und um die Schere disputierten, schaute die Prinzessin den armen Hans genauer an, und ihr ging es wie den Wirtinnen, sie glaubte noch nie einen so schönen Burschen gesehen zu haben. Da begann sie wieder um die Schere zu feilschen und bat und bestürmte den Burschen, er möge ihr doch die Schere lassen! Wenn er auch hundert Taler dafür verlange, es sei einerlei, sie müsse sie haben! «Nein, verkaufen tu ich sie nicht», sagte Hans, «aber wenn's denn sein muß, so will ich heute nacht in der Kammer der Prinzessin dicht bei der Tür auf dem Boden schlafen. Dann kann sie die Schere haben. Ich werde ihr nichts tun», fügte er bei, «aber wenn die Prinzessin Angst hat, so kann sie ja zwei Mann als Wache hinstellen!»

Das erlaubte ihm die Prinzessin gerne, wenn er ihr nur die Schere überlassen wollte, und in der Nacht lag der arme Hans auf der Erde in der Prinzessin Schlafgemach, und zwei Mann standen Wache. Aber die Prinzessin schlief nicht viel in dieser Nacht, immer wenn sie gerade am Einschlafen war, kam ihr in den Sinn, die Augen zu öffnen und nach Hans zu sehen, und so ging es die ganze Nacht fort; kaum hatte sie die Augen zugemacht, so mußte sie wieder nach ihm hinsehen, so gut gefiel er ihr.

Am Morgen wurde der arme Hans wieder auf die Bettler-insel hinausgerudert, aber als man die Grütze und die Molken vom Königsschloß herüberbrachte, wollte auch diesmal keiner davon auch nur versuchen, und die Leute, die es brachten, verwunderten sich noch mehr. Einer von ihnen brachte auch heraus, daß der Bursche, der die Schere hatte, auch ein Tuch besitze, und wenn er das nur ausbreite, so tische es die beste Mahlzeit auf. Als er wieder ins Schloß kam, so dauerte es nicht lange, bis er diese Neuigkeit erzählte: «So guten Braten und so feine Rahmgrütze hat es im Schloß noch niemals gegeben», sagte er. Als die Prinzessin das hörte, sagte sie es dem König und bat und bettelte so lange, bis der König den Besitzer des Tuches von der Bettlerinsel holen ließ; so kam der arme Hans wieder ins Schloß. Die Prinzessin wollte ihm durchaus das Tuch abkaufen und bot ihm goldene Berge dafür, aber Hans wollte es um keinen Preis verkaufen. «Wenn ich aber heute nacht in der Schlafkammer der Prinzessin vor ihrem Bett schlafen darf, so kann die Prinzessin mein Tuch haben; zuleide werde ich ihr nichts tun, aber wenn sie sich fürchtet, so kann sie ja vier Mann Wache hinstellen», sagte der Bursche. Darauf ging die Prinzessin ein. Der arme Hans lag vor ihrem Bett, und vier Mann standen Wache. Aber hatte die Prinzessin schon in der letzten Nacht nicht viel geschlafen, so schlief sie diese Nacht noch weniger; sie konnte kaum die Augen schließen, sondern mußte immer wach liegen und nach dem hübschen Burschen hinüberschauen, und doch kam ihr die Nacht kurz vor.

Am Morgen wurde der arme Hans wieder auf die Bettlerinsel hinausgerudert. Es war der Prinzessin gar nicht recht, so verliebt war sie in ihn; aber es war nichts zu machen, er mußte hinüber. Als die Leute aus dem Schloß mit der Grütze und den Molken kamen, wollte keiner von den Vagabunden das Essen auch nur ansehen, und die Leute verwunderten sich schon nicht mehr darüber; aber erstaunlich schien es ihnen, daß keiner von allen Durst hatte. Doch einer von den Leuten des Königs brachte heraus, daß der mit der Schere und dem Tuch auch einen Zapfhahn habe, den er bloß ein bißchen zu drehen brauche, um alle Arten Getränke zu bekommen, Bier und Met und Wein. Als er wieder ins Schloß kam, schwieg er ebensowenig wie die beiden ersten Male, sondern erzählte weit und breit von dem Zapfhahn und wie leicht man sich damit die schönsten Getränke verschaffen könne. «So gutes Bier und so guten Met hat man im Schloß überhaupt noch nicht versucht», sagte er, «es ist süßer als Honig und Sirup.» Als die Prinzessin das hörte, wollte sie gleich den Zapfhahn auch haben und hatte auch nichts dagegen, bei Gelegenheit dieses Geschäfts wieder mit seinem Besitzer zusammenzukommen. Da ging sie wieder zum König und bat ihn, er möchte doch den Burschen mit dem Tuch und der Schere noch einmal von der Bettlerinsel kommen lassen, denn er besitze noch ein Ding, das sie gern haben wollte; und als der König vernahm, daß es ein Zapfhahn war, aus dem man mit Leichtigkeit das beste Bier und den besten Wein zapfen könnte, entschloß er sich gewiß schnell, den Burschen holen zu lassen.

Als der arme Hans ins Schloß kam, fragte die Prinzessin, ob es wahr sei, daß er einen Zapfhahn mit diesen Eigenschaften habe; ja, er habe ihn in der Tasche, sagte er. Aber als ihn die Prinzessin durchaus kaufen wollte, ging er unter keiner Bedingung darauf ein, selbst wenn sie ihm das halbe Reich dafür geben wollte. «Aber meinetwegen!» sagte er schließlich. «Wenn die Prinzessin mich heute nacht vorn in ihrem Bett schlafen lassen will, so kann sie meinen Zapfhahn haben; ich werde ihr nichts zuleide tun, aber wenn sie Angst hat, so kann sie ja acht Mann Wache hinstellen.» Ach, das sei nicht nötig, sagte die Prinzessin, sie kenne ihn jetzt schon gut genug; und so schlief der arme Hans die Nacht vorn im Bett der Prinzessin. Aber hatte sie die beiden vorigen Nächte nicht viel Schlaf in die Augen bekommen, so schlief sie diesmal noch weniger; sie konnte kein Auge schließen, sondern mußte die ganze Zeit nach dem Burschen sehen, der vor ihr an der Bettkante lag.

Als sie am Morgen aufstand und der arme Hans wieder auf die Bettlerinsel hinaus sollte, sagte sie, er solle ein wenig warten, und sprang hinein zum König und bat ihn recht von Herzen, er möge ihr doch den Burschen zum Mann geben, sie könne gar nicht leben ohne ihn. «Freilich kannst du ihn haben, wenn du durchaus willst», sagte der König, «wenn er solche Zaubersachen hat, ist er ja ebenso reich wie du.» Da bekam der arme Hans die Prinzessin und das halbe Reich – die andere Hälfte sollten sie nach dem Tod des Königs bekommen, und alles war gut und recht. Aber seine Brüder, die immer so böse gegen ihn gewesen waren, ließ er auf die Bettlerinsel hinausbringen. «Da sollen sie bleiben und merken, wer am besten daran ist, der, der immer volle Taschen hat, oder der, in den alle Weiber verliebt sind», sagte Hans. Ihre vollen Taschen werden ihnen auf der Bettlerinsel kaum genützt haben, und wenn Hans sie nicht hat holen lassen, so sitzen sie noch dort und essen kalte Grütze und saure Molken.

Selbst getan

Es war einmal eine Mühle, in der konnte man gar nicht mahlen, so unheimlich ging es dort zu. Aber da war eine arme Frau, die brauchte eines Abends notwendig ein wenig Mehl, und da fragte sie, ob sie nicht in der Nacht ein wenig mahlen dürfe. «Um Gottes willen», sagte der Mann, dem die Mühle gehörte, «das ist ganz unmöglich, es spukt schon so gerade genug in der Mühle.» Aber die Frau sagte, sie müsse ganz notwendig mahlen, denn sie habe kein Stäubchen Mehl mehr für Milchbrei im Hause und nichts zu essen für ihre Kinder. Und schließlich erlaubte er, daß sie nachts in die Mühle ginge und mahlte. Als sie hinkam, machte sie Feuer unter einer großen Teerbütte, die dort stand, brachte die Mühle in Gang und setzte sich ans Feuer und fing an zu stricken. Nach einer Weile kam ein Frauenzimmer und nickte ihr zu. «Guten Abend!» sagte sie zu der Frau. «Guten Abend!» sagte die Frau und blieb sitzen und strickte weiter. Aber da fing die, die hereingekommen war, an, das Feuer auf dem Herd auseinanderzuschieben. Die Frau richtete es wieder zusammen.

«Wie heißt du?» fragte die Unterirdische.

«Selbst heiße ich», sagte die Frau.

Das schien jener ein kurioser Name, und sie fing wieder an, die Glut auseinanderzuscharren. Und die Frau wurde bös und fing an zu schimpfen und kehrte sie wieder zusammen. So trieben sie es eine lange Weile, aber als sie mitten darin waren, schüttete die Frau die Teerbütte über die Unterirdische aus. Da heulte diese und schrie und rannte davon und rief: «Vater! Vater! Selbst hat mich gebrannt!»

«Ach was, hast du es selbst getan, so mußt du es auch selber leiden», rief es drunten im Berg.

Das Meistermädel

*E*s *war einmal ein König,* der hatte mehrere Söhne; ich weiß nicht genau, wieviel es waren, aber der jüngste hatte keine Ruhe zu Hause und wollte durchaus in die Welt hinaus und sein Glück versuchen, und schließlich mußte der König ihm dazu die Erlaubnis geben. Als er etliche Tage gewandert war, kam er an ein Riesenschloß und trat bei dem Riesen in Dienst. Am Morgen wollte der Riese fort und seine Ziegen hüten, und wie er aufbrach, sagte er zu dem Königssohn, er solle unterdessen den Stall ausmisten. «Wenn du damit fertig bist, brauchst du heute nichts mehr zu tun, denn du mußt wissen, daß du zu einem guten Herrn gekommen bist», sagte er. «Aber was dir aufgetragen wird, mußt du gewissenhaft ausführen, und außerdem darfst du in keines der Gemächer gehen, die hinter der Stube liegen, wo du heute nacht geschlafen hast, sonst kostet es dein Leben.» – «Das ist freilich ein guter Herr», sagte der Königssohn bei sich selbst, ging in der Stube auf und ab und trällerte und sang, denn er dachte, den Stall könne er noch lang ausmisten. ‹Aber nett wäre es doch, einen Blick in die anderen Zimmer zu werfen, denn es ist gewiß etwas darin, um das er Angst hat, weil ich nicht hineinsehen soll›, dachte er und ging in das erste Zimmer. Da hing ein Kessel und kochte, aber der Königssohn konnte kein Feuer darunter entdecken. ‹Was mag wohl darin sein?› dachte er und tauchte eine Strähne von seinen Haaren hinein, und da wurden die Haare wie von Kupfer. «Das ist eine nette Suppe, wer davon nascht, bekommt einen netten Schnabel», sagte der Bursche und ging in das nächste Zimmer. Da hing ebenfalls ein Kessel und sprudelte und kochte, aber Feuer war auch nicht darunter. «Diese muß ich auch versuchen», sagte der Königssohn und steckte wieder seinen Haarschopf hinein, da wurde er wie von Silber. «So teure Suppe gibt's bei mir zu Hause nicht», sagte der Königssohn, «aber es kommt nur darauf an, wie sie schmeckt», und damit ging er in das dritte Zimmer. Da hing ebenfalls ein Kessel und kochte, genau wie in den beiden ersten Zimmern, und der Königssohn wollte diesen auch versuchen. Er steckte den Haarschopf hinein, und da wurde er wie pures Gold, daß es nur so glänzte.

Da sagte der Königssohn: «Das wird ja immer schöner! Aber wenn er hier Gold kocht, was mag er dann da drinnen kochen?» Das wollte er sehen und ging auch in das vierte Gemach. Da war kein Kessel zu sehen, aber auf einer Bank saß ein Mädchen, das war gewiß eine Königstochter; aber wer sie auch sein mochte, etwas so Schönes hatte der Königssohn seiner Lebtag noch nicht gesehen. «Aber, um Himmels willen, was willst du hier?» fragte das Mädchen. «Ich habe mich hier gestern verdingt», sagte der Königssohn. «Gott helfe dir, du hast einen schönen Dienst angetreten!» sagte sie. «Ach, der Hausherr ist ganz freundlich», sagte der Königssohn, «er hat mir für heute keine schwere Arbeit aufgetragen: wenn ich den Stall ausgemistet habe, so brauch ich nichts mehr zu tun.» – «Ja, wie willst du denn das anfangen?» fragte sie weiter. «Wenn du es so machst wie die anderen Leute, so kommen dir für jede Schaufel, die du hinauswirfst, zehn neue Schaufeln herein. Aber ich will dir sagen, wie du es machen sollst: du mußt die Schaufel umdrehen und mit dem Stiel ausmisten, dann fliegt alles von selbst hinaus.» Daran werde er sich halten, sagte der Königssohn; und er blieb den ganzen Tag bei ihr sitzen, denn sie waren sich rasch einig geworden, daß sie sich heiraten wollten, er und die Königstochter, und so verging ihm der erste Tag, den er bei dem Riesen diente, gar nicht langweilig. Als es gegen Abend ging, sagte sie, nun müsse er den Stall ausmisten, bevor der Riese komme, und als er hinaus in den Stall kam, wollte er probieren, ob es mit ihrem Rat seine Richtigkeit hatte, und fing an zu misten, wie er die Knechte bei seinem Vater hatte misten sehen; aber wahrhaftig, er mußte schleunigst aufhören, denn als er eine kleine Weile gearbeitet hatte, hatte er kaum mehr einen Platz, wo er stehen konnte. Da machte er es, wie die Königstochter ihm gesagt hatte, er drehte die Schaufel um und mistete mit dem Stiel aus. Da dauerte es keinen Augenblick, so war der Stall so rein, als hätte man ihn gescheuert. Als er damit fertig war, ging er in die Stube, die ihm der Riese angewiesen hatte, und ging darin auf und ab und trällerte und sang. Da kam der Riese mit den Ziegen heim. «Hast du den Stall ausgemistet?» fragte er. «Jawohl, Herr, er ist blitzblank», sagte der Königssohn. «Das muß ich sehen!» sagte der Riese und ging in den Stall; aber es verhielt sich, wie der Königssohn gesagt hatte. «Du hast gewiß mit dem Meistermädel gesprochen, denn das hast du nicht allein gekonnt», sagte der Riese. «Meistermädel? Was ist das für eine?» sagte der Königssohn und stellte sich recht dumm an. «Die möchte ich auch gern sehen!» – «Du wirst sie noch früh genug zu sehen bekommen!» sagte der Riese.

Am anderen Morgen wollte der Riese wieder mit seinen Ziegen fort. Da sagte er zu dem Königssohn, er solle ihm sein Pferd von der Weide holen, und wenn er das getan habe, so könne er sich ausruhen. «Denn du bist zu einem guten Hausherrn gekommen», sagte er. «Aber wenn du eines von den Zimmern betrittst, die ich dir gestern verboten habe, so reiße ich dir den Kopf ab», sagte er und zog mit seiner Ziegenherde davon. «Freilich bist du ein guter Herr», sagte der Königssohn, als er fort war, «aber ich möchte doch noch ein wenig mit dem Meistermädel plaudern, denn sie gehört geradesogut mir wie dir», und damit ging er hinein zu ihr. Sie fragte, was er heute für eine Arbeit tun müsse. «Ach, heute ist es nicht schlimm», sagte der Königssohn, «ich soll nur sein Pferd von der Weide holen.» – «Wie willst du denn das anfangen?» fragte das Meistermädel. «Das ist doch keine große

Kunst, ein Pferd von der Weide zu holen», sagte der Königssohn, «ich habe früher auch schon rasche Pferde geritten.» – «Das ist aber keine leichte Sache, dieses Pferd heimzureiten», sagte die Meisterjungfer, «aber ich will dir sagen, wie du es anfangen sollst: Wenn du das Pferd siehst, so kommt es gerannt und schnaubt Feuer und Flammen, wie wenn du ein brennendes Harzlicht sähest; da mußt du das Gebiß nehmen, das hier an der Tür hängt, und es ihm ins Maul werfen, dann wird es so zahm, daß du mit ihm tun kannst, was du willst.» Das werde er sich wohl merken, sagte der Königssohn, und blieb den ganzen Tag bei dem Meistermädel sitzen, und sie schwatzten und plauderten über das und jenes, aber hauptsächlich darüber, wie schön es wäre und wie gut sie es haben wollten, wenn sie sich nur heiraten und von dem Riesen loskommen könnten; und der Königssohn hätte die Weide und das Pferd ganz vergessen, wenn ihn nicht das Meistermädel erinnert hätte, als es gegen Abend ging. Da nahm er das Gebiß, das in der Ecke hing, lief hinaus auf die Weide, und gleich kam ihm das Pferd flammenschnaubend entgegen; aber da paßte er den Augenblick ab, wo es mit weit offenem Maul auf ihn zukam, und warf ihm das Gebiß ins Maul; da blieb es stehen, so geduldig wie ein junges Lamm, und er brachte es ohne Mühe in den Stall. Darauf ging er wieder in die Stube und fing an zu trällern und zu singen.

Am Abend kam der Riese mit den Ziegen heim. «Hast du das Pferd hereingeholt?» fragte er. «Ja, Herr», sagte der Königssohn, «es wäre ein angenehmes Reitpferd; aber ich habe es nur geradenwegs in den Stall gebracht.» – «Das will ich sehen», sagte der Riese und ging in den Stall. Aber da stand das Pferd, wie der Königssohn gesagt hatte. «Du hast gewiß mit meinem Meistermädel gesprochen, denn das hast du nicht allein gekonnt», sagte der Riese. – «Gestern hat der Herr von dem Meistermädel geschwatzt und nun heute wieder; wollte mir der Herr das Ding nicht zeigen, denn ich möchte es gar zu gern sehen», sagte der Königssohn und stellte sich recht einfältig und dumm. «Du wirst sie noch früh genug zu sehen bekommen», sagte der Riese.

Am dritten Morgen ging der Riese wieder mit seinen Ziegen fort. «Heute sollst du in die Hölle gehn und mir den Brandschatz holen», sagte er zu dem Königssohn. «Wenn du das getan hast, so kannst du dich die übrige Zeit ausruhen, denn du bist zu einem guten Herrn gekommen, damit du es weißt», und damit zog er ab. «Du bist zwar ein guter Herr, aber du trägst mir doch recht häßliche Arbeiten auf», sagte der Königssohn, «aber ich will doch einmal nach deinem Meistermädel sehen, du sagst zwar, sie gehört dir, aber vielleicht sagt sie mir doch, wie ich mich anstellen soll», und damit ging er zu ihr hinein. Als das Meistermädel nun fragte, was ihm der Riese für heute aufgetragen hätte, erzählte er, er müsse in die Hölle und den Brandschatz holen. «Aber wie willst du das anfangen?» fragte das Meistermädel. «Das mußt du mir sagen», sagte der Königssohn, «denn in der Hölle bin ich noch nie gewesen, und wenn ich auch den Weg dahin wüßte, so weiß ich doch nicht, wieviel ich verlangen soll.» – «Ich will dir schon sagen, was du zu tun hast», sagte das Meistermädel, «du mußt zu dem Felsen hinter der Weide gehen und die Keule nehmen, die da liegt, und damit an die Felswand schlagen; dann wird einer herauskommen, der Feuer sprüht, und dem mußt du dein Anliegen sagen, und wenn er fragt, wieviel du fordern sollst, so mußt du sagen: ‹Soviel ich tragen kann.›» Das werde er sich wohl merken, sagte der Königssohn und blieb den ganzen Tag bei dem Meistermädel sitzen bis am Abend, und er säße jetzt noch dort, wenn ihn das Meistermädel nicht erinnert hätte, daß er noch wegen des Brandschatzes in die Hölle müsse, bevor der Riese nach Hause komme. Er machte sich auf den Weg und tat genau, wie ihm das Meistermädel gesagt hatte; er ging auf den Felsen zu, nahm die Keule und schlug an den Felsen. Da kam einer heraus, dem stoben die Funken aus Augen und Nase. «Was willst du?» fragte er. «Der Riese schickt mich, ich soll ihm den Brandschatz holen», sagte der Königssohn. «Wieviel verlangst du?» fragte der andere wieder. «Ich verlange nie mehr, als ich tragen kann», gab der Königssohn zur Antwort. «Das ist dein Glück, daß du nicht gleich ein ganzes Fuder verlangt hast», sagte der aus dem Berg wieder. «Aber komm herein mit mir und warte ein wenig!» Das tat der Königssohn und bekam viel Gold und Silber zu sehen, das lag im Berge wie Steine an einer Halde. Dann wurde ihm aufgepackt, soviel er nur tragen konnte, und er ging damit seiner Wege. Als am Abend der Riese mit seinen Ziegen nach Hause kam, lief der Königssohn in der Stube herum und sang und trällerte wie die beiden vorigen Abende. «Bist du in der Hölle gewesen wegen des Brandschatzes?» fragte der Riese. – «Jawohl, Herr!» sagte der Königssohn. «Wo hast du ihn hingetan?» fragte der Riese wieder. «Der Sack mit Gold steht draußen auf der Bank», war die Antwort. «Das muß ich gleich sehen», sagte der Riese und ging auf die Bank zu; aber da stand wirklich der Sack und war so voll, daß das Gold und Silber nur so herausfiel, als der Riese nur die Schnur aufmachte. «Du hast gewiß mit meinem Meistermädel gesprochen», sagte der Riese. «Wenn es so ist, reiße ich dir den Kopf ab.» – «Mit Eurem Meistermädel?» sagte der Königssohn. «Gestern hat der Herr von jenem Meistermädel gesprochen und heute wieder, und auch vorgestern schon! Ich möchte nur, daß ich sie einmal zu sehen bekäme», sagte er. «Ja, warte nur bis morgen, da will ich dich selbst zu ihr hineinführen», sagte der Riese. «Tausend Dank, Herr», sagte der Königssohn, «aber es ist doch wohl nur Scherz von Euch!»

Am nächsten Tage führte der Riese ihn zum Meistermädel. «Nun sollst du ihn schlachten und in dem großmächtigen Kessel kochen, du weißt schon, welchen ich meine. Wenn die Suppe fertig ist, kannst du mich rufen», sagte der Riese und legte sich auf der Bank schlafen und fing sogleich an zu schnarchen, daß der Felsen dröhnte. Da nahm das Meistermädel ein Messer und schnitt den Burschen in den kleinen Finger und ließ drei Blutstropfen auf die Bank fallen; darauf nahm sie alle alten Lumpen und alte Schuhsohlen und anderen Kram, den sie nur finden konnte, und warf alles in den Kessel. Dann nahm sie eine Truhe voll gemahlenes Gold und einen Salzstein und eine Wasserflasche, die über der Tür hing, und einen goldenen Apfel und zwei goldene Hühner und zog mit dem Königssohn so rasch wie möglich von dem Riesenschloß fort. Als sie eine Weile gegangen waren, kamen sie an ein Meer; da segelten sie hinüber, woher sie aber das Schiff hatten, weiß ich nicht genau.

Als nun der Riese eine gute Weile geschlafen hatte, fing er an, sich zu dehnen auf seiner Bank. «Ist das Essen schon fertig?» fragte er. «Eben angefangen!» sagte der erste Blutstropfen auf der Bank. Da kehrte sich der Riese um und schlief weiter und schlief nochmals eine gute Weile. Dann drehte er sich wieder ein wenig um. «Ist das Essen noch nicht fertig?» sagte er, aber er machte die Augen nicht auf – das hatte er auch das erstemal nicht getan –, denn er war noch halb im Schlaf. «Halb fertig!» rief der zweite Blutstropfen, und da meinte der Riese, das sei das Meistermädel; er drehte sich auf der Bank um und fing einen neuen Schlaf an. Als er wieder ein paar Stunden geschlafen hatte, fing er wieder an, sich zu rühren und zu strecken. «Ist das Essen immer noch nicht fertig?» fragte er. «Fertig!» sagte der dritte Blutstropfen. Der Riese richtete sich auf und rieb sich die Augen. Aber er konnte nicht sehen, wer ihn gerufen hatte, und so rief er nach dem Meistermädel. Aber niemand gab Antwort. «Ach, sie ist wohl nur ein wenig hinausgegangen», dachte der Riese und langte mit einem Löffel in den Kessel, um das Essen zu probieren; aber da waren lauter Schuhsohlen und Lumpen und solches Zeug zusammengekocht, und er wußte nicht, ob's Grütze oder Brei war. Als er das merkte, ging ihm ein Licht auf, wie die Sache zugegangen war, und er wurde so zornig, daß er sich gar nicht zu lassen wußte, und rannte in fliegender Eile dem Königssohn und dem Meistermädel nach; nach kurzer Zeit stand er an dem Meer und konnte nicht hinüber. «Ich weiß schon Rat», sagte er, «ich will meinen Meersauger holen.» Da kam der Meersauger und legte sich hin und trank zwei oder drei Schlucke; und davon wurde das Wasser so nieder, daß der Riese den Königssohn und das Meistermädel draußen auf dem Schiff sah. «Jetzt mußt du den Salzstein hinauswerfen», sagte das Meistermädel, und der Königssohn tat es; da wurde er zu einem großmächtigen Felsen quer über das Meer, und der Riese konnte nicht hinüber, und der Meersauger konnte das Meer nicht weiter austrinken. «Ich weiß schon, was ich tun muß», sagte der Riese, «ich muß nur meinen Bergbohrer holen.» Der Bergbohrer kam und bohrte ein Loch in den Berg, so daß der Meersauger hindurchkonnte und weitersaugen. Aber kaum war es soweit, so sagte das Meistermädel zu dem Königssohn, er solle ein oder zwei Tropfen aus der Flasche gießen, und da wurde das Meer so voll, daß sie an Land waren, ehe der Meersauger nur einen Schluck nehmen konnte.

Nun wollten sie heim zum Vater des Königssohnes, aber er wollte auf keinen Fall, daß das Meistermädel zu Fuß gehe, denn es schien ihm für beide Teile nicht schicklich. «Wart hier eine kleine Weile, bis ich die sieben Pferde bringe, die in meines Vaters Stall stehen», sagte der Königssohn. «Es ist nicht weit, und ich bin bald wieder zurück; aber ich will nicht haben, daß meine Braut zu Fuß ankommt.» – «Nein, tu es nicht, denn wenn du heim ins Schloß kommst, so wirst du mich vergessen, das weiß ich gewiß», sagte das Meistermädel. «Wie sollte ich dich vergessen?» sagte der Königssohn. «Wir haben so viel Schlimmes zusammen durchgemacht und haben einander so lieb», sagte der Königssohn. Er wollte um jeden Preis den Wagen mit den sieben Pferden holen, und sie sollte am Meeresufer warten. Schließlich mußte das Meistermädel auch nachgeben. «Aber wenn du hinkommst, darfst du dir keine Zeit lassen, irgend jemand zu begrüßen; du mußt gleich in den Stall gehen und die Pferde anspannen und fahren, so rasch du kannst. Sie werden dir alle entgegenkommen, aber du mußt tun, als ob du sie nicht sähest, und darfst durchaus keinen Bissen essen. Wenn du das tust, so machst du mich und dich unglücklich», sagte sie, und er versprach es ihr.

Aber als er heim ins Schloß kam, hatte gerade einer von seinen Brüdern Hochzeit, und die Braut und alle Gäste waren schon da; da drängten sich alle um ihn und fragten ihn dies und jenes und wollten ihn mit hineinführen. Aber er tat, als ob er niemand sähe, ging in den Stall, führte die Pferde heraus und fing an anzuspannen. Da sie ihn nun auf keine Weise bewegen konnten, ins Schloß zu gehen, kamen sie mit Essen und Trinken heraus und boten ihm die besten Sachen, die für die Hochzeitsfeier bereitet waren.

Aber der Königssohn wollte gar nichts versuchen und eilte nur, um wieder fortzukommen. Aber schließlich rollte die Schwester der Braut ihm einen Apfel über den Schloßhof hin zu: «Wenn du denn gar nichts anderes versuchen willst, sollst du wenigstens da hineinbeißen, denn du mußt durstig und hungrig sein nach der weiten Reise», sagte sie, und er nahm den Apfel und biß hinein. Aber kaum hatte er den Bissen im Mund, so hatte er auch schon das Meistermädel vergessen und daß er sie holen sollte. «Ich glaube, ich bin verrückt! Was will ich denn mit den Pferden und dem Wagen?» sagte er, führte die Pferde wieder in den Stall und blieb im Schloß und wollte die Schwester der Braut heiraten, dieselbe, die ihm den Apfel zugeworfen hatte.

Indessen saß das Meistermädel am Strand und wartete und wartete; aber es kam kein Königssohn. Da ging sie weiter, und als sie eine Weile gegangen war, kam sie an eine kleine Hütte, die ganz allein im Walde nahe beim Königsschloß lag. Da ging sie hinein und fragte, ob sie nicht dableiben dürfe. Das Hüttchen gehörte einer alten Frau, und die war eine böse und arge Hexe; zuerst wollte sie das Meistermädel durchaus nicht behalten, aber schließlich ging sie für Geld und gute Worte doch darauf ein. Aber in der Hütte war es dunkel und schmutzig wie in einem Schweinestall; deshalb sagte das Meistermädel, sie wolle ein bißchen putzen, damit es doch aussähe wie bei anderen rechten Leuten. Das wollte die Alte durchaus nicht leiden und wurde böse und ärgerlich; aber das Meistermädel kümmerte sich gar nicht darum. Es nahm die Truhe mit dem Goldstaub und warf eine Handvoll ins Feuer, daß ein Goldstrahl über die ganze Hütte leuchtete, und da war die Hütte innen und außen vergoldet. Aber wie das Gold aufflammte, erschrak die Alte so furchtbar, daß sie hinausrannte, als ob der Böse hinter ihr drein wäre, und vor lauter Zorn vergaß sie sich unter der Tür zu bücken und rannte sich am Türpfosten den Schädel ein.

Am nächsten Morgen kam der Vogt vorbei. Er wunderte sich sehr über das goldene Hüttchen, das da im Walde glitzerte und funkelte, und noch mehr wunderte er sich über das schöne Mädchen darin; er verliebte sich gleich in sie und fragte sie auf der Stelle, ob sie nicht die Frau Vögtin werden wolle. «Ja, hast du aber auch viel Geld?» fragte das Meistermädel. Ja, er habe gar nicht wenig, sagte der Vogt. Er ging nun heim, um sein Geld zu holen, und kam am Abend wieder und brachte einen großmächtigen Sackvoll geschleppt und stellte ihn auf die Bank vor der Tür. Das Meistermädel sagte, weil er so viel Geld habe, wolle sie ihn nehmen, und sie legten sich zusammen ins Bett. Kaum hatten sie sich aber gelegt, so wollte das Meistermädel wieder aufstehen; sie habe vergessen, das Feuer zu schüren. «Deswegen brauchst du doch nicht aufzustehen», sagte der Vogt, «das will ich schon besorgen», und damit sprang er in einem Satz aus dem Bett und an den Herd. «Sag mir, wenn du den Schürhaken in der Hand hast!» rief das Meistermädel. «Jetzt habe ich ihn», sagte der Vogt. «Gott soll geben, daß du den Schürhaken festhältst und der Schürhaken dich, und Asche und Funken sollen um dich fliegen bis an den Morgen!» rief die Meisterjungfer, und der Vogt stand die ganze Nacht, und Funken und Asche flogen um ihn, und ob er auch bat und jammerte, so waren die Funken doch nicht weniger heiß. Als aber der Morgen kam und er den Schürhaken loswurde, da hielt er sich nicht lange auf, sondern rannte davon, als ob der Teufel hinter ihm drein wäre. Alle Leute, die ihn sahen, gafften und lachten, denn er rannte wie ein Verrückter und sah aus, als hätte man ihn gegerbt und geschunden. Alle hätten gern gewußt, wo er herkam, aber er sagte nichts, weil er sich schämte.

Am nächsten Tag kam der Schreiber vorbei am Häuschen der Meisterjungfer; er sah, wie es im Walde glänzte und leuchtete, und ging hinein, um zu sehen, wer darin wohne. Als er das schöne Mädchen sah, verliebte er sich noch mehr als der Vogt und hielt in aller Eile um sie an. Das Meistermädel gab ihm denselben Bescheid wie dem Vogt, ob er brav Geld habe. Geld habe er genug, sagte der Schreiber und lief gleich heim, um es zu holen. Am Abend kam er wieder mit einem großen Sack – es war wohl noch einmal soviel, als der Vogt gebracht hatte, und stellte ihn auf die Bank. Sie wollte ihn daraufhin nehmen, und sie legten sich ins Bett. Aber da hatte das Meistermädel vergessen, die Haustür zuzumachen, und wollte noch einmal aufstehen. «Das brauchst du doch nicht zu tun!» sagte der Schreiber. «Bleib nur liegen, ich will es schon besorgen», und er sprang aus dem Bett wie von einer Feder geschnellt und auf den Hausgang. «Sag mir, wenn du die Türklinke in der Hand hast!» rief das Meistermädel. «Jetzt hab ich sie!» rief der Schreiber im Hausgang. «So soll Gott geben, daß du die Türe festhältst und die Türe dich, und ihr sollt hin und her fahren die ganze Nacht, bis es Tag wird!» Und der Schreiber mußte die Nacht durch tanzen; einen solchen Walzer hatte er noch nicht erlebt und hatte auch gar keine Lust, das Erlebnis noch einmal zu wiederholen; einmal war er vorn und dann die Tür, von der Mauer zum Pfosten und vom Pfosten zur Mauer, so ging es die ganze Nacht, und er wurde fast zu Tode gebeutelt. Erst fluchte er, dann jammerte er und bat; aber die Tür kümmerte sich um nichts und flog auf und zu, bis es Tag wurde. Wie sie ihn endlich losließ, machte er sich davon, so eilig, als ob er gestohlen hätte, und vergaß seinen Geldsack und seine Heiratslust und war froh, daß die Tür nicht hinter ihm dreingeflegelt kam. Alle Leute grinsten und starrten dem Schreiber nach, denn er rannte wie ein Verrückter und sah schlimmer aus, als wenn ihn die Widder die Nacht über bearbeitet hätten.

Am dritten Tag kam der Amtmann vorbei und sah auch das goldene Häuschen im Walde; er ging auch hinein, um zu sehen, wer darin wohne; und als er das Meistermädel sah, verliebte er sich so sehr in sie, daß er um sie anhielt, kaum hatte er guten Tag gesagt. Aber sie gab ihm denselben Bescheid wie den beiden anderen, wenn er ordentlich Geld habe, so wolle sie ihn schon nehmen. Er habe schon genug Geld, sagte der Amtmann; er ging auch gleich heim, um es zu holen. Als er am Abend wiederkam, hatte er einen noch viel größeren Geldsack bei sich, als der Schreiber gehabt hatte, und stellte ihn auf die Bank. Daraufhin wollte ihn das Meistermädel haben. Aber kaum hatten sie sich gelegt, so sagte sie, sie habe vergessen, das Kalb hereinzuholen, sie müsse noch einmal aufstehen. Das brauche sie doch nicht selbst zu tun, sagte der Amtmann, er wolle es schon besorgen. Und dick und fett, wie er war, sprang er aus dem Bett, so leichtfüßig wie ein ganz Junger. «Sag mir, wenn du das Kalb am Schwanz hast!» rief das Meistermädel. «Jetzt hab ich's!» rief der Amtmann. «So soll Gott geben, daß du den Kalbs-schwanz festhältst und der Kalbsschwanz dich, und ihr mögt in der Welt herumfahren, bis es Tag wird!» rief das Meister-mädel, und gleich hob das Rennen an; es ging über Stock und Stein, über Berg und Tal, und je mehr der Amtmann fluchte und schrie, desto unsinniger rannte das Kalb davon. Als es Tag wurde, hatte der Amtmann kaum einen heilen Knochen mehr und war so froh, daß er den Kalbsschwanz loslassen konnte, daß er seinen Geldsack und die ganze Geschichte ver-gaß. Er ging freilich langsamer heim als der Vogt und der Schreiber, aber je langsamer er ging, um so mehr Zeit hatten die Leute, ihn anzugaffen und zu grinsen, aber sie hatten wohl Grund dazu, so zerlumpt und zerbleut wie er aussah nach dem Kalbstanz.

Am nächsten Tag sollte im Schloß Hochzeit sein, und da sollte nicht nur der ältere Prinz heiraten, sondern auch der, der bei dem Riesen gewesen war und die Schwester der ande-ren Braut bekam.

Aber als sie den Wagen bestiegen hatten und zur Kirche fahren wollten, brach das eine Waagscheit; sie nahmen ein neues und darauf ein drittes, aber alle zerbrachen, was für Holz sie auch dazu nahmen. Es dauerte lange, und sie kamen nicht von der Stelle und wurden recht verdrießlich. Da sagte der Vogt, denn er war auch im Schloß zur Hochzeit eingela-den, daß draußen im Wald eine Jungfrau wohne. «Wenn man ihren Schürhaken zu leihen bekäme, der würde ganz gewiß festhalten.» Da schickten sie zu dem Häuschen im Walde und ließen höflich fragen, ob die Jungfer ihnen nicht den Schürha-ken leihen wolle, von dem der Vogt gesprochen hatte. Sie bekamen ihn auch und hatten nun ein Waagscheit, das nicht abbrach. Als sie aber dann weiterfahren wollten, ging der Wagenboden in Stücke; sie richteten einen neuen Boden so gut und so schlecht, als es ging, aber wie sie ihn auch zusam-menzimmerten und was für Holz sie auch nahmen, so brach er doch immer wieder durch, sowie sie den Hof kaum verlassen hatten. Da waren sie noch schlimmer daran als mit dem Waagscheit; da sagte der Schreiber – denn wenn der Vogt von der Gesellschaft war, hatte man den Schreiber auch gewiß nicht einzuladen vergessen –: «Draußen im Wald wohnt eine Jungfrau; wenn man nur ihre Haustür zu leihen bekommen könnte, die würde gewiß nicht zerbrechen.» So schickten sie in das Häuschen im Wald und ließen aufs höflichste anfragen, ob die Jungfer ihnen nicht den einen goldenen Türflügel leihen wolle, von dem der Schreiber erzählt hatte. Sie bekamen ihn auch und wollten nun weiterfahren; aber da konnten auf einmal die Pferde den Wagen nicht ziehen. Es waren sechs, da spannten sie acht vor und zehn, dann zwölf, aber sie mochten vorspannen, soviel sie wollten, und mit der Peitsche nachhelfen, der Wagen rührte sich nicht vom Fleck. Es war aber schon ziemlich hoch am Tag, und sie mußten doch durchaus zur Kirche und kamen rein in Verzweiflung. Aber da sagte der Amtmann, draußen im goldenen Häuschen im Walde wohne eine Jungfrau. «Wenn man nur ihr Kalb zu leihen bekommen könnte, das zöge den Wagen gewiß, und wenn er so schwer wäre wie ein Felsblock!» Sie fanden es zwar nicht in der Ordnung, mit einem Kalb zur Kirche zu fahren, aber es blieb ihnen nichts anderes übrig, als zu der Jungfer zu schicken und mit einem schönen Gruß vom König recht höflich zu bitten, sie möchte ihnen doch das Kalb leihen, von dem der Amtmann gesprochen hatte. Und das Meistermädel sagte auch diesmal nicht nein. Als sie das Kalb nun vorgespannt hatten, kam der Wagen rasch von der Stelle; er sauste über Stock und Stein, über Berg und Tal, daß die Leute drinnen kaum zu Atem kommen konnten, und bald war er am Boden und bald in der Luft; und als sie an die Kirche kamen, sauste er darum herum so schnell wie eine Haspel, und sie hatten die größte Not, herunter in die Kirche zu kommen. Und heimwärts ging es noch viel schneller, und sie waren kaum mehr bei Verstand, als sie am Schlosse ankamen.

Als man sich zur Tafel setzte, sagte der Königssohn – derselbe, der bei dem Riesen gewesen war –, es gehöre sich doch, daß man auch die Jungfrau einlade, die ihnen den Schürhaken und den Türflügel und das Kalb geliehen hatte, «denn hätten wir diese drei Sachen nicht gehabt, so wären wir nie vom Fleck gekommen». Das kam dem König auch richtig vor, und er schickte fünf seiner vornehmsten Leute hinaus in das goldene Häuschen; sie sollten vom König einen schönen Gruß ausrichten und bitten, die Jungfer möchte doch hinauf ins Schloß kommen und mit zu Mittag essen. «Einen schönen Gruß an den König, und wenn er zu gut ist, um zu mir zu kommen, so bin ich auch zu gut, um zu ihm zu kommen», sagte das Meistermädel. Da mußte sich der König selbst auf den Weg machen, und sie ging auch sogleich mit; der König merkte wohl, daß sie mehr war, als sie schien, und setzte sie bei Tafel obenan neben den jüngsten Bräutigam. Als man eine Weile bei Tisch war, brachte die Meisterjungfer den Hahn und das Huhn und den goldenen Apfel zum Vorschein – die drei Dinge hatte sie ja aus dem Riesenschloß mitgenommen – und setzte sie vor sich auf den Tisch. Gleich fingen der Hahn und das Huhn an, um den goldenen Apfel zu streiten. «Nein, seht nur, wie die beiden um den goldenen Apfel kämpfen!» sagte der Königssohn. «Ja, so hatten wir beide damals auch zu kämpfen, als wir aus dem Felsen herauswollten!» sagte die Meisterjungfer. Da merkte der Königssohn, wer sie war, und freute sich sehr. Aber die Hexe, die ihm den Apfel zugerollt hatte, ließ er von vierundzwanzig Pferden in Stücke reißen, daß auch nicht ein Fetzchen von ihr übrigblieb, und dann begann erst die richtige Hochzeit; und der Vogt und der Schreiber und der Amtmann hielten bis zuletzt aus, wenn sie sich auch sehr die Flügel versengt hatten.

22

Der Bursche,
der seinen Herrn in Harnisch brachte

Es war einmal ein Mann, der hatte drei Söhne; und da es daheim knapp herging, wollte er sie fortschicken, damit sie sich einen Dienst suchten. Peter sollte sich zuerst auf den Weg machen. Er kam zu einem Mann und fragte, ob er ihm einen Dienst wisse. Der Mann wollte ihn anstellen, aber nur unter der Bedingung, daß, wenn Peter ihn, den Herrn, in Harnisch brächte, er einen Scheffel Geld bekommen solle; komme aber Peter, der Knecht, zuerst in Zorn, so sollte der Herr ihm drei Riemen aus dem Rücken schneiden und Salz hinein- streuen dürfen.

Als ein paar Tage hingegangen waren, standen sie auf der Tenne und wollten dreschen. Der Dreschflegel war sehr schwer, so daß ihn der Bursche nur mit Mühe handhaben konnte. «Was soll ich denn mit dem Mastbaum anfangen?» sagte der Knecht. «Bist du zornig?» sagte der Mann darauf. – «Ach, vergnügt bin ich gerade nicht!» gab der Junge zur Ant- wort. Da war es aus mit seinem Dienst. Der Mann schnitt ihm drei Riemen aus dem Rücken, streute Salz hinein und jagte ihn nach Hause.

Und nicht besser erging es dem Paul. «Gehört sich das, daß man den Leuten solches Handwerkszeug gibt?» fragte er, als sie ans Dreschen kamen. «Bist du zornig?» fragte der Mann. «Ach, vergnügt bin ich gerade nicht!» gab Paul zur Antwort. Da schnitt ihm der Mann drei Riemen aus dem Rücken und jagte ihn heim.

Nun wollte Pöne ausziehen. «Ach du», sagten die ande- ren, «du hast ja nie etwas anderes getan als in der Asche ge- wühlt.» Aber Pöne wollte sich trotzdem aufmachen. Er kam zu dem gleichen Mann und bat um einen Dienst. Ja, er könne eintreten, aber unter der Bedingung, daß er, Pöne, einen Scheffel voll Geld bekommen solle, wenn der Mann zuerst in Zorn geriete, sollte aber Pöne zuerst in Harnisch kommen, so solle der Mann ihm drei Riemen aus dem Rücken schneiden und ihn heimjagen dürfen.

Darauf ging Pöne ein. Als sie auf die Tenne gingen und zu dreschen anfangen wollten und Pöne den Dreschflegel erblickte, sagte er: «Ist denn das der Mühe wert, dieser jämmerliche Stock da? Der taugt ja nichts, ich brauche mindestens eine Handhabe so lang wie die Längswand und einen Flegel so lang wie die Querwand.» – «Ja», sagte der Mann, «dann ist es wohl am besten, du gehst in den Wald und haust ein wenig Holz!» Und Pöne ging in den Wald. Dort setzte er einen ganzen Haufen Pfähle um eine gewaltige Fichte herum, so daß es aussah, als ob der Baum an der Wurzel abgehauen wäre und nur noch durch die Pfähle Halt hätte. Als er nun nach Hause kam und gegessen hatte, sagte der Mann, nun werde man wohl am besten das Holz heimfahren. «Wir daheim tragen das Holz immer», gab der Bursche zurück. Also, sagte der Mann, wolle er es auch so machen. Sie gingen nun in den Wald, und der Knecht hieß den Bauern an den Zweigen ziehn, und er brachte die Fichte wirklich vom Fleck. «Jetzt kannst du den Gipfel anfassen, dann schiebe ich an der Wurzel», rief der Bursche. Der Mann tat so, aber als sie ein Stück Weges zurückgelegt hatten, setzte sich der Bursche auf die Wurzel, und der Mann schleppte ihn heim. «Du bist doch nicht zornig?» fragte der Knecht. «Nein, warum soll ich denn zornig sein, es ist doch so gut gegangen», gab der Mann zurück.

Eines Tages sollte der Bursche in den Wald und Schafe hüten. Aber da zog er den Leithammel hinauf in eine hohe Fichte, und die übrige Herde trieb er nach Hause zu seinen Eltern. Als er nun am Abend wieder zu dem Bauern kam, sagte er: «Es ist rein gefährlich, in diesem Wald Vieh zu hüten! Wie ich mit den Schafen draußen war, kam auf einmal ein großer Wirbelwind und blies alle deine Schafe davon nach allen Seiten, und nur der Leithammel ist nicht ganz verschwunden, er ist in einer großen Fichte hängengeblieben. Aber du bist doch nicht zornig?» sagte der Bursche. – «Nein, wie sollte ich dir denn deswegen zürnen?» gab der Mann zurück, und sie gingen miteinander, um den Leithammel herunterzuholen.

An einem anderen Tage sagte der Mann zu dem Burschen: «Heute mußt du mit den Kühen in den Wald.» Pöne tat so; aber als er tief in den Wald gekommen war, schnitt er den Kühen die Schwänze ab und steckte sie in den weichen sumpfigen Boden, und die Kühe trieb er heim zu seinen Eltern. Dann ging er zu dem Bauern und sagte: «Es ist gefährlich, in dem Wald Vieh zu hüten, wegen des Moores. Alle deine Kühe sind eingesunken, daß nur noch die Schwänze herausstehen. Wir müssen gehen und sehen, ob wir sie nicht wieder heraufziehen können.»

Sie gingen, und der Bursche zeigte den Weg, und als sie an Ort und Stelle waren, packte er einen der Schwänze und zog daran, daß der Schwanz aus dem Boden herausfuhr und er selber auf den Rücken fiel, daß der Sumpf um ihn platschte, und so gingen sie von einem Schwanz zum anderen und zogen sie alle heraus. «Aber du bist doch nicht zornig?» sagte der Bursche. «Nein, dafür kann ich dir doch nicht zürnen», gab der Mann zurück.

So kam die Julzeit. Nun war aber die Mutter des Bauern eine Trollhexe und fuhr in der Julnacht auf die Blaukuppe. Sie kam am Weihnachtstag zurück, aber so spät, daß der Pfarrer schon auf der Kanzel stand. Da verwandelte sie sich in eine Krähe und setzte sich aufs Dach und krächzte. «Das gehört sich doch nicht, daß die Krähe am Weihnachtstag hier sitzt und krächzt», sagte der Bursche, «darf ich sie nicht herunterschießen?» – «Ja, freilich», sagte der Mann. Der Bursche schoß, und da sahen sie, daß es die Mutter gewesen war. «Aber du bist doch nicht zornig?» fragte der Bursche. – «Nein, wie könnte ich dir denn deswegen zürnen», gab der Mann zurück, «ich hab dirs ja selber erlaubt.»

Als die Julzeit zu Ende ging, wollten Mann und Frau eine Hochzeit besuchen. Ehe sie gingen, sagte die Frau zu dem Burschen: «Nun mußt du den Hof noch schön aufräumen, dann kannst du eine Viehbrücke über den Graben setzen, und wenn du damit fertig bist, so kannst du auch noch ein Auge ins Hochzeitshaus werfen.»

Als sie fort waren, schlug der Bursche alles Jungvieh tot, ein Stück nach dem andern, schleppte die Tiere hinaus in den Graben, stach ihnen aber die Augen aus und steckte sie in die Tasche. Ehe er ging, legte er Feuer an das Haus. Als er nun in das Hochzeitshaus kam und auf der Türschwelle stand, nahm er ein Kuhauge und warf es dem Mann gerade ins Gesicht. Dann blieb er eine Weile stehen, und dann warf er wieder eines. «Nun habe ich den Hof aufgeräumt, daß nichts Lebendes mehr zu finden ist», sagte der Bursche, «und eine Viehbrücke habe ich gemacht von allem deinem Vieh, und jetzt werfe ich ein Auge in das Hochzeitshaus. Aber du bist doch nicht zornig?» – «Nein, dafür kann ich dir nicht zürnen», gab der Mann zurück.

Einmal hatte sich das Kind beschmutzt. Da hieß die Frau den Burschen das Kind hinausnehmen und säubern und abtrocknen. Der Bursche nahm das Kind mit an den Brunnen, legte es hin, wusch es außen und innen und hing es an einem Zaunpfahl auf zum Trocknen. Als er wieder hineinkam, fragte die Frau, was er mit dem Kinde angefangen habe. «Ach, das hängt da draußen am Zaunpfahl und trocknet», sagte der Bursche, und als die Frau hinausschaute, hing das Kind wirklich da. «Aber du bist doch nicht zornig?» sagte der Bursche. «Ach, ich bin nicht sonderlich vergnügt», gab der Mann zurück. «Erst hast du all mein Vieh umgebracht, dann hast du meine Mutter totgeschossen, dann hast du mein Haus angezündet, und jetzt hast du auch noch mein Kind getötet», sagte der Mann. «Ja, dann wäre also die Abrede erfüllt», gab der Bursche zurück, «und nun will ich meinen Scheffel Geld haben, wie wir ausgemacht haben.» Und er bekam ihn und zog damit heim.

Da lagen noch seine Brüder und waren elend von den Riemen, die ihnen der Mann aus dem Rücken geschnitten hatte. Aber nun, als Pöne heimkam, konnten sie den Doktor holen und beide wurden wieder gesund.

23

Von dem Riesen,
der sein Herz nicht bei sich hatte

Es war einmal ein König, der hatte sieben Söhne, und die liebte er so sehr, daß er sie niemals alle auf einmal entbehren konnte, einer mußte immer bei ihm bleiben. Als sie erwachsen waren, sollten sechs von ihnen ausziehen und sich Frauen suchen; den jüngsten wollte der Vater zu Hause behalten, und für ihn sollten die anderen eine Braut mitbringen. Der König gab den sechsen die schönsten Kleider, die man je gesehen hat, die weithin glänzten, und jeder bekam ein Pferd, das viele hundert Taler gekostet hatte, und so zogen sie davon. Als sie nun an vielen Königshöfen gewesen waren und viele Prinzessinnen gesehen hatten, kamen sie schließlich zu einem König, der sechs Töchter hatte. Solch schöne Königstöchter hatten sie noch nicht gesehen, und so warb jeder um eine von ihnen, und als jeder die Seine zur Liebsten gewonnen hatte, zogen sie wieder heimwärts. Aber sie vergaßen ganz und gar, daß sie für das Nesthäkchen, das daheimgeblieben war, auch eine Prinzessin mitbringen sollten; so verliebt waren sie in ihre Bräute.

Als sie schon ein schönes Stück des Heimwegs zurückgelegt hatten, kamen sie dicht an einer steilen Felswand vorbei, wo die Riesen hausten. Da kam ein Riese heraus und erblickte sie und verwandelte sie alle in Stein, Prinzen und Prinzessinnen. Der König wartete und wartete auf die sechs Söhne, aber er mochte noch so sehnlich warten, sie kamen nicht. Da wurde er sehr traurig und sagte, er könne niemals mehr richtig froh werden. «Wenn ich dich nicht hätte», sagte er zum Jüngsten, «so bliebe ich nicht am Leben, so traurig bin ich, daß ich deine Brüder verloren habe.» – «Aber ich habe schon daran gedacht, dich um Erlaubnis zu bitten, daß ich ausziehen dürfte und die Brüder wiederfinden», sagte das Nesthäkchen. – «Nein, das erlaube ich dir auf keinen Fall», sagte der Vater, «sonst gehst du mir auch noch verloren.» Aber der Junge wollte durchaus fort und bat und bettelte so lange, bis der König ihn schließlich ziehen lassen mußte. Nun hatte der König aber nur mehr ein altes elendes Pferd für ihn, denn die sechs anderen Prinzen und ihr Gefolge hatten alle guten Pferde bekommen; aber darum kümmerte sich das Nesthäkchen nicht. Er bestieg das alte schäbige Pferd und sagte «Lebewohl, Vater!» zum König. «Ich werde gewiß wiederkommen, und vielleicht bringe ich dann auch meine sechs Brüder mit.» Und damit ritt er davon.

Als er nun ein Stück weit geritten war, traf er einen Raben, der lag auf der Straße und schlug mit den Flügeln und konnte nicht von der Stelle kommen, so verhungert war er. «Ach, lieber Freund, gib mir ein wenig zu essen, so will ich dir in der äußersten Not helfen!» rief der Rabe. «Viel zu essen habe ich nicht, und viel helfen wirst du mir wohl auch nicht können», sagte der Königssohn, «aber ein wenig kann ich dir schon geben, denn du hast es wohl nötig, das sehe ich.» Und damit gab er dem Raben etwas von dem Mundvorrat, den er bei sich hatte. Als er wieder ein Stück weit geritten war, kam er an einen Bach, da lag ein großer Lachs, der aufs Trockene gekommen war, und zappelte und konnte nicht mehr ins Wasser zurück. «Ach, lieber Freund, hilf mir wieder ins Wasser!» sagte der Lachs zum Königssohn. «Ich will dir auch in deiner größten Not helfen.» – «Die Hilfe, die du mir bringen kannst, wird wohl nicht so groß sein», sagte der Prinz, «aber es wäre doch traurig, wenn du hier liegenbleiben und verschmachten müßtest.» Und damit schob er den Fisch wieder ins Wasser. Nun ritt er ein langes, langes Stück weiter, und dann begegnete er einem Wolf; der war so verhungert, daß er mitten auf der Straße lag und sich krümmte vor Hunger. «Lieber Freund, laß mich dein Pferd fressen», sagte der Wolf, «ich habe solchen Hunger, daß mir die Eingeweide rasseln, weil ich seit zwei Jahren nichts mehr zu essen bekommen habe.» – «Nein», sagte der Prinz, «das kann ich nicht; erst traf ich einen Raben, dem mußte ich meinen Mundvorrat geben; dann traf ich einen Lachs, dem mußte ich wieder ins Wasser helfen, und nun willst du mein Pferd haben. Das geht nicht an, denn worauf soll ich sonst reiten?» – «Ja, lieber Freund, du mußt mir helfen», meinte der Wolf. «Du kannst auf mir reiten. Ich werde dir wieder helfen in deiner größten Not.» – «Die Hilfe, die du mir bringen kannst, ist wohl nicht sonderlich groß; aber du kannst doch das Pferd fressen, weil du gar so elend dran bist», sagte der Prinz darauf. Als nun der Wolf das Pferd aufgefressen hatte, nahm der Prinz den Zaum und legte ihn dem Wolf an, schnallte ihm den Sattel auf den Rücken, und der Wolf war von seinem Fressen so stark geworden, daß er in größter Schnelligkeit mit dem Königssohn davontrabte. So scharf war der noch nie geritten. «Wenn wir nun noch ein kleines Stückchen weiter sind, werde ich dir den Hof der Riesen zeigen», sagte der Wolf, und nach kurzem kamen sie hin. «So, hier hausen die Riesen», sagte der Wolf. «Hier siehst du alle deine sechs Brüder, die der Riese in Stein verwandelt hat, und da siehst du ihre sechs Bräute; und drüben ist die Tür, da mußt du hineingehen.» – «Nein, das wage ich nicht», sagte der Königssohn, «er bringt mich um.» – «Ach nein», gab der Wolf zur Antwort, «wenn du hineinkommst, so findest du eine Prinzessin, die sagt dir schon, wie du es anfangen sollst, um den Riesen umzubringen. Tu nur, was sie dir sagt.» Der Prinz ging hinein, aber er fürchtete sich. Als er ins Haus kam, war der Riese nicht da; aber in der einen Kammer saß eine Prinzessin, wie der Wolf gesagt hatte, und ein so schönes Mädchen hatte der Königssohn noch nicht gesehen. «Ach, Gott helfe dir, wie bist du hierhergekommen?» rief die Königstochter, als sie ihn erblickte. «Das ist dein sicherer Tod; den Riesen, der hier haust, kann niemand umbringen, weil er sein Herz nicht bei sich hat.» – «Ja, aber da ich nun doch einmal hier bin, so will ich es doch versuchen», sagte der Prinz. «Und meine Brüder, die als Steine da draußen stehen, will ich doch zu befreien suchen, und dich möchte ich auch gerne retten.» – «Ja, wenn du es durchaus willst, so müssen wir sehen, was sich tun läßt», sagte die Prinzessin darauf. «Nun mußt du hier unter das Bett kriechen, und dann mußt du scharf aufpassen, was ich mit dem Riesen spreche. Aber du mußt ganz still liegen.» Der Prinz schlüpfte unter das Bett, und kaum war er drunten, so kam schon der Riese nach Hause. «Huh, hier riecht's nach Christenfleisch!» schrie er. «Ja», sagte die Prinzessin, «es ist eine Elster vorbeigeflogen mit einem Menschenknochen und hat ihn durch den Schornstein hinunterfallen lassen. Ich habe ihn zwar eiligst hinausgeworfen, aber der Geruch verzieht sich nicht so schnell.» Nun sagte der Riese nichts weiter mehr darüber. Als es Abend wurde, gingen sie zu Bett, und als sie eine Weile lagen, sagte die Königstochter: «Es gibt ein Ding, danach möchte ich dich schon lange gern fragen, wenn ich es nur wagte.» – «Was ist das für ein Ding?» fragte der Riese darauf. «Ich möchte wissen, wo du dein Herz hast, da du es nicht bei dir trägst», sagte die Prinzessin. «Ach, danach brauchst du doch nicht zu fragen; übrigens liegt es unter der Türschwelle», gab der Riese zur Antwort. ‹Aha, dort werden wir's schon finden›, dachte der Prinz unter dem Bett.

Am folgenden Morgen stand der Riese sehr früh auf und ging in den Wald, und kaum war er fort, so machten sich der Prinz und die Königstochter daran, unter der Schwelle nach seinem Herzen zu suchen; aber soviel sie auch graben und suchen mochten – sie fanden nichts. «Diesmal hat er uns zum Narren gehabt!» sagte die Prinzessin. «Wir müssen es eben noch einmal versuchen.» Und sie pflückte die schönsten Blumen, die sie finden konnte, und streute sie auf die Türschwelle – die sie wieder in Ordnung gebracht hatten –, und als es gegen die Zeit ging, wo der Riese heimzukehren pflegte, kroch der Königssohn wieder unter das Bett. Als er drunten war, kam der Riese. «Huhu, ich rieche Menschenfleisch!» schrie er. «Ja», sagte die Prinzessin, «es ist eine Elster vorbeigeflogen mit einem Menschenknochen im Schnabel, den hat sie durch den Schornstein herunterfallen lassen; ich habe ihn zwar eiligst hinausgeworfen, aber es riecht wohl noch danach.» Da schwieg der Riese und sagte nichts mehr darüber. Aber nach einer Weile fragte er, wer denn Blumen auf die Türschwelle gestreut hätte. «Ach, das war ich», sagte die Prinzessin. «Was soll es denn bedeuten?» fragte der Riese darauf. «Ach, ich habe dich so gerne, daß ich das tun mußte, weil ich weiß, daß dein Herz dort liegt.» – «Ja, so», meinte der Riese, «aber es liegt gar nicht dort.»

Als sie sich am Abend ins Bett gelegt hatten, fragte die Prinzessin den Riesen wieder, wo sein Herz sei, denn sie habe ihn so gern, sagte sie, daß sie es durchaus wissen wolle. «Ach, es liegt im Schrank, dort an der Wand», sagte der Riese. ‹Aha›, dachte der Königssohn unter dem Bett, ‹da werden wir es schon finden.›

Am nächsten Morgen war der Riese früh auf und ging in

den Wald, und kaum war er draußen, so machten sich der Prinz und die Königstochter an den Schrank und suchten sein Herz; aber sie mochten suchen, wie sie wollten – sie fanden es nicht. «Ja, ja», sagte die Prinzessin, «wir müssen es noch einmal versuchen.» Sie verzierte den Schrank wieder mit Blumen und Kränzen, und gegen Abend kroch der jüngste Königssohn unter das Bett. Da kam der Riese. «Huhu, hier riecht's nach Menschenfleisch!» schrie er. «Ja», sagte die Prinzessin, «gerade eben ist eine Elster vorbeigeflogen mit einem Menschenknochen im Schnabel, und den ließ sie durch den Schornstein hinunterfallen, ich habe ihn zwar eiligst hinausgeworfen, aber es kann schon sein, daß man ihn noch riecht.» Als der Riese das vernahm, sagte er nichts mehr weiter darüber. Aber bald darauf wurde er gewahr, daß der Schrank mit Blumen und Kränzen geschmückt war, und er fragte, wer das getan habe. «Ich», sagte die Prinzessin. «Was soll denn der Narrenpossen bedeuten?» fragte der Riese. «Ach, ich habe dich so gern, daß ich es tun mußte, seit ich weiß, daß dort dein Herz liegt», gab die Prinzessin zur Antwort. «Bist du wirklich so dumm und glaubst das?» rief der Riese. «Ja, freilich muß ich es glauben», sagte die Prinzessin, «wenn du es mir sagst.» – «Aber wie bist du dumm», rief der Riese, «da, wo mein Herz liegt, kommst du niemals hin.» – «Aber es würde mich doch freuen, zu wissen, wo es ist!» versetzte die Prinzessin. Nun konnte der Riese sich nicht mehr länger sperren und mußte endlich die Wahrheit sagen. «Weit, weit fort in einem Wasser liegt eine Insel», sagte er, «und auf der Insel steht eine Kirche, in der Kirche ist ein Brunnen, in dem Brunnen schwimmt eine Ente, in der Ente ist ein Ei, und in dem Ei – da ist mein Herz!»

Früh am Morgen, als es noch nicht hell war, ging der Riese wieder in den Wald. «Ja, nun muß ich mich auch auf den Weg machen», sagte der Prinz, «wenn ich nur den Weg fände.» Er nahm einstweilen Abschied von der Prinzessin, und als er aus der Tür trat, stand der Wolf schon da und wartete auf ihn. Dem erzählte er, wie es ihm mit dem Riesen ergangen war, und sagte, nun wolle er zu dem Brunnen in der Kirche, wenn er nur den Weg wüßte. Der Wolf hieß ihn auf seinen Rücken sitzen, er werde den Weg schon finden, sagte er. Und nun ging es in sausender Eile davon, über Fels und Wald, über Berg und Tal. Als sie viele, viele Tage unterwegs waren, kamen sie schließlich an das Wasser. Da wußte der Königssohn nicht, wie er hinüberkommen sollte. Aber der Wolf hieß ihn nur nicht ängstlich sein und schwamm mit dem Prinzen hinüber nach der Insel. Sie kamen nun zu der Kirche. Aber der Kirchenschlüssel hing hoch oben am Turm, und zuerst wußte der Königssohn gar nicht, wie er ihn herunterbekommen sollte. «Du mußt den Raben rufen», sagte der Wolf, und das tat der Königssohn auch. Und gleich kam der Rabe und holte im Flug den Schlüssel herunter, und nun konnte der Prinz in die Kirche eintreten. Als er nun an den Brunnen kam, war die Ente ganz richtig drinnen und schwamm hin und her, wie der Riese gesagt hatte. Er stellte sich an den Brunnen und lockte die Ente, und schließlich hatte er sie in die Nähe gelockt und packte sie. Aber in dem Augenblick, wo er zugriff und die Ente aus dem Wasser hob, ließ sie das Ei in den Brunnen fallen, und nun wußte der Prinz wieder nicht, wie er seiner habhaft werden sollte. «Ja, nun mußt du den Lachs rufen», sagte da der Wolf. Das tat der Königssohn auch, und gleich kam der Lachs und holte das Ei vom Grund des Brunnens herauf. Nun sagte der Wolf, er solle ein bißchen auf das Ei drücken. Und als der Prinz drückte, schrie der Riese. «Drück noch einmal!» sagte der Wolf, und als der Prinz das tat, schrie der Riese noch viel jämmerlicher und bat de- und wehmütig um sein Leben. Er wolle alles tun, was der Königssohn verlange, sagte er, nur möge er ihm nicht das Herz entzweidrücken. «Sag, er solle deine sechs Brüder, die er zu Stein gemacht hat, wieder in Menschen verwandeln und ihre Bräute auch, dann wollest du ihm das Leben schenken», sagte der Wolf, und der Prinz tat so. Der Troll ging gleich darauf ein, er verwandelte die sechs Brüder wieder in Königssöhne und ihre Bräute in Königstöchter. «Zerdrück jetzt das Ei!» sagte der Wolf. Da drückte der Prinz das Ei in Stücke, und der Riese zersprang.

Als der jüngste Königssohn auf diese Weise dem Riesen den Garaus gemacht hatte, ritt er auf seinem Wolf wieder nach der Behausung des Riesen; da standen alle seine sechs Brüder hellauf lebendig mit ihren Bräuten, und dann ging der Prinz in den Berg hinein, um seine Braut zu holen, und nun zogen sie alle zusammen nach Hause. Da war die Freude bei dem alten König groß, als alle seine sieben Söhne heimkehrten, jeder mit seiner Braut. «Aber die Schönste von allen ist doch Nesthäkchens Braut, und er soll mit ihr zuoberst am Tisch sitzen», sagte der König. Da wurde tagelang ein großes Fest gefeiert, und wenn sie noch nicht fertig sind, so feiern sie heute noch.

24

Die drei Prinzessinnen
im Weißland

Es war einmal ein Fischer, der wohnte nahe beim Königsschloß und fing Fische für des Königs Tisch. Eines Tages, als er zum Fischen gegangen war, wollte ihm schlechterdings kein Fang gelingen. Er konnte sich anstellen, wie er wollte, und locken und angeln, es biß auch nicht der winzigste Fisch an; aber als das lange gedauert hatte, tauchte ein Kopf aus dem Wasser und sagte: «Wenn ich das bekomme, was deine Frau unter dem Gürtel trägt, dann sollst du Fische genug fangen.» Der Mann sagte eiligst ja, denn er wußte nicht, daß sie guter Hoffnung war. Dann fing er den ganzen Tag lang Fische, und zwar so viel er nur haben wollte, wie man sich denken kann. Aber als er am Abend heimkam und erzählte, wie er zu den vielen Fischen gekommen sei, fing die Frau an zu jammern und zu weinen und zu Gott zu flehen wegen des Gelöbnisses, das ihr Mann getan hatte; denn sie trüge ein Kind unter dem Gürtel, sagte sie. Das wurde eiligst oben auf dem Schloß gemeldet, daß die Frau so betrübt sei, und als es dem König zu Ohren kam und er die Ursache davon erfuhr, da versprach er, er wolle das Kind zu sich nehmen und sehen, wie er es retten könne. Nach und nach gab es sich, und als die Zeit um war, bekam die Frau einen Sohn; den nahm der König zu sich und hielt ihn wie seinen eigenen Sohn, bis er groß war. Da bat er eines Tages, ob er nicht mit seinem Vater hinaus zum Fischen dürfe, es gelüste ihn gar so sehr danach, sagte er. Der König wollte nichts davon wissen, aber endlich bekam er doch die Erlaubnis; er ging mit seinem Vater, und es war alles gut den ganzen Tag lang, bis sie abends heimkamen. Da hatte der Sohn sein Taschentuch vergessen und wollte noch einmal danach ins Boot springen. Aber kaum war er darin, da begann das Boot mit ihm zu fahren, daß es nur so brauste, und wie sehr der Bursche auch mit den Rudern entgegenarbeitete, es half gar nichts; es fuhr und fuhr die ganze Nacht, und endlich kam er weit, weit fort zu einem weißen Strand. Da ging er an Land, und als er ein Stück weit gekommen war, traf er einen alten Mann mit einem weißen, großen Bart. «Wie heißt die Gegend hier?» sagte der Bursch. «Weißland», gab der Mann zur Antwort und fragte den Burschen, wo er her sei und was er wolle, und das erzählte er ihm auch. «Wenn du nun hier den Strand entlanggehst», sagte der Mann, «dann kommst du zu drei Prinzessinnen, die stehen in der Erde, so daß nur der Kopf herausschaut. Da wird die erste rufen – das ist die älteste – und dich gar sehr bitten, du sollst kommen und ihr helfen; und das wird die andere auch tun; aber du sollst zu keiner von ihnen hingehen; geh eiligst an ihnen vorbei, als ob du sie nicht sähest und hörtest. Aber zur dritten sollst du hingehen und tun, um was sie dich bittet; das wird dein Glück sein.»

Als der Bursch zu der ersten Prinzessin kam, da rief sie ihm zu und bat ihn gar herzlich, er solle zu ihr hinkommen; aber er ging vorbei, als ob er sie nicht sähe. Gleicherweise ging er an der anderen vorbei, aber zur dritten ging er hin. «Wenn du das tun willst, was ich dir sage, so sollst du von uns dreien die bekommen, welche du willst», sagte sie. Ja, das wolle er schon; so erzählte sie ihm, daß drei Trolle sie alle drei hier in die Erde gezaubert hätten, vorher aber hätten sie in dem Schloß gewohnt, das er außen am Wald sehen könne. «Nun sollst du in das Schloß gehen und dich von den Trollen peitschen lassen eine Nacht für jede von uns», sagte sie, «kannst du das aushalten, so hast du uns erlöst.» Ja, sagte der Bursch, das werde er schon fertigbringen. «Wenn du hineingehst», sagte die Prinzessin weiter, «so stehen da zwei Löwen vor der Tür, aber wenn du nur mitten zwischen ihnen durchgehst, so tun sie dir nichts. Geh weiter in ein kleines, dunkles Gelaß hinein; da lege dich hin; dann kommt der Troll und schlägt dich; aber dann sollst du die Flasche nehmen, die an der Wand hängt, und dich salben, wo er dich geschlagen hat, dann bist du wieder heil. Nimm auch das Schwert, das neben der Flasche hängt, und töte den Troll damit.» Er tat, wie die Prinzessin gesagt hatte, ging zwischen den Löwen durch, als ob er sie nicht sähe, und gleich in die kleine Kammer hinein, und da legte er sich hin. In der ersten Nacht kam ein Troll mit drei Köpfen und drei Ruten und peitschte den Burschen schlimm; aber er hielt aus, und als der Troll fertig war, nahm er die Flasche und salbte sich und packte das Schwert und schlug den Troll tot. Als er am Morgen herauskam, standen die Prinzessinnen bis zum Gürtel über der Erde. Die nächste

Nacht ging es ebenso, aber der Troll, der da kam, hatte sechs Köpfe und sechs Ruten und schlug ihn noch schlimmer als der vorige. Aber als er am Morgen herauskam, ragten die Prinzessinnen bis über die Waden aus dem Boden. In der dritten Nacht kam ein Troll, der hatte neun Köpfe und neun Ruten, und der schlug und peitschte den Burschen so sehr, daß er zuletzt ohnmächtig wurde; da nahm ihn der Troll und warf ihn an die Wand, und dabei fiel die Flasche herunter, so daß ihr ganzer Inhalt sich über ihn ergoß, und da war er gleich wieder heil und gesund. Er nicht faul, packte das Schwert und schlug den Troll tot, und als er am Morgen aus dem Schloß kam, waren die Prinzessinnen ganz über der Erde. Da nahm er die jüngste von ihnen als seine Königin und lebte lange Zeit mit ihr in Glück und Freuden.

Aber schließlich bekam er Lust, heimzureisen und nach seinen Eltern zu sehen. Das war seiner Königin nicht recht; aber da er so gern wollte und endlich am Abreisen war, sagte sie zu ihm: «Eins sollst du mir versprechen, daß du nur tust, was dein Vater dich heißt, aber nicht, was deine Mutter dich heißt», und das versprach er. Da schenkte sie ihm einen Ring, der für den, der ihn hatte, die Kraft besaß, sich nach Belieben zwei Dinge wünschen zu können. Da wünschte er sich heim, und seine Eltern konnten sich nicht genug darüber verwundern, wie prächtig und schön er war.

Als er ein paar Tage zu Hause gewesen war, wollte die Mutter, er solle hinauf aufs Schloß gehen und dem König zeigen, was für ein Mann aus ihm geworden sei. Der Vater sagte: «Nein, das soll er nicht tun, denn sonst haben wir unterdessen nichts von ihm.» Aber das half nichts, die Mutter bat und bettelte so lange, bis er ging. Als er hinaufkam, war er in Kleidern und allem prächtiger als der andere König. Das wollte dem nicht passen, und er sagte: «Du kannst zwar sehen, wie meine Königin aussieht; aber ich kann die deinige nicht sehen; ich glaube nicht, daß die deine so schön ist.»

«Gott wollte, sie stünde hier, dann solltest du das schon sehen!» sagte der junge König, und im Augenblick stand sie da. Aber sie war sehr traurig und sagte zu ihm: «Warum hast du mir nicht gefolgt und auf deinen Vater gehört? Jetzt muß ich gleich heim, und du hast deine beiden Wünsche verbraucht.» Damit knüpfte sie ihm einen Ring ins Haar, auf dem ihr Name stand, und wünschte sich heim.

Da wurde der junge König herzlich traurig und ging tagaus, tagein und dachte nur, wie er wieder zu seiner Königin kommen könnte. Ich will doch sehen, ob ich nirgends erfragen kann, wo Weißland liegt – dachte er und begab sich hinaus in die weite Welt. Als er eine Weile gegangen war, kam er an einen Berg; da traf er einen, der war Herr über alle Tiere im Wald – denn sie kamen, wenn er in sein Horn blies –, und den fragte der König nach Weißland. «Das weiß ich nicht», sagte er, «aber ich will meine Tiere fragen.» Damit blies er sie herbei und fragte, ob eines von ihnen wüßte, wo Weißland liegt; aber keines wußte etwas davon.

Da gab ihm der Mann ein Paar Schneeschuhe. «Wenn du dich daraufstellst», sagte er, «kommst du zu meinem Bruder, der hundert Meilen weiter wohnt; er ist Herr der Vögel in der Luft, frage ihn! Wenn du dort angelangt bist, so dreh die Schneeschuhe nur mit den Spitzen hierher, dann gehen sie von selbst wieder heim.» Als der König hinkam, drehte er die Schneeschuhe, wie ihm der Herr der Tiere angegeben hatte, und sie liefen wieder heim.

Er fragte nach Weißland, und der Mann blies alle Vögel herbei und fragte, ob eines von ihnen wisse, wo Weißland liegt. Keines wußte das. Lange nach den andern kam auch ein alter Adler; der war zehn volle Jahre draußen gewesen; aber er wußte es auch nicht.

«Also», sagte der Mann, «will ich dir ein Paar Schneeschuhe leihen; wenn du dich daraufstellst, so kommst du zu meinem Bruder, der hundert Meilen weit wohnt. Der ist

Herr aller Fische im Meer; den sollst du fragen. Aber vergiß nicht, die Schneeschuhe wieder umzudrehen.» Der König dankte, stellte sich auf die Schneeschuhe, und als er zu dem gekommen war, der Herr der Fische im Meer war, wandte er sie, und sie liefen zurück wie die vorigen; da fragte er wieder nach Weißland.

Der Mann blies die Fische herbei, aber keiner wußte Bescheid; endlich kam ein uralter Hecht, den er nur mit großer Mühe herbeigeblasen hatte. Als er ihn fragte, sagte er: «Ja, da bin ich wohl bekannt; denn ich bin da wohl zehn Jahre Koch gewesen. Morgen muß ich wieder hin, denn da soll die Königin, deren König nicht mehr heimgekommen ist, mit einem andern Hochzeit halten.» – «Wenn es so steht», sagte der Mann, «will ich dir einen Rat geben. Da außen an einer Mauer stehen drei Brüder, die stehen schon hundert Jahre da und prügeln sich um einen Hut, einen Mantel und ein Paar Stiefel; wenn einer die drei Dinge hat, so kann er sich unsichtbar machen und sich so weit fortwünschen, als er nur will. Du kannst sagen, du wolltest ihre Sachen probieren und dann den Streit zwischen ihnen entscheiden.» Da bedankte sich der König und machte es so. «Warum steht ihr denn hier und prügelt euch in alle Ewigkeit?» sagte er zu den Brüdern. «Laßt mich eure Sachen probieren, wenn ich euern Streit schlichten soll.» Das war ihnen recht; aber als er Hut, Mantel und Stiefel hatte, da sagte er: «Wenn wir uns das nächste Mal treffen, sollt ihr das Urteil zu hören bekommen!», und damit wünschte er sich weg.

Als er so durch die Luft flog, kam er mit dem Nordwind zusammen. «Wo willst du hin?» sagte der Nordwind. «Nach Weißland», sagte der König, und dann erzählte er, was ihm zugestoßen war. «Ja», sagte der Nordwind, «du reisest ein bißchen schneller als ich; ich muß nun in jeden Winkel und fegen und blasen. Aber wenn du an dein Ziel kommst, so stelle dich auf die Treppe neben die Tür, dann werde ich angebraust kommen, als ob ich das ganze Schloß niederreißen wollte. Wenn dann der Prinz, der die Königin haben soll, herauskommt und schaut, was das bedeutet, dann nehme ich ihn einfach mit.»

Der König tat, wie der Nordwind gesagt hatte; er stellte sich auf die Treppe, und als der Nordwind mit Saus und Braus kam und die Wände des Schlosses packte, daß es nur so dröhnte, kam der Prinz heraus, um zu sehen, was los sei; aber im gleichen Augenblick packte ihn der König am Kragen und warf ihn hinaus, und da nahm ihn der Nordwind und machte sich mit ihm davon. Als er mit ihm abgezogen war, ging der König ins Schloß. Zuerst erkannte die Königin ihn nicht, denn er war so mager und bleich geworden, weil er so weit gewandert war mit seinen großen Sorgen; aber als er ihr den Ring zeigte, wurde sie herzensfroh, und da hielten sie die richtige Hochzeit, daß man weit und breit davon hörte.

25

Sorge und Leid

Weit, weit von hier war einmal ein König, der hatte drei schöne Töchter von seiner ersten Frau. Aber er hatte keine Söhne, und deshalb hatte er die drei Prinzessinnen so gern, daß er ihnen alles gab, was sie sich wünschten. Aber einmal kam der Feind ins Land, und der König mußte in den Krieg. Als er abreiste, bat ihn die älteste Prinzessin, er möge ihr einen Ring kaufen, der die Eigenschaft habe, daß sie nie sterben könne, solange sie ihn trage. Die zweite Prinzessin bat ihn um einen Kranz, der sie froh mache, sooft sie ihn anschaue, wenn ihr auch noch so bekümmert und weh ums

Herz sei. «Kauf mir Sorge und Leid!» sagte die Jüngste. Der König versprach alles.

Als er den Feind aus dem Land und auch aus dem Nachbarland verjagt hatte und den Heimweg antreten wollte, fiel ihm ein, was er den drei Prinzessinnen versprochen hatte. Den Ring und den Kranz konnte er wohl auftreiben, aber Sorge und Leid waren weder da noch dort zu bekommen, denn alle Leute waren so froh, daß der Feind verjagt war, daß er weder Sorge noch Leid in seinem ganzen Reich finden konnte. Da er es nicht kaufen konnte, so war es überhaupt nicht da, und er mußte ohne das Gewünschte heimreisen, so ungern er es auch tat.

Aber als er nicht mehr weit von seinem Schloß entfernt war, mußte er durch einen dichten Wald. Da saß ein Eichhorn auf einem Baum am Weg. «Kauf mich! Kauf mich! Ich heiße Sorge und Leid!» sagte es. Der König dachte bei sich, es sei besser, ein Eichhörnchen zu haben als zwei leere Hände, und nahm es mit zu seiner jüngsten Tochter. Diese freute sich ebensosehr über das Geschenk wie ihre beiden Schwestern über den Ring und den Kranz. Das Eichhörnchen trieb sich in ihrer Kammer herum; manchmal wiegte es sich auf dem Bettpfosten, dann saß es wieder oben auf dem Schrank und hatte immer eine Menge zu schwatzen.

Aber in dem Augenblick, wo die Dunkelheit eintrat, verwandelte es sich auf einmal in einen Mann. Der erzählte, in dem goldenen Wald sei eine schlimme und böse Riesin, die habe ihn in ein Eichhörnchen verwandelt, weil er sie nicht heiraten wollte; in der Nacht habe sie keine Macht über ihn; aber jeden Morgen, wenn der Tag anbreche, müsse er wieder in die Eichhorngestalt schlüpfen.

Mit der Zeit kam es so weit, daß die Prinzessin Sorge und Leid heiraten wollte; aber als sie sich versprachen, bat er sie eindringlich und mit den besten Worten, daß sie niemals Licht anzünden und ihn sehen wolle, «denn dann werden wir alle beide unglücklich», sagte er. Nein, sagte sie, das wolle sie ganz gewißlich nicht tun.

Nun kam jeden Abend, wenn die Prinzessin sich gelegt und das Licht ausgeblasen hatte, ein Mann und legte sich neben sie; aber wenn sie am Morgen aufwachte, lag sie allein, und das Eichhörnchen saß auf dem Bettpfosten und begrüßte sie und plauderte und schwatzte mit ihr über alles mögliche.

Einmal aber dachte sie, er schliefe ganz fest, und da konnte sie nicht anders – sie stand leise auf, zündete ein Licht an und schlich sich wieder leise zum Bett hin, und als der Lichtstrahl auf ihn fiel, sah sie, daß er viel, viel schöner war als der allerschönste Prinz. Er war so über alle Maßen schön, schien ihr, daß es gar nicht auszudenken war, und sie mußte sich über ihn neigen, um ihn noch besser zu sehen, und schließlich konnte sie nicht anders, sie mußte ihn auf den Mund küssen. Aber da fielen drei Tropfen vom Licht auf seine Brust, und er erwachte.

«Aber wie hast du das tun können!» rief er und war ganz unglücklich. «Hättest du nur noch drei Tage ausgehalten, so wäre ich frei gewesen!» sagte er. «Aber nun muß ich wieder zurück zu der bösen Riesin und sie heiraten, und zwischen dir und mir ist es aus!» – «Darf ich dir nicht dahin nachfolgen?» fragte die Prinzessin. – «Nein, das bringst du nie im Leben fertig, denn wenn du dich ausruhst oder auch nur die Beine biegst zum Sitzen, so kommst du in der Nacht so weit zurück, als du am Tag vorwärtsgekommen bist», sagte er, sprang gegen die Tür und war verschwunden.

Nun jammerte und weinte die Prinzessin und wartete darauf, daß er wiederkommen sollte; aber sie hörte und sah nichts mehr von ihm. Nach einigen Tagen wurde sie so elend und unruhig, daß sie nicht mehr zu Hause bleiben konnte und ihre Magd inbrünstig bat, sie solle doch mit ihr gehen auf die Suche nach dem goldenen Wald. Schließlich ließ sich das Mädchen erweichen; aber sie wollte nicht eher fortgehen, bis sie eine Elle Drillich, eine Elle Zwillich und eine Elle feines Leinen beisammen hatte; und das bekam sie auch gleich, kannst du dir denken, denn auf dem Schloß war kein Mangel an solchen Dingen.

Also machten sie sich auf und wanderten lang und immer länger, bis ihnen die Füße wund wurden und der Mut sank. Am Abend kamen sie mitten in einen dichten, dunklen Wald; da kletterten sie auf einen hohen Baum. Die Prinzessin war so müde, daß die Magd sie in den Armen halten mußte, während sie ein wenig schlief. Aber in der Nacht wurde es um den Baum herum so unheimlich lebendig mit Wölfen, die heulten und schrien, daß sich die Prinzessin keinen Augenblick mehr zu schlafen getraute. Aber wie der Tag sich am Himmel zeigte, war es, als ob alle die Wölfe mit einem Male weggeblasen wären.

Am nächsten Tag wanderten sie weit und immer weiter, bis die Füße noch wunder wurden und der Mut noch tiefer sank. Als es gegen Abend ging, kamen sie wieder mitten in einen dicken, dunklen Wald. Da kletterten sie wieder auf einen hohen, hohen Baum; aber die Prinzessin war so müde, daß die Magd sie in den Armen halten mußte, während sie ein wenig schlief. Als es dunkler wurde, kam eine unheimliche Menge Bären unter dem Baum zusammen, und die fingen an zu tanzen und sich im Kreis zu drehen, ganz unheimlich schnell, und auf einmal versuchten sie auch auf den Baum hinaufzuklettern. Oben im höchsten Wipfel mußten die Prinzessin und ihre Magd die ganze Nacht stehen und konnten nicht ein Auge zumachen; aber als der Tag herankam, waren die Bären in einem einzigen Augenblick wie in der Erde versunken.

Am dritten Tag wanderten sie weit und immer weiter und noch ein Stück dazu. Am Abend kamen sie wieder in einen dicken, dunklen Wald. Da kletterten sie wieder auf einen hohen, hohen Baum; aber kaum waren sie oben, so wimmelte es von lauter Löwen unter dem Baum und überall im Wald, und die brüllten und heulten alle aufs Mal so schauerlich, daß das Echo von Fels und Wald zurückkam. Auf einmal fingen sie an zu tanzen und so schrecklich herumzuwirbeln, daß die Erde bebte, und dazwischen klammerten sie sich wieder an den Baum und versuchten ihn zu schütteln und zu lockern und wollten ihn mit Stumpf und Stiel ausreißen. Oben im höchsten Wipfel mußten die Prinzessin und ihre Magd stehen, und obgleich sie so matt und müde waren, daß sie von Zeit zu Zeit fast heruntergefallen wären, wagten sie doch nicht einmal, an Schlaf zu denken; aber in dem Augenblick, wo der Tag sich zeigte, waren die Löwen, wo sie gingen und standen, auf einmal vom Erdboden verschwunden.

Den ganzen Tag wankten sie nun hierhin und dorthin, bis die Füße wunder als wund wurden und der Mut tiefer als tief sank. Sie verloren Weg und Steg, und obgleich sie im Norden und Süden, im Osten und Westen suchten, konnten sie sich doch nicht aus dem großen, dunklen Wald herausfinden.

Schließlich wurde die Prinzessin müde und über alle Maßen traurig und wollte sich alle Augenblicke niedersetzen, um sich doch ein wenig auszuruhen; aber die Magd hielt sie und zog sie vorwärts und ließ sie keinen Augenblick sich auf gebeugten Beinen niederlassen, denn sonst wären sie ebenso weit zurückgekommen, als sie am Tage vorwärtsgekommen waren, müßt ihr wissen, die Riesin in dem goldenen Wald hatte es so eingerichtet.

Am Abend kamen sie an einen großen greulichen Felsen. «Hier will ich anklopfen», sagte die Magd und pochte und klopfte. «Ach, nein», sagte die Prinzessin, «bitte, klopf hier nicht an, du siehst ja, wie häßlich hier alles ist!» – «Wer rumpelt da an meiner Tür?» schrie das Riesenweib im Felsen laut und barsch, machte die Tür auf und steckte ihre Nase, die gut eine Elle lang war, durch den Spalt. – «Die jüngste Prinzessin und ihre Magd, die wollen zu einem Prinzen im goldenen

Wald, der heißt Sorge und Leid», gab die Magd zur Antwort. – «Ach, pfui!» schrie das Riesenweib. «Das ist so weit im Norden, dahin kann man weder segeln noch rudern. Aber was wolltet ihr denn mit Sorge und Leid? Ist das vielleicht die Prinzessin, die ihn heiraten wollte?» fragte das Riesenweib. – Ja, das sei die Prinzessin. – «Ja, sie wird ihn nie im Leben bekommen», sagte die Riesin, «denn nun muß er die große Riesin im goldenen Wald heiraten. Ihr könnt ebensogut jetzt heimgehen wie später», sagte sie. – Nein, umkehren wollten sie unter keiner Bedingung, und die Magd fragte, ob es nicht möglich wäre, hier über die dunkelste Nacht unterzukommen. – «Unterkommen könnt ihr wohl», gab das Riesenweib zur Antwort, «aber wenn mein Mann heimkommt, reißt er euch den Kopf ab und frißt euch auf!» Da war nichts zu machen, sie konnten mitten in der Nacht nicht weiterwandern. Da zog die Magd die Elle Drillich hervor und schenkte sie der Riesin für Leinenzeug. – «Ach nein, ach nein», rief die aus, «nun bin ich doch schon hundert Jahre verheiratet und habe noch nie Drillich besessen!» Und sie freute sich so sehr, daß sie die Wandernden einlud und wohl aufnahm und aufs beste für sie sorgte. Nach einer Weile, als sie sich mit Essen und Trinken gestärkt hatten, sagte die Riesin zu ihnen: «Ja, er ist ein grimmiger Gesell, mein Mann, und ich muß euch schon in der Vorkammer verstecken, vielleicht findet er euch dann nicht.» Und sie richtete ihnen das Bett so weich und sanft, wie nur ein Bett sein kann; aber sie trauten sich nicht, weder darauf zu liegen noch zu sitzen, nein, sie konnten nicht einmal ein Auge schließen, weil sie achtgeben mußten, nicht die Beine zu beugen. So standen sie die ganze Nacht und hielten abwechselnd eines das andere unter den Arm, denn nun war die Magd auch so müde und elend, daß sie fast nicht mehr konnte.

Um Mitternacht fing es an, greulich zu donnern und zu poltern; das war der Troll, der heimkam; und kaum hatte er seinen ersten Kopf zur Tür hineingesteckt, so schrie er schon laut und barsch: «Pfui, pfui, ich rieche Christenfleisch!», und er fuhr so wild und wütend herum, daß die Funken stoben. – «Ja», sagte die Riesin, «es ist ein Vogel vorbeigeflogen mit dem Knochen eines Christen; den hatte er durch den Schornstein herunterfallen lassen; ich habe ihn zwar eiligst wieder hinausgeworfen, aber es kann doch sein, daß es immer noch danach riecht», sagte die Riesin und beruhigte ihn wieder. Und er gab sich auch damit zufrieden. Aber am nächsten Morgen erzählte die Riesin ihm, die jüngste Prinzessin und ihre Magd seien gekommen auf der Suche nach einem Prinzen mit Namen Sorge und Leid im goldenen Wald. – «Ach, pfui! Das ist so weit im Norden, dahin kann man weder segeln noch rudern!» schrie der Troll gleich. «Das ist die Prinzessin, die ihn heiraten wollte, ich weiß; aber sie bekommt ihn nie im Leben, denn in drei Tagen muß er sich mit der großen Riesin vermählen. – Aber die Mädchen kommen mir nicht von hier fort, wo sind sie, wo sind sie?» schrie er und schnüffelte und schnupperte in allen Winkeln und Ecken. – «Ach nein, du darfst ihnen nichts tun!» sagte die Riesin. «Sie haben mir eine Elle Drillich geschenkt, und nun bin ich schon hundert Jahre verheiratet und habe noch nie Drillich besessen, deshalb sollst du ihnen dein Siebenmeilenwams leihen bis zum nächsten Nachbarn», sagte die Riesin und bat für die Mädchen. Und der Troll war auch einverstanden, als er hörte, wie freundlich sie gegen seine Frau gewesen waren.

Als sie gegessen hatten und reisefertig waren, zog er ihnen sein Siebenmeilenwams an. «Nun müßt ihr sagen: ‹Vorwärts über Weidenbusch und Tannenbaum, über Berg und Tal zum nächsten Nachbarn›», sagte er, «und wenn ihr dort seid, müßt ihr sagen: ‹Wo du heut morgen angezogen worden bist, sollst du heut abend aufgehängt werden!›» Die Mädchen taten so und fuhren über Berg und tiefes Tal meilenweit. Am Abend in der Dämmerung kamen sie wieder an einen großen, häßlichen Felsen. Da zogen sie das Siebenmeilenwams aus und sagten: «Wo du heut morgen angezogen worden bist, sollst du heut abend wieder hängen», und da lief das Wams ganz von selbst wieder heim.

«Hier will ich anklopfen», sagte die Magd und klopfte und polterte. «Ach, nein», sagte die Prinzessin, «bitte klopf hier nicht an, du siehst ja, wie häßlich hier alles ist!» – «Wer rumpelt da an meiner Tür?» schrie das Riesenweib im Felsen noch lauter und barscher als die erste, und sie machte die Tür ein wenig auf und steckte ihre Nase, die gut zwei Ellen lang war, gerade durch den Spalt. – «Hier sind die jüngste Prinzessin und ihre Magd, die suchen einen Prinzen, der heißt Sorge und Leid und wohnt im goldenen Wald», gab die Magd zur Antwort. Da sagte die Riesin ebenfalls, das sei so weit nordwärts, daß man dahin weder segeln noch rudern könne, und wollte sie durchaus zum Umkehren veranlassen. – «Ihr könnt ebensogut jetzt umkehren wie später», sagte sie. Aber das wollten die Mädchen durchaus nicht, und die Magd fragte, ob sie nicht vielleicht hier unterkommen könnten, und wenn es auch nur über die dunkelste Nachtzeit wäre. «Ja, unterkommen könnt ihr wohl», sagte das Riesenweib darauf, «aber wenn mein Mann heute nacht nach Hause kommt, reißt er euch den Kopf ab und frißt euch auf.» Da zog die Magd die Elle Zwillich hervor und gab sie der Riesin für Weißzeug. – «Ach nein, ach nein, nun bin ich schon zweihundert Jahre verheiratet und habe noch niemals Weißzeug aus Zwillich besessen», rief die Riesin aus und freute sich so sehr, daß sie sie einlud und wohl aufnahm und es an nichts fehlen ließ. Nach einer Weile, als sie sich mit Essen und Trinken gestärkt hatten, sagte die Riesin: «Ja, er ist ein grimmiger Gesell, mein Mann, und frißt jede Christenseele, die hierherkommt, mit Stumpf und Stiel auf; ich muß euch draußen in der Vorkammer unterbringen, vielleicht findet er euch da nicht», und sie richtete das Bett für die Mädchen. Aber die wagten sich weder zu setzen noch zu legen, nicht einmal einen Augenblick lang, denn sie mußten ja achtgeben, daß sie die Beine nicht beugten. Sie standen die ganze Nacht, und die eine hielt die andere abwechselnd unter den Armen, während sie ein wenig schlief.

Um Mitternacht fing es greulich zu poltern und zu donnern an, daß sie spürten, wie die Erde unter ihren Füßen erbebte. Dann kam der Troll hereingestürzt. «Pfui, pfui, ich rieche Christenfleisch!» schrie er laut und barsch und fuhr so wütend herum, daß die Funken von ihm stoben wie von einem Feuer. – «Ja», sagte die Riesin, «es ist ein Vogel vorbeigeflogen und hat einen Christenknochen durch den Kamin fallen lassen; ich habe ihn zwar eiligst wieder hinausgeworfen, aber es kann wohl sein, daß es jetzt noch danach riecht», sagte sie und beruhigte ihren Mann. Er gab sich auch damit zufrieden. Aber als sie morgens aufstehen wollten, erzählte sie ihm, daß die jüngste Prinzessin mit ihrer Magd gekommen sei, sie seien auf der Suche nach einem Prinzen namens Sorge und Leid in dem goldenen Wald. Als der Troll das hörte, sagte er auch, das sei so weit im Norden, daß man nicht hinsegeln und nicht hinrudern könne. «Das ist die Prinzessin, die ihn hat heiraten wollen, ich weiß schon; aber sie bekommt ihn niemals im Leben, denn in zwei Tagen muß er die große Riesin selbst heiraten», sagte der Troll. «Wo sind sie denn, die Mädchen, die sollen mir nicht lebend von hier fortkommen!» schrie er und schnupperte und schnüffelte überall herum. – «Ach nein, du darfst ihnen nichts tun!» sagte die Riesin und erzählte, sie hätten ihr eine Elle Zwillich für Weißzeug geschenkt. «Dafür sollst du ihnen dein Siebenmeilenwams bis zum nächsten Nachbarn leihen», sagte sie. Er war auch gleich dazu bereit, als er hörte, wie freundlich sie gegen seine Riesin gewesen waren. Als sie am Morgen gegessen hatten, zog er ihnen das Siebenmeilenwams an. «Wenn ihr am Ziel seid, braucht ihr nur zu sagen: ‹Wo du heut früh angezogen worden bist, da sollst du heut nacht auch wieder hängen!›, dann reist das Siebenmeilenwams von selbst wieder heim», sagte der Troll. Dann fuhren sie über Berg und tiefes Tal immer weiter und weiter. In der Dämmerung kamen sie wieder an einen großen, wilden Felsen.

«Hier will ich anklopfen!» sagte die Magd und klopfte und polterte an die Bergwand. – «Ach, nein», sagte die Prinzessin, «klopf doch, bitte, hier nicht an, du siehst ja, wie unheimlich es hier aussieht!» – «Wer rumpelt an meiner Tür?» schrie drinnen im Felsen das Riesenweib noch gröber und barscher als die anderen Riesinnen und machte die Tür gerade so weit auf, daß sie ihre Nase, die gut drei Eilen lang war, durch den Spalt stecken konnte. – «Hier stehen die jüngste Prinzessin und ihre Magd auf der Suche nach einem Prinzen, der Sorge und Leid heißt und im goldenen Wald wohnt!» gab die Magd zur Antwort. – «Ach, pfui!» schrie die Riesin. «Das ist so weit im Norden, daß keiner hinsegeln und hinrudern kann! Aber was wollt ihr denn von Sorge und Leid? Ist das vielleicht die Prinzessin, die ihn heiraten wollte?» fragte die Riesin. Ja, das sei sie, gab die Magd zur Antwort. Da sagte auch diese Riesin wieder: «Er muß die große Riesin im goldenen Wald heiraten, da könnt ihr ebensogut jetzt wie später heimkehren!» Aber umkehren wollten die Mädchen auf keinen Fall, und die Magd fragte, ob sie nicht vielleicht hier unterkommen könnten, wenn auch nur für die stockfinsterste Nacht. – «Ja, unterkommen könnt ihr wohl», sagte die Riesin, «aber wenn mein Mann heut nacht nach Hause kommt, reißt er euch den Kopf ab und frißt euch auf.» Da war nichts zu wollen; sie konnten nicht in stockfinsterer Nacht durch Wald und Einöde weiterziehen. Da holte die Magd die Elle Leinwand hervor und schenkte sie der Riesin. – «Ach nein, ach nein», rief diese aus, «nun bin ich schon dreihundert Jahre verheiratet und habe noch nie Weißzeug aus Leinwand besessen!» Und sie freute sich so sehr, daß sie die Mädchen einlud und sie freundlich empfing und es an nichts fehlen ließ. – «Er ist ein recht grimmiger Gesell, mein Mann, und bringt jede Christenseele um, die sich hierher verirrt», sagte sie, als die Gäste gegessen hatten. «Aber ich will euch in der Vorkammer verstecken, vielleicht findet er euch da nicht», und sie richtete ihnen das Bett so weich und sorgsam wie das schönste Bett von der Welt. Aber nun war die Prinzessin über alle Maßen müde und elend und schläfrig. Sie konnte sich gar nicht mehr länger aufrecht halten und mußte sich schließlich legen und ein wenig schlafen, und wenn es auch nur ein winziges Weilchen wäre. Die Magd war auch ebenso müde und elend, daß sie im Stehen einschlief und von Zeit zu Zeit fast umfiel. Aber immerhin blieb sie doch so weit bei Besinnung, daß sie die Prinzessin unter den Armen ergriff und stützte und nicht die Beine beugen ließ. Um Mitternacht fing es ganz greulich an zu donnern und zu poltern, daß das ganze Haus wankte, als ob Dach und Wände zusammenfallen wollten. Das war der Großtroll, der nun nach Hause kam.

Als er die erste Nase zur Tür hereinsteckte, schrie er schon so wild und barsch, wie sie noch nie jemand hatten schreien hören: «Pfui! Pfui! Ich rieche Christenfleisch!», und er war in heller Wut, daß Funken und Flammen von ihm stoben. «Ja, es ist ein Vogel vorbeigeflogen und hat einen Christenknochen durch den Schornstein fallen lassen; ich habe ihn zwar eiligst wieder hinausgeworfen, aber es kann schon sein, daß es immer noch danach riecht!» sagte die Riesin und suchte ihren Troll zu begütigen. Er gab sich auch dabei zufrieden; aber als sie am Morgen aufwachten, erzählte sie ihm, daß die jüngste Prinzessin und ihre Magd gekommen seien; sie seien auf der Suche nach einem Prinzen, der Sorge und Leid heiße und in dem goldenen Wald wohne. «Ach pfui! Das ist so weit im Norden, daß man nicht hinsegeln und nicht hinrudern kann!» schrie der Obertroll, gerade wie die kleineren Trolle gesagt hatten. «Aber sie bekommt ihn nie im Leben, denn morgen muß er die große Riesin heiraten. Wo sind sie denn, die Mädchen? Mn, mn, mn, das gibt einen feinen Leckerbissen!» schrie er und tanzte rund herum und schnupperte und schnüffelte mit allen seinen neun Nasen auf einmal. – «Ach nein, du darfst ihnen nichts tun!» sagte die Riesin. «Sie haben mir eine Elle Leinwand geschenkt, und nun bin ich doch schon dreihundert Jahre verheiratet und habe noch nie Weißzeug aus Leinen besessen; deshalb sollst du ihnen dein Siebenmeilenwams bis zum nächsten Nachbarn leihen!» Als der Obertroll hörte, daß die Mädchen so freundlich gewesen waren, war er auch einverstanden.

Als sie sich am Morgen gestärkt hatten, zog er ihnen sein Siebenmeilenwams an. – «Nun müßt ihr sagen: ‹Vorwärts, vorwärts, über Weidenbusch und Tannenwipfel, über Berg und Tal zum nächsten Nachbarn!›, und wenn ihr am Ziel seid, so braucht ihr nur zu sagen: ‹An dem Nagel, wo man dich am Morgen heruntergelangt hat, sollst du heut nacht wieder hängen!›» sagte der Obertroll. Sie taten, wie er gesagt hatte, und fuhren weit und immer weiter über Berg und tiefes Tal.

In der Dämmerung kamen sie in einen großen, großen Wald, wo alle Bäume kohlschwarz waren. Wenn man sie auch nur ein wenig anrührte, wurde man schwarz und rußig wie ein Kaminkehrer. Aber mitten im Wald war eine Lichtung, und da stand eine elende und baufällige Hütte; sie hielt nur noch an zwei Balken zusammen und war jämmerlicher anzusehen als die elendeste Sennhütte. Und vor der Tür lag ein Kehrichthaufen mit alten Schuhen, schmutzigen Lumpen und anderem häßlichem Zeug. Hier tat die Magd das Siebenmeilenwams ab und sagte: «Wo du heut früh angezogen worden bist, sollst du heut nacht wieder hängen!», und das Wams wanderte von selbst heimwärts.

«Hier will ich anklopfen!» sagte die Magd. – «Ach nein, ach nein», jammerte da die Prinzessin, «bitte klopfe hier nicht an, du siehst ja, wie häßlich es hier ist!» – «Wenn du nun nicht tust, wie ich tue, so geht es uns beiden schlecht!» sagte die Magd, stapfte durch den Kehrichthaufen und klopfte an. Ein uraltes Trollweib mit einer drei Ellen langen Nase guckte zum Türspalt heraus. – «Wenn die Frauenzimmer hereinwollen, so wollen sie, wenn sie aber nicht wollen, so können sie es bleiben lassen!» sagte sie und wollte ihnen die Tür vor der Nase zumachen. «Ja, freilich, wir wollen schon herein», gab die Magd zur Antwort und zog die Prinzessin mit sich. – «Wenn die Frauenzimmer zur Tür hereinwollen, so wollen sie, wenn sie aber nicht wollen, so können sie es bleiben lassen», sagte das Weib wieder. «Ja, danke, wir wollen herein», sagte die Magd und stapfte über die Schwelle durch Schmutz und Lumpen. – «O weh, o weh!» jammerte die Prinzessin und stapfte hinterdrein. Überall war es häßlich und schwarz drinnen und rußig und dreckig wie auf einem Kornspeicher. Nach einer Weile ging die Riesin hinaus und holte ihnen Milch zum Trinken. – «Wenn die Frauenzimmer trinken wollen, so wollen sie, wollen sie aber nicht, so lassen sie es bleiben!» sagte sie und wollte sie schon wieder mit hinausnehmen. – «Ja, danke, wir wollen trinken», sagte die Magd und trank. – «O weh, o weh», jammerte die Prinzessin, als sie trinken sollte, denn die Milch war in einem Sautrog, und Schmutz und Haarwische schwammen obenauf. Dann setzte das Riesenweib ihnen Essen vor. – «Wenn die Frauenzimmer essen wollen, so wollen sie, wollen sie aber nicht, so können sie es bleiben lassen», sagte die Riesin. – «Ja, freilich, wir wollen gern», sagte die Magd, ehe das häßliche Nasenungeheuer die Speise wieder wegschaffen konnte. Das Brot war schimmelig, am Käse hatten die Mäuse gefressen, das Fleisch war so alt, daß man es von weitem roch, und zwei dreckige Kalbsschwänze waren um die Butter garniert. – «O weh, o weh», jammerte die Prinzessin und wollte schon zu weinen anfangen; aber sie mußte ja tun, was die Magd tat, und die greulichen Gerichte versuchen. Nun mußten sie sich bedanken. In ein paar alten Pelzfetzen und anderen Lumpen auf dem Bett lag ein alter Mann, den sie bisher noch nicht gesehen hatten. Als sie zu ihm traten, ihm zu danken, stand er auf, und als die Prinzessin ihm die Hand gab, küßte er sie; aber in demselben Augenblick verwandelte er sich in einen Prinzen, der war unerhört schön, und die Prinzessin erkannte in ihm wieder Sorge und Leid, nach dem sie so sehr Sehnsucht gehabt hatte. «Nun hast du mich erlöst!» sagte er. – «Weh dem, der dich erlöst hat!» schrie die Riesin und rannte zur Tür hinaus. Aber auf der Treppe blieb sie stehen wie aus Stein, denn der Wald war nicht mehr kohlschwarz; alle Bäume sahen aus, als wären sie von der Wurzel bis zum Wipfel vergoldet, und glitzerten und blinkten heller als die Sonne zur Mittagszeit. Die elende schmutzige Hütte hatte sich in ein Königsschloß verwandelt, ganz unermeßlich groß und schön. Man hätte meinen können, Dach und Wände seien aus purem Gold und Silber, und es war auch so. – «Nun kannst du deine Beine wieder beugen», sagte der Prinz, «und hast du bis jetzt Sorge und Leid gehabt, sollst du von nun an um so mehr Freude haben.»

Die alte Riesin hatte gebraut und gebacken und das ganze Hochzeitsmahl fertig gemacht. Und als der nächste Morgen anbrach, feierten der Prinz und die Prinzessin und alle Leute im Schloß und im ganzen Land, dessen König er war, Hochzeit, und es dauerte viermal vierzehn Tage, so daß man in sieben Königreichen davon hörte und auch beim Vater und den beiden Schwestern der Braut. Die hätten auch mitgefeiert, wenn sie nicht gar so weit weg gewohnt hätten. Ich wurde auch zu dem Fest geladen, und der Bräutigam machte mich zum Küchenmeister, und ich mußte die Rede auf Bräutigam und Braut halten. Aber am letzten Tag des Festes mußte ich Bier zapfen aus einem großen, großen Faß, das zuhinterst im Keller lag. Ehe ich den vollen Krug wegschickte, trank ich zuerst selbst, wie es sich gehört. Aber das Bier war so stark, daß es mir auf einmal in den Kopf stieg, und ich flog in die Luft wie ein Vogel, und nun habe ich neun volle Jahre zwischen Himmel und Erde geschwebt, und dann fiel ich herunter hier ins Dorf vor das Haus hier oben auf dem Hügel. Und heraus kam Bertchen Freundlich mit einem Brief an mich von dem Prinzen, der inzwischen König geworden war, und darin stand, ihm und der jungen Königin ginge es sehr gut, und sie ließen dich grüßen, und du und deine Schwestern sollten am Sonntag nach Michaelis zur Einladung ins Schloß kommen, da könntest du ein paar herzige kleine Prinzlein, den goldenen Wald und die alte steinerne Riesin sehen, die vor der Tür steht mit ihrer drei Ellen langen Nase.

26

Der Sturz vom Kirchturm

Ein Mann hatte herausgebracht, daß die Trollhexen in den Festnächten auf dem Kirchturm sich mit Spiel und Lärm und Getöse vergnügten. Das wollte er auch einmal sehen und ging an einem Weihnachtsabend in den Turm hinauf und setzte sich in eine Ecke. Auf einmal kamen die Hexen daher. Die eine nach der anderen fuhr zur Turmluke herein, die einen auf Besen, die anderen auf Schaufeln, wieder andere auf Geißen und andere auf Böcken und all den wunderlichen Dingen, die nur zu gebrauchen waren. Und unter all diesen Trollhexen war auch eine von seinen Nachbarsfrauen. Aber als die ihn erblickte, fuhr sie auf ihn los, steckte ihren kleinen Finger in seine Nase und hielt ihn so wie eine Forelle an der Angel zur Turmluke hinaus.

«Versprich, daß du nie verraten willst, daß du mich hier gesehen hast, sonst lasse ich dich fallen!» sagte sie.

«Und wenn ich es tue», sagte er, denn er war ein ganz toller Kerl, «komm, Teufel, und fang mich auf!» schrie er, und im gleichen Augenblick kam unten der Teufel in einem kleinen Schlitten angefahren, hielt und fing ihn auf, daß er sich nicht einmal das Knie ritzte vom Fallen. Nun sollte ihn der Teufel auch noch heimkutschieren. Aber der Mann schlug auf die Pferde ein und schrie und lärmte, daß der Teufel sich kaum richtig auf den Kufen halten konnte. Und als sie nahe an seinen Hof kamen, da fuhr er gegen einen Waschtrog, daß der Schlitten umfiel und der Teufel auf einer Seite des Waschtroges liegenblieb und er auf der anderen. Hätte er das nicht getan, so wäre er nicht mehr aus des Teufels Klauen entkommen, aber jetzt hatte der Teufel keine Macht mehr über ihn.

«Pfui!» sagte der Teufel. «Hätte ich gewußt, daß du mir entwischen willst, hätte ich wegen deiner jämmerlichen Seele keine so weite Reise gemacht. Als du mich riefst, war ich zwanzig Meilen nördlich hinter Throndhjem und schaute einem Mädchen über die Schulter, das eben seinem Kinde den Hals umdrehen wollte!»

27

Kari Holzrock

Es war einmal ein König, dem war seine Frau gestorben. Von der hatte er eine Tochter, die war so gut und so schön, daß niemand gütiger und schöner sein konnte. Der König trauerte lange um die Königin, weil er sie sehr liebgehabt hatte, aber schließlich wurde er des einsamen Lebens überdrüssig und verheiratete sich wieder mit einer Königinwitwe, die hatte auch eine Tochter; aber die war ebenso häßlich und böse, wie die andere schön und gütig war. Die Stiefmutter und ihre Tochter waren auf die Königstochter neidisch, weil sie so schön war; doch solange der König zu Hause war, wagten sie ihr nichts anzutun, denn er hatte sie sehr gern. Nach einiger Zeit aber fing der König mit einem anderen König Krieg an und zog aus zur Schlacht. Da dachte die Königin, nun könne sie tun, was sie wollte, und ließ die Königstochter hungern und schlug und stieß sie in allen Ecken herum. Schließlich war alles zu gut für sie, und so mußte sie die Kühe hüten. Da ging sie mit den Kühen hinaus und weidete sie im Wald und auf dem Berg. Essen bekam sie wenig oder gar nicht. Da wurde sie blaß und mager und war fast immer betrübt und weinte. Unter der Herde war auch ein großer blauer Stier, der hielt sich immer sauber und blank und kam oft zu der Königstochter und ließ sich krauen. Einmal, als sie saß und weinte und betrübt war, kam er auch zu ihr und fragte, warum sie so traurig sei. Sie gab keine Antwort und weinte in einem fort. «Ich weiß schon, was dir fehlt», sagte der Stier, «wenn du es mir auch nicht sagen willst, du weinst, weil die Königin so böse gegen dich ist und dich gern verhungern lassen möchte. Aber um Essen brauchst du dich nicht zu sorgen, denn in meinem linken Ohr liegt ein Tuch, wenn du das herausnimmst und es ausbreitest, kannst du zu essen bekommen, soviel du willst.» Das tat sie, nahm das Tuch heraus, legte es auf das Gras hin, und da deckte es sich mit den schönsten Gerichten, die man sich nur wünschen konnte: Wein und Met und Honigkuchen. Sie kam nun schnell wieder zu Kräften und wurde so voll und rot und weiß, daß die Königin und ihre zaundürre Tochter vor Neid grün und gelb wurden. Die Königin konnte nicht verstehen, wie ihre Stieftochter bei so schlechter Kost zu so gutem Aussehen kommen konnte. Da sagte sie zu einer Magd, sie solle ihr in den Wald nachgehen und aufpassen, wie das zusammenhinge; denn sie glaubte, daß jemand vom Gesinde ihr Essen zustecke. Die Magd ging ihr nun in den Wald nach und gab wohl acht, und da sah sie, wie die Stieftochter das Tuch aus dem linken Ohr des blauen Stieres zog und ausbreitete und wie es sich mit den schönsten Gerichten deckte und wie dann die Königstochter aß und sich gütlich tat. Das erzählte die Magd zu Hause der Königin.

Jetzt kam der König heim und hatte den anderen König, mit dem er Krieg geführt hatte, besiegt; da war die Freude groß im ganzen Schloß, und niemand war froher als die Königstochter. Aber die Königin stellte sich krank und gab dem Arzt viel Geld, damit er sagen sollte, sie könne nicht wieder gesund werden, wenn sie nicht von dem Fleisch des blauen Stieres zu essen bekäme. Die Königstochter und auch die anderen Leute fragten den Arzt, ob nichts anderes helfen könne, und baten für den Stier, denn alle hatten ihn gern und sagten, es gäbe keinen solchen mehr im ganzen Königreiche. Aber nein, er mußte geschlachtet werden, und er sollte geschlachtet werden, dagegen gab es keinen Ausweg. Als die Königstochter das hörte, wurde sie traurig und ging hinunter in den Stall zu dem Stier. Der stand und ließ den Kopf hängen und sah so betrübt aus, daß sie anfangen mußte zu weinen. «Warum weinst du?» fragte der Stier. Da sagte sie, der König sei heimgekommen, und die Königin hätte sich krank gestellt und den Arzt gezwungen, zu sagen, sie könne nicht wieder gesund werden, wenn sie nicht das Fleisch von dem blauen Stier zu essen bekäme, und nun solle er geschlachtet werden. «Wenn sie erst mich umgebracht haben, so werden sie bald auch dich umbringen», sagte der Stier. «Wenn es dir aber recht ist, so machen wir uns heute nacht davon.» Die Königstochter meinte zwar, es sei schlimm, ihren Vater zu verlassen; aber immerhin sei es noch schlimmer, mit der Königin unter einem Dach zu bleiben, und also versprach sie dem Stier, mitzugehen.

Am Abend, als die anderen schliefen, schlich sich die Königstochter in den Stall hinunter zu dem Stier. Er nahm sie auf den Rücken und rannte davon, so schnell er nur konnte. Als die Leute nun am nächsten Morgen aufstanden und den Stier schlachten wollten, war er fort, und als der König aufgestanden war und nach seiner Tochter fragte, war sie ebenfalls weg. Der König schickte Boten nach allen Enden aus und ließ mit den Kirchenglocken nach ihr läuten, aber niemand hatte irgend etwas gesehen.

Inzwischen trabte der Stier mit der Königstochter durch viele Länder, und sie kamen an einen großen kupfernen Wald; die Bäume und Blätter und Blumen und alles war aus Kupfer. Aber ehe sie ihn betraten, sagte der Stier zur Königstochter: «Wenn wir nun in den Wald hineinkommen, mußt du dich sehr in acht nehmen, damit du auch nicht ein Blättchen anrührst, sonst ist es aus mit mir und mit dir, denn hier wohnt ein Troll mit drei Köpfen, dem gehört der Wald.» Nein, gewißlich würde sie sich in acht nehmen und nichts anrühren. Sie war sehr vorsichtig und bog sich zur Seite und schob die Zweige mit den Händen weg; aber der Wald war so dicht, daß fast nicht durchzukommen war, und wie sehr sie sich auch in acht nahm, so riß sie doch ein Blatt ab und behielt es in der Hand.

«O weh, o weh», rief der Stier, «was machst du da! Nun muß ich auf Leben und Tod kämpfen. Aber heb nur das Blatt gut auf!» Gleich darauf kamen sie ans Ende des Waldes, und da kam auch schon ein Troll mit drei Köpfen angestürzt. «Wer hat meinen Wald angerührt?» rief er. «Der Wald gehört ebensogut mir wie dir!» gab der Stier zur Antwort. «Das wollen wir erst sehen!» schrie der Troll. «Mir ist's recht», rief der Stier. Da rannten sie aufeinaner los, und der Stier stieß und schlug aus Leibeskräften. Aber der Troll war ebenso stark, und es dauerte den ganzen Tag, bis der Stier die Oberhand gewann. Da war er aber auch so voller Wunden und so schwach, daß er kaum mehr gehen konnte. Nun mußten sie einen ganzen Tag Rast machen; aber der Stier sagte zur Königstochter, sie solle das Salbenhorn nehmen, das an dem Gürtel des Trolls hing, und ihn mit der Salbe bestreichen. Darauf wurde er wieder stark und gesund, und am nächsten Tag zogen sie wieder weiter. Sie wanderten nun lange, lange Tage, und schließlich kamen sie an einen silbernen Wald; die Bäume und Zweige und Blätter und Blüten und alles war aus Silber.

Bevor der Stier den Wald betrat, sagte er zur Königstochter: «Wenn wir nun in diesen Wald kommen, mußt du dich um Gottes willen in acht nehmen; du darfst gar nichts anrühren und auch nicht einmal ein Blättchen abreißen, denn sonst ist es mit dir und mit mir aus. Hier wohnt ein Troll mit sechs Köpfen, und dem gehört der Wald, und gegen den werde ich wohl kaum aufkommen können.»

«Nein», sagte die Königstochter, «ich will gewiß achtgeben und nicht das geringste anrühren, wie du mir gesagt hast.» Aber als sie in den Wald kamen, war er so dicht, daß sie kaum durchkommen konnten. Sie war so vorsichtig, wie sie nur konnte, und wich den Zweigen aus und bog sie zur Seite mit den Händen; aber die Zweige schlugen ihr alle Augenblicke ins Gesicht, und trotz aller Vorsicht blieb ihr doch ein Blatt in der Hand.

«O weh, o weh!» rief der Stier. «Was hast du getan! Nun muß ich auf Leben und Tod kämpfen, denn der Troll mit den sechs Köpfen ist doppelt so stark, als der erste war; aber gib nur auf das Blatt acht und hebe es gut auf!»

Gleich kam der Troll angestürzt. «Wer hat meinen Wald angerührt?» schrie er. «Der Wald gehört ebensogut mir wie dir!» rief der Stier. «Oho, das wollen wir erst sehen!» rief der Troll. «Das soll mir recht sein!» sagte der Stier und fuhr auf den Troll los, bohrte ihm die Augen aus und rannte ihm die Hörner mitten durch den Leib, daß die Eingeweide heraushingen, aber der Troll war ebenso stark, und es dauerte drei volle Tage, bis der Stier ihm den Garaus gemacht hatte. Danach war er aber so schwach und matt, daß er sich kaum mehr rühren konnte, und so voller Wunden, daß das Blut nur so strömte. Da sagte er zur Königstochter, sie solle das Salbenhorn nehmen, das an dem Gürtel des Trolls hing, und ihn mit der Salbe bestreichen. Das tat sie, und da erholte er sich wieder; aber sie mußten doch noch eine Weile an Ort und Stelle bleiben, bis er imstande war weiterzuziehen.

Schließlich machten sie sich wieder auf den Weg; aber der Stier war noch schwach, und es ging langsam im Anfang. Die Königstochter wollte ihn schonen und sagte, sie sei jung und gut zu Fuß, sie könnte wohl gehen; aber er wollte das durchaus nicht zulassen; sie mußte sich doch auf seinen Rücken setzen. So wanderten sie lange Zeit und durch viele Länder, und die Königstochter wußte gar nicht, wo es hinging, aber zuletzt kamen sie an einen goldenen Wald; der war wunderschön, das Gold tröpfelte davon herab, denn die Bäume und Zweige und Blätter und Blüten waren alle aus purem Gold. Hier ging es geradeso wie im kupfernen Wald und im silbernen Wald. Der Stier sagte zur Königstochter, sie dürfe auf keinen Fall etwas anrühren, denn da wohne ein Troll mit neun Köpfen, dem gehöre der Wald; der sei viel größer und stärker als die beiden anderen zusammen, und er glaube nicht, daß er gegen diesen aufkommen könnte. Nein, sagte sie, sie wolle gewiß achtgeben und ganz sicherlich nichts anrühren. Aber als sie in den Wald kamen, war er noch dichter als der silberne Wald, und je weiter sie kamen, desto schlimmer wurde es; der Wald wurde immer dichter und verwachsener, und schließlich schien es, als ob man auf keine Weise mehr vorwärtskommen könne. Sie hatte große Angst, etwas abzureißen, und wand und bückte sich nach allen Seiten, um den Zweigen auszuweichen, und schob sie mit den Händen zur Seite. Aber alle Augenblicke schlugen sie ihr ins Gesicht, so daß sie nicht sehen konnte, wo sie hingriff, und ehe sie sich recht besann, hatte sie einen goldenen Apfel in der Hand. Nun hatte sie entsetzliche Angst und fing an zu weinen und wollte ihn wieder wegwerfen. Aber der Stier sagte, sie solle ihn behalten und wohl verstecken, und tröstete sie so gut er konnte. Aber er meinte doch, es würde einen harten Kampf geben, und war im Zweifel, ob es gut ablaufen würde.

Da kam schon der Troll mit den neun Köpfen angestürzt; der war so entsetzlich, daß die Königstochter ihn kaum ansehen konnte. «Wer hat meinen Wald angerührt?» schrie er. «Der Wald gehört mir ebensogut wie dir!» rief der Stier. «Das wollen wir erst sehen!» rief der Troll. «Mir ist's recht», sagte der Stier, und damit rannten sie aneinander, daß es ganz entsetzlich war, und die Königstochter fiel beinahe in Ohnmacht. Der Stier bohrte dem Troll die Augen aus und rannte ihm die Hörner durch den Leib, daß die Eingeweide heraushingen; jedoch der Troll war ebenso stark, denn sobald der Stier den einen Kopf getötet hatte, bliesen die übrigen Köpfe wieder Leben hinein, und es dauerte wohl eine Woche lang, bis der Stier ihm den Garaus gemacht hatte. Aber danach war er auch so elend und schwach, daß er sich nicht mehr rühren konnte. Am ganzen Leib hatte er Wunden; er konnte nicht einmal mehr sagen, die Königstochter solle das Salbenhorn vom Gürtel des Troll nehmen und ihn mit der Salbe bestreichen; aber sie tat das von selbst, und da erholte er sich wieder. Doch sie mußten ganze drei Wochen Rast machen, bevor sie imstande waren, wieder aufzubrechen.

Endlich machten sie sich langsam wieder auf den Weg; denn der Stier sagte, sie müßten noch etwas weiter, und sie zogen über viele große Berge mit dichten Wäldern. Nach einer Weile kamen sie zu einem Felsen. «Siehst du etwas?» fragte der Stier. «Nein, ich sehe nichts als Himmel und Felsen», sagte die Königstochter. Als sie aber höher stiegen, wurden die Berge flacher, so daß sie eine weitere Aussicht hatten. «Siehst du jetzt etwas?» fragte der Stier. «Ja, jetzt sehe ich ein kleines Schloß weit, weit in der Ferne», sagte die Prinzessin. «Es ist aber doch nicht so klein», sagte der Stier. Schließlich kamen sie zu einem großen Berg mit einer steilen Felswand. «Siehst du jetzt etwas?» fragte der Stier. «Ja, nun sehe ich das Schloß ganz nahe, das ist viel, viel größer», sagte die Königstochter. «Dort sollst du hin!» sagte der Stier. «Gleich unter dem Schloß ist ein Schweinestall, wenn du da hineingehst, findest du einen hölzernen Rock, den mußt du anziehen und damit ins Schloß gehen und sagen, du hießest Kari Holzrock und bätest um einen Dienst. Jetzt aber nimm dein kleines Messer und schneide mir den Kopf ab; dann zieh mir das Fell ab und rolle es zusammen und lege es unter die Felswand. Darein aber lege das kupferne Blatt und das silberne Blatt und den goldenen Apfel. Außen am Berge steht ein Stock, und wenn du etwas von mir willst, so brauchst du nur damit an die Bergwand zu klopfen.» Zuerst konnte sich die Prinzessin gar nicht dazu entschließen; als aber der Stier sagte, das sei der einzige Dank, den er wolle für alles, was er ihr Gutes getan hatte, konnte sie nicht anders. Es tat ihr von Herzen weh, aber trotzdem nahm sie ihr Messer und schnitt, bis sie dem großen Tier den Kopf abgeschnitten hatte und die Haut auch abgezogen war, und dann legte sie die an den Fuß der Bergwand und darein das kupferne Blatt und das silberne Blatt und den goldenen Apfel.

Als sie das getan hatte, ging sie nach dem Schweinestall; aber sie weinte sehr und war betrübt. Da zog sie den Holzrock an und ging darin zum Königsschloß. In der Küche bat sie um einen Dienst und sagte, sie heiße Kari Holzrock. Jawohl, sagte der Koch, einen Dienst könne sie wohl bekommen, wenn sie aufwaschen wolle, denn diejenige, welche das früher besorgt hätte, sei kürzlich davongelaufen. «Aber wenn du eine Weile hiergewesen bist, wirst du's wohl auch satt haben und uns davonlaufen», sagte er. Nein, das werde sie gewiß nicht.

Sie war sehr fleißig im Aufwaschen. Am Sonntag wurde Besuch am Königshof erwartet; da bat Kari um Erlaubnis, dem Prinzen das Waschwasser hinaufbringen zu dürfen. Aber die anderen lachten sie aus und riefen: «Was willst denn du da? Glaubst du denn, der Prinz will von dir etwas wissen, so häßlich wie du bist?» Aber sie bat immerzu und erhielt schließlich die Erlaubnis. Als sie nun die Treppe hinaufrannte, rumpelte ihr Holzrock so sehr, daß der Prinz herauskam und fragte: «Wer bist denn du?» – «Ich wollte Euch das Waschwasser bringen», sagte Kari. «Glaubst du, ich will das Wasser haben, das du mir bringst?» rief der Prinz und schüttete ihr das Wasser über den Kopf. So mußte sie abziehen, aber sie bat um die Erlaubnis, in die Kirche zu gehen. Das wurde ihr auch erlaubt, denn die Kirche lag ganz nahe. Aber zuerst ging sie an die Felswand und klopfte mit dem Stock daran, wie der Stier gesagt hatte. Sogleich kam ein Mann heraus und fragte, was sie wolle. Die Königstochter sagte, sie dürfe in die Kirche gehen und die Predigt hören, aber sie habe keine Kleider zum Anziehen. Da gab der Mann ihr ein Kleid, das war so blank wie der kupferne Wald, und auch ein Pferd und einen Sattel. Als sie in die Kirche kam, sah sie so schön aus, daß alle Leute sich wunderten, wer sie wohl sein möge, und niemand hörte auf die Predigt, weil alle sie ansahen. Sogar dem Prinzen gefiel sie so gut, daß er kein Auge von ihr wenden konnte.

Als sie aus der Kirche ging, kam der Prinz hinter ihr drein und zog die Kirchentür hinter ihr zu, und da behielt er den einen Handschuh von ihr in der Hand. Als sie dann ihr Pferd bestieg, kam der Prinz wieder und fragte, woher sie sei. «Aus dem Waschwasserland», sagte Kari; und während der Prinz den Handschuh herauszog und ihr geben wollte, sagte sie:

«Licht vor mir, hinter mir Dunkelheit,
Daß der Prinz nicht sieht, wohin ich reit!»

Der Prinz hatte noch nie einen so schönen Handschuh gesehen und reiste weit herum und suchte das Heimatland der
vornehmen Dame, die ihren Handschuh im Stich gelassen
hatte, aber kein Mensch konnte ihm sagen, wo es lag.

Am nächsten Sonntag sollte jemand hinaufgehen zum
Prinzen und ihm ein Handtuch bringen. «Darf ich nicht
hinaufgehen?» bat Kari. «Sonst nichts mehr!» sagten die anderen in der Küche. «Du hast ja gesehen, wie es dir das letztemal ergangen ist.» Kari aber bat immerzu und erhielt schließlich doch die Erlaubnis und rannte die Treppe hinauf, daß ihr
Holzrock nur so rumpelte. Der Prinz streckte sofort den
Kopf zur Tür heraus, und als er sah, daß es Kari war, riß er ihr
das Handtuch aus der Hand und warf es ihr an den Kopf.
«Mach, daß du fortkommst, du Scheusal!» rief er. «Glaubst
du, ich will ein Handtuch, das du mit deinen schmutzigen
Fingern angefaßt hast?»

Danach ging der Prinz in die Kirche, und Kari bat auch,
man möge sie gehen lassen. Die Leute fragten, was sie denn
in der Kirche wolle, sie hätte ja nichts anderes anzuziehen als
den schwarzen häßlichen Holzrock. Aber Kari sagte, der
Pfarrer predige so wunderschön, und sie höre so gern zu;
schließlich wurde es ihr auch erlaubt. Sie ging an die Felswand und klopfte, und da kam der Mann heraus und gab ihr
ein Kleid, das war viel schöner als das erste; es war über und
über mit Silber gestickt und glänzte wie der silberne Wald,
und ein prächtiges Pferd mit einer silbergestickten Decke und
einem silbernen Zaum bekam sie auch. Als die Königstochter
in die Kirche kam, standen die Leute noch vor der Kirchentür; alle fragten sich verwundert, wer sie wohl sei, und der
Prinz kam gleich gelaufen und wollte ihr das Pferd halten,
während sie abstieg. Aber sie sprang selbst ab und sagte, das

sei nicht nötig, denn das Pferd sei so zahm, daß es stillstehe, wenn sie es befehle, und herkomme, wenn sie es wünsche. Dann gingen alle Leute in die Kirche. Aber fast niemand gab auf die Predigt acht, denn sie sahen alle nach Kari, und der Prinz verliebte sich noch mehr in sie als das letztemal. Als die Predigt aus war und sie aus der Kirche ging und ihr Pferd besteigen wollte, kam der Prinz wieder und fragte, woher sie sei. «Aus dem Handtuchland», sagte sie und ließ ihre Reitpeitsche fallen; als der Prinz sich nun bückte, um sie aufzuheben, sagte sie:

> «Licht vor mir, hinter mir Dunkelheit,
> Daß der Prinz nicht sieht, wohin ich reit!»

Fort war sie, und der Prinz wußte nicht, wo sie hingekommen war. Er zog weit und breit in der Welt herum und suchte ihr Heimatland. Aber niemand konnte ihm sagen, wo es lag, und der Prinz mußte sich schließlich zufriedengeben. Am nächsten Sonntag sollte jemand zum Prinzen hinauf und ihm einen Kamm bringen; Kari bat, man möge sie gehen lassen, aber die anderen erinnerten sie, wie es ihr das letztemal gegangen sei, und schalten sie, weil sie sich vor dem Prinzen zeigen wollte, so häßlich und schwarz, wie sie war, und mit ihrem Holzrock. Aber sie bat immerzu, und schließlich ließen sie sie gehen mit dem Kamm. Als sie wieder die Treppe heraufgerumpelt kam, steckte der Prinz den Kopf zur Tür heraus, riß ihr den Kamm aus der Hand und schrie, sie solle machen, daß sie fortkomme. Darauf ging der Prinz in die Kirche, und Kari wollte auch gehen. Die anderen Leute fragten wieder, was sie denn in der Kirche zu suchen habe, häßlich und schwarz wie sie sei, sie habe ja nicht einmal Kleider, sich unter den Leuten zu zeigen. Der Prinz oder sonst jemand könnte sie leicht zu Gesicht bekommen, und da würden sie und die anderen unglücklich werden. Aber Kari sagte, die

Leute hätten doch wohl anderes anzusehen als sie, und schließlich ließ man sie gehen.

Nun ging es genauso wie die beiden anderen Male. Sie ging an die Bergwand hin und klopfte mit dem Stock, und da kam der Mann heraus und gab ihr ein Kleid, das war noch viel schöner als die beiden anderen; es war aus purem Gold und Diamanten, und ein schönes Pferd mit goldgestickter Decke und goldenem Zaum bekam sie auch.

Als die Königstochter in die Kirche kam, standen der Pfarrer und die Gemeinde noch vor der Kirchtür und warteten auf sie. Der Prinz kam gleich gelaufen und wollte ihr das Pferd halten, aber sie sprang ab und sagte: «Nein, danke, das ist nicht nötig, mein Pferd ist so zahm, daß es stehenbleibt, wenn ich es sage.» Also gingen alle in die Kirche und der Pfarrer auf die Kanzel. Aber kein Mensch hörte auf die Predigt, weil alle Leute auf die Prinzessin sahen und sich wunderten, woher sie sei, und der Prinz war noch viel verliebter als die beiden letzten Male. Er gab auf gar nichts acht und schaute nur sie an.

Als die Predigt aus war und die Königstochter aus der Kirche ging, hatte der Prinz Teer auf den Boden der Vorhalle ausgegossen, damit er der Königstochter darüberhelfen könnte. Aber sie kümmerte sich nicht darum, trat mitten in den Teer und sprang hinüber; da blieb ihr der eine Goldschuh hängen, und als sie aufs Pferd gestiegen war, kam der Prinz aus der Kirche gerannt und fragte, woher sie sei. «Aus dem Kammland!» gab sie zur Antwort. Aber als der Prinz ihr den Goldschuh reichen wollte, sagte sie:

«Licht vor mir, hinter mir Dunkelheit,
Daß der Prinz nicht sieht, wohin ich reit!»

Der Prinz wußte nun wieder nicht, wo sie geblieben war, und zog lange Zeit in der Welt herum und suchte das Kammland; aber da ihm kein Mensch sagen konnte, wo das lag, ließ er bekanntmachen, daß er diejenige heiraten wolle, der der goldene Schuh passe. Da kamen Schöne und Häßliche von allen Enden der Welt angelaufen; aber keine hatte einen so kleinen Fuß, daß sie den Goldschuh anziehen konnte. Schließlich kam auch Karis böse Stiefmutter mit ihrer Tochter, und der paßte der Schuh. Aber sie war häßlich und sah so ungut aus, daß der Prinz nur sehr ungern sein Versprechen einhielt. Immerhin wurde aber die Hochzeit gerüstet, und sie wurde mit dem Brautstaat geschmückt, aber als sie zur Kirche ritten, saß ein Vöglein auf einem Baum und sang:

«Ein Stück von der Ferse,
Ein Stück von der Zeh,
Kari Holzrocks Schuh
Ist voll Blut, o weh!»

Und als sie nachsahen, hatte der Vogel die Wahrheit gesagt, denn aus dem Schuh sickerte Blut. Da mußten alle Mägde und alle Frauen, die auf dem Schloß waren, den Schuh anprobieren, aber er wollte keiner passen. «Aber wo ist Kari Holzrock?» fragte der Prinz, denn er hatte das Vogellied verstanden und erinnerte sich gut daran. «Ach, die da!» sagten die anderen. «Das hat keinen Wert, sie kommen zu lassen, sie hat Füße wie ein Gaul.» – «Mag sein!» sagte der Prinz. «Aber da alle anderen ihn probiert haben, so soll sie ihn auch probieren. Kari!» rief er zur Tür hinaus, und Kari kam die Treppe heraufgetrampelt, daß es nur so dröhnte, als ob ein ganzes Regiment Dragoner ankäme. «Nun sollst du den Goldschuh anprobieren und Prinzessin werden!» sagten die anderen und trieben ihren Spaß mit ihr. Kari nahm den Schuh, stellte den Fuß ganz ohne Schwierigkeit hinein, warf den Holzrock ab und stand in ihrem goldenen Kleide da, daß es nur so glänzte, und am anderen Fuß hatte sie den gleichen Goldschuh. Der Prinz erkannte sie gleich und freute sich sehr, lief hin und nahm sie in den Arm und küßte sie. Und da erzählte sie ihm, daß sie eine Königstochter sei, und da freute er sich noch viel mehr, und dann hielten sie Hochzeit.

> Schnipp Schnapp Schnaus,
> Nun ist das Märchen aus.

28
Der Ursprung der Unterirdischen

Auf einem Hof tief in den Bergen wurden die Leute häufig von den Unterirdischen oder Tussen besucht. Da war besonders ein Tusse, der hatte sich daran gewöhnt, hin und wieder etwas von dem Bauern auszuleihen. Das hatte auch der Pfarrer der Gemeinde gehört, und schließlich machte er sich auf, um den Bauern zu besuchen und zu erfahren, was es damit auf sich habe. «Ja», sagte der Mann, «wenn du eine Stunde warten willst, kannst du den Tusse sehen. Er hat von mir eine Kanne Bier geliehen, und wenn die Uhr schlägt, kommt er zurück und bringt sie mir wieder.» Da setzte sich der Pfarrer nieder, und als die Uhr schlug, kam auch der Tusse; als er aber einen Fremden sah, schämte er sich zu sprechen und setzte nur die Kanne auf den Tisch, verbeugte sich vor dem Bauern und wollte sogleich wieder hinaus. Aber der Pfarrer lief zur Tür und verschloß sie vor ihm.

Er begann nun, zu dem Tusse zu sprechen; er sprach über das Neue Testament, er erzählte ihm von dem kleinen Christuskind und erklärte ihm die Texte – er wollte den Tusse bekehren, denn er dachte, er wäre ein Teufel. Der Tusse wollte immerzu hinauslaufen, aber der Pfarrer hielt die Klinke fest und fuhr fort, die Heilige Schrift Punkt für Punkt auszulegen. Der Tusse erwiderte kein Wort, doch endlich sagte er: «Ich bin nicht so gelehrt, daß ich mit dir sprechen könnte; aber wenn du noch eine Weile warten willst, so wird mein Bruder kommen, der ist ein Pfarrer wie du.» Er fuhr fort, von seinem Bruder zu sprechen, aber der Pfarrer wagte nicht, ihn gehen zu lassen, denn er dachte, der Tusse würde sich gleich aus dem Staube machen. «Du kannst ihn getrost gehen lassen», sagte der Bauer. «Wenn er dir versprochen hat, daß sein Bruder kommt, so kommt er auch wirklich; er lügt niemals.»

Da stimmte der Pfarrer zu. Als er eine Weile gewartet hatte, kam der Tussenpfarrer im Talar und mit weißem Kragen, und die Bibel trug er in der Hand. Die beiden begannen sogleich im Zimmer auf und ab zu gehen und zu diskutieren.

«Kennst du das Buch von der Schöpfung?» fragte der Tusse. – Ja, das kenne er, sagte der Pfarrer. – «Dort heißt es, daß Gott im Anfang einen Mann und eine Frau geschaffen hat – weißt du das?» sagte der Tusse. – Ja, das wisse er wohl, und der Tusse zeigte, wo es geschrieben stand und wie es in der Bibel heißt. – «Als aber die Welt bis zum zweiten Kapitel bestanden hatte, schuf Gott ein Weib aus Adams Rippe – weißt du das?» fragte der Tusse. – Ja, das wisse er. – «Da sprach Adam: ‹Dieses Mal ist es Bein von meinem Bein und Fleisch von meinem Fleisch.› Warum sagte er: ‹Dieses Mal›? Weißt du das auch?» sagte der Tusse. Das wußte der Pfarrer nicht. Da sagte der Tusse: «Die Frau, die Gott zu Anfang geschaffen hatte, war Adam vollkommen ebenbürtig und wollte ihm in keiner Weise untertan sein; sie meinte, sie sei eine ebenso gute Schöpfung Gottes wie er. Aber Gott sah, daß es nicht gut war, wenn Mann und Frau gleich wären, und da verstieß er sie und ihre Nachkommen in die Hügel und das

Innere der Berge. Sie sind ohne Sünde, deshalb sind sie unsichtbar und können nur gesehen werden, wenn sie selbst es wünschen. – Aber im zweiten Kapitel nahm Gott eine Rippe aus Adams Seite und schuf daraus ein Weib, und da sagte Adam: ‹Dieses Mal›, weil sie diesmal vom Manne genommen war. Deren Nachkommen aber sind in der Sünde, und deshalb müssen sie auch das Neue Testament haben. Die Tussen brauchen nur das Alte.»

Der Pfarrer schämte sich sehr vor dem Tusse, und er stieg nie mehr auf die Kanzel, um zu predigen.

Der Name von Adams erster Frau wird in der Bibel nicht genannt. Sie hieß Lilli, oder vielleicht war es Lillo – aber das macht keinen großen Unterschied.

29

Der weiße Bär
König Valemon

*E*s *war einmal ein König,* der hatte zwei Töchter, die waren böse und häßlich, aber die dritte war so schön und freundlich wie der helle Tag, und der König und alle Leute hatten sie sehr gern. Sie träumte einmal von einem goldenen Kranz, der war so schön, daß sie meinte, nicht leben zu können ohne diesen Kranz. Aber da sie ihn nicht bekommen konnte, wurde sie trübsinnig und konnte es vor Trauer nicht aushalten, und als der König erfuhr, daß sie sich wegen des Kranzes so härmte, schickte er eine Vorlage herum, die war gerade so, wie es die Königstochter geträumt hatte, und ließ bei allen Goldschmieden im Lande anfragen, ob sie einen solchen Kranz anfertigen könnten. Sie arbeiteten Tag und Nacht, aber manche Kränze warf die Königstochter beiseite, und andere wollte sie nicht einmal ansehen. Eines Tages, als sie im Walde war, sah sie einen weißen Bären, der hatte denselben Kranz, von dem sie geträumt hatte, zwischen den Tatzen und spielte damit. Da wollte sie ihm den Kranz abkaufen. Aber er war ihm nicht für Geld feil, sondern nur, wenn sie selbst seine Frau werden wollte. Sie könne nun einmal nicht ohne den Kranz leben, gab sie zur Antwort, und da sei es einerlei, wohin sie käme und wen sie heiratete, wenn sie nur den Kranz hätte; also einigten sie sich darauf, daß er sie in drei Tagen holen sollte, und das war ein Donnerstag.

Als sie mit dem Kranz nach Hause kam, freuten sich alle, weil sie wieder froh war, und der König meinte, es könne nicht so schwer sein, einen Bären von seinem Vorhaben zurückzuhalten. Am dritten Tag mußte das ganze Kriegsheer sich rund um das Schloß aufstellen, um ihn in Empfang zu nehmen. Aber als der weiße Bär kam, konnte niemand etwas gegen ihn ausrichten, denn keine Waffe konnte ihm etwas anhaben. Er schlug die Leute rechts und links nieder, so daß sie haufenweise dalagen. Das fand der König denn doch zu arg, und er schickte seine älteste Tochter hinaus; der weiße Bär nahm sie auf den Rücken und zog mit ihr ab. Als sie schon lange unterwegs waren, fragte der Bär: «Hast du jemals weicher gesessen? Hast du jemals klarer gesehen?» – «Ja, auf meiner Mutter Schoß habe ich weicher gesessen, und in meines Vaters Schloß habe ich klarer gesehen», gab sie zur Antwort.

«Dann bist du nicht die Rechte», sagte der Bär und jagte sie wieder heim.

Am nächsten Donnerstag kam er wieder, und da ging es genauso; das Kriegsheer sollte dem weißen Bären gegenübertreten, aber Eisen und Stahl hatte keine Macht über ihn, und er schlug die Leute nieder wie Gras, so daß der König ihn bitten mußte, innezuhalten und ihm die zweitälteste Tochter hinaussandte; die nahm der weiße Bär auf den Rücken und zog mit ihr ab. Als sie lange unterwegs waren, fragte er: «Hast du jemals weicher gesessen? Hast du jemals klarer gesehen?»

«Ja», sagte sie, «in meines Vaters Schloß habe ich klarer gesehen, und auf meiner Mutter Schoß habe ich weicher gesessen.»

«Dann bist du nicht die Rechte», sagte der Bär und jagte sie wieder heim.

Am dritten Donnerstag kam er wieder; da schlug er noch mächtiger zu als das letztemal; nun dachte der König, sein ganzes Heer dürfe er doch nicht erschlagen lassen, und gab ihm in Gottes Namen die dritte Tochter. Er nahm sie auf den Rücken und machte sich auf den Weg, und sie wanderten lange, und als sie in den Wald kamen, fragte er sie, wie er die anderen gefragt hatte, ob sie jemals weicher gesessen und klarer gesehen habe.

«Nein, niemals!» sagte sie.

«Ja, du bist die Rechte», sagte er.

Schließlich kamen sie in ein Schloß, das war so prächtig, daß das Schloß ihres Vaters wie die jämmerlichste Behausung daneben erschienen wäre. Da sollte sie nun bleiben und sich's wohl sein lassen und hatte nichts weiter zu tun, als aufzupassen, daß das Feuer nicht ausginge. Der Bär war am Tage nicht da, aber nachts war er bei ihr, und da war er ein Mensch. Das ging gut und schön drei Jahre lang; aber jedes Jahr bekam sie ein Kind, und das nahm er immer mit sich fort, sobald es zur Welt gekommen war. Da wurde sie immer trauriger und bat ihn, ob sie nicht einmal heimreisen dürfe und ihre Eltern besuchen. Er hatte nichts dagegen; aber zuerst mußte sie ihm geloben, daß sie darauf hören wollte, was ihr Vater sage, aber was die Mutter wolle, dürfe sie nicht tun. Dann reiste sie heim, und als sie allein mit ihr waren und sie erzählt hatte, wie sie lebte, wollte die Mutter ihr ein Licht mitgeben, damit sie sehen könnte, wie der Bär in Wirklichkeit aussehe. Aber der Vater sagte: «Nein, das darf sie nicht tun, denn das bringt nur Schaden und keinen Segen.» Aber trotzdem nahm sie das Lichtstümpfchen mit, als sie ging. Kaum war er eingeschlafen, so war ihr erstes, das Licht anzuzünden und ihn zu betrachten; er war so schön, daß sie sich nicht satt sehen konnte. Aber wie sie das Licht hielt, fiel ein Talgtropfen auf seine Stirn, und er erwachte.

«Was hast du da getan?» fragte er. «Jetzt hast du uns alle beide unglücklich gemacht; es wäre nur noch ein Monat gewesen, wenn du nur den noch ausgehalten hättest, so wäre ich erlöst gewesen, denn eine Hexe hat mich verzaubert, daß ich ein Bär sein muß am Tage, aber jetzt ist es aus mit uns, jetzt muß ich zu ihr gehen und sie heiraten.»

Sie weinte und jammerte, aber er mußte auf alle Fälle fort. Schließlich fragte sie, ob sie nicht mitgehen dürfe. Das sei nicht möglich, sagte er, aber als er in Bärengestalt fortging, packte sie ihn am Fell, schwang sich auf seinen Rücken und hielt sich fest. Es ging über Berg und Halden, durch Gestrüpp und niederes Holz, bis ihr die Kleider vom Leib gerissen wurden und sie so todmüde war, daß sie losließ und nichts mehr von sich wußte. Als sie wieder zu sich kam, war sie in einem großen Wald und wanderte weiter, aber sie wußte nicht, wo es hinging. Schließlich kam sie an eine kleine Hütte, darin waren zwei Frauen, eine Alte und ein schönes kleines Mädchen. Die Königstochter fragte, ob sie nichts vom weißen Bären König Valemon gesehen hätten.

«Ja, heute früh am Morgen ist er hier vorbeigekommen, aber er war so schnell, daß du ihn gewiß nicht mehr einholst», sagten sie.

Das kleine Mädchen lief herum und klapperte und spielte mit einer goldenen Schere, die hatte die Eigenschaft, daß Seiden- und Samtstücke um sie herumflogen, wenn man nur mit ihr klapperte. Wo die Schere war, hatte man keinen Mangel an Kleidern.

«Aber die Frau, die noch so weit und so schlimme Wege gehen muß, wird es schwer haben», sagte das kleine Mädchen. «Sie braucht meine Schere nötiger als ich, um sich Kleider zu schneiden», sagte sie und bat, ob sie ihr nicht die Schere schenken dürfe. Das wurde ihr auch erlaubt.

Also ging die Königstochter wieder weiter durch den Wald, der gar kein Ende nehmen wollte, und am nächsten Morgen kam sie wieder an eine Hütte. Darin waren auch zwei Frauen, eine Alte und ein kleines Mädchen.

«Guten Tag», sagte die Königstochter. «Habt ihr etwas gesehen vom weißen Bären König Valemon?» fragte sie.

«Bist du die, die ihn hätte freien sollen?» sagte die Frau. – «Ja», sagte sie. – «Ja, er ist gestern hier vorbeigekommen, aber er hatte es so eilig, daß du ihn gewiß nicht mehr einholen kannst!»

Das kleine Mädchen lief herum und spielte mit einer Flasche, die hatte die Eigenschaft, daß man aus ihr einschenken konnte, was man wollte.

«Aber die arme Frau, die noch so weit und so schlimme Wege gehen muß, wird wohl Durst und viele andere Strapazen aushalten müssen», sagte das Mädchen, «sie hat die Flasche nötiger als ich», und sie fragte, ob sie ihr die Flasche schenken dürfe. Das wurde ihr auch erlaubt.

Da bekam die Königstochter die Flasche, dankte und wanderte weiter durch denselben Wald den ganzen Tag und die ganze Nacht. Am dritten Morgen kam sie zu einer Hütte, darin waren auch eine alte Frau und ein kleines Mädchen.

«Guten Tag», sagte die Königstochter.

«Guten Tag», sagte die Frau.

«Habt ihr etwas vom weißen Bären König Valemon gesehen?» sagte sie. «Bist du es vielleicht, die ihn freien sollte?» sagte die Frau. «Ja», sagte sie. «Ja, vorgestern ist er hier vorbeigekommen; aber er hatte es so eilig, daß du ihn kaum mehr einholen kannst», sagte sie.

Das Mädchen lief herum und spielte mit einem Tuch, das hatte die Eigenschaft, wenn man zu ihm sagte: «Tuch, leg dich und deck dich mit allen guten Gaben!», so deckte es sich, und wo es war, fehlte es nie an guten Speisen.

«Aber die arme Frau, die noch so weit und so schlimme Wege gehen muß, wird wohl Hunger und viel andere Not erdulden müssen, sie braucht das Tuch wohl nötiger als ich», sagte das kleine Mädchen und fragte, ob sie ihr nicht das Tuch schenken dürfe. Das wurde ihr auch erlaubt.

Da nahm die Königstochter das Tuch, dankte und wanderte wieder weiter und weiter durch denselben finstern Wald Tag und Nacht, und am Morgen kam sie an einen Berg, der war so steil wie eine Wand und so hoch und breit, daß sie kein Ende absehen konnte. Da war auch eine Hütte, und als sie eintrat, war das erste, was sie sagte: «Habt Ihr vom weißen Bären König Valemon nichts gesehen?»

«Bist du es vielleicht, die ihn hätte freien sollen?» sagte die Frau. «Ja», sagte sie. – «Ja, er ist vor drei Tagen über den Berg gezogen; aber da kann man nicht hinauf, wenn man keine Flügel hat», sagte sie.

In der Hütte wimmelte es von kleinen Kindern, und alle hingen der Mutter an der Schürze und schrien nach Nahrung. Die Frau setzte einen Kessel voll Kieselsteine aufs Feuer. Die Königstochter fragte, was das bedeuten sollte. Ach, sie seien so arm, sagte die Frau, daß sie weder Essen noch Kleider hätten, und es sei so traurig, die Kinder um einen Bissen Brot schreien zu hören; aber wenn sie den Kessel aufs Feuer setzte und sagte: «Nun sind die Kartoffeln bald fertig», so stillte das ein bißchen den Hunger und sie gäben eine Weile Ruhe, sagte sie. Da dauerte es nicht lange, so hatte die Königstochter das Tuch und die Flasche herausgezogen, das kann man sich vorstellen, und als die Kinder satt und vergnügt waren, schnitt sie ihnen Kleider mit der goldenen Schere.

«Ja», sagte die Frau in der Hütte, «weil du so herzlich gut

gegen mich und meine Kinder gewesen bist, so wäre es eine Schande, wenn ich nicht alles täte, was ich kann, um dir über den Berg zu helfen. Mein Mann ist einer von den besten Schmieden. Nun mußt du dich ausruhen, bis er heimkommt, dann will ich ihm sagen, er soll dir Klauen an die Hände und Füße schmieden, dann kannst du es probieren und hinaufklettern.» Als der Schmied kam, machte er sich sofort an die Klauen, und am anderen Morgen waren sie fertig. Sie hatte keine Zeit, länger zu verweilen, sondern dankte, hakte sich fest in die Felswand ein und kletterte mit ihren Stahlklauen den ganzen Tag und die ganze Nacht hinauf, und als sie so müde war, so müde, daß sie keine Hand mehr rühren konnte und wieder herunterfallen wollte, da war sie oben. Da war eine Ebene mit Äckern und Wiesen, so groß und weit, daß sie sich niemals so etwas Weites und Ebenes vorgestellt hatte, und gleich daneben war ein Schloß voll Arbeitsleute aller Sorten, die schafften wie die Ameisen. «Was geht denn hier vor?» fragte die Königstochter.

Ja, hier wohne die Hexe, die den weißen Bären König Valemon verzaubert hätte, und in drei Tagen sollte sie Hochzeit mit ihm halten. Sie fragte, ob sie nicht mit ihr sprechen könnte. Nein, das sei rein unmöglich. Also setzte sie sich vor dem Fenster nieder und fing an, mit der goldenen Schere zu klappern, daß die Seiden- und Samtstücke nur so herumflogen wie in einem Schneesturm. Als das die Hexe sah, wollte sie die Schere kaufen. «Denn wenn auch die Schneider noch so fleißig sind, so bringen sie doch nichts fertig», sagte sie, «es sind gar so viele Leute, die ausstaffiert werden müssen.»

Für Geld sei die Schere nicht feil, sagte die Königstochter, aber sie könne sie haben, wenn sie sie eine Nacht bei ihrem Liebsten schlafen lasse. Ja, darauf wolle sie gern eingehen, sagte die Hexe, aber sie wollte ihn selbst in Schlaf bringen und selbst wieder wecken. Als er sich gelegt hatte, gab die Hexe ihm einen Schlaftrunk, so daß er nicht aufwachen konnte, wie sehr auch die Königstochter weinen und jammern mochte.

Am nächsten Tag ging die Königstochter wieder vor das Fenster hinaus und ließ die Flasche einschenken; sie sprudelte wie ein Bach mit Bier und Wein und wurde niemals leer. Als das die Hexe sah, wollte sie sie kaufen, «denn wenn man auch noch so viel braut und brennt, so genügt es doch nicht, es sind viel zu viele, die trinken wollen», sagte sie. Für Geld sei die Flasche nicht zu haben, sagte die Königstochter, aber wenn sie heute nacht bei ihrem Liebsten schlafen dürfe, so könne sie sie haben. Ja, darauf wolle sie eingehen, sagte die Hexe, aber sie wolle ihn selbst in Schlaf bringen und selbst aufwecken. Als er sich gelegt hatte, gab die Hexe ihm einen Schlaftrunk, so daß es diese Nacht genauso ging wie in der letzten; er konnte nicht aufwachen, wie sehr auch die Königstochter weinen und jammern mochte. Aber in dieser Nacht arbeitete einer von den Handwerkern im Zimmer daneben. Der hörte das Weinen und dachte sich, wie das zusammenhinge, und am nächsten Tag sagte er dem Prinzen, die Königstochter sei gekommen, die ihn befreien wolle.

An diesem Tag ging es genauso mit dem Tuch, wie es mit der Schere und mit der Flasche gegangen war; um die Mittagszeit ging die Königstochter vor das Schloß, nahm das Tuch heraus und sagte: «Tuch, leg dich und deck dich mit allen guten Gaben!», und da stand so viel Essen darauf, daß hundert Mann sich hätten satt essen können; aber die Königstochter setzte sich allein zu Tisch. Als die Hexe das Tuch sah, wollte sie es kaufen; «denn wenn man noch so fleißig kocht und brät, so reicht es doch nicht; denn es sind viel zuviel hungrige Mäuler», sagte sie. Für Geld sei es nicht zu haben, sagte die Königstochter; aber wenn sie heute nacht bei ihrem Liebsten schlafen dürfte, so könne sie es haben. Damit war die Hexe einverstanden, aber sie wollte ihn selbst in Schlaf bringen und selbst aufwecken. Als er sich ins Bett gelegt hatte, kam sie mit dem Schlaftrunk, aber diesmal war er auf seiner Hut und schlug ihr ein Schnippchen. Die Hexe traute ihm diesmal auch nicht mehr über den Weg; denn sie nahm eine Stopfnadel und stach ihn zweimal in den Arm, um zu probieren, ob er auch wirklich schliefe. Aber ob es auch noch so weh tat, er rührte sich nicht, und da durfte die Königstochter hereinkommen.

So ging alles zum besten, und wenn sie nur die Hexe hätten beiseite schaffen können, wäre er frei gewesen. Da stiftete er die Zimmerleute an, in die Brücke, über die der Hochzeitszug gehen mußte, einen losen Balken einzulassen, denn es war damals Sitte, daß die Braut zuvorderst ritt. Als sie dann darüberritten, senkte sich der Balken mit der Braut und all den Hexen, die ihre Kranzeljungfern waren. Aber König Valemon und die Königstochter und alle übrigen Hochzeitsleute gingen zurück ins Schloß und nahmen von dem Gold und den Reichtümern der Hexe mit, was sie nur tragen konnten, und zogen heim in ihr Land und wollten da rechte Hochzeit halten. Aber unterwegs ging König Valemon hinein und nahm die drei kleinen Mädchen mit, und da sah die Königstochter, warum er ihr die Kinder weggenommen und ausgesetzt hatte; das war, damit sie ihr zu ihm hinhelfen sollten. Dann feierten sie eine prächtige Hochzeit.

30

Die Katze,
die so viel fressen konnte

Es war einmal ein Mann, der hatte eine Katze, und die konnte so furchtbar viel fressen, daß er sie nicht mehr behalten wollte. Da wollte er ihr einen Stein um den Hals binden und sie in den Fluß werfen, aber zuvor sollte sie noch zu fressen bekommen. Die Frau setzte ihr eine Schüssel Grütze und ein kleines Töpfchen mit Fett vor. Das schlang sie hinunter und sprang zum Fenster hinaus. Da stand der Mann auf der Tenne zum Dreschen.

«Guten Tag, Mann im Haus», sagte die Katze.

«Guten Tag, Katze», sagte der Mann, «hast du heute schon gefressen?»

«Ach, ein bißchen, aber ich bin fast noch nüchtern», sagte die Katze, «es war nur eine Schüssel Grütze und ein Töpfchen mit Fett, und ich besinne mich, ob ich dich nicht auch fressen soll», sagte sie und packte den Mann und fraß ihn auf.

Dann ging sie in den Stall; da saß die Frau und melkte.

«Guten Tag, Frau im Stall», sagte die Katze.

«Guten Tag, Katze, bist du es», sagte die Frau. «Hast du dein Futter gefressen?» sagte sie.

«Ach, ein bißchen habe ich heute gefressen, aber ich bin fast nüchtern», sagte die Katze. «Es war nur eine Schüssel Grütze und ein Töpfchen mit Fett und der Mann im Hause, und ich besinne mich, ob ich dich nicht auch fressen soll», sagte sie, und da packte sie die Frau und fraß sie auf.

«Guten Tag, du Kuh an der Krippe», sagte die Katze zu der Leitkuh.

«Guten Tag, Katze», sagte die Leitkuh, «hast du heute schon gefressen?»

«Ach, ein bißchen, aber ich bin fast nüchtern», sagte die

Katze, «es war nur eine Schüssel voll Grütze und ein Töpfchen mit Fett und der Mann im Hause und die Frau im Stall, und ich besinne mich, ob ich dich nicht auch fressen soll», sagte die Katze und packte die Leitkuh und fraß sie auf. Dann ging sie hinauf in den Obstgarten; da stand ein Mann und kehrte das Laub zusammen.

«Guten Tag, du Laubmann im Garten», sagte die Katze.

«Guten Tag, Katze», sagte der Mann, «hast du heute schon gefressen?»

«Ach, ich habe so wenig bekommen, ich bin fast nüchtern», sagte die Katze, «es war nur eine Schüssel voll Grütze und ein Töpfchen mit Fett und der Mann im Hause und die Frau im Stall und die Leitkuh an der Krippe, und ich besinne mich, ob ich dich nicht auch fressen soll», sagte sie und packte den Laubmann und fraß ihn auch auf.

Da kam sie an einen Steinhaufen; da stand das Wiesel und hielt Umschau.

«Guten Tag, Wiesel auf dem Steinhaufen», sagte die Katze.

«Guten Tag, Katze», sagte das Wiesel, «hast du heute schon gefressen?»

«Ach, nur ein bißchen, ich bin fast nüchtern», sagte die Katze, «es war nur eine Schüssel voll Grütze und ein Töpfchen mit Fett und der Mann im Hause und die Frau im Stall und die Kuh an der Krippe und der Laubmann im Garten, und ich besinne mich, ob ich dich nicht auch fressen soll», sagte die Katze und packte das Wiesel und fraß es auch auf.

Als sie eine Weile gegangen war, kam sie an einen Haselstrauch. Da saß das Eichhörnchen und sammelte Nüsse.

«Guten Tag, Eichhörnchen im Busch», sagte die Katze.

«Guten Tag, Katze; hast du heute schon etwas gefressen?» sagte das Eichhörnchen.

«Ach, nur ein bißchen, ich bin fast nüchtern», sagte die Katze. «Es war nur eine Schüssel voll Grütze und ein Töpfchen voll Fett und der Mann im Hause und die Frau im Stall und die Kuh an der Krippe und der Laubmann im Garten und das Wiesel auf dem Steinhaufen, und ich besinne mich, ob ich dich nicht auch fressen soll», sagte sie und packte das Eichhörnchen und fraß es auf.

Als sie noch ein Weilchen gegangen war, begegnete sie Reineke Fuchs, der am Waldrand hervorlauschte.

«Guten Tag, Fuchs, du Schlauer», sagte die Katze.

«Guten Tag, Katze, hast du heute schon gefressen?» sagte der Fuchs.

«Ach, nur ein bißchen, ich bin fast nüchtern», sagte die Katze, «es war nur eine Schüssel voll Grütze und ein Töpfchen voll Fett und der Mann im Hause und die Frau im Stall und die Leitkuh an der Krippe und der Laubmann im Garten und das Wiesel auf dem Steinhaufen und das Eichhörnchen im Haselbusch, und ich besinne mich, ob ich dich nicht auch fressen soll», sagte sie und packte den Fuchs und fraß ihn ebenfalls auf.

Als sie ein Stück gegangen war, traf sie einen Hasen.

«Guten Tag, hopsender Hase», sagte die Katze.

«Guten Tag, Katze, hast du schon gefressen?» sagte der Hase.

«Ach, nur ein bißchen, ich bin fast nüchtern», sagte die Katze, «es war nur eine Schüssel voll Grütze und ein Töpfchen mit Fett und der Mann im Hause und die Frau im Stall und die Kuh an der Krippe und der Laubmann im Garten und das Wiesel auf dem Steinhaufen und das Eichhörnchen im Haselbusch und der Fuchs der Schlaue, und ich besinne mich, ob ich dich nicht auch fressen soll», sagte sie und packte den Hasen und fraß ihn auch.

Als sie ein Stück weit gegangen war, traf sie einen Wolf.

«Guten Tag, du wilder Wolf», sagte die Katze.

«Guten Tag, Katze, hast du heute schon etwas gefressen?» sagte der Wolf.

«Ach, nur ein bißchen, ich bin fast nüchtern», sagte die Katze, «es war nur eine Schüssel voll Grütze und ein Töpfchen mit Fett und der Mann im Hause und die Frau im Stall und die Leitkuh an der Krippe und der Laubmann im Garten und das Wiesel auf dem Steinhaufen und das Eichhörnchen im Haselbusch und der Fuchs der Schlaue und der hopsende Hase, und ich besinne mich, ob ich dich nicht auch fressen soll», sagte sie und packte den Wolf und fraß ihn auch.

Nun ging sie in den Wald, und als sie lang und länger als lang gegangen war, über Berg und tiefes Tal, da traf sie einen jungen Bären.

«Guten Tag, Bärchen Braunrock», sagte die Katze.

«Guten Tag, Katze. Hast du heute schon etwas gefressen?» sagte der Bär.

«Ach, nur ein bißchen, ich bin fast nüchtern», sagte die Katze, «es war nur eine Schüssel voll Grütze und ein Töpfchen mit Fett und der Mann im Hause und die Frau im Stall und die Leitkuh an der Krippe und der Laubmann im Garten und das Wiesel auf dem Steinhaufen und das Eichhörnchen im Haselbusch und der Fuchs der Schlaue und der hopsende Hase und der Wolf der Wilde, und ich besinne mich, ob ich dich nicht auch fressen soll», sagte sie und packte den kleinen Bären und fraß ihn auch.

Als die Katze ein Stück weitergegangen war, traf sie die Bärin, die riß an den Baumstämmen, daß die Rinde flog, so zornig war sie, weil sie ihr Junges verloren hatte.

«Guten Tag, du bissige Bärin», sagte die Katze.

«Guten Tag, Katze; hast du heute schon etwas gefressen?» sagte die Bärin.

«Ach, nur ein wenig, ich bin fast nüchtern», sagte die Katze. «Es war nur eine Schüssel voll Grütze und ein Töpfchen mit Fett und der Mann im Hause und die Frau im Stall und die Leitkuh an der Krippe und der Laubmann im Garten und das Wiesel auf dem Steinhaufen und das Eichhörnchen im Haselbusch und der Fuchs der Schlaue und der hopsende Hase und der Wolf der Wilde und Bärchen Braunrock, und ich besinne mich, ob ich dich nicht auch fressen soll», sagte sie und packte die Bärin und fraß sie auch.

Als die Katze ein wenig weitergegangen war, traf sie den Bären selbst.

«Guten Tag, Bär Biedermann», sagte sie.

«Guten Tag, Katze; hast du heute schon etwas gefressen?» fragte der Bär.

«Ach, nur ein bißchen, ich bin fast nüchtern», sagte die Katze, «es war nur eine Schüssel voll Grütze und ein Töpfchen voll Fett und der Mann im Hause und die Frau im Stall und die Leitkuh an der Krippe und der Laubmann im Garten und das Wiesel auf dem Steinhaufen und das Eichhörnchen im Haselbusch und der Fuchs der Schlaue und der hopsende Hase und der Wolf der Wilde und Bärchen Braunrock und die Bärin Bissig, und nun besinne ich mich, ob ich dich nicht auch fressen soll», sagte sie und packte den Bären und fraß ihn auch.

Nun ging die Katze lang und länger als lang, bis sie wieder ins Kirchspiel kam. Da traf sie einen Brautzug auf dem Weg.

«Guten Tag, du Brautzug auf dem Weg», sagte die Katze.

«Guten Tag, Katze; hast du heute schon etwas gefressen?» fragte der Brautzug.

«Ach, nur ein bißchen, ich bin fast nüchtern», sagte die Katze. «Es war nur eine Schüssel voll Grütze und ein Töpfchen mit Fett und der Mann im Hause und die Frau im Stall und die Leitkuh an der Krippe und der Laubmann im Garten und das Wiesel auf dem Steinhaufen und das Eichhörnchen im Haselbusch und der Fuchs der Schlaue und der hopsende Hase und der Wolf der Wilde und Bärchen Braunrock und die Bärin Bissig und Bär Biedermann, und nun besinne ich mich, ob ich dich nicht auch fressen soll», sagte sie und fuhr auf den Brautzug los und fraß Braut und Bräutigam und den ganzen Brautzug mit Küchenmeister und Musikanten und Pferden und allem.

Als sie nun ein Stück weitergegangen war, kam sie an die Kirche. Da traf sie einen Leichenzug.

«Guten Tag, du Leichenzug bei der Kirche», sagte die Katze.

«Guten Tag, Katze, hast du heute schon gefressen?» sagte der Leichenzug.

«Ach, nur ein bißchen, ich bin fast nüchtern», sagte die Katze. «Es war nur eine Schüssel voll Grütze und ein Töpfchen mit Fett und der Mann im Hause und die Frau im Stall und die Leitkuh an der Krippe und der Laubmann im Garten und das Wiesel auf dem Steinhaufen und das Eichhörnchen im Haselbusch und der Fuchs der Schlaue und der hopsende Hase und der Wolf der Wilde und Bärchen Braunrock und die Bärin Bissig und der Bär Biedermann und der Brautzug auf dem Wege, und nun besinne ich mich, ob ich dich nicht auch fressen soll», sagte sie und fuhr auf den Leichenzug los und fraß die Leiche und den Zug.

Als die Katze das alles verschlungen hatte, ging sie geradenwegs zum Himmel hinauf, und als sie lang und länger als lang gegangen war, traf sie den Mond in der Wolke.

«Guten Tag, Mond in der Wolke», sagte die Katze.

«Guten Tag, Katze, hast du heute schon etwas gefressen?» sagte der Mond.

«Ach, nur ein bißchen, aber ich bin fast nüchtern», sagte die Katze. «Es war nur eine Schüssel voll Grütze und ein Töpfchen mit Fett und der Mann im Hause und die Frau im Stall und die Leitkuh an der Krippe und der Laubmann im Garten und das Wiesel auf dem Steinhaufen und das Eichhörnchen im Haselbusch und der Fuchs der Schlaue und der hopsende Hase und der Wolf der Wilde und Bärchen Braunrock und die Bärin Bissig und der Bär Biedermann und der Brautzug auf dem Wege und der Leichenzug bei der Kirche, und nun besinne ich mich, ob ich dich nicht auch fressen soll», sagte die Katze und fuhr auf den Mond los und fraß ihn auf mit Sichel und Vollmond.

Nun ging die Katze lang und länger als lang, und dann traf sie die Sonne.

«Guten Tag, du Sonne am Himmel», sagte die Katze.

«Guten Tag, Katze, hast du heute schon etwas gefressen?» sagte die Sonne.

«Ach, nur ein bißchen», sagte die Katze, «es war nur eine Schüssel voll Grütze und ein Töpfchen mit Fett und der Mann im Hause und die Frau im Stall und die Leitkuh an der Krippe und der Laubmann im Garten und das Wiesel auf dem Steinhaufen und das Eichhörnchen im Haselbusch und der Fuchs der Schlaue und der hopsende Hase und der Wolf der Wilde und das Bärchen Braunrock und die Bärin Bissig und der Bär Biedermann und der Brautzug auf dem Wege und der Leichenzug bei der Kirche und der Mond in der Wolke, und nun besinne ich mich, ob ich dich nicht auch fressen soll», sagte die Katze und fuhr auf die Sonne am Himmel los und fraß sie auf.

Dann ging die Katze lang und länger als lang, bis sie an eine Brücke kam, da begegnete sie einem großen Geißbock.

«Guten Tag, du Bock auf der Brücke, der breiten», sagte die Katze.

«Guten Tag, Katze, hast du heute schon etwas gefressen?» sagte der Bock.

«Ach, nur ein bißchen, ich bin fast nüchtern», sagte die Katze, «es war nur eine Schüssel voll Grütze und ein Töpfchen mit Fett und der Mann im Hause und die Frau im Stall und die Leitkuh an der Krippe und der Laubmann im Garten und das Wiesel auf dem Steinhaufen und das Eichhörnchen im Haselbusch und der Fuchs der Schlaue und der hopsende Hase und der Wolf der Wilde und Bärchen Braunrock und die Bärin Bissig und der Bär Biedermann und der Brautzug auf dem Wege und der Leichenzug bei der Kirche und der Mond in der Wolke und die Sonne am Himmel, und nun besinne ich mich, ob ich nicht auch dich fressen soll», sagte die Katze.

«Darum wollen wir uns erst streiten», sagte der Bock und stieß mit den Hörnern nach der Katze, daß sie über die Brücke hinunterrollte und ins Wasser fiel, und da zersprang sie.

Nun krochen sie alle heraus, und jedes ging an seinen Ort, und sie waren alle, alle so munter wie zuvor, die die Katze gefressen hatte, der Mann im Hause und die Frau im Stall und die Leitkuh an der Krippe und der Laubmann im Garten und das Wiesel auf dem Steinhaufen und das Eichhörnchen im Haselbusch und der Fuchs der Schlaue und der hopsende Hase und der Wolf der Wilde und Bärchen Braunrock und die Bärin Bissig und der Bär Biedermann und der Brautzug auf dem Wege und der Leichenzug bei der Kirche und der Mond in der Wolke und die Sonne am Himmel.

31

Östlich von der Sonne und westlich vom Mond

*E*s war einmal ein armer Häusler, der hatte viele Kinder, die er nur notdürftig ernähren und nur ganz ärmlich kleiden konnte; schön waren sie alle, aber am schönsten von ihnen war doch die jüngste Tochter, sie war ganz über alle Maßen schön.

Nun war einmal an einem Donnerstagabend im Spätherbst fürchterliches Wetter draußen; es war stockfinster, und es regnete und stürmte, daß das Haus in allen Fugen krachte.

Die ganze Familie saß um den Herd herum, und jedes hatte irgendeine Arbeit vor. Da klopfte es plötzlich dreimal laut an die Fensterscheibe. Der Mann ging hinaus, um zu sehen, was es gäbe, und als er hinauskam, stand da ein großer weißer Bär.

«Guten Abend», sagte der weiße Bär.

«Guten Abend», sagte auch der Mann.

«Willst du mir deine jüngste Tochter geben, dann mache ich dich ebenso reich, wie du jetzt arm bist», sagte der Bär.

Dem Mann gefiel es nicht übel, daß er so reich werden sollte; aber er meinte doch, er müsse vorher mit seiner Tochter sprechen. Er ging also wieder hinein und sagte, es sei ein weißer Bär draußen, der habe versprochen, ihn ebenso reich zu machen, wie er jetzt arm sei, wenn er nur die jüngste Tochter zur Frau bekomme. Das Mädchen aber sagte nein und wollte nichts davon wissen. Der Mann ging wieder zu dem weißen Bären hinaus, und die beiden kamen überein, daß der weiße Bär am nächsten Donnerstag wiederkommen und sich Bescheid holen solle. Indessen aber bearbeiteten die Eltern ihre Tochter und schwatzten ihr von all dem Reichtum vor, zu dem sie gelangen sollten, und wie gut es ihr selbst gehen würde. Da willigte sie schließlich ein; sie wusch und flickte ihre paar ärmlichen Kleider, schmückte sich, so gut sie konnte, und hielt sich reisefertig. Und was sie mitbekam, war auch nicht der Rede wert.

Am nächsten Donnerstag kam der weiße Bär, die Braut zu holen. Das Mädchen setzte sich mit seinem Bündel auf den Rücken des Bären, und er trabte davon. Nachdem sie eine gute Strecke zurückgelegt hatten, fragte der Bär: «Hast du Angst?»

«Nein, durchaus nicht», antwortete sie.

«Halt dich nur gut fest an meinem Fell, dann hat es keine Not», sagte der Bär. Nun ritt sie auf dem Rücken des Bären weit, weit fort, bis sie schließlich an einen großen Felsen kamen. Da klopfte der Bär an, und gleich ging eine Tür auf, durch die sie in ein großes Schloß hineingelangten mit vielen hellerleuchteten Zimmern, wo alles von Gold und Silber glänzte. Dann kamen sie in einen großen Saal; da stand ein Tisch, der mit den herrlichsten Gerichten über und über bedeckt war. Hier gab der weiße Bär dem Mädchen eine silberne Glocke und sagte, wenn sie irgend etwas haben wolle, brauche sie nur mit der Glocke zu klingeln, dann werde sie es sogleich bekommen. Nachdem nun das Mädchen gespeist hatte und es Abend wurde, fühlte sie sich schläfrig von der Reise und hatte Lust, sich niederzulegen und zu schlafen. Sie klingelte also mit der Glocke; aber kaum hatte sie den ersten Ton erschallen lassen, als sie auch schon in ein Zimmer versetzt war, in dem das schönste Bett stand, das man sich nur wünschen konnte, mit seidenen Kissen und Vorhängen mit goldenen Fransen; und alles, was sich in dem Zimmer befand, war auch von Gold und Silber. Doch als sie sich niedergelegt und das Licht ausgelöscht hatte, kam ein Mensch herein und legte sich neben sie. Der Mensch aber war der weiße Bär, der in der Nacht seinen Pelz abwerfen durfte; das Mädchen bekam ihn jedoch nie zu sehen, denn er kam immer erst, wenn sie das Licht gelöscht hatte, und ehe es morgens hell wurde, war er wieder verschwunden.

Eine Weile ging nun alles sehr gut; aber allmählich wurde das Mädchen still und betrübt, sie war ja den ganzen Tag mutterseelenallein, und so überkam sie ein großes Heimweh nach ihren Eltern und Geschwistern. Der weiße Bär fragte sie, was ihr denn fehle, da sagte sie, sie sei immer so allein und wolle so schrecklich gern ihre Eltern und Geschwister wiedersehen, und weil sie das nicht könne, sei sie so traurig.

«Oh, das kann schon geschehen», sagte der weiße Bär. «Aber du mußt mir versprechen, daß du mit deiner Mutter nie allein reden willst, sondern nur, wenn andere zugegen sind. Sie wird dich wahrscheinlich an der Hand nehmen und dich in ihre Kammer führen wollen, damit sie mit dir allein sprechen kann. Aber das darfst du nicht zulassen, sonst machst du uns beide unglücklich.»

Eines Sonntags kam dann auch wirklich der weiße Bär und sagte, jetzt könnten sie die Reise zu ihren Eltern antreten. Sie setzte sich also auf den Rücken des Bären, und der Bär machte sich auf den Weg. Nachdem sie eine sehr weite Strecke zurückgelegt hatten, kamen sie schließlich an ein schönes, großes, weißes Haus, vor dem ihre Geschwister spielten und sich tummelten; und alles war so reich und so prächtig, daß es eine wahre Freude war, es nur anzusehen.

«Hier wohnen deine Eltern», sagte der weiße Bär. «Vergiß nun nicht, was ich dir gesagt habe, sonst machst du dich und mich unglücklich.» – Gott bewahre, sie würde es sicher nicht vergessen, sagte das Mädchen; und als sie vor dem Haus angekommen waren, stieg sie ab, und der Bär kehrte wieder um.

Als die Tochter bei den Eltern eintraf, freuten sich diese über die Maßen; sie sagten, sie könnten ihr nicht genug dafür danken, was sie für sie getan habe, jetzt ginge es ihnen allen miteinander ausgezeichnet. Dann fragten sie, wie es ihr selbst ginge. Das Mädchen sagte, es ginge ihr auch recht gut, und sie habe alles, was sie sich nur wünschen könnte. Ich weiß nicht recht, was sie ihnen noch weiter erzählte, aber ich glaube nicht, daß sie ihnen alles genau mitteilte. Am Nachmittag nun, als die Familie zu Mittag gegessen hatte, ging es so, wie der weiße Bär vorausgesagt hatte; die Mutter wollte drinnen in ihrer Kammer allein mit der Tochter sprechen; die aber dachte daran, was der weiße Bär gesagt hatte, und wollte nicht mit der Mutter gehen, sondern sagte:

«Was wir miteinander zu besprechen haben, können wir ebensogut hier sagen.» Aber – sie wußte selbst nicht recht, wie es kam – schließlich überredete die Mutter sie doch, und da mußte sie genau erzählen, wie es ihr ging. Sie berichtete nun, sobald sie abends ihr Licht gelöscht habe, komme ein Mensch und der lege sich neben sie. Sie habe ihn aber noch nie gesehen, denn er gehe immer fort, ehe es des Morgens hell sei. Darüber gräme sie sich, denn sie wolle ihn doch so schrecklich gern sehen, und am Tage sei sie allein, und es sei gar so öde und einsam.

«O weh, das ist am Ende ein Troll», sagte die Mutter. «Aber ich will dir einen guten Rat geben, wie du ihn sehen kannst. Hier hast du ein Stück von einer Kerze, das verstecke unter deinem Brusttuch. Wenn der Troll schläft, zünde das Licht an und betrachte ihn dir. Nimm dich aber in acht, daß du keinen Tropfen Talg auf ihn fallen läßt.»

Die Tochter nahm das Licht und verbarg es an ihrem Busen, und am Abend kam der weiße Bär, sie zu holen. Als sie eine Strecke zurückgelegt hatten, fragte der weiße Bär, ob es nicht geradeso gegangen sei, wie er gesagt habe. Doch, es sei so gegangen, das Mädchen konnte es nicht leugnen.

«Hast du auf den Rat deiner Mutter gehört, dann machst du dich und mich unglücklich, und dann ist es aus zwischen uns», sagte der Bär. O nein, erwiderte das Mädchen, das habe es gewiß nicht getan.

Als sie zu Hause angelangt waren und das Mädchen sich zu Bett gelegt hatte, ging es genau wie sonst: ein Mensch kam herein und legte sich neben sie. In der Nacht aber, als sie hörte, daß der Mensch fest schlief, stand sie auf und zündete die Kerze an. Sie beleuchtete ihn und sah den schönsten Prinzen, den man nur sehen konnte; er gefiel ihr so über alle Maßen, daß sie meinte, nicht länger leben zu können, wenn sie ihn nicht augenblicklich küssen dürfte. Sie tat es; aber aus Versehen ließ sie drei heiße Talgtropfen auf sein Hemd fallen, und er erwachte.

«Ach, was hast du getan!» rief er. «Nun hast du uns beide unglücklich gemacht. Hättest du nur das Jahr ausgehalten, wäre ich erlöst gewesen! Ich habe eine Stiefmutter, die mich verzaubert hat, daß ich bei Tag ein Bär und bei Nacht ein Mensch bin; aber jetzt ist es aus zwischen uns beiden, und ich muß zu meiner Stiefmutter zurückkehren. Sie wohnt auf einem Schlosse, das liegt östlich von der Sonne und westlich vom Mond; dort ist eine Prinzessin mit einer drei Ellen langen Nase, die muß ich jetzt heiraten.»

Das Mädchen weinte und jammerte; aber es half nichts; der Prinz sagte, er müsse abreisen. Da fragte sie, ob sie ihn denn nicht begleiten dürfe. Nein, sagte er, das gehe nicht an. «Aber kannst du mir nicht wenigstens den Weg sagen, damit ich dich suchen kann. Denn das wird doch wohl erlaubt sein?»

«Ja, das darfst du wohl», sagte er. «Aber es führt kein Weg dahin. Das Schloß liegt östlich von der Sonne und westlich vom Mond, und dahin findest du den Weg nie und nimmer.»

Als das Mädchen am nächsten Morgen erwachte, waren sowohl der Prinz als auch das Schloß verschwunden; sie lag auf einem grünen Platz mitten in einem dichten dunklen Wald, und neben ihr lag das Bündel mit ihrer armseligen Habe, das sie von Hause mitgebracht hatte. Als sie sich nun den Schlaf aus den Augen gerieben und sich satt geweint hatte, machte sie sich auf den Weg und wanderte viele, viele Tage lang, bis sie endlich an einen großen Berg kam. Vor dem Berge saß eine alte Frau und spielte mit einem goldenen Apfel. Das Mädchen fragte die Frau, ob sie nicht den Weg wisse zu dem Prinzen, der bei seiner Stiefmutter auf dem Schlosse wohne, das östlich von der Sonne und westlich vom Mond liege, und der eine Prinzessin mit einer drei Ellen langen Nase heiraten sollte.

«Woher kennst du ihn?» fragte die Frau. «Bist du vielleicht das Mädchen, das er heiraten wollte?»

«Ja, ich bin jenes Mädchen», antwortete sie.

«So, also du bist es?» sagte die Frau. «Ja, mein Kind, ich

weiß leider nichts von ihm, als daß er auf dem Schlosse wohnt, das östlich von der Sonne und westlich vom Mond liegt; und dahin gelangst du wohl niemals. Aber ich will dir mein Pferd leihen, darauf kannst du zu meiner Nachbarin reiten, vielleicht kann sie dir Auskunft geben. Und wenn du dort angekommen bist, gib dem Pferd nur einen Schlag hinter das linke Ohr und befiehl ihm, nach Hause zu gehen. Und hier, nimm den goldenen Apfel mit.»

Das Mädchen setzte sich auf das Pferd und ritt lange, lange Zeit; schließlich kam sie wieder an einen Berg, vor dem saß eine alte Frau mit einer goldenen Haspel. Das Mädchen fragte die Frau, ob sie ihm nicht den Weg nach dem Schlosse sagen könne, das östlich von der Sonne und westlich vom Mond liege. Die Frau sagte dasselbe wie die vorige: nein, sie wisse nichts von dem Schlosse, als daß es östlich von der Sonne und westlich vom Mond liege. «Und dahin», sagte sie, «kommst du wohl nie. Aber ich will dir mein Pferd bis zu meiner nächsten Nachbarin leihen, vielleicht kann sie dir Auskunft geben. Und wenn du bei ihr angekommen bist, gib dem Pferd nur einen Schlag hinter das linke Ohr und befiehl ihm, wieder nach Hause zu gehen.» Zum Schlusse gab sie dem Mädchen noch die goldene Haspel, denn sie könnte ihr vielleicht nützlich sein, sagte die Alte.

Das Mädchen setzte sich nun auf das Pferd und ritt wieder lange, lange Zeit. Endlich kam es abermals an einen großen Berg, vor dem saß eine alte Frau und spann an einem goldenen Rocken. Da fragte das Mädchen wieder nach dem Prinzen und nach dem Schlosse, das östlich von der Sonne und westlich vom Monde liege. Es ging auch genau wie bei den beiden anderen Malen.

«Bist du vielleicht dieses Mädchen, das der Prinz heiraten wollte?» fragte die Alte.

«Ja, ich bin dieses Mädchen», antwortete sie.

Aber auch diese Frau wußte nicht mehr von diesem Weg

als die beiden anderen. «Ja, östlich von der Sonne und westlich vom Mond liegt das Schloß, das weiß ich», sagte sie.
«Aber dahin gelangst du wohl niemals. Ich will dir jedoch
mein Pferd leihen, darauf kannst du zum Ostwind reiten und
ihn fragen; vielleicht ist er dort bekannt und kann dich hin-
wehen. Und wenn du bei ihm angekommen bist, gib dem
Pferd nur einen Schlag hinter das linke Ohr, dann kehrt es
von selbst hierher zurück.» Zuletzt gab ihr die Frau auch
noch ihren goldenen Spinnrocken mit. «Vielleicht kann er dir
nützlich sein», sagte sie.

Das Mädchen ritt nun viele Tage und Wochen, und es dauerte lange, lange, bis sie bei dem Ostwind ankam; aber
schließlich gelangte sie doch hin, und nun fragte sie den Ostwind, ob er ihr den Weg zu dem Prinzen zeigen könne, der
östlich von der Sonne und westlich vom Mond wohne.

O ja, von dem Prinzen habe er wohl reden hören, sagte der
Ostwind, und von dem Schlosse ebenfalls, aber den Weg
dahin kenne er nicht, denn er habe noch nie so weit geblasen.
«Wenn du aber willst, dann bringe ich dich zu meinem Bruder, dem Westwind, vielleicht kann der dir Auskunft geben,
denn er ist viel stärker als ich. Setze dich nur auf meinen
Rücken, dann trage ich dich hin.»

Das Mädchen tat, wie ihm geheißen war, und nun ging es
gar rasch von dannen. Als sie bei dem Westwind angekommen waren, sagte der Ostwind, er bringe hier das Mädchen,
das der Prinz habe heiraten wollen, der auf dem Schlosse
wohne, das östlich von der Sonne und westlich vom Mond
liege, sie sei auf der Reise zu ihm und suche ihn überall; nun
habe er sie hierher begleitet, um zu hören, ob der Westwind
wisse, wo dieses Schloß liege.

«Nein», sagte der Westwind zu dem Mädchen, «so weit
habe ich noch nie geweht; aber wenn du willst, bringe ich
dich zum Südwind, der ist viel stärker als wir beide und weit
und breit herumgekommen, vielleicht kann der dir Auskunft

geben. Setze dich auf meinen Rücken, dann trage ich dich zu ihm.»

Das Mädchen tat es, und nun zogen sie eilig dahin zum Südwind. Als sie ankamen, fragte der Westwind, ob der Südwind nicht den Weg nach dem Schlosse weisen könne, das östlich von der Sonne und westlich vom Mond liege; dies hier sei das Mädchen, das den Prinzen bekommen sollte.

«Ach so, dies ist also das Mädchen!» rief der Südwind. «Ja, ich bin allerdings in meinem Leben weit herumgekommen», sagte er, «so weit jedoch habe ich noch nie geweht. Wenn du aber willst, trage ich dich zu meinem Bruder, dem Nordwind. Er ist der älteste und stärkste von uns allen. Wenn der nicht weiß, wo das Schloß liegt, kannst du es auf der ganzen Welt nirgends erfahren. Setze dich mir auf den Rücken, dann trage ich dich hin.»

Das Mädchen setzte sich dem Südwind auf den Rücken, und er flog davon, daß es nur so sauste und brauste. Die Reise dauerte nicht lange.

Als sie die Wohnung des Nordwindes erreicht hatten, war dieser so wild und ungebärdig, daß er sie schon von weitem kalt anblies. «Was wollt ihr?» schrie er, sobald er sie erblickte, so daß ihnen ein kalter Schauder über den Rücken lief.

«Du mußt uns nicht so bös anblasen», sagte der Südwind. «Ich bin es, der Südwind. Und das ist das Mädchen, das der Prinz heiraten wollte, der auf dem Schlosse wohnt, das östlich von der Sonne und westlich vom Mond liegt; sie möchte dich fragen, ob du je dort gewesen bist und ihr den Weg zeigen kannst; denn sie möchte den Prinzen gern wiederfinden.»

«O ja, ich weiß schon, wo das Schloß liegt», sagte der Nordwind. «Ich habe ein einziges Mal ein Espenblatt hingeweht, aber da war ich so müde, daß ich viele Tage lang nicht mehr blasen konnte. Wenn du aber durchaus hinwillst und

dich nicht vor mir fürchtest, so will ich dich auf meinen Rükken nehmen und versuchen, ob ich dich hinblasen kann.»

Das Mädchen sagte, sie wolle und müsse auf das Schloß,
wenn es sich auf irgendeine Weise machen lasse; und sie habe
keine Angst, wenn es auch noch so schlimm gehen sollte.
«Nun gut, dann mußt du hier übernachten», sagte der Nordwind. «Denn wenn wir morgen dorthin kommen wollen,
müssen wir den ganzen Tag vor uns haben.»

Früh am nächsten Morgen weckte der Nordwind das
Mädchen. Dann blies er sich auf und machte sich so groß und
dick, daß es ganz schrecklich anzusehen war; und hierauf
ging es mit einer Geschwindigkeit durch die Luft dahin, als
wenn sie gleich ans Ende der Welt gelangen sollten. Überall
unter ihnen raste ein solcher Sturm, daß Wälder entwurzelt
und Häuser eingerissen wurden; und als sie über das Meer
hinsausten, scheiterten die Schiffe zu Hunderten. Weiter und
immer weiter ging es, so weit, wie sich's kein Mensch vorstellen kann; und immer noch flogen sie übers Meer hin; aber
allmählich wurde der Nordwind müde, und er wurde immer
schwächer und schwächer. Schließlich konnte er fast nicht
mehr weiter; und er sank hinunter und immer weiter hinunter, und zuletzt flog er so tief drunten, daß ihm die Wellen an
die Fersen schlugen.

«Hast du Angst?» fragte der Nordwind.

«Nein, durchaus nicht», sagte das Mädchen. Jetzt waren
sie aber auch nicht mehr weit vom Lande entfernt, und der
Nordwind hatte eben noch so viel Kraft übrig, daß er das
Mädchen auf dem Strand unter den Fenstern des Schlosses
absetzen konnte, das östlich von der Sonne und westlich vom
Mond liegt. Dann war er aber auch so ermattet und elend,
daß er viele Tage ausruhen mußte, ehe er den Heimweg antreten konnte.

Am nächsten Morgen setzte sich das Mädchen unter die
Fenster des Schlosses und spielte mit dem goldenen Apfel;

und die erste Person, die sich zeigte, war das Nasenungeheuer, das der Prinz heiraten sollte.

«Was willst du für deinen goldenen Apfel haben?» fragte
die Nasenprinzessin, während sie das Fenster aufmachte.

«Er ist mir durchaus nicht feil, weder für Gold noch für
Geld», antwortete das Mädchen.

«Was willst du denn dafür haben, wenn er dir nicht für
Gold noch Geld feil ist?» fragte die Prinzessin. «Verlange,
was du willst!»

«Nun, wenn ich bei dem Prinzen, der hier wohnt, eine
Nacht schlafen dürfte, dann wollte ich dir den Apfel geben»,
sagte das Mädchen, das mit dem Nordwind gekommen war.

Darauf antwortete die Prinzessin, das ließe sich wohl einrichten; und nun bekam sie den goldenen Apfel. Als aber das
Mädchen am Abend in die Kammer des Prinzen hineinkam,
schlief dieser ganz fest. Sie rief ihn und rüttelte ihn, weinte
und jammerte; aber sie konnte ihn nicht aufwecken; und am
Morgen, als kaum der Tag graute, kam die Prinzessin mit der
langen Nase und jagte sie hinaus.

An diesem Tag setzte sich das Mädchen wieder unter die
Fenster des Schlosses und drehte ihre goldene Haspel. Da
ging es gerade wie am vorhergehenden Tage. Die Prinzessin
fragte, was sie für die Haspel haben wolle, und das Mädchen
antwortete, sie sei ihr weder für Gold noch für Geld feil; aber
wenn sie noch eine Nacht bei dem Prinzen schlafen dürfe,
dann wolle sie der Prinzessin die Haspel lassen. Als jedoch
das Mädchen zu dem Prinzen hineinkam, war dieser wieder
eingeschlafen, und wie sehr sie auch weinte und jammerte
und ihn rief und schüttelte, er war nicht aufzuwecken. Gleich
am Morgen aber, sobald es hell wurde, kam die Prinzessin
mit der langen Nase und jagte sie hinaus. An diesem Tage
setzte sich das Mädchen wieder vor die Fenster des Schlosses
und spann an ihrem goldenen Rocken; und die Prinzessin mit
der langen Nase wollte ihn natürlich auch haben. Sie öffnete

das Fenster und fragte, was sie für ihren goldenen Rocken haben wolle. Das Mädchen sagte dasselbe wie die beiden vorigen Male, daß ihr der Rocken weder für Gold noch für Geld feil sei, die Prinzessin könne ihn aber bekommen, wenn sie noch eine Nacht bei dem Prinzen zubringen dürfe. Ja, das dürfe sie gerne, sagte die Prinzessin und nahm den goldenen Rocken. Nun hatten aber einige Christen, die auf dem Schlosse gefangen und in einer Kammer neben dem Prinzen untergebracht waren, zwei Nächte hindurch ein weibliches Wesen in dem Zimmer des Prinzen jämmerlich weinen und jammern hören, und das sagten sie dem Prinzen. Als nun am Abend die Prinzessin mit dem Nachttrunk kam, tat der Prinz, als ob er trinke, goß ihn aber hinter sich aus, denn er konnte sich wohl denken, daß sie ein Schlafmittel in den Trunk hineingetan hatte. Und als nun das Mädchen hereinkam, war der Prinz wach, und sie mußte erzählen, wie sie das Schloß gefunden hatte.

«Du kommst gerade noch zu rechter Zeit», sagte er, «denn morgen soll meine Hochzeit mit der Prinzessin sein, aber ich will das Nasenungetüm durchaus nicht, und du bist die einzige, die mich retten kann. Ich werde sagen, ich wolle erst sehen, ob meine Braut auch tüchtig sei, und von ihr verlangen, die drei Talgflecken aus meinem Hemd herauszuwaschen. Darauf geht sie natürlich ein, denn sie weiß nicht, daß du die Flecke gemacht hast; doch nur Christenhände können sie wieder auswaschen, nicht aber die Hände von diesem Trollpack. Da werde ich sagen, daß ich nur das Mädchen heiraten werde, das die Flecken auswaschen könne, und dich darum bitten», sagte der Prinz. Und nun herrschte eitel Freude und Glück bei den beiden in dieser Nacht. Aber am nächsten Tage, als die Hochzeit stattfinden sollte, sagte der Prinz: «Ich möchte doch erst sehen, was meine Braut kann.» Ja, das sei nicht mehr als billig, sagte die Schwiegermutter. «Ich habe ein sehr schönes Hemd», fuhr der Prinz fort, «das

ich auf der Hochzeit anziehen möchte, es sind aber drei Talg-
flecke hineingekommen, und diese müssen vorher ausgewa-
schen werden; und nun habe ich mir gelobt, nur die zu meiner
Frau zu machen, die dies tun kann. Wenn meine Braut es nicht
zustande bringt, dann taugt sie auch nichts.»

Ei, das sei keine schwere Aufgabe, meinten die Frauen und
gingen auf den Vorschlag ein. Die Prinzessin mit der langen
Nase fing auch gleich zu waschen an; sie wusch aus Leibeskräften und gab sich alle Mühe, aber je länger sie wusch und rieb,
desto größer wurden die Flecken.

«Ach, du kannst nicht waschen!» sagte ihre Mutter, das alte
Trollweib. «Gib mir es einmal.»

Aber kaum hatte sie das Hemd in die Hand genommen, da
wurde es noch häßlicher, und je mehr sie wusch und rieb,
desto größer und schwärzer wurden die Flecken. Nun mußten
die anderen Trollweiber herbei und waschen; aber je länger sie
das Hemd wuschen, desto häßlicher wurde es, und schließlich
sah es aus, als hätte es in einem Rauchfang gehangen.

«Ach, ihr taugt alle nichts!» sagte der Prinz. «Da draußen
vor dem Fenster sitzt ein Bettelmädchen, das versteht sich
gewiß viel besser aufs Waschen als ihr alle miteinander. Du,
Mädchen, komm einmal herein!» rief er zum Fenster hinaus;
und als das Mädchen hereinkam, sagte er: «Kannst du mir
wohl das Hemd hier reinwaschen?»

«Ich weiß es nicht», antwortete das Mädchen, «aber ich will
es versuchen.» Sie hatte aber kaum das Hemd ins Wasser ge-
taucht, da wurde es so weiß wie frischgefallener Schnee, ja,
noch weißer. «Ja, dich will ich haben!» sagte der Prinz.

Da wurde das alte Trollweib so zornig, daß es mittendurch
barst, und die Prinzessin mit der langen Nase und das andere
Trollgesindel barst wohl auch mittendurch, denn ich habe
seither nie wieder etwas von ihnen gehört. Der Prinz und seine
Braut gaben nun allen Christen, die auf dem Schloß gefangen-
saßen, ihre Freiheit wieder, und dann packten sie so viel Gold

und Silber ein, als sie nur fortschaffen konnten, und zogen weit fort von dem Schlosse, das östlich von der Sonne und westlich vom Mond liegt.

32

Zottelhaube

*E*s *waren einmal* ein König und eine Königin, die bekamen keine Kinder, und darüber war die Königin so betrübt, daß sie kaum jemals eine frohe Stunde hatte. Beständig klagte sie, daß es so einsam und still im Schloß sei: «Wenn wir nur Kinder hätten, so gäbe es Leben genug da.» Wo sie in ihrem ganzen Reich hinkam, da fand sie Kindersegen, sogar in der armseligsten Hütte; wo sie hinkam, da hörte sie die Hausfrau auf die Kinder schelten, sie hätten wieder das oder jenes angestellt; das fand die Königin vergnüglich und wollte es auch so haben. Zuletzt nahmen der König und die Königin ein fremdes kleines Mädchen zu sich; das wollten sie im Schloß bei sich haben und aufziehen und es zanken wie ihr eigenes Kind.

Eines Tages sprang das kleine Fräulein, das sie angenommen hatten, unten im Hof vor dem Schloß herum und spielte mit einem goldenen Apfel. Da kam eine arme Frau des Wegs; sie hatte auch ein kleines Mädchen bei sich, und es dauerte nicht lange, da waren das Mädchen und das kleine Fräulein gute Freunde und fingen an, zusammen zu spielen und sich den goldenen Apfel zuzuwerfen. Das sah die Königin, die oben im Schloß am Fenster saß; da klopfte sie ans Fenster, daß ihr Pflegetöchterchen heraufkommen sollte. Sie kam auch, aber das Bettelmädchen blieb dabei, und als sie in den Saal zur Königin kamen, hielten sie einander bei der Hand. Die Königin schalt auf das kleine Fräulein. «Das gehört sich

nicht für dich, mit so einem lumpigen Bettelkind zu spielen!»
sagte sie und wollte das Mädchen hinunterjagen.

«Wenn die Frau Königin wüßte, was meine Mutter kann,
so würde sie mich nicht jagen», sagte das kleine Mädchen,
und als die Königin sie genauer ausfragte, erzählte sie, daß
ihre Mutter der Königin Kinder verschaffen könnte. Das
wollte die Königin nicht glauben, aber das Mädchen blieb
dabei und sagte, jedes Wort sei wahr, und die Königin sollte
nur versuchen, die Mutter dazu zu bringen. Da ließ die Königin das kleine Mädchen hinuntergehen und sie holen.

«Weißt du, was deine Tochter sagt?» fragte sie die Frau.
Nein, die Bettlerin wußte es nicht.

«Sie sagt, daß du mir Kinder verschaffen kannst, wenn du
willst», sagte die Königin wieder.

«Das schickt sich nicht für die Königin, darauf zu hören,
was einem Bettelkind in den Sinn kommt», sagte die Frau
und ging wieder hinaus.

Die Königin wurde zornig und wollte beinahe das kleine
Mädchen hinunterjagen, aber sie versicherte, es sei alles aufs
Wort wahr. «Die Königin sollte meiner Mutter nur einschenken, daß sie auftaut, dann wird sie Rat genug wissen»,
sagte das Mädchen. Das wollte die Königin probieren; die
Bettlerin wurde noch einmal heraufgeholt und mit Wein und
Met traktiert, soviel sie haben wollte, und da dauerte es nicht
lange, bis ihr die Zunge gelöst war. Da kam die Königin wieder mit ihrem Anliegen.

Einen Rat wüßte sie wohl, sagte die arme Frau: «Die Königin soll am Abend, wenn sie sich legen will, zwei Schüsseln
mit Wasser hereintragen lassen. Darin soll sie sich waschen
und sie dann unters Bett ausschütten. Wenn sie dann am anderen Morgen nachsieht, so sind da zwei Blumen gewachsen, eine schöne und eine häßliche. Die schöne soll sie ver-
speisen, die häßliche soll sie stehenlassen. Aber vergeßt das
letzte nicht!» sagte die Frau.

Die Königin tat, wie die Frau ihr geraten hatte. Sie ließ Wasser in zwei Schüsseln heraufbringen, wusch sich darin und schüttete es unters Bett aus, und als sie am Morgen nachsah, standen zwei Blumen da; die eine war häßlich und garstig und hatte schwarze Blätter, die andere aber war so hell und schön, daß sie niemals so etwas Schönes gesehen hatte, und die aß sie schnell auf. Aber sie schmeckte ihr so gut, daß sie nicht anders konnte, als die andere auch essen; es wird weder schaden noch nützen, dachte sie.

Nach einer Weile kam die Königin ins Kindbett. Zuerst brachte sie ein Mädchen zur Welt, das hatte einen Rührlöffel in der Hand und ritt auf einem Bock; es war häßlich und garstig, und kaum war es auf der Welt, so rief es: «Mama!»

«Gott helf mir, wenn ich deine Mama sein soll», sagte die Königin.

«Mach dir keine Sorgen deswegen, es kommt gleich noch eines, das ist schöner», sagte das, das auf dem Bock ritt. Und darauf brachte die Königin noch ein Mädchen zur Welt, das war so schön und lieblich, daß man nie ein so schönes Kind gesehen hatte; und man kann sich vorstellen, daß die Königin sich darüber besonders freute. Die älteste nannten sie Zottelhaube, weil sie so schlampig und häßlich war und eine Kappe hatte, die ihr in Zotteln ums Gesicht hing; die Königin wollte nichts von ihr wissen, und die Zofen versuchten, sie in ein anderes Zimmer einzusperren. Aber das half nichts; wo die jüngste war, wollte sie auch sein, und sie waren durchaus nicht zu trennen.

Wie sie beide halbwüchsig waren, geschah es am Weihnachtsabend, daß sich ein ganz fürchterlicher Lärm und Trubel auf dem Hausgang vor der Stube der Königin erhob. Zottelhaube fragte, was das sei, das auf dem Gang so knurre und poltere.

«Das ist der Mühe nicht wert, daß du fragst», sagte die Königin. Aber Zottelhaube gab nicht nach, sie wollte endlich

Bescheid darüber, und so erzählte ihr die Königin, das seien die Trollweiber, die da draußen ihre Julfeier hielten. Zottelhaube sagte, sie wolle hinaus und sie jagen; und wie sie auch baten, sie möchte das doch nicht tun, das half gar nichts, sie wollte und mußte hinaus, um die Trollweiber zu jagen. Nur bat sie, die Königin sollte alle Türen wohl verriegelt halten, so daß nicht eine einzige auch nur angelehnt sei, sagte sie. Damit ging sie hinaus mit ihrem Rührlöffel und machte sich daran, die Trollweiber zu jagen und zu hetzen, und da war ein solcher Lärm auf dem Hausgang, wie ihr niemals einen gehört habt; es knarrte und krachte, als ob das Haus aus allen Fugen gehen wollte. Aber wie es nun gekommen sein mochte, die eine Türe stand nur angelehnt; jetzt wollte die Schwester hinausschauen und sehen, wie es Zottelhaube ging, und steckte den Kopf durch den Türspalt. Ratsch, da kam eine Trollhexe, riß ihr den Kopf ab und setzte ihr statt dessen einen Kalbskopf auf, und stracks ging die Prinzessin hinein und brüllte. Als Zottelhaube wieder hineinkam und die Schwester erblickte, da zankte sie und wurde böse, daß man nicht besser auf sie aufgepaßt hatte, und fragte, ob sie es für schön hielten, daß die Schwester in ein Kalb verwandelt worden sei. «Aber ich will doch sehen, ob ich sie nicht erlösen kann!» sagte sie. Sie verlangte vom König ein Schiff, wohl ausgerüstet und reisefertig, aber einen Steuermann und Mannschaft wollte sie nicht haben, sie wollte mit ihrer Schwester ganz allein fortgehen, und schließlich mußten sie ihr den Willen lassen.

Zottelhaube fuhr fort und steuerte gleich auf das Land zu, wo die Trollhexen wohnten, und als sie in den Hafen gekommen war, sagte sie ihrer Schwester, sie solle auf dem Schiff bleiben und sich ganz still verhalten; aber Zottelhaube selbst ritt auf ihrem Bock hinauf zum Schloß der Trollhexen. Wie sie hineinkam, war ein Saalfenster offen, und da sah sie den Kopf ihrer Schwester auf dem Fensterbrett stehen; da ritt sie in vollem Schwung in den Hausgang, packte den Kopf und machte sich mit ihm davon. Die Trollhexen waren hinterdrein und wollten den Kopf wiederhaben, und sie kamen so dicht in ihre Nähe, daß es nur so schwärmte und schwirrte, aber der Bock knuffte und stieß mit den Hörnern, und sie selbst schlug und hieb mit dem Rührlöffel drein, und so mußte der Trollschwarm sich besiegt geben. Zottelhaube kam zum Schiff zurück, nahm der Schwester den Kalbskopf ab und setzte ihr ihren eigenen Kopf wieder auf, so daß sie wieder ein Mensch wurde wie vorher. Und so fuhren sie weit, weit fort in ein fremdes Königreich.

Der König dort war ein Witwer und hatte nur einen einzigen Sohn.

Wie er das fremde Schiff zu Gesicht bekam, sandte er Leute an den Strand, um zu hören, wo es her sei und wem es gehöre. Aber als sie an den Strand hinunterkamen, sahen sie keine lebende Seele auf dem Schiff außer Zottelhaube, sie ritt auf dem Deck hin und her auf ihrem Bock, daß die Haarsträhnen ihr um den Kopf flogen. Die Leute vom Hof waren höchst verwundert über den Anblick und fragten, ob denn sonst niemand an Bord sei. Doch, sie hätte eine Schwester bei sich, sagte Zottelhaube. Da wollten die Leute sie sehen, aber Zottelhaube sagte nein: «Es bekommt sie keiner zu sehen außer dem König», sagte sie und ritt auf ihrem Bock herum, daß das Deck dröhnte.

Wie nun die Diener wieder zum Schloß kamen und berichteten, was sie von dem Schiff gesehen und gehört hätten, da machte sich der König stracks auf den Weg, um die zu sehen, die da auf dem Bock ritt. Als er kam, führte Zottelhaube ihre Schwester heraus, und sie war so schön und lieblich, daß der König sich sogleich auf der Stelle in sie verliebte. Er nahm sie beide mit auf sein Schloß, und die Schwester wollte er zu seiner Königin machen, aber Zottelhaube sagte, der König könne ihre Schwester auf gar keinen Fall bekommen, wenn nicht der Königssohn sie, die Zottelhaube, nehme. Begreiflicherweise wollte der Königssohn höchst ungern einen so häßlichen Kobold wie Zottelhaube heiraten, aber der König und alle im Schloß redeten ihm so lange zu, bis er endlich nachgab und versprach, er werde sie zur Frau nehmen, aber er tat es nur gezwungen und war sehr traurig. Nun wurde die Hochzeit vorbereitet mit Backen und Brauen, und als alles fertig war, sollten sie zur Kirche ziehen; aber der Prinz empfand das als schwersten Kirchgang, den er je in seinem Leben getan hatte. Zuerst fuhr der König mit seiner Braut; sie war so wunderschön, daß alle Leute stehenblieben und ihr nachsahen, so lange sie sie noch erspähen konnten. Dahinter kam der Prinz geritten neben Zottelhaube, die auf ihrem Bock dahertrabte mit dem Rührlöffel in der Faust, und er sah mehr danach aus, als ob er zu einem Leichenbegängnis sollte als zu seiner eigenen Hochzeit. So betrübt war er und sprach nicht ein Wort.

«Warum sagst du denn nichts?» fragte Zottelhaube, als sie ein Stück Wegs geritten waren.

«Was soll ich denn sagen?» antwortete der Prinz.

«Du kannst ja fragen, warum ich auf dem häßlichen Bock reite», sagte Zottelhaube.

«Warum reitest du auf dem häßlichen Bock?» fragte der Königssohn.

«Ist das ein häßlicher Bock? Das ist das schönste Pferd, auf dem eine Braut je geritten ist!» sagte Zottelhaube, und in dem Augenblick verwandelte sich der Bock in ein Pferd, wie der Königssohn seiner Lebtag kein prächtigeres gesehen hatte.

Jetzt ritten sie wieder ein Stück, aber der Prinz war ganz gleich traurig und konnte kein Wort herausbringen. Da fragte Zottelhaube noch einmal, warum er nicht rede, und als der Prinz zur Antwort gab, daß er nicht wisse, wovon er reden solle, da sagte sie: «Du kannst ja fragen, warum ich mit dem häßlichen Kochlöffel in der Hand reite?»

«Warum reitest du mit dem häßlichen Kochlöffel?» fragte der Prinz.

«Ist das ein häßlicher Kochlöffel? Das ist der schönste Silberfächer, den eine Braut nur haben kann», sagte Zottelhaube, und sogleich wurde er in einen Silberfächer verwandelt, so prächtig, daß es nur so blitzte.

So ritten sie noch ein Stück, aber der Königssohn war traurig und sprach kein Wort. Bald fragte Zottelhaube ihn wieder, warum er nicht rede, und diesmal sagte sie, er solle fragen, warum sie die häßliche graue Haube aufhabe.

«Warum hast du die häßliche graue Haube auf?» fragte der Prinz.

«Ist das eine häßliche Haube? Das ist ja die blankste Goldkrone, die eine Braut nur haben kann», gab Zottelhaube zur Antwort, und in dem gleichen Augenblick geschah die Verwandlung.

Nun ritten sie wieder eine lange Weile, und der Prinz war so traurig, daß er dasaß, ohne ein einziges Wort zu mucksen, wie vorher; da fragte ihn seine Braut wiederum, warum er nicht rede, und nun sollte er fragen, warum sie so grau und häßlich von Angesicht sei?

«Ja, warum bist du so grau und häßlich von Angesicht?» fragte der Königssohn.

«Bin ich häßlich? Du meinst, meine Schwester sei schön, aber ich bin noch zehnmal schöner», sagte die Braut, und als der Königssohn sie ansah, fand er, es könne kein ebenso schönes Frauenzimmer mehr geben in der Welt. Also ist es begreiflich, daß der Prinz seinen Mund wiederfand und nicht länger den Kopf hängen ließ. So feierten sie Hochzeit schön und lange, und dann zogen der König und der Prinz, jeder mit seiner jungen Frau, zum Vater der Königstöchter, und da feierten sie aufs neue Hochzeit, so daß das Fest kein Ende nehmen wollte. Lauf geschwind aufs Schloß, da ist immer noch ein Tropfen vom Brautbier übrig.

33

Die Reise im Braukessel

Es war einmal eine Frau auf einem Hof auf Dovre, die war eine Hexe. Es war an einem Julabend. Ihre Magd war gerade dabei, einen Braukessel zu waschen. Inzwischen nahm die Frau ein Horn hervor und rieb den Besen ein, und sogleich fuhr sie durch den Schornstein davon. Das Mädchen fand, das sei eine leichte Kunst, und rieb ein wenig von der Salbe an den Kessel. Nun fuhr sie auch davon, und es gab kein Anhalten, bis sie an die Blaukuppe kam. Da fand sie eine ganze Menge Trollhexen und auch Herrn Urian selbst, und er hielt ihnen eine Predigt, und als sie damit fertig waren, wollte Herr Urian sie zählen, ob sie alle da seien. Da erblickte er das Mädchen, das im Braukessel saß. Die kannte er nicht, denn sie hatte sich nicht bei ihm eingeschrieben. Und er fragte die Frau, mit der sie gekommen war, ob sie sich einschreiben wolle. Die Frau war dafür, und Herr Urian gab dem Mädchen ein Buch und hieß sie ihren Namen einschreiben. Aber sie schrieb, was die Schulkinder auf dem Lande gewöhnlich schreiben, wenn sie Federn ausprobieren: «Gott ist mein Vater, in Jesu Namen!» Deshalb durfte sie das Buch behalten, denn der Teufel wagte nicht, es wieder zurückzunehmen.

Aber nun gab es Lärm und Getöse auf dem Berge, könnt ihr euch denken. Die Hexen nahmen Peitschen und schlugen auf die Sachen, die ihre Pferde vorstellen mußten, und auf einmal fuhren sie auf und davon in die Luft hinauf. Das Mädchen war auch nicht faul, nahm auch eine Peitsche und hieb auf den Braukessel ein und flog hinter ihnen drein. Einmal kamen sie aus der Luft herunter und machten auf einem hohen Berge halt. Unten war ein breites Tal mit einem großen Wasser, und auf der anderen Seite war wiederum ein hoher Berg. Als die Trollhexen ausgeruht hatten, schlugen sie wieder mit den Peitschen und ritten weiter. Das Mädchen fragte sich, ob sie wohl auch hinüberkommen werde. Schließlich hieb sie auch auf den Braukessel ein und kam gut und richtig auf die andere Seite hinüber.

«Das war ein ganz verteufelter Sprung für einen Braukessel», sagte sie, aber in diesem Augenblick verlor sie das Buch und fiel zur Erde und kam nicht weiter, weil sie vom Teufel gesprochen und ihn genannt hatte und doch nicht im Buche eingeschrieben war. Den Rest des Weges mußte sie gehen und im Schnee waten, denn freie Fahrt hatte sie auch nicht mehr, und der Weg war noch viele Meilen weit.

34

Die Waldfrau

Mein Mutterbruder Mads wohnte bei Knae im Hurdal. Er war oft draußen im Fjell beim Holzhauen, und wenn er dort war, so blieb er auch gewöhnlich über Nacht draußen. Er baute sich dann eine Hütte, zündete sich ein Feuer an, und da lag er nachts und schlief. Einmal war er so im Gebirg, er und noch zwei andere. Als sie eben einen schweren Stamm umgehauen hatten und sich ein wenig ausruhten, da rollte ihm auf einmal ein Garnknäuel gerade vor die Füße. Das kam ihm wunderlich vor; er traute sich nicht, es aufzuheben, und es wäre gut für ihn gewesen, wenn er das überhaupt nicht getan hätte. Aber er schaute hinauf, denn er wollte wissen, wo es herkäme. Ja, oben am Berg saß eine Jungfrau und nähte, und sie war so schön und so fein, daß sie nur so glänzte.

«Bring mir das Garnknäuel, du», sagte sie. Das tat er auch und blieb lange stehen und schaute sie an und wurde nicht müde, sie anzuschauen, so gut gefiel sie ihm. Schließlich mußte er wieder die Axt nehmen und zu arbeiten anfangen; und als er eine Weile Holz gehauen hatte und verstohlen hinaufschaute, war sie fort. Den ganzen Tag dachte er daran; es kam ihm wunderlich vor, und er wußte nicht, was er davon denken sollte. Aber am Abend, als er und die Kameraden sich zur Ruhe legten, wollte er in der Mitte liegen; aber das half nicht viel, meine ich, denn in der Nacht kam sie und holte ihn, und er mußte mitgehen, ob er wollte oder nicht. Sie kamen hinein in den Berg, und da war alles so prächtig, wie er noch nichts gesehen hatte, und er konnte niemals genug rühmen, wie schön es gewesen sei. Da war er bei ihr drei Tage lang. Als die dritte Nacht zu Ende ging, da wachte er auf und lag wieder zwischen seinen Kameraden. Sie meinten, er sei um weiteren Mundvorrat nach Hause gewesen, und er sagte auch, es sei so. Aber seitdem war er nicht mehr richtig; kaum hatte er sich gesetzt, sprang er wieder auf und rannte davon; die Huldre hatte ihm den Sinn verrückt, sage ich.

Aber eine gute Zeit danach machte er Holz klein draußen im Fjell. Als er gerade eben einen Keil in einen Stamm getrieben hatte, daß längs hinunter ein Spalt lief, sah er seine Frau kommen, die ihm das Mittagessen brachte; es war Rahmgrütze, und schön fett war sie, und sie trug das Essen in einer Schüssel so blank wie Silber. Sie setzte sich auf den Stamm, während er die Axt weglegte und sich auf einen Baumstumpf in der Nähe niederließ. Aber da sah er, daß sie einen langen Kuhschwanz in den Spalt hinunterhängen ließ. Nun kann sich einer denken, daß er das Essen nicht anrührte, sondern er saß und machte sich so lange an dem Keil zu schaffen, bis er ihn herausziehen konnte. Der Spalt fuhr zu, und der Schwanz war in der Klemme. Dann schrieb er den Namen Jesu auf die Schüssel. Aber da bekam sie wohl Füße; sie fuhr auf, und das so hastig, daß der Schwanz gerade abriß und im Stamm steckenblieb, und fort war sie. Die Schüssel mit dem Essen war nichts anderes als ein Rindenstück mit Kuhmist darin. Von

da an traute er sich kaum mehr in den Wald, denn er hatte
Angst, sie möchte sich rächen. Aber vier, fünf Jahre darauf
war ihm ein Pferd abhanden gekommen, und er mußte selbst
hinaus und suchen. Wie er so im Walde ging, fand er sich auf
einmal in einer Hütte bei einigen Leuten; aber er begriff
nicht, wie er da hingekommen war. Im Hausgang arbeitete
eine häßliche Frau, und in einem Winkel saß ein Kind, das so
vier, fünf Jahre alt sein mochte. Die Frau nahm den Bierkrug
und ging zu dem Kinde hin: «Geh hinaus und bring deinem
Vater einen Schluck Bier.» Er erschrak so sehr, daß er ausriß,
und seitdem hörte er nichts mehr von der Frau und von dem
Kind; aber eigen und kurios ist er sein Lebtag geblieben.

35

Vom goldenen Schloß,
das in der Luft hing

Es war einmal ein armer Mann, der hatte drei Söhne. Als er
starb, wollten die zwei ältesten in die Welt hinaus, um ihr
Glück zu versuchen; aber den jüngsten wollten sie auf keinen
Fall mithaben. «Du», sagten sie, «du taugst ja zu nichts, als
um Kienspäne zu halten und in der Asche zu wühlen und das
Feuer anzublasen!» – «Ja, dann muß ich wohl für mich allein
gehen», sagte der Aschenpeter, «so brauche ich mich nicht
über meine Gesellschaft zu ärgern.»

Die zwei machten sich auf den Weg, und als sie einige Tage
gewandert waren, kamen sie in einen großen Wald; da setzten sie sich nieder und wollten von ihrem Reisevorrat essen,
denn sie waren müde und hungrig. Als sie so dasaßen, kam
eine alte Frau aus einem Grasbüschel hervor und bat um
etwas zu essen; sie war so alt und schwach, daß ihr der Mund

zitterte, und sie wackelte mit dem Kopf und mußte sich auf Krücken vorwärtshelfen; sie hätte seit hundert Jahren keinen Bissen Brot mehr im Munde gehabt, sagte sie.

Aber die Burschen lachten nur und aßen weiter und sagten zu ihr, wenn sie es so lange ausgehalten hätte, so könne sie es wohl noch weiter aushalten, auch wenn sie von ihnen nichts bekäme; sie hätten selber wenig und könnten nichts hergeben.

Als sie sich gütlich getan und ausgeruht hatten, machten sie sich wieder auf den Weg, und schließlich und endlich kamen sie an den Königshof; dort wurden sie beide in Dienst genommen.

Eine Weile nachdem sie von zu Hause fortgegangen waren, sammelte Aschenpeter die Brocken zusammen, die seine Brüder hatten liegenlassen, und tat sie in ein kleines Ränzchen und nahm auch die alte Flinte mit, an der kein Schloß mehr war, denn er dachte, es wäre gut, sie bei der Hand zu haben; und so zog er davon. Als er ein paar Tage gewandert war, kam auch er in den großen Wald, in den seine Brüder gekommen waren, und da er müde und hungrig war, setzte er sich unter einen Baum und wollte sich ausruhen und seinen Hunger stillen. Aber er hatte seine Augen nicht daheim gelassen, und während er sein Ränzel aufmachte, bemerkte er, daß an einem Baum ein Bildnis hing, darauf war ein junges Mädchen oder eine Prinzessin abgemalt, und die war so schön, daß er gar nicht von ihr wegschauen konnte. Er vergaß das Essen und den Rucksack und nahm das Bild herunter und legte sich hin und starrte es an. Da kam die alte Frau wieder herauf aus dem Grasbüschel, mummelte mit den Kiefern, wackelte mit dem Kopf und hinkte an ihrem Krückstock vorwärts und bat wieder um ein weniges zu essen, denn sie hätte seit hundert Jahren keinen Bissen Brot mehr im Munde gehabt, sagte sie.

«Da ist es aber an der Zeit, daß du etwas zu essen bekommst, Großmütterchen», sagte der Bursche und gab ihr von seinen Brotbrocken. Die Alte sagte, seit hundert Jahren habe sie niemand mehr Großmutter genannt, und sie würde ihm schon einen Gegendienst erweisen, sagte sie. Sie gab ihm ein graues Wollknäuel, das solle er vor sich hinrollen, dann käme er dahin, wo er hinwolle; aber das Bild, sagte sie, solle er nicht beachten, sonst werde er nur Unglück davon haben. Aschenpeter fand das alles gut und schön; aber das Bild wollte er nicht von sich lassen; also nahm er es unter den Arm und ließ das Wollknäuel vor sich hinrollen, und es dauerte nicht lange, so kam er an den Königshof, wo seine Brüder im Dienst waren. Da bat er auch um eine Dienststelle. Die Leute sagten, man könne ihn nicht brauchen, denn es seien erst kürzlich zwei neue Diener eingestellt worden; aber weil er gar so schön bat, wurde er doch schließlich dem Stallmeister beigegeben und sollte lernen, mit den Pferden umzugehen. Das war dem Aschenpeter recht, denn Pferde hatte er gerne, und er war auch flink und fleißig, so daß er bald die Pferde besorgen lernte, und es währte nicht lange, so hielten alle am Hof große Stücke auf ihn. Aber jeden Augenblick, den er für sich hatte, war er oben und schaute das Bild an, denn er hatte es in einen Winkel auf dem Heuspeicher gehängt.

Seine Brüder waren faul und dumm; deshalb bekamen sie oft böse Worte und Schläge, und als sie sahen, daß es dem Aschenpeter besser ging als ihnen, wurden sie neidisch auf ihn und sagten zu dem Stallmeister, er sei ein Götzenverehrer; er bete zu einem Bild und nicht zu unserem Herrgott. Zwar war der Stallmeister gütig gesinnt, aber doch dauerte es nicht lange, so sagte er es dem König. Aber der König wurde böse und schalt ihn aus; er war sehr gedankenvoll und immer betrübt, denn seine Töchter waren von einem Troll geraubt worden; aber die Leute lagen ihm so lang in den Ohren mit der Sache, bis er schließlich selbst wissen wollte, was es mit dem Burschen eigentlich auf sich habe. Als er auf den Heu-

speicher kam und das Bild sah, da war es seine jüngste Tochter, die darauf abgemalt war. Aber als Aschenpeters Brüder
das hörten, waren sie schnell fertig und sagten zu dem Stallmeister: «Unser Bruder hat gesagt, wenn er nur wolle, so
könne er dem König seine Tochter wieder verschaffen.» Natürlich dauerte es nicht lange, so ging der Stallmeister zum
König mit dieser Neuigkeit, und als der König das hörte, rief
er nach Aschenpeter und sagte: «Deine Brüder sagen, du
könntest mir meine Tochter wieder verschaffen, jetzt sollst
du das auch tun.» Aschenpeter gab zur Antwort, er habe gar
nicht gewußt, daß das die Königstochter sei, und wenn er sie
befreien und wieder herbringen solle, so werde er sicher sein
Bestes tun; aber zwei Tage brauche er, um darüber nachzu-
denken und sich auszurüsten. Die wurden ihm auch gewährt.

Der Bursche zog das graue Wollknäuel heraus und warf es
auf die Erde, und es rollte voraus, und er ging ihm nach, bis
er zu der alten Frau kam, von der er es bekommen hatte. Bei
ihr fragte er, was er tun solle, und sie sagte, er möge seine alte
Büchse mitnehmen und dreihundert Körbe mit Nägeln und
Hufnägeln und dreihundert Tonnen Gerste und dreihundert
Tonnen Grütze und dreihundert geschlachtete Schweine und
dreihundert geschlachtete Ochsen und das Knäuel rollen lassen, bis er einen Raben und einen kleinen Troll treffen werde,
die würden ihm schon weiterhelfen, denn die gehörten zu
ihrer Verwandtschaft. Der Bursche tat, wie sie gesagt hatte;
er ging hin an den Königshof und nahm seine alte Büchse und
bat den König um Nägel und Speck und Fleisch und um
Pferde und Leute und Fuhrwerk, um alles von der Stelle zu
bringen. Der König fand, das sei viel verlangt, aber wenn er
damit seine Tochter wieder herbeischaffen könne, solle er
doch alles haben, was er verlange, selbst wenn es das halbe
Reich wäre, sagte er.

Als der Bursche sich ausgerüstet hatte, ließ er das Knäuel
wieder rollen, und er war noch nicht viele Tage gegangen, da

kam er an einen hohen Berg; dort saß ein Rabe oben in einer Föhre. Aschenpeter ging, bis er gerade darunter kam, und begann mit seiner Büchse hinaufzuzielen. «Nein, schieß nicht, erschieß mich nicht, so will ich dir helfen», schrie der Rabe. «Ich habe noch nie gehört, daß jemand besonders auf Rabenbraten aus war», sagte der Bursche, «und weil du gar so sehr bittest, will ich dir nichts tun.» Also schulterte er seine Büchse wieder, und der Rabe kam heruntergeflattert und sagte: «Hier oben auf diesem Felsen läuft ein Trollkind herum, das hat sich verirrt und kann nicht mehr herunter; ich will dir hinaufhelfen, dann kannst du es heimbringen und dir eine Belohnung verdienen, die du wohl brauchen kannst. Wenn du dort hinkommst, so wird der Troll dir das Aller-schönste, was er nur hat, zum Lohn anbieten; aber darum sollst du dich nicht kümmern; du mußt nichts anderes neh-men als nur den kleinen grauen Esel, der hinter der Stalltüre steht.»

Damit nahm der Rabe den Burschen auf den Rücken und flog auf den Berg hinauf mit ihm und setzte ihn da ab. Als er eine Weile gegangen war, hörte er, daß das Trollkind jam-merte und winselte, weil es sich nicht heimfand; da redete er es recht freundlich an; sie wurden gute Freunde, und er half ihm herunter, und dann wollte er mit ihm in das Trollhaus gehen, damit es sich nicht zu guter Letzt noch einmal verirren sollte. Sie gingen zu dem Raben, und der nahm sie alle beide auf seinen Rücken und trug sie zu dem Bergtroll.

Als der sein Kind wiedersah, war er so froh, daß er, ohne sich zu bedenken, zu dem Burschen sagte, er solle mit hinein-kommen und mitnehmen, was er nur wolle, weil er ihm sein Kind wiedergebracht habe; er bot ihm Gold und Silber und alles, was schön und kostbar war; aber der Bursche sagte, er wolle am liebsten ein Pferd haben. Freilich solle er ein Pferd bekommen, sagte der Troll, und ging mit ihm in den Stall. Der war voll der kostbarsten Pferde; sie glänzten wie Gold und Silber. Aber der Bursche fand, sie seien alle miteinander zu groß für ihn. Da guckte er hinter die Stalltür und sah das kleine graue Eselchen und sagte: «Das will ich haben, das paßt gerade für mich; wenn ich herunterfalle, so falle ich wenigstens nicht hoch.» Der Troll wollte das Eselchen gar nicht gern hergeben, aber da er das einmal gesagt hatte, so mußte er auch dabei bleiben. Also bekam der Bursche den Esel mit Sattel und Zaum und allem, was dazugehört, und zog damit ab.

Sie reisten über Berg und Tal, über Fels und wilden Wald. Als sie schon unendlich lang unterwegs waren, fragte der Esel den Burschen, ob er etwas sehe. «Ich sehe nichts als einen hohen Berg, der ganz blau aussieht», sagte der Bursche. «Ja, quer durch den Berg müssen wir reiten», sagte der Esel. «So, so», sagte der Bursche. Als sie an den Berg kamen, kam ein Einhorn auf sie zugerannt, das wollte sie auffressen. «Ich glaube fast, ich habe Angst», sagte der Bursche. «Wer wird denn gleich», sagte der Esel, «gib ihm einige zwanzig Ochsen und sag ihm, es soll ein Loch durch den Berg bohren und uns einen Weg schaffen.» Der Bursche tat so. Als das Einhorn seine Mahlzeit verschlungen hatte, versprachen sie ihm noch etliche zwanzig Schweine, wenn es ihnen ein Loch in den Berg bohren wollte, so daß sie durchkönnten. Wie es das hörte, bohrte es ein Loch in den Berg und legte einen Weg frei, und zwar so schnell, daß sie ihm nur mit Mühe folgen konnten, und als sie durch waren, warfen sie ihm einige zwanzig Schweine hin.

Nachdem ihnen das so schön geglückt war, wanderten sie wieder lange, lange Zeit und kamen über Berg und Tal, über Fels und wilden Wald. «Siehst du etwas?» fragte der Esel. «Jetzt sehe ich nichts als Himmel und wilde Berge», sagte der Bursche. Also wanderten sie nochmals lange, lange Zeit, und als sie höher hinaufkamen, wurden die Berge niederer und flacher, und sie konnten weiter um sich sehen. «Siehst du jetzt etwas?» sagte der Esel. «Ja, jetzt sehe ich etwas, weit, weit in der Ferne», sagte der Bursche. «Es glitzert und glänzt wie ein kleiner Stern.» – «Gar so klein ist es aber nicht», sagte der Esel. Als sie wieder eine lange, lange Zeit gewandert waren, fragte der Esel wieder: «Siehst du jetzt etwas?» – «Ja, jetzt sehe ich etwas ganz ferne; es leuchtet wie der Mond.» – «Das ist kein Mond», sagte der Esel, «das ist das silberne Schloß, wo wir hinmüssen», sagte er. «Wenn wir dahin kommen, werden drei Drachen als Wache vor dem Tor liegen; die sind seit hundert Jahren nicht aufgewacht, und es ist Moos über ihren Augen gewachsen.» – «Ich glaube, ich habe Angst», sagte der Bursche. «Ach, wer wird sich gleich fürchten», sagte der Esel, «du mußt den jüngsten wecken und ihm ein paar Dutzend Ochsen und Schweine hinwerfen, dann wird er die zwei anderen schon bereden, daß du in das Schloß hineinkommst.»

Sie wanderten lange, lange Zeit, und endlich kamen sie an das Schloß; das war groß und schön, und alles, was sie sahen, war aus Silber gegossen, und außen vor dem Portal lagen die Drachen und versperrten den Eingang, daß kein Mensch hineinkonnte; aber sie hatten eine friedsame Zeit gehabt und waren nicht viel gestört worden, denn sie waren so moosüberwachsen, daß man gar nicht sehen konnte, wie sie eigentlich aussahen, und neben ihnen fing zwischen dem Moos ein Wald zu wachsen an. Der Bursche weckte den kleinsten von ihnen, und der begann sich die Augen zu reiben und die Mooswirrsal wegzureißen. Als er merkte, daß Leute da waren, fuhr er von weitem auf sie los mit weit aufgesperrtem Rachen; aber da stand der Bursche schon bereit und warf ihm Ochsen hinein und auch Schweine, bis er satt war und etwas besser mit sich reden ließ. Dann bat ihn der Bursche, er möge seine Kameraden wecken und sie zum Weggehen bereden, damit er in das Schloß hineinkommen könne; zuerst sagte der Drache, das wolle er nicht und getraue sich nicht, denn sie seien seit hundert Jahren nicht mehr wach gewesen und hätten seitdem nichts mehr gefressen; nun hatte er Angst, sie könnten von Sinnen kommen und einfach alles ohne Unterschied auffressen. Der Bursche war der Meinung, das habe keine Gefahr, denn man könne ihnen ja hundert Ochsen und hundert Schweine hinlegen und sich ein Stück weit zurückziehen, dann könnten sie wohl ihren Hunger stillen und sich beruhigen, bis sie wiederkämen. Das war dem Drachen auch recht, und sie führten es aus; aber bevor die Drachen richtig aufwachten und das Moos von ihren Augen rissen, fuhren sie schon auf und jagten herum und schnappten nach allem, was ihnen in den Weg kam, so daß der jüngste Drache alle Mühe hatte, sich vor ihnen in Sicherheit zu bringen, bis sie endlich von dem Fleisch Witterung bekamen. Da verschlangen sie die Ochsen und die Schweine alle auf einmal und fraßen, bis sie satt waren; dann waren sie etwas zahmer und entgegenkommender und ließen den Burschen zwischen sich durch ins Schloß hinein. Drinnen war es so schön, daß es ihm ganz unglaublich vorkam; aber es war keine Menschenseele da, er ging von einer Stube in die andere, schaute in alle Türen, aber er sah niemanden. Doch zuletzt sah er zu einer Kammertür hinein, die er zuvor nicht bemerkt hatte; darin saß eine Prinzessin und spann, und sie war glückselig, als sie ihn sah. «Kommt wahrhaftig ein Christenmensch hier herein?» rief sie. «Aber es ist am besten, wenn du wieder gehst, denn hier wohnt ein großer Troll mit drei Köpfen.» Der Bursche sagte, er werde nicht weggehen, und wenn der Troll sieben Köpfe hätte. Als die Prinzessin das hörte, wollte sie, er solle versuchen, ob er das große rostige Schwert schwingen könne, das hinter der Türe hing; das konnte er aber nicht, ja, er konnte es nicht einmal halten. «Ja», sagte die Prinzessin, «wenn du das nicht fertigbringst, so mußt du einen Schluck aus der Flasche nehmen, die hier an der Wand hängt, denn das tut der Troll immer, wenn er das Schwert brauchen will.» Der Bursche tat ein paar Züge, und da konnte er auf einmal das Schwert schwingen, als ob es ein Strohhalm wäre.

Da kam plötzlich der Troll dahergebraust: «Huh, hier riecht es nach Christenfleisch!» schrie er. «Das kann schon sein!» sagte der Bursche. «Aber du brauchst deswegen nicht die Nase zu rümpfen; du wirst dich nicht mehr lang über diesen Geruch zu beschweren haben!» sagte er und hieb ihm alle seine drei Köpfe ab. – Die Prinzessin war so froh, als ob ihr ein großes Glück widerfahren wäre. Aber nach einer Weile wurde sie schwermütig, denn sie hatte Sehnsucht nach ihrer Schwester, die von einem Troll mit sechs Köpfen geraubt worden war und in einem goldenen Schloß wohnte, dreihundert Meilen hinter dem Ende der Welt. Der Bursche meinte, das sei nicht so schlimm; er könne ja die Schwester mitsamt dem Schloß holen. Also nahm er das Schwert und die Flasche, setzte sich auf das Eselchen und hieß die Drachen hinterhergehen und den Speck und das Fleisch und die Nägel tragen.

Als sie lange gewandert waren, weit über Land und Strand, sagte der Esel eines Tages: «Siehst du etwas?» – «Ich sehe nichts als Land und Wasser und Himmel und hohe Klippen», sagte der Bursche. Also wanderten sie wieder lange, lange Zeit. «Siehst du jetzt etwas?» fragte der Esel. Als er sich weit umgeschaut hatte, sah er etwas in weiter Ferne; es glänze wie ein kleiner Stern, sagte der Bursche. «Das wird aber größer», sagte der Esel. Als sie wieder ein langes Stück gewandert waren, fragte der Esel: «Siehst du jetzt etwas?» – «Jetzt glänzt es gerade wie der Mond», sagte der Bursche. «Jawohl», sagte der Esel. Als sie so wieder weit gewandert waren und weiter als weit über Land und Strand, über Hügel und Heide, fragte der Esel: «Siehst du jetzt etwas?» – «Jetzt glänzt es gerade wie die Sonne», sagte der Bursche. «Ja, das ist das Goldene Schloß, wo wir hinmüssen», sagte der Esel; «aber davor liegt ein Lindwurm, der versperrt den Eingang und hält Wacht.» – «Ich glaube, ich fürchte mich», sagte der Bursche. «Aber wer wird denn gleich Angst haben», sagte der Esel, «wir decken Zweige über ihn und legen dazwischen recht viel Holzspäne und zünden ihn an, dann sind wir bald von ihm befreit.» Schließlich kamen sie dahin, wo das Schloß hing, aber der Lindwurm lag davor und versperrte den Weg. Da gab der Bursche den Drachen eine gute Mahlzeit, Ochsen- und Schweinefleisch, damit sie ihm helfen sollten, und sie legten eine Lage Holz über ihn und Zweige und Holz und Späne und Hufnägel, bis sie die dreihundert Körbe aufgebraucht hatten, und dann zündeten sie das Ganze an und verbrannten den Lindwurm bei lebendigem Leib.

Als sie damit fertig waren, flog der eine Drache hinunter und lüpfte das Schloß in die Höhe, und die beiden anderen kamen von oben her geflogen und machten die Haken der Kette los, an der das Schloß hing, und auf diese Art setzten sie es auf die Erde. Darauf ging der Bursche hinein, und da war es noch schöner als in dem silbernen Schloß, aber er sah keine Menschenseele, bis er in das innerste Gemach kam. Da lag die Prinzessin auf einem goldenen Bett. Sie schlief so fest, als wäre sie tot, aber sie war nicht tot, wenn er auch nicht imstande war, sie aufzuwecken, denn sie war rot und weiß wie Milch und Blut. Wie der Bursche so dastand und sie ansah, kam der Troll dahergefahren. Als er den ersten Kopf zur Türe hereinsteckte, rief er: «Ich rieche Christenfleisch!» – «Kann schon sein», sagte der Bursche, «aber du brauchst nicht so die Nase hinaufzuziehen; es wird dich nicht lang stören», sagte er, und damit hieb er ihm alle Köpfe ab, als ob es Kohlköpfe wären. Dann nahmen die Drachen das goldene Schloß auf den Rücken und trugen es fort – sie brauchten wohl nicht sehr lange Zeit dazu, glaube ich – und setzten es neben das silberne Schloß, daß es weit und breit leuchtete. Als die Prinzessin vom Silberschloß am nächsten Morgen ans Fenster trat und es sah, war sie so froh, daß sie auf der Stelle hinüber in das goldene Schloß sprang; aber als sie ihre Schwester sah, die dalag und schlief, als wäre sie tot, da sagte sie zu dem Burschen, sie könnten sie nicht zum Leben erwecken, wenn sie nicht das Wasser des Todes und das Wasser des Lebens hätten, und das sei in zwei Brunnen neben einem goldenen Schloß, das neunhundert Meilen hinter dem Ende der Welt in der Luft hinge, und da wohne die dritte Schwester. Ja, da bleibe ihm nichts anderes übrig, sagte der Bursche, als auch das noch zu holen, und es dauerte nicht lange, so war er schon auf dem Weg. Also reiste er lange, lange Zeit durch viele Länder, über Wald und Feld, über Fels und Klippen, über Berg und Meer; schließlich kam er ans Ende der Welt, und von da wanderte er noch weit über Hügel und Heide und hohen Fels. «Siehst du etwas?» sagte der Esel eines Tages. «Ich sehe nur Himmel und Land», sagte der Bursche. «Siehst du jetzt etwas?» fragte der Esel nach einigen Tagen. «Ja, ich glaube, ich sehe etwas hoch oben und weit in der Ferne wie ein kleines Sternchen.» – «Das ist aber gar nicht so klein», sagte der Esel. Als sie wieder eine Weile weitergewandert waren, fragte der Esel: «Siehst du jetzt etwas?» – «Ja, nun scheint es wie ein Mond.» – «So», sagte der Esel. So wanderten sie noch einige Tage. «Siehst du jetzt etwas?» fragte der Esel. «Ja, jetzt leuchtet es wie die Sonne», gab der Bursche zur Antwort. «Da müssen wir hin», sagte der Esel. «Das ist das goldene Schloß, das in der Luft hängt; da wohnt eine Prinzessin, die hat ein Troll mit neun Köpfen geraubt, aber alle wilden Tiere der ganzen Welt liegen als Wache davor und versperren den Weg», sagte der Esel. «O weh, ich glaube, ich fürchte mich», meinte der Bursche. «Oh, wer wird denn gleich Angst haben!» sagte der Esel, es hätte gar keine Gefahr, wenn er sich dort nicht verweilte, sondern sich davonmachte, sobald er seine Krüge mit dem Wasser gefüllt hätte, denn das komme nur einmal am Tag zum Vorschein, und das sei am Mittag; aber wenn es ihm nicht gelingen sollte, in der

Zeit fertig zu werden und sich davonzumachen, so würden ihn die Tiere in tausend Stücke zerreißen. Der Bursche sagte, er wolle sich daran halten und nicht zu lang zögern. Schlag zwölf Uhr kamen sie hin; da lagen alle die wilden und reißenden Tiere, die es nur geben konnte, wie eine Mauer vor der Tür und zu beiden Seiten des Weges; aber sie schliefen bombenfest, und keines bewegte auch nur einmal eine Pratze. Der Bursche ging zwischen ihnen durch und gab wohl acht, daß er ihnen nicht auf die Zehen oder auf die Schwanzspitzen trat, und füllte seine Krüge mit dem Wasser des Lebens und dem Wasser des Todes, und während er das tat, sah er das Schloß an, das war ganz aus Gold. Es war das schönste, was er je gesehen hatte, und er meinte, inwendig müsse es noch viel schöner sein. «Ach, ich habe ja Zeit genug», dachte Aschenpeter, «ich kann mich wohl ein halbes Stündchen umsehen», und damit schloß er auf und ging hinein; drinnen war es wunderschön; er ging von einem prächtigen Gemach in das andere; es war ein Überfluß von Gold und Perlen und allen Kostbarkeiten. Leute sah er nicht; aber zuletzt kam er in ein Gemach, da lag eine Prinzessin auf einem goldenen Bett und schlief ebenfalls, als ob sie tot wäre; aber sie war so schön wie die schönste Königin und rot und weiß wie Blut und Schnee und so zierlich, wie er noch nichts Zierlicheres gesehen hatte, ausgenommen sein Bildnis, denn das war sie selbst, die darauf abgebildet war. – Der Bursche vergaß das Wasser, das er holen sollte, und die wilden Tiere und das ganze Schloß und schaute nur auf die Prinzessin und meinte, er würde des Schauens niemals müde werden, aber sie schlief wie eine Tote, und er konnte sie nicht erwecken. Als es gegen Abend ging, kam der Troll dahergefahren und rüttelte und polterte an Tür und Tor, daß es im ganzen Schloß dröhnte. «Huh, ich rieche Christenfleisch», sagte er und steckte den ersten Kopf zur Tür hinein und schnüffelte. «Das kann wohl sein», sagte der Bursche, «aber du brauchst nicht so zu fauchen, daß du fast platzest; es wird dich nicht lang mehr stören», sagte er, und damit hieb er ihm alle Köpfe ab. Aber als er damit fertig war, war er so müde, daß er kaum mehr die Augen offenhalten konnte. Also legte er sich ins Bett zu der Prinzessin und schlief Tag und Nacht, als ob er niemals erwachen wollte. Nur gegen Mitternacht war er einen Augenblick erwacht, und da sagte sie zu ihm, er habe sie erlöst, aber sie müsse noch drei Jahre hierbleiben; wenn sie bis dahin nicht zu ihm gekommen sei, so solle er kommen und sie holen.

Als es am nächsten Tag auf ein Uhr ging, wachte er erst auf und hörte, daß der Esel anfing jämmerlich zu schreien, und da dachte er bei sich, es sei das beste, wenn er sich auf den Heimweg machte, aber zuerst schnitt er ein Stück aus dem Gewand der Prinzessin und nahm es mit sich. Nun hatte er sich aber so lange verweilt, daß die Tiere anfingen aufzuwachen und sich zu rühren, und als er auf den Esel aufgesessen war, rannten sie alle dicht um ihn herum, so daß es ihm wirklich unheimlich werden wollte. Aber der Esel sagte, er soll einige Tropfen vom Wasser des Todes über sie hinsprengen. Das tat er, und da fielen sie auf der Stelle um und rührten kein Glied mehr. Als sie nun auf dem Heimweg waren, sagte der Esel zu dem Burschen: «Wenn du nun zu Ehren und Macht kommst, wirst du sehen, daß du mich ganz vergißt und alles, was ich für dich getan habe, und ich werde vor Hunger in die Knie sinken!» Das würde gewiß niemals geschehen, meinte der Bursche. Als sie mit dem Wasser des Lebens zu der Prinzessin kamen, sprengte er einige Tropfen auf ihre Schwester; davon wachte sie auf, und es war darüber große Freude und Glückseligkeit. Dann reisten sie heim zu dem König, und der war auch glückselig, daß er sie wieder hatte, aber er wartete immer darauf, daß die drei Jahre vorbei sein möchten, bis seine jüngste Tochter käme. Den Burschen, der die beiden anderen wiedergebracht hatte, machte der König zu einem mächtigen Mann, und er wurde der Erste im Land nächst dem König selbst; aber viele Leute waren auf ihn neidisch, weil er so zu Ehren gekommen war, und besonders war es einer – er hieß Ritter Rot –, der die älteste Prinzessin haben wollte, wie man sagte, der stiftete sie an, daß sie einige Tropfen vom Wasser des Todes über den Burschen sprengte, so daß er einschlief.

Als die drei Jahre um waren und auch schon ein Stück vom vierten, kam ein fremdes Kriegsschiff angesegelt, und darauf war die dritte Schwester und hatte ein dreijähriges Söhnlein bei sich. Sie schickte hinauf an den Königshof und ließ sagen, sie werde ihren Fuß nicht an Land setzen, bevor man nicht den zu ihr geschickt hätte, der damals auf dem goldenen Schloß gewesen sei und sie gefreit habe. Da schickten sie ihr einen von den Vornehmsten am Hofe, und als er auf das Schiff zur Prinzessin kam, nahm er den Hut ab und machte Komplimente und Katzbuckel.

«Ist das wohl dein Vater, mein Sohn?» sagte die Prinzessin zu dem Kind, das mit einem goldenen Apfel spielte. «Nein, mein Vater windet sich nicht wie eine Made im Käse», sagte der Kleine. Darauf schickten sie noch einen von derselben Sorte, das war der Ritter Rot. Aber dem ging es nicht besser als dem ersten, und die Prinzessin trug ihm auf, wenn sie ihr jetzt wieder nicht den Rechten schickten, so werde es ihnen schlecht gehen. Als sie das hörten, mußten sie den Burschen mit dem Wasser des Lebens wecken, und er ging auf das Schiff zur Prinzessin hinunter, aber er machte keine weiteren Komplimente, sondern nickte ihr nur zu und zog das Stück heraus, das er der Prinzessin in dem goldenen Schloß aus dem Gewand geschnitten hatte. «Der ist mein Vater», rief das Kind und gab ihm den goldenen Apfel, mit dem es gespielt hatte. Da war große Freude und Glückseligkeit im ganzen Reich, und der alte König war der vergnügteste von allen, weil er sein Lieblingskind wieder hatte. Als es an den Tag kam, was der Ritter Rot und die älteste Prinzessin mit dem

Burschen angefangen hatten, wollte der König, es solle jedes in eine mit Nägeln ausgeschlagene Tonne gesteckt und den Berg hinuntergerollt werden, aber Aschenpeter und die jüngste Prinzessin baten für sie, und so kamen sie straflos davon. Als sie die Hochzeit vorbereiteten, sah der Bursche eines Tages aus dem Fenster – es ging gegen das Frühjahr, und man ließ die Pferde und das Vieh heraus, und der letzte, der aus dem Stall kam, das war der Esel; aber er war so ausgehungert, daß er auf den Knien aus dem Stall gerutscht kam. Da grämte sich der Bursche sehr, daß er ihn so vergessen hatte, und er ging hinunter in den Hof und wußte nicht, was er ihm alles Gute antun sollte. Aber der Esel sagte, das beste, was er tun könne, sei, ihm den Kopf abzuschlagen. Das wollte er durchaus nicht; aber der Esel bat so schön, daß er es zuletzt doch tat, und in dem Augenblick, wo der Kopf fiel, war es vorbei mit der Eselsgestalt, in die er verzaubert war, und da stand der schönste Prinz, den man sich nur denken kann. Er bekam die zweite Prinzessin, und sie feierten Hochzeit, daß man es in sieben Königreichen hörte und besprach.

So hielten sie haus
Und flickten ihr' Schuh,
Und kriegten kleine Prinzen
In Frieden und Ruh.

36

«Herauf und hernieder
zum Dachfirst»

*A*uf einem Hof in Ringebu wohnte früher einmal eine böse Hexe. Aber dort war auch einer, der wußte, daß sie eine Hexe war; der ging einmal am Weihnachtsabend auf den Hof und bat um Unterkunft, und er wurde auch aufgenommen.

«Du brauchst dich nicht zu fürchten, wenn du siehst, daß ich mit offenen Augen schlafe», sagte er, «ich habe die Gewohnheit, aber ich kann nichts dafür.»

Ach nein, sie werde sich nicht fürchten, sagte die Frau darauf. Bald darauf schnarchte der Gast auch schon und schlief richtig mit offenen Augen, und wie er so dalag, nahm die Frau unter einem Stein am Kamin ein großes Salbenhorn hervor und rieb den Besen ein.

«Herauf und hernieder zum Gachfirst!» sagte sie und fuhr durch den Schornstein hinauf und zum Gachfirst, das war eine große Alp.

Der Bursche dachte, das wäre doch nett, hinterdreinzufahren und zu sehen, was sie dort vorhabe, denn er meinte, sie habe gesagt: «Herauf und hernieder zum Dachfirst!» Also nahm er das Horn unter dem Stein hervor und rieb einen Holzstock ein. «Herauf und hernieder zum Dachfirst!» sagte er, und nun fuhr er die ganze Nacht zwischen Herd und Dachgiebel hin und her und brach fast alle Knochen, weil er falsch verstanden hatte.

Später nahm er dort Dienst auf, und im folgenden Jahr am selben Abend richtete er einen Schlitten her. Als er müde war, ließ er ihn stehen, ging hinein und legte sich zum Schlafen auf die Bank und sah mit offenen Augen vor sich hin. Da nahm die Frau das Horn aus dem Schornstein hervor und rieb den Besen ein, und dann fuhr sie wieder durch den Schornstein davon. Der Bursche paßte genau auf, wo sie das Horn versteckte, und als sie fort war, holte er es und rieb ein wenig von der Salbe an den Schlitten. Aber er sagte gar nichts. Der Schlitten fuhr davon, und nie mehr sah man etwas von dem Burschen und auch nie mehr von dem Schlitten. Der Hof, wo das sich zugetragen hat, heißt Kjaestad, und das Horn von Kjaestad ist heute noch bekannt.

37

Murmel Gänseei

*E*s *waren einmal fünf Frauen,* die standen auf einem Acker und mähten; keine von ihnen hatte ein Kind, und jede wünschte sich eins. Da sahen sie auf einmal ein unerhört großes Gänseei, fast so groß wie ein Mannskopf. «Ich habe es zuerst gesehen», sagte die eine. «Ich habe es zur gleichen Zeit gesehen wie du», schrie die andere. «Aber ich will es haben, denn ich habe es zuallererst gesehen», behauptete die dritte. So machten sie weiter und stritten sich so sehr um das Ei, daß sie sich fast in die Haare kamen. Schließlich einigten sie sich darüber, daß es ihnen allen fünf gehören sollte, und alle sollten sich daraufsetzen, wie es die Gans macht, und das kleine Gänschen ausbrüten. Die erste blieb acht Tage darauf sitzen und brütete und rührte sich nicht und tat gar nichts, während der Zeit mußten die anderen für sich und sie zugleich um Nahrung sorgen. Darüber war eine böse geworden und fing an zu schelten.

«Du bist auch nicht aus dem Ei gekrochen, ehe du Piep sagen konntest», sagte die, die auf dem Ei saß und brütete. «Aber ich glaube fast, aus dem Ei kommt ein Menschenkind herausgeschlüpft, denn es murmelt da drinnen in einem fort:

‹Hering und Brei und Grütze und Milch›», sagte sie; «jetzt setze du dich acht Tage darauf, dann bringen wir dir das Essen.»

Als die fünfte auch acht Tage daraufsaß, hörte sie ganz deutlich, daß ein Kind in dem Ei war, das immer rief: «Hering und Brei und Grütze und Milch», und da klopfte sie ein Loch in das Ei; und statt eines Gänschens kam ein Kind heraus, und das war ganz entsetzlich häßlich, mit einem großen Kopf und kleinem Körper, und kaum war es ausgekrochen, so schrie es schon: «Hering und Brei, Grütze und Milch!» Da nannten sie das Kind Murmel Gänseei.

So häßlich das Kind auch war, so hatten die Frauen am Anfang doch ihre Freude daran; aber es dauerte nicht lang, so wurde es so gefräßig, daß es alles aufaß, was sie hatten. Wenn sie eine Schüssel Brei oder einen Topf Grütze kochten, der für alle sechs reichen sollte, so verschlang das Kind alles allein. Da wollten sie es nicht länger behalten. «Ich bin noch nicht ein einziges Mal satt geworden, seit der Wechselbalg ausgekrochen ist», sagte eine von ihnen, und als Murmel Gänseei das hörte und die anderen zustimmten, sagte er, er wolle gerne seiner Wege gehen; «brauchten sie ihn nicht, so brauche er sie auch nicht», und damit ging er davon. Schließlich kam er auf einen Bauernhof, der in steiniger Gegend lag, und fragte nach Arbeit. Ja, sie brauchten einen Arbeiter, und der Herr hieß ihn die Steine auf dem Acker zusammenlesen. Da sammelte Murmel Gänseei die Steine auf dem Acker; er hob welche auf, die waren so groß, daß viele Pferde sie nicht hätten schleppen können, und alle miteinander, ob groß oder klein, steckte er in seine Tasche. Es dauerte nicht lange, so war er mit seiner Arbeit fertig und wollte wissen, was er weiter tun solle.

«Die Steine auf dem Acker zusammenlesen», sagte der Bauer, «du kannst doch unmöglich fertig sein, ehe du recht angefangen hast.»

Aber Murmel Gänseei leerte seine Taschen aus und warf die Steine auf einen Haufen. Da merkte der Bauer, daß er mit seiner Arbeit fertig war und daß man mit einem so starken Kerl behutsam umgehen müsse. Da sagte er denn, er solle hereinkommen und essen. Das war Murmel Gänseei recht, und er aß alles auf, was für die Bauersleute und das Gesinde reichen sollte, und dann war er erst halbsatt.

Das sei ein ganz prächtiger Arbeiter, aber auch ein gefährlicher Esser, wie ein Faß ohne Boden, meinte der Bauer. «Ein solcher Arbeiter könnte einen armen Bauern von Grund und Boden essen, ehe man es nur merkt», sagte er. Er habe jetzt keine Arbeit mehr für ihn, es sei wohl am besten, wenn er auf das Schloß des Königs gehe.

Murmel Gänseei ging also zum König und wurde gleich angestellt; im Schloß gab es genug Essen und Arbeit. Er sollte Laufbursche sein und den Mädchen beim Holz- und Wasserholen helfen und andere kleine Arbeiten tun. Da fragte er, was er zuerst tun solle.

Vorläufig solle er Brennholz spalten, sagten sie. Da fing Murmel Gänseei an, Holz zu spalten, und hieb dermaßen drein, daß die Splitter nur so flogen; es dauerte nicht lange, so hatte er alles gespalten, was da war. Brennholz und Zimmerholz, Balken und Bretter, und als er damit fertig war, kam er und fragte, was er nun tun sollte.

«Du kannst das Brennholz fertig spalten», sagten sie.

«Es ist nichts mehr da», sagte Murmel Gänseei.

Das sei nicht möglich, sagte der Aufseher und sah im Schuppen nach. Aber doch, Murmel Gänseei hatte alles kurz und klein geschlagen, Balken und Bretter. Das war sehr schlimm, und deshalb sagte der Aufseher, Murmel Gänseei solle nichts zu essen bekommen, bis er draußen im Wald so viel Holz gefällt habe, wie jetzt zu Brennholz zerhackt sei.

Da ging Murmel Gänseei in die Schmiede und ließ sich vom Schmied eine Axt von fünf Zentner Eisen machen. Damit ging er dann in den Wald und fing an, Holz zu schlagen; er fällte dicke Tannen und Fichten, dick wie Mastbäume, und alles, was er auf des Königs Grund und Boden fand und auch auf dem des Nachbarn. Er schnitt aber weder Zweige noch Gipfel ab, so daß alles dalag, wie vom Sturm umgerissen. Dann lud er eine gehörige Fuhre auf den Schlitten und spannte die Pferde davor. Aber sie brachten die Last nicht vom Fleck, und als er sie beim Kopf faßte, um sie vorwärtszubringen, riß er ihnen die Köpfe ab. Dann zog er sie aus dem Geschirr heraus und ließ sie auf dem Feld liegen und spannte sich selbst ein und fuhr mit der Last allein ab.

Als er in das Königsschloß kam, stand der König mit dem Zimmermeister auf dem Hausgang und wollte ihm einen bösen Empfang bereiten, weil er im Walde so schlimm gehaust hatte. Der Zimmermeister war nämlich dort gewesen und hatte sich die Verwüstung angesehen. Aber als Murmel Gänseei mit dem halben Hochwald daherkam, kam dem König außer dem Zorn auch noch die Angst, und er dachte, wenn Murmel so stark sei, müsse man ihn behutsam anfassen.

«Du bist ja ein ausgezeichneter Arbeiter», sagte der König, «aber sag mir, wieviel ißt du denn auf einmal», fuhr er fort, «denn du bist doch gewiß hungrig?»

Wenn er genug Grütze bekommen solle, so müsse man zwölf Tonnen Mehl dazu nehmen; aber wenn er das gegessen habe, so könne er auch wieder eine Weile warten, sagte Murmel Gänseei.

Es dauerte eine Zeitlang, bis diese Portion Grütze gekocht war, und indessen sollte Murmel Holz in die Küche schaffen. Da packte er den ganzen Haufen Holz auf einen Schlitten, aber als er damit durch die Tür fuhr, ging er nicht eben sanft zu Werke. Das Haus ging fast aus den Fugen, und beinahe hätte er das ganze Schloß niedergerissen. Als schließlich das Essen fertig war, schickte man ihn hinaus aufs Feld, um das Gesinde hereinzurufen. Da rief er so laut, daß es in Berg und Tal widerhallte, aber die Leute kamen ihm doch nicht schnell genug herbei. Da fing er Händel mit ihnen an und erschlug ihrer zwölf.

«Zwölf Leute schlägt er mir tot», sagte der König, «und essen tut er für zwölf mal zwölf, aber für wie viele arbeitest du?»

«Auch für zwölf mal zwölf», sagte Murmel.

Als er gegessen hatte, sollte er in die Scheune und dreschen. Da zog er den Balken aus dem Dachfirst und machte sich einen Dreschflegel daraus, und als das Dach einstürzen wollte, nahm er eine Tanne mit allen ihren Ästen und Zweigen daran und setzte sie als Dachbalken ein. Dann drosch er Korn und Heu und Stroh auf einmal. Vieles ging zugrunde. Denn Körner und Spreu wirbelten durcheinander, und es stand wie eine Wolke über dem Königsschloß.

Als Murmel Gänseei nahezu mit dem Dreschen fertig war, brach der Feind ins Land, und es gab Krieg. Da sagte der König zu Murmel, er solle Leute um sich sammeln und dem Feind entgegenziehen und ihn bekriegen; denn er dachte, die Feinde würden ihn wohl erschlagen.

Nein, sagte Murmel Gänseei, er wolle nicht, daß des Königs Leute totgeschlagen würden, er wolle schon allein mit den Feinden fertig werden.

Um so besser, dachte der König, da werde ich ihn ganz gewiß los! Aber eine tüchtige Keule brauche er, sagte Murmel. Da schickte man zum Schmied, und der schmiedete eine zwei Zentner schwere Keule. Die sei zum Nußknacken gut, sagte Murmel Gänseei. Da schmiedete er eine, die wog sechs Zentner; damit könne man gerade Schuhe nageln, sagte Murmel. Der Schmied aber sagte, eine größere könne er mit allen seinen Arbeitern nicht fertigbringen.

Da ging Murmel Gänseei selbst in die Schmiede und schmiedete sich eine Keule von dreißig Zentnern, und um diese auf dem Amboß umzudrehen, hätte man hundert Mann gebraucht. Diese ginge zur Not an, meinte Murmel. Dann wollte er noch einen Ranzen mit Mundvorrat. Aus fünfzehn Ochsenhäuten wurde er zusammengenäht und ganz mit Proviant vollgestopft, und dann wanderte Murmel mit dem Ranzen auf dem Rücken und der Keule über der Schulter den Berg hinunter.

Als er so nahe kam, daß die Kriegsleute ihn sehen konnten, ließen sie anfragen, ob er im Sinn habe, sie anzugreifen.

«Wartet nur, bis ich gegessen habe», sagte Murmel und setzte sich hinter seinen Ranzen, um zu essen. Aber die Feinde wollten nicht warten und begannen auf ihn zu schießen; es regnete und hagelte ordentliche Flintenkugeln um Murmel her.

«Aus diesen Blaubeeren mache ich mir gar nichts», sagte Murmel Gänseei und schmauste getrost weiter. Weder Blei noch Eisen konnte ihm etwas anhaben, und sein Ranzen stand vor ihm und hielt die Kugeln auf wie ein Wall.

Da fingen die Feinde an, Bomben zu werfen und mit Kanonen zu schießen. Er rührte sich kaum, wenn er getroffen wurde. «Ach, das macht nichts», sagte er.

Aber da fuhr ihm eine Bombe in die falsche Kehle. «Pfui!» sagte er und spuckte sie wieder aus, und da kam eine Kettenkugel und flog in die Butterbüchse, und eine andere riß ihm den Bissen zwischen den Fingern weg.

Da wurde er zornig, stand auf, nahm seine Keule, schlug damit auf den Boden und fragte, ob sie ihm mit den Blaubeeren, die sie aus ihren groben Blasrohren herauspusteten, das Essen vom Munde wegnehmen wollten. Dann tat er noch ein paar Schläge, daß Berge und Hügel rings erbebten und die Feinde wie Spreu in die Höhe flogen, und damit war der Krieg zu Ende.

Als Murmel wieder zurückkam und neue Arbeit verlangte, wurde es dem König unheimlich, denn er hatte gemeint, er würde ihn nun ganz gewiß los. Er wußte sich nicht anders zu helfen, als daß er ihn in die Hölle schickte.

«Du kannst jetzt zum Teufel gehen und den Tribut dort holen!» sagte der König. Murmel Gänseei zog ab mit dem Ranzen auf dem Rücken und der Keule über der Schulter. Er war bald an Ort und Stelle; aber als er hinkam, war der Teufel gerade bei einem Verhör. Es war niemand daheim als seine Großmutter, und die sagte, sie habe noch nie etwas von einem Tribut gehört, und er solle ein andermal wiederkommen.

«Ja freilich, komm morgen wieder», sagte er, «diese Ausrede kenne ich schon»; aber jetzt sei er einmal da, nun bleibe er da, denn er müsse den Tribut heimbringen, und Zeit zu warten habe er ja. Aber als er seinen ganzen Mundvorrat aufgezehrt hatte, bekam er Langeweile und verlangte von der Großmutter den Tribut.

«Von mir bekommst du nichts, das steht so fest wie die alte Föhre draußen», sagte des Teufels Großmutter. Die Föhre stand draußen vor dem Höllentor und war so groß, daß fünfzehn Mann sie kaum umspannen konnten. Aber Murmel kletterte hinauf auf den Gipfel und bog und schüttelte sie wie eine Weidengerte hin und her, und dann fragte er die Großmutter des Teufels noch einmal, ob sie jetzt den Tribut bezahlen wolle.

Nun wagte sie sich nicht mehr zu wehren und brachte so viel Geld zum Vorschein, als er nur in seinem Rucksack tragen konnte. Dann machte er sich mit dem Tribut auf den Heimweg, und kaum war er fort, kam der Teufel heim, und als er hörte, daß Murmel einen großen Sack voll Geld mitbekommen hatte, prügelte er erst seine Großmutter und setzte dann dem Murmel nach. Er erreichte ihn auch bald, denn er rannte über Stock und Stein und flog auch wohl zwischendurch, Murmel aber mußte sich mit dem schweren Ranzen auf der Landstraße halten. Als ihm aber der Teufel auf den

Fersen war, fing er an zu rennen, so rasch er konnte, und streckte die Keule hinter sich, um sich den Teufel vom Leib zu halten, und so liefen sie hintereinander her: Murmel hielt den Schaft und der Teufel die Keule, bis sie an ein tiefes Tal kamen; da sprang Murmel von dem einen Berggipfel zum anderen hinüber, und der Teufel setzte ihm so hitzig nach, daß er auf die Keule rannte, ins Tal hinabstürzte und sich den Fuß brach. – Da lag er.

«Da habt Ihr den Tribut», rief Murmel Gänseei, als er das Königsschloß erreicht hatte, und warf dem König den Ranzen voll Geld hin, daß das ganze Schloß wackelte.

Der König dankte ihm freundlich, versprach ihm auch einen guten Lohn und ein gutes Zeugnis, wenn er es verlange, aber Murmel wollte nur neue Arbeit haben.

«Was soll ich jetzt tun?» fragte er. Der König dachte eine Weile nach; dann sagte er, Murmel solle zu dem Bergtroll reisen, der ihm das Schwert seiner Ahnen geraubt habe; er wohne in einem Schloß am Meer, wo sich niemand hingetraue.

Murmel bekam in seinen großen Ranzen einige Fuder Proviant und machte sich wieder auf den Weg, er wanderte lange durch Feld und Wald, über Berg und tiefes Tal, bis er an ein großes Gebirge kam, wo der wohnen sollte, der das Schwert geraubt hatte.

Aber der Troll hielt sich nicht im Freien auf, und der Berg war zu, so konnte Murmel nicht hineinkommen. Da gesellte er sich zu einigen Steinbrechern, die an einer Berglehne arbeiteten, und schaffte mit ihnen. So tüchtige Hilfe hatten sie noch nie gehabt, denn Murmel hieb auf die Felsen los, daß sie zersprangen und Felsblöcke, so groß wie Häuser, herunterrollten. Als er sich aber ausruhen und das erste Fuder von seinem Mundvorrat in Angriff nehmen wollte, war es bereits aufgegessen. «Ich hab selbst einen guten Appetit», sagte Murmel, «aber, wer hier darübergekommen ist, der kann es noch besser, denn er hat gleich auch die Knochen mitgegessen.»

So war es am ersten Tag, und am zweiten ging es nicht besser. Am dritten Tag ging er wieder an die Arbeit und nahm das dritte Fuder mit, legte sich dahinter und tat, als ob er schliefe.

Da kam aus dem Berg heraus ein Troll mit sieben Köpfen, der fing an zu schmatzen und von seinem Vorrat zu essen.

«Jetzt ist angerichtet, jetzt will ich essen», sagte er.

«Das wollen wir erst sehen», sagte Murmel und hieb mit seiner Keule auf den Troll los, daß ihm die Köpfe vom Rumpf flogen.

Dann ging er in den Berg hinein, wo der Troll herausgekommen war, und darinnen stand ein Pferd, das fraß aus einer Tonne voll glühender Asche, und hinter ihm stand eine Hafertonne.

«Warum frißt du nicht aus der Hafertonne?» fragte Murmel Gänseei.

«Weil ich mich nicht umdrehen kann», sagte das Pferd.

«Ich will dich umdrehen», sagte Murmel Gänseei.

«Reiß mir lieber den Kopf ab», bat das Pferd.

Murmel tat es, und da wurde das Pferd zu einem stattlichen Mann. Der sagte, er sei von dem Troll verzaubert und in ein Pferd verwandelt worden. Dann half er Murmel das Schwert suchen, das der Troll unter dem Bett versteckt hatte. In dem Bett aber lag die Großmutter des Trolls und schnarchte.

Der Heimweg wurde zu Wasser zurückgelegt; als sie gerade abfuhren, kam die Alte hinter ihnen her; sie konnte ihnen aber nicht beikommen, und da fing sie an zu trinken, daß das Wasser abnahm und fiel. Aber schließlich konnte sie doch nicht das ganze Meer austrinken, und da zerplatzte sie.

Als sie an Land kamen, schickte Murmel zum König und ließ ihm sagen, er solle das Schwert holen. Der König schickte vier Pferde, aber die konnten es nicht von der Stelle bringen, er sandte acht, er sandte zwölf, aber das Schwert blieb, wo es war, und war auf keine Weise vom Fleck zu bringen. Aber Murmel Gänseei nahm es und trug es allein.

Der König traute seinen Augen nicht, als er Murmel wieder sah, aber er war sehr freundlich und verhieß ihm Gold und grüne Wälder. Als aber Murmel weitere Arbeit verlangte, sagte er, er solle auf sein Trollschloß reisen, wo sich niemand hingetraute, und solle so lange dort bleiben, bis er eine Brücke über den Sund gebaut hätte, daß die Leute hinüberkommen könnten. Wenn er das fertigbringe, so wolle er ihn gut belohnen, ja ihm sogar seine Tochter geben, sagte der König.

Das werde er schon fertigbringen, meinte Murmel.

Es war aber von dort noch nie ein Mensch lebendig zurückgekehrt; alle, die so weit gekommen waren, lagen tot und zu Brei zermalmt auf der Erde, und der König dachte, wenn er ihn dorthin schicke, würde er ihn nie mehr erblikken.

Aber Murmel machte sich auf den Weg; er nahm seinen Proviantranzen mit und einen gehörig gezerrten und gedrehten Föhrenklotz, auch eine Axt, einen Keil und einige Kienspäne nebst einem kleinen Betteljungen, der sich auf dem Schloß herumtrieb.

Als er an den Sund kam, war der Fluß voller Treibeis und rauschte daher wie ein Wasserfall. Er aber stemmte die Beine fest auf den Grund und watete durch, bis er hinüberkam.

Als er sich gewärmt und seinen Hunger gestillt hatte, wollte er schlafen; aber es dauerte nicht lange, so erhob sich ein Lärm und ein Dröhnen, als ob das ganze Schloß auf den Kopf gestellt werden sollte. Das Tor sprang sperrangelweit auf, und Murmel sah nichts als einen weit aufgerissenen Rachen, der von der Schwelle bis oben an den Türbalken reichte.

«Da hast du was, versuch einmal!» rief Murmel und warf

den Betteljungen in den Rachen. «Wer bist du denn, laß einmal sehen? Vielleicht gar ein alter Bekannter?»

Und wirklich! Es war Herr Urian. Nun spielten die beiden miteinander Karten. Der Teufel wollte wohl gern etwas von dem Tribut zurückgewinnen, den Murmel seiner Großmutter für den König abgezwungen hatte. Aber er mochte spielen, wie er wollte, Murmel gewann stets, denn er machte ein Kreuz auf die Karten. Und nachdem er dem Teufel alles abgewonnen hatte, was dieser bei sich trug, mußte er ihm auch noch von dem Gold und Silber geben, das sich auf dem Schlosse befand.

Mitten im Spiel ging ihnen auf einmal das Feuer aus, so daß sie die Karten nicht mehr unterscheiden konnten.

«Nun müssen wir Holz spalten», sagte Murmel. Er hieb seine Axt in den Föhrenklotz und trieb den Keil hinein, aber der Baumstumpf war zäh und wollte nicht gleich auseinandergehen, obwohl Murmel sich unter Fluchen abmühte.

«Du giltst doch für so stark», sagte er zum Teufel. «Spuck in die Hände, hau deine Klauen hier hinein und reiße den Klotz entzwei, damit man sieht, was du fertigbringst!»

Der Teufel fuhr folgsam mit beiden Händen in den Spalt hinein und riß und zerrte aus Leibeskräften; aber plötzlich schlug Murmel Gänseei den Keil heraus, und nun saß der Teufel in der Klemme; dann bearbeitete er seinen Rücken mit der Axt.

Der Teufel jammerte und bat, Murmel möge ihn doch loslassen; aber Murmel wollte gar nicht hören, bis er ihm versprach, nie wieder herzukommen und den Störenfried zu spielen. Außerdem mußte er noch versprechen, eine Brücke über den Sund zu bauen, auf der man zu allen Jahreszeiten herüber und hinüber könne. Die Brücke aber sollte gleich nach dem Eisgang fertig sein.

«O weh», sagte der Teufel, aber es blieb ihm nichts übrig, wenn er loskommen wollte, mußte er das Versprechen geben. Eine Bedingung stellte er aber doch: die erste Seele, die über die Brücke ginge, wollte er als Sundzoll haben.

Die könne er haben, sagte Murmel. Da durfte der Teufel heraus und rannte schnurstracks nach Hause. Murmel aber legte sich schlafen und schlief bis tief in den nächsten Tag hinein.

Als nun der König kam, um zu sehen, ob Murmel Gänseei zerschmettert am Boden liege oder nur zerbleut sei, mußte er durch lauter Geld hindurchwaten, um zu dem Bette zu gelangen; in Haufen und Säcken lag das Geld hoch an den Wänden hinauf, und in dem Bett lag Murmel und schnarchte.

«Gott sei mir und meiner Tochter gnädig!» rief der König, als er sah, daß Murmel Gänseei noch bei bestem Wohlsein war; ja, alles sei gut und wohl vollbracht, das könne niemand leugnen, sagte der König, aber von der Hochzeit könne noch keine Rede sein, solange die Brücke nicht fertig sei.

Eines Tages aber war die Brücke fertig; und darauf stand der Teufel, der seinen versprochenen Zoll in Empfang nehmen wollte.

Murmel Gänseei wollte, der König solle zuerst die Brücke mit ihm probieren; aber dazu hatte der König keine Lust; da setzte sich Murmel selbst auf ein Pferd und riß die dicke Viehmagd vom Schlosse vor sich auf den Sattelknopf – sie sah fast aus wie ein riesiger Holzklotz – und sprengte mit ihr über die Brücke, daß es nur so donnerte.

«Wo ist der Sundzoll? Wo ist die Seele?» schrie der Teufel. – «In dem Holzklotz sitzt sie! Wenn du sie haben willst, mußt du in die Hände spucken und sie packen», sagte Murmel Gänseei. – «Nein, danke schön! Wenn sie mich nicht packt, packe ich sie gewiß nicht», sagte der Teufel. «Einmal hast du mich in die Klemme gebracht, aber ein zweites Mal gehe ich dir nicht auf den Leim», sagte er und flog stracks heim zu seiner Großmutter, und seither hat er sich weder hören noch sehen lassen.

Aber Murmel Gänseei kehrte eiligst ins Schloß zurück und begehrte den Lohn, den ihm der König versprochen hatte; und als der König zögerte und allerhand Ausreden vorbrachte, um sein Versprechen nicht halten zu müssen, sagte Murmel, es wäre am besten, wenn er sich einen ordentlichen Ranzen voll Mundvorrat zurechtmachte, denn nun wolle er, Murmel, sich seinen Lohn selbst nehmen. Das tat der König, und als der Ranzen bereit war, nahm Murmel den König mit vors Schloß hinaus und gab ihm einen ordentlichen Schubs, daß er hoch in die Luft hinaufflog. Den Ranzen warf er ihm auch noch nach, damit er nicht ganz ohne Proviant sei; und wenn er noch nicht wieder heruntergekommen ist, dann schwebt er mitsamt seinem Ranzen bis auf den heutigen Tag zwischen Himmel und Erde.

38

Die Trollfrau

Vor langen, langen Jahren wohnten einmal zwei alte wohlhabende Leute auf einem Hof oben in Hadeland. Die hatten einen Sohn, der war Dragoner und ein großer hübscher Kerl. Im Gebirg hatten sie eine Alm, und die war nicht wie die meisten Sennhütten, sondern schön und solid gebaut und hatte sogar einen Schornstein und ein Dach und Fenster. Da oben wurde den ganzen Sommer gehaust, aber wenn sie im Herbst heimgezogen waren, so merkten die Holzhauer und Jäger und Fischer und wer sonst um diese Zeit im Wald zu tun hatte, daß das Bergvolk da sein Wesen trieb mit seiner Herde. Und bei denen war ein Mädchen, die war so wunderschön, wie sie niemals etwas Ähnliches gesehen hatten.

Davon hatte der Sohn oft gehört, und in einem Herbst, als

sie von der Alm schon zu Hause waren, da zog er seine volle Uniform an, sattelte sein Dienstpferd, steckte seine Pistolen in die Satteltasche, und so ritt er hinauf. Als er gegen die Alm zu kam, da brannte in der Sennhütte ein solches Feuer, daß es über alle Wege hinleuchtete, und da merkte er wohl, daß die Bergleute darin waren. Da band er sein Pferd an eine Tanne, nahm eine Pistole aus der Satteltasche und schlich an die Hütte heran und schaute durchs Fenster; darin saßen ein alter Mann und eine Frau, die waren ganz krumm und zusammengeschrumpft vor Alter und so unerhört häßlich, wie er nie etwas in seinem Leben gesehen hatte; aber es war auch ein Mädchen dabei, die war so wunderschön, daß er sich stracks in sie verliebte und meinte, er könne nicht leben ohne sie. Alle hatten Kuhschwänze und das schöne Mädchen auch. Er konnte sehen, daß sie eben erst gekommen waren, denn es war noch alles in Unordnung. Das Mädchen war dabei, den häßlichen Alten zu waschen, und die Frau machte Feuer unter dem großen Käsekessel am Herd.

In dem Augenblick stieß der Dragoner die Tür auf und schoß gerade über dem Kopf des Mädchens seine Pistole ab, so daß sie zu Boden taumelte. Aber da wurde sie auf einmal so häßlich, wie sie zuvor schön gewesen war, und eine Nase bekam sie, so lang wie ein Pistolenfutteral.

«Jetzt kannst du sie nehmen, jetzt gehört sie dir», sagte der alte Mann. Aber der Dragoner war wie festgewachsen; wo er stand, da stand er und konnte keinen Schritt tun, weder vor noch rückwärts. Da fing der Alte an, das Mädchen zu waschen; und da wurde sie ein bißchen ansehnlicher: die Nase war nur noch halb so groß, und der häßliche Kuhschwanz wurde hinaufgebunden, aber schön war sie nicht, das hätte nur ein Lügner behaupten können.

«Nun gehört sie dir, mein stolzer Dragoner, setz sie nun vor dich aufs Pferd und reite in die Stadt und halte Hochzeit mit ihr. Aber für uns kannst du in der kleinen Kammer im

Backhaus decken, denn wir wollen nicht mit der übrigen Hochzeitsgesellschaft zusammen sein», sagte das alte Scheusal, ihr Vater; «aber wenn der Teller umgeht, kannst du auch bei uns vorsprechen.»

Er wagte nichts anderes zu tun und nahm sie mit vor sich auf das Pferd und richtete die Hochzeit her. Aber bevor sie zur Kirche gingen, bat die Braut eine von den Brautjungfern, sie möchte sich gut hinter sie stellen, damit niemand sehen könnte, wie ihr Schwanz abfiele, wenn der Priester ihre Hände zusammenlegte.

Also wurde die Hochzeit gefeiert, und als der Teller umging, ging der Hochzeiter hinaus in die Kammer, wo für die alten Leute vom Berg gedeckt war. Diesmal sah er dort nichts, aber als die Hochzeitsgäste gegangen waren, lag so viel Gold und Silber da und ein solcher Haufe Geld, wie er noch nie beisammen gesehen hatte.

Nun ging es lange Zeit schön und gut; jedesmal, wenn Gäste da waren, deckte die Frau für die alten Leute draußen in der Kammer, und jedesmal lag so viel Geld da, daß sie bald nicht mehr wußten, was sie damit anfangen sollten. Aber häßlich war sie und häßlich blieb sie, und er war ihrer herzlich überdrüssig. So konnte es nicht ausbleiben, daß er zuweilen böse war und ihr mit Schlägen und Püffen drohte.

Einmal wollte er in die Stadt; und da es Herbst und schon gefroren war, so sollte das Pferd erst beschlagen werden. Also ging er in die Schmiede – denn er war selbst ein tüchtiger Schmied –, aber wie er es auch anstellte, so war das Hufeisen entweder zu groß oder zu klein und wollte durchaus nicht passen. Er hatte kein anderes Pferd zu Hause und mühte sich ab bis zum Mittag und bis in den Nachmittag hinein.

«Wirst du denn niemals mit dem Beschlagen zu Streich kommen?» sagte die Frau. «Du bist schon kein sonderlich guter Mann, aber du bist ein noch viel schlechterer Schmied. Da bleibt mir nichts anderes übrig, als daß ich selbst in die

Schmiede gehe und das Pferd beschlage; dieses Eisen ist zu groß, das müßtest du kleiner machen, und dieses hier ist zu klein, das müßtest du größer machen.»

Sie ging in die Schmiede, und das erste, was sie tat, war, daß sie das Hufeisen in beide Hände nahm und geradebog.

«Da schau her», sagte sie, «so mußt du es machen.» Damit bog sie es wieder zusammen, als ob es aus Blei wäre. «Jetzt halte das Bein her», sagte sie, und das Hufeisen paßte so aufs Haar, daß der beste Schmied es nicht besser hätte machen können. «Du hast ja ganz gehörige Kräfte in den Fingern!» sagte der Mann und schaute sie an.

«Meinst du?» gab sie zur Antwort. «Wie glaubst du denn, daß es mir gegangen wäre, wenn du solche Kräfte hättest? Aber ich habe dich viel zu lieb, als daß ich meine Kräfte gegen dich gebrauchen sollte», sagte sie.

Und von diesem Tag an war er der beste Ehemann.

39

Des Königs Hasen

Es war einmal ein Mann, der lebte im Austragsstübchen; er hatte sein Gut an den Erben übergeben, aber außerdem hatte er noch drei Söhne, die hießen Peter, Paul und Esben, das Nesthäkchen. Alle drei lungerten daheim herum und wollten nichts arbeiten, denn es ging ihnen zu gut, und sie selbst dünkten sich zu vornehm für alles, und nichts war gut genug für sie. Schließlich hörte Peter einmal, der König wolle einen Hirten für seine Hasen haben, und da sagte er zu seinem Vater, er wolle sich dazu melden; das passe ihm gerade, denn er wolle keinem geringeren Mann als dem König dienen. Zwar meinte der Vater, es gebe doch wohl Arbeiten, die besser für ihn paßten, denn wer Hasen hüten wolle, der müsse flink und rasch und keine Schlafhaube sein, und wenn die Hasen nach allen Windrichtungen hin auskniffen, so sei das ein anderer Tanz, als wenn man bloß in der Stube herumlaufe. Aber das half nichts, Peter wollte durchaus, nahm seinen Rucksack und bummelte bergabwärts, und als er eine Weile gegangen war, sah er ein altes Weib, die hatte ihre Nase beim Holzhakken in einen Baumstrunk hineingeklemmt, und als Peter sah, wie sehr sie riß und zerrte, um wieder herauszukommen, schlug er ein schallendes Gelächter an.

«Steh doch nicht herum und lache so dumm», rief die Frau, «komm und hilf mir alter schwacher Frau; ich wollte mir etwas Kleinholz richten und habe dabei meine Nase hier hereingebracht, und nun stehe ich hundert Jahre hier und reiße und zerre und habe die ganze Zeit keinen Bissen Brot in den Mund bekommen», sagte sie.

Aber da lachte Peter noch viel ärger; er fand die Sache sehr lustig und sagte, wenn sie schon hundert Jahre so dastehe, könne sie es wohl noch weitere hundert Jahre aushalten.

Als er an den Hof kam, nahmen sie ihn gleich als Hirten an. Der Dienst war nicht übel, gutes Essen und guter Lohn und vielleicht obendrein die Prinzessin zu bekommen, aber wenn nur ein einziger von des Königs Hasen abhanden käme, würde man ihm drei rote Riemen aus dem Rücken schneiden und ihn in die Schlangengrube werfen.

Solang nun Peter auf der Trift oder im Gatter war, hatte er alle Hasen schön beisammen, aber als er später den Wald erreichte, rannten sie ihm über alle Berge davon. Peter setzte ihnen in großen Sprüngen nach, solange er meinte, auch nur einen wieder einfangen zu können, und als auch der letzte verschwunden war, war ihm aller Atem vergangen, und er sah weiter nichts mehr von ihnen.

Gegen Nachmittag machte er sich gemächlich auf den Heimweg; und am Gatter schaute er nach allen Seiten nach ihnen aus; aber es kamen keine Hasen. Als er dann ins Schloß kam, stand der König schon mit dem Messer parat und schnitt ihm drei rote Riemen aus dem Rücken, streute Pfeffer und Salz hinein und warf ihn in die Schlangengrube.

Nach einiger Zeit wollte Paul sich auch auf den Weg zum Schloß machen und des Königs Hasen hüten. Der Vater sagte zu ihm das gleiche und noch mehr, aber er wollte durchaus fort und ließ sich nichts sagen, und es ging ihm nicht besser und nicht schlechter, als es Peter gegangen war. Das alte Weib stand da und zerrte und riß an ihrer Nase im Baumstrunk, er lachte und fand es recht spaßhaft und ließ sie stehen und sich plagen. Den Dienst erhielt er gleich, aber die Hasen rannten ihm über alle Berge davon, obgleich er ihnen nachsetzte und sich abarbeitete wie ein Schäferhund im Sonnenbrand, und wie er ohne Hasen am Abend ins Schloß zurückkam, stand der König schon parat mit dem Messer und schnitt ihm drei breite rote Riemen aus dem Rücken, streute Pfeffer und Salz hinein und warf ihn ins Schlangenverlies.

Nachdem wiederum einige Zeit vergangen war, wollte sich das Nesthäkchen auf den Weg machen, um des Königs Hasen zu hüten, und sagte sein Vorhaben dem Vater. Er meinte, das sei eine passende Arbeit für ihn, in Wald und Feld herumzutreiben, nach Erdbeerplätzen aus zu sein, eine Herde Hasen zu hüten und dazwischen in der Sonne zu liegen und zu schlafen. Der Vater meinte, es gebe wohl Arbeiten, zu denen er besser passe, und wenn es ihm nicht schlimmer ginge als seinen beiden Brüdern, so werde es ihm doch ganz gewiß nicht besser ergehen. Wer des Königs Hasen hüten wolle, der dürfe nicht so schwerfällig daherkommen, als hätte er Blei an den Füßen, oder wie eine Fliege auf der Leimrute; und wenn die Hasen über alle Berge davonliefen, so sei das ein anderer Tanz, als wenn man mit Handschuhen Flöhe fange; wer mit heilem Rücken davonkommen wolle, müsse mehr als flink und gelenkig sein und schneller als ein Vogel.

Es war aber nichts zu machen, Esben sagte immer nur, er wolle an den Hof und dem König dienen, denn bei einem Geringeren wolle er nicht in Dienst treten, sagte er, und auf die Hasen wolle er schon achtgeben, das könne doch nicht viel schlimmer sein als eine Herde Ziegen oder Kälber. Damit nahm er seinen Rucksack und wanderte gemächlich den Berg hinunter.

Als er eine Weile gewandert war und anfing, gehörig hungrig zu werden, kam er zu der alten Frau, die mit der Nase im Baumstrunk eingeklemmt war und zerrte und riß, um loszukommen.

«Guten Tag, Mütterchen», sagte Esben, «was plagst du dich denn so mit deiner Nase ab, du arme Haut?» – «Niemand hat mich Mütterchen genannt seit hundert Jahren», sagte die Alte, «aber komm und hilf mir heraus und gib mir auch einen Bissen zu essen, denn ich habe die ganze Zeit keinen Bissen gekostet, ich will dir auch wieder etwas zuliebe tun», sagte sie.

Ja, er glaube wohl, Essen und Trinken werde sie wohl sehr nötig haben, meinte Esben.

Dann hieb er den Holzklotz auseinander, daß sie die Nase aus der Spalte freibekam, setzte sich zum Essen nieder und teilte mit ihr. Die Alte hatte einen guten Appetit und bekam ein brüderliches Teil von dem Mundvorrat.

Als sie nun fertig waren, gab sie Esben eine Pfeife, die hatte die Eigenschaft, daß, wenn er in das eine Ende blies, sich in alle Winde zerstreute, was er zerstreut haben wollte, und wenn er in das andere blies, so kam alles wieder zusammen; und wenn ihm die Pfeife abhanden käme, so sollte sie sich wieder bei ihm einstellen, sobald er sie zurückwünschte. ‹Das ist ja eine wunderbare Pfeife›, dachte Esben.

Als er ins Schloß kam, nahmen sie ihn sofort als Hirten an; der Dienst sei nicht schlecht, Kost und Lohn sollte er auch bekommen, und wenn er es fertigbrächte, des Königs Hasen zu hüten, ohne daß ihm einer abhanden käme, so könnte er vielleicht die Prinzessin bekommen; aber wenn er auch nur einen Hasen verlöre, und wenn es auch nur ein kleines Häschen wäre, würde man ihm drei rote Riemen aus dem Rükken schneiden; und der König war seiner Sache so sicher, daß er schon ging und das Messer wetzte.

Das sei eine einfache Sache, diese Hasen zu hüten, meinte Esben; denn als sie auszogen, waren sie so brav wie eine Schafherde, und solange sie auf der Trift und im Gatter waren, gingen sie auch in Reih und Glied. Aber als sie in den Wald kamen und es gegen Mittag ging und die Sonne über Höhen und Tälern brannte, da kniffen sie aus und rannten über alle Berge davon.

«Holla, wollt ihr wohl fort!» schrie Esben und blies in das eine Ende seiner Pfeife, und da rannten sie noch schneller nach allen Enden der Welt auseinander. Aber als er an einen alten Kohlenmeiler kam, blies er in das andere Ende der Pfeife, und ehe er sich's versah, waren die Hasen wieder da und standen in Reih und Glied, so daß er sie übersehen konnte wie ein Regiment Soldaten auf dem Exerzierplatz. ‹Das ist ja eine herrliche Pfeife!› dachte Esben und legte sich auf einen sonnigen Hügel und schlief, und die Hasen spielten und blieben sich selbst überlassen bis zum Abend; dann pfiff er sie wieder zusammen und zog mit ihnen zum Schloß wie mit einer Schafherde.

Der König und die Königin und auch die Prinzessin standen im Hausgang und wunderten sich, was das für ein Kerl sei, der die Hasen hüten könne, ohne einen zu verlieren; der König zählte und rechnete und deutete mit den Fingern und rechnete wieder, aber es fehlte auch nicht das kleinwinzigste Häschen. «Das ist ein Kerl, der», sagte die Prinzessin.

Am anderen Tag zog er wieder in den Wald und hütete seine Hasen, aber wie er so recht mit Behagen an einem Erdbeerplätzchen lag, schickten sie ihm das Stubenmädchen vom Schloß hinaus, sie sollte herausbringen, wie er es anstelle, die Hasen des Königs zu hüten.

Er zeigte ihr seine Pfeife und blies in das eine Ende, da stoben die Hasen nach allen Windrichtungen und über alle Berge auseinander, und dann blies er in das andre, und da kamen sie von allen Seiten angehoppelt und standen wieder in Reih und Glied.

«Das ist eine wunderbare Pfeife», sagte das Stubenmädchen. Sie wolle ihm gerne hundert Taler dafür geben, wenn er sie verkaufen wolle.

«Ja, es ist eine prächtige Pfeife», sagte Esben, «und für Geld ist sie mir nicht feil. Aber wenn du mir hundert Taler und zu jedem Taler noch einen Kuß geben willst, dann würde ich sie wohl hergeben.»

Aber freilich, das sei ihr tausendmal recht; sie wolle ihm für jeden Taler gern zwei Küsse geben und noch dankbar sein. Also bekam sie ihre Pfeife, aber als sie ins Schloß kam, war die Pfeife auf einmal fort. Esben hatte sie sich zurückgewünscht, und als es gegen Abend ging, kam er mit seinen Hasen wie mit einer Schafherde an. Der König rechnete und zeigte und rechnete, aber es half alles nichts, es fehlte kein einziges Häschen.

Als Esben am dritten Tag seine Herde hütete, schickten sie ihm die Prinzessin in den Weg, damit sie ihm seine Pfeife abspenstig mache. Sie war kreuzvergnügt und bot ihm schließlich zweihundert Taler, wenn er ihr die Pfeife lassen und ihr auch sagen wollte, was sie zu tun hätte, um sie auch sicher heimzubringen.

«Ja, das ist eine sehr wertvolle Pfeife», sagte Esben, «und ist mir nicht feil», aber ihr zuliebe wolle er sie schließlich hergeben, wenn sie ihm zweihundert Taler und obendrein einen Kuß für jeden Taler geben wolle; aber wenn sie sie behalten wolle, müsse sie gut darauf aufpassen, das sei dann ihre Sache.

«Das ist aber ein hoher Preis für die Hasenpfeife», sagte die Prinzessin, und es grauste ihr eigentlich, ihn zu küssen, «aber weil wir hier mitten im Wald sind, wo es niemand sehen und hören kann, so mag es schließlich hingehen, denn die Pfeife muß ich durchaus haben», sagte sie, und als Esben die ausbedungene Bezahlung eingesteckt hatte, bekam sie die Pfeife und hielt sie auf dem ganzen Weg krampfhaft in der Hand, aber als sie ins Schloß kam und sie vorzeigen wollte, war sie ihr aus den Händen verschwunden.

Am nächsten Tag machte sich die Königin selber auf den Weg, und sie war ganz sicher, daß es ihr gelingen würde, ihm die Pfeife abzulocken.

Sie war geiziger und bot nur fünfzig Taler, aber sie mußte zulegen, bis es dreihundert waren. Esben sagte, es sei eine prächtige Pfeife, und es sei ein schändlicher Bettelpreis, aber weil sie die Frau Königin sei, wolle er sich's gefallen lassen; sie solle ihm dreihundert Taler bezahlen und zu jedem Taler noch einen Schmatz; dann könne sie die Pfeife haben. Er bekam alles wohlgerechnet, denn in dem letzten Punkt war sie nicht so geizig.

Als sie die Pfeife in Händen hatte, band sie sie fest und versteckte sie wohl, aber es ging ihr doch kein Haar besser als den beiden andern; als sie die Pfeife vorzeigen wollte, war sie fort, und am Abend kam Esben mit seinen Hasen wie mit einer wohlgezogenen Schafherde nach Hause.

«Ihr seid dumme Frauenzimmer!» sagte der König. «Ich muß mich wohl selbst auf den Weg machen, wenn wir diese lumpige Pfeife wirklich bekommen wollen! Es bleibt mir wohl nichts anderes übrig!» Und als am nächsten Tag Esben wieder seine Hasen hütete, ging ihm der König nach und fand ihn an demselben Plätzchen, wo die Frauenzimmer mit ihm verhandelt hatten.

Sie waren rasch gute Freunde, und Esben zeigte ihm die Pfeife und blies in das eine und in das andere Ende, und der

König fand die Pfeife sehr hübsch und wollte sie schließlich kaufen, und wenn sie tausend Taler kosten sollte.

«Ja, das ist eine prächtige Pfeife», sagte Esben, «und für Geld ist sie mir nicht feil, aber seht Ihr den Schimmel dort?» sagte er und zeigte in den Wald hinein.

«Ja, der gehört ja mir, das ist ja meine Schneehex!» rief der König, denn die kannte er recht genau.

«Ja, wenn Ihr mir tausend Taler geben wollt und dazu die Schimmelstute küßt, die da unten im Moor bei der großen Föhre weidet, dann könnt Ihr meine Pfeife haben!»

«Ist sie um keinen anderen Preis feil?» fragte der König.

«Nein», sagte Esben.

«Aber ich darf doch wenigstens mein seidenes Taschentuch dazwischenlegen?» fragte der König.

Das wurde ihm zugestanden, und auf diese Art bekam er die Pfeife. Die legte er in seinen Geldbeutel, steckte ihn in seine Tasche und knöpfte sorgfältig zu; so machte er sich auf den Heimweg. Aber als er ins Schloß kam und die Pfeife herausholen wollte, ging es ihm nicht anders als den Frauenzimmern, er hatte die Pfeife auch nicht mehr. Und am Abend kam Esben mit der Hasenherde heim, und es fehlte auch nicht ein Häschen.

Der König war böse und zornig, weil sie alle zum Narren gehalten und auch ihn selbst um die Pfeife beschwindelt hatte; und jetzt wollte er Esben umbringen lassen; die Königin war derselben Ansicht und sagte, es sei am besten, einen solchen Betrüger sofort hinzurichten.

Esben aber fand das weder recht noch billig, denn er habe nichts anderes getan, als ihm aufgetragen war, und habe sich nur nach Kräften seiner Haut gewehrt.

Da sagte der König, das könne ihm gleich sein, aber wenn Esben es fertigbrächte, den großen Braukessel bis zum Überlaufen vollzulügen, so wolle er ihm das Leben schenken.

Die Arbeit werde weder lang noch schwer sein, das traue

er sich schon zu, sagte Esben und fing an zu erzählen, wie es ihm von Anfang an gegangen war; er berichtete von der Alten mit der Nase in dem Baumstrunk, und zwischendurch sagte er: «Ich muß gehörig lügen, damit der Kessel voll wird» – dann erzählte er von der Pfeife und von dem Stubenmädchen, das zu ihm kam und die Pfeife für hundert Taler kaufen wollte, und von allen Küssen, die sie ihm noch obendrein auf dem Waldhügel geben mußte; dann erzählte er von der Prinzessin, wie sie gekommen sei und ihn so wundernett für die Pfeife geküßt hätte, weil es im Wald niemand sehen und hören konnte – «ich muß gehörig lügen, damit der Kessel voll wird», sagte Esben. Dann erzählte er von der Königin, wie geizig sie mit dem Geld war und wie gar nicht geizig mit den Schmatzküssen – «ich muß gehörig lügen, damit der Kessel voll wird», sagte Esben.

«Nun ist er aber voll, meine ich», sagte die Königin.

«Ach, keine Spur», sagte der König.

Da fing Esben an zu erzählen, wie der König zu ihm gekommen sei, und von der Schimmelstute, die im Moor weidete, «und weil er die Pfeife durchaus haben wollte, so mußte er – so mußte er – ja, mit Verlaub, ich muß ordentlich lügen, damit der Kessel voll wird», sagte Esben.

«Halt! Halt! Er ist voll, Bursch!» schrie der König. «Siehst du denn nicht, daß er überläuft?»

Der König und die Königin waren der Ansicht, es wäre am besten, wenn Esben die Prinzessin und das halbe Königreich bekäme; man könne nun einmal nichts anderes tun.

«Das war eine prächtige Pfeife!» sagte Esben.

40

Der große und
der kleine Peter

Es waren einmal zwei Brüder, die hießen beide Peter; den älteren nannte man den großen Peter und den jüngeren den kleinen Peter. Als der Vater starb, übernahm der große Peter den Hof und bekam eine reiche Frau. Aber der kleine Peter blieb daheim bei seiner Mutter und lebte von ihrem Leibgeding, bis er mündig wurde. Als er soweit war, bekam er sein Erbteil, und der große Peter sagte, nun dürfe er nicht länger mehr auf dem Hof sein und seiner Mutter aus der Tasche essen, es sei besser, wenn er in die Welt hinausginge und sich zur Arbeit entschlösse.

Das leuchtete dem kleinen Peter wohl ein; er kaufte sich ein schönes Pferd und eine Fuhre voll Fettwaren und zog damit in die Stadt, und für das Geld, das er daraus löste, kaufte er Branntwein und andere Getränke, und kaum war er wieder zu Hause, so richtete er eine große Gasterei aus und bewirtete und traktierte Verwandte und Bekannte, und die bewirteten und traktierten ihn wieder, und er lebte in Saus und Braus, solange sein Geld vorhielt. Als aber das Geld draußen war und der kleine Peter wieder auf dem trockenen saß, ging er wieder zu seiner alten Mutter; da besaß er nichts mehr als ein Kalb.

Im Frühjahr führte er das Kalb auf die Weide, auf die Wiese des großen Peter. Aber der ärgerte sich darüber und erschlug das Kalb. Der kleine Peter zog ihm darauf die Haut ab, hing sie in der Badestube auf, damit sie richtig trocknete, rollte sie dann zusammen, steckte sie in einen Sack und ging damit im Ort herum und wollte sie verkaufen. Aber wo er hinkam, lachten ihn die Leute aus und sagten, sie könnten keine geräucherte Kalbshaut brauchen. Als er weit gewandert war, kam er gegen Abend an einen Hof. Da ging er hinein und bat um Unterkunft für die Nacht.

«Nein, ich kann dich nicht hereinlassen», sagte die Bäuerin, «mein Mann ist auf die Alp gegangen, und ich bin allein zu Hause. Du mußt versuchen, im nächsten Hofe unterzukommen; aber wenn dir das nicht gelingt, so kannst du wieder herkommen, denn du sollst nicht im Freien über Nacht bleiben.» Als Peter am Fenster der guten Stube vorbeiging, sah er, daß ein Priester in der Stube saß, mit dem die Frau es hielt, und sie bewirtete ihn mit Bier und Branntwein und setzte ihm eine große Schüssel mit Rahmgrütze vor. Als der Priester mitten im Essen und Trinken war, kam der Bauer nach Hause. Die Frau hörte ihn aber im Hausgang und war nicht faul, stellte die Schüssel mit der Grütze unter die Ofenbank, das Bier und den Branntwein in den Keller, und den Priester versteckte sie in einer großen Kiste. Währenddessen stand der kleine Peter draußen und sah alles. Aber als der Mann eingetreten war, ging er auch ins Haus und bat um Unterkunft. «Ja», sagte der Mann, «du kannst hier übernachten», und er hieß ihn an den Tisch sitzen und essen. Der kleine Peter setzte sich an den Tisch und nahm die Kalbshaut mit und legte sie unter seine Füße.

Als sie eine Weile dasaßen, fing er an, der Haut Tritte zu geben. «Was sagst du jetzt schon wieder? Kannst du nicht stillschweigen?» sagte der kleine Peter. – «Mit wem redest du denn?» fragte der Mann. «Ach, das ist eine Wahrsagerin, ich habe sie in der Kalbshaut», gab Peter zur Antwort.

«Was sagt sie denn?» fragte der Mann. «Sie sagt, es stehe wohl eine Schüssel Rahmgrütze unter der Ofenbank», sagte der kleine Peter. «Mit ihrer Wahrsagekunst ist es nicht weit her», meinte der Mann, «hier ist seit Jahr und Tag keine Rahmgrütze mehr im Hause gewesen.» Aber Peter sagte, er möge doch nachsehen; das tat er, und da fand er die Rahmgrütze. Nun fingen sie an, sich daran gütlich zu tun, und als sie mitten im Essen waren, gab Peter der Kalbshaut wieder einen Tritt. «Bst», sagte er, «kannst du denn gar nicht den Mund halten?» – «Was sagt die Wahrsagerin denn?» fragte der Mann. «Sie sagt, es stehen wahrscheinlich Bier und Branntwein unter der Kellertreppe», gab Peter zur Antwort. «Und wenn sie noch niemals falsch prophezeit hat – diesmal stimmt es nicht», sagte der Mann. «Bier und Branntwein? Das haben wir überhaupt nie im Haus gehabt.» – «Sieh nur nach!» sagte Peter. Der Mann tat es – und richtig, er fand die Getränke und freute sich sehr daran.

«Wie hoch hast du die Wahrsagerin bezahlt? Die möchte ich haben, du magst verlangen dafür, was du willst!» sagte der Mann. «Ich habe sie von meinem Vater geerbt und nicht für sonderlich wertvoll gehalten», gab Peter zurück. «Freilich habe ich keine große Lust, sie herzugeben, aber schließlich kannst du sie haben, wenn du mir die alte Kiste geben willst, die in der guten Stube steht.» – «Aber der Schlüssel dazu ist verloren!» schrie die Bäuerin. «Ich nehme sie auch ohne Schlüssel», meinte Peter; und er einigte sich mit dem Bauern rasch über den Handel. Peter bekam einen Strick statt des Schlüssels, der Mann half ihm, die Kiste auf den Rücken zu laden, und er trottete davon.

Als er eine Weile gegangen war, kam er auf eine Brücke; darunter lief ein reißender Strom, der schäumte und gurgelte und toste, daß die Brücke bebte. «Der Branntwein! Der Branntwein!» sagte Peter. «Ich merke schon, ich habe ihn mir zu sehr schmecken lassen! Warum soll ich denn die Kiste hinter mir herschleppen? Wäre ich nicht betrunken und närrisch gewesen, so hätte ich sie gewiß nicht gegen die Wahrsagerin eingetauscht. Aber jetzt muß die Kiste in den Fluß, und zwar schnell!» Und er fing an, den Strick loszumachen.

«O weh, o weh, laß mich um Gottes willen heraus! Ich bin der Priester vom hiesigen Pfarrhof, den du in deiner Kiste hast», schrie der in der Kiste. «Das wird wohl der Teufel

selbst sein, der mir weismachen will, er sei Priester geworden», sagte der kleine Peter, «aber ob er sich nun als Priester
oder Küster ausgibt, in den Fluß muß er doch!» – «Ach nein,
ach nein, ich bin wirklich der Gemeindepriester, ich war zur
Seelsorge bei der Bäuerin. Der Bauer ist bös und wild, und da
mußte sie mich in der Kiste verstecken. Ich habe eine silberne
Uhr bei mir und eine goldene Uhr, die sollst du haben und
achthundert Taler dazu. Laß mich nur heraus!» rief der Priester. «Nein, nein, seid Ihr es wirklich?» sagte Peter; er nahm
einen Stein und schlug den Deckel der Kiste in Stücke, der
Priester kroch heraus und rannte eilig und leichtfüßig heim
nach dem Pfarrhof, denn seine Uhren und sein Geld drückten
ihn nun nicht länger.

Der kleine Peter ging nun nach Hause und sagte zum großen Peter: «Heut stehen die Kalbshäute hoch im Preis auf
dem Markt.» – «Was hast du denn für das jämmerliche Fell
bekommen?» fragte der große Peter. «Geradeso jämmerlich,
wie es war», sagte der kleine Peter darauf, «habe ich achthundert Taler dafür bekommen, aber die Haut von größeren und
fetteren Kälbern gilt das Doppelte», sagte der kleine Peter
und zeigte das Geld vor. «Das ist schön, daß du mir das
sagst», sagte der große Peter. Er brachte alle seine Kälber und
Kühe um und ging mit den Fellen in die Stadt. Als er auf den
Markt kam und die Gerber fragten, was er für seine Felle
wolle, sagte er: «Achthundert für die kleinen und für die großen im Verhältnis mehr.» Aber die Leute lachten nur und
hielten ihn zum Narren und sagten, er brauche es nicht geradeso anzufangen, er könne auch billiger ins Tollhaus kommen; da merkte er, daß der kleine Peter ihm einen Streich
gespielt hatte.

Als er nach Hause kam, war er gar nicht froh, sondern
fluchte und schwor, er wolle in der Nacht den kleinen Peter
umbringen. Der kleine Peter stand da und hörte alles, und als
er sich mit seiner Mutter ins Bett gelegt hatte und es gegen

Abend ging, bat er seine Mutter, ihm ihren Platz zu lassen, er friere so sehr, und an der Wand sei es wärmer, sagte er. Die Mutter tauschte den Platz. Bald darauf kam der große Peter mit einem Beil in der Hand und stahl sich zu dem Bette hin und hieb mit einem Schlag der Mutter den Kopf ab.

Am folgenden Morgen ging der kleine Peter zum großen Peter hinein. «Gott tröste und bessere dich, du hast unsere Mutter umgebracht», sagte er, «der Henker wird es nicht richtig finden, daß du ihr auf diese Art das Leibgedinge auszahlst.» Da bekam der große Peter gewaltig Angst und bat den kleinen Peter, er solle um Gottes willen nichts sagen. Wenn er stillschweigen wolle, so bekomme er achthundert Taler. Der kleine Peter strich das Geld ein, setzte seiner Mutter den Kopf wieder an, legte sie auf einen Karren und fuhr mit ihr auf den Markt. Da setzte er sie hin und gab ihr einen Korb mit Äpfeln an jeden Arm und einen Apfel in jede Hand. Ein Schiffer kam des Weges daher, der hielt sie für eine Marktfrau und fragte, was die Äpfel kosten sollten. Aber die Alte gab keine Antwort. Der Schiffer fragte noch einmal. Sie gab wieder keine Antwort. «Wieviel Äpfel bekomme ich für den Schilling?» schrie er zum drittenmal, aber die Frau saß da, als ob sie ihn nicht sehe und nicht höre. Da geriet der Schiffer in Zorn und gab ihr eine Ohrfeige, daß ihr Kopf über den Markt rollte. In dem Augenblick kam der kleine Peter gerannt; er weinte und jammerte und drohte dem Schiffer, er werde ihn ins Unglück bringen, weil er ihm seine alte Mutter umgebracht habe. «Lieber Freund, sei nur ja still und sag nicht, was du weißt, dann will ich dir achthundert Taler geben», sagte der Schiffer, und so wurden sie einig.

Als der kleine Peter wieder nach Hause kam, sagte er zum großen Peter: «Alte Weiber stehen heute hoch im Preis auf dem Markt, ich habe für unsere Mutter achthundert Taler bekommen», und er zeigte ihm das Geld. «Das ist recht, daß du mich das wissen läßt», sagte der große Peter. Er hatte eine alte Schwiegermutter, die brachte er um und zog aus, um sie zu verkaufen. Aber als die Leute hörten, daß er Tote feilbot, wollten sie ihn ins Gefängnis stecken, und er entkam nur mit genauer Not. Als der große Peter nun wieder nach Hause kam, war er so voller Wut auf den kleinen Peter, daß er drohte, ihn ohne Gnade und Barmherzigkeit gleich auf der Stelle umzubringen. «Ja, ja, diesen Weg müssen wir ja alle gehen, und zwischen heut und morgen ist nur die Nacht. Aber wenn ich jetzt dran glauben muß, so habe ich nur noch eine Bitte an dich: steck mich in den Sack, der hier hängt, und trag mich an den Fluß!» sagte der kleine Peter, und der große hatte nichts dagegen. Er stopfte ihn in den Sack und machte sich auf den Weg. Aber kaum war er ein kleines Stück gegangen, so fiel ihm ein, daß er etwas vergessen hatte, das er noch holen mußte, und inzwischen stellte er den Sack an den Straßenrand. Nun kam ein Mann des Weges mit einer großen stattlichen Schafherde.

«Ins Himmelreich! Ins Paradies!
Ins Himmelreich! Ins Paradies!»

rief der kleine Peter im Sack, und die ganze Zeit summte und brummte er diese Worte weiter. «Darf ich nicht auch mit?» fragte der mit der Schafherde. «Ja, wenn du den Sack aufbinden und statt meiner hineinkriechen willst, dann kannst du auch hinkommen», sagte der kleine Peter, «ich kann wohl warten auf ein anderes Mal. Aber du mußt immer ebenso rufen, wie ich gerufen habe, sonst kommst du nicht an den rechten Ort!» Der Mann band den Sack auf und setzte sich an des kleinen Peters Stelle. Peter band den Sack wieder zu, und der Mann fing an zu rufen:

«Ins Himmelreich! Ins Paradies!
Ins Himmelreich! Ins Paradies!»

und sagte immer den Spruch vor sich hin. Als Peter ihn glücklich im Sack untergebracht hatte, war er nicht faul: er zog eiligst mit der Herde auf und davon und machte einen weiten Umweg.

Inzwischen kam der große Peter wieder, nahm den Sack auf den Buckel und trug ihn an den Fluß, und während er ging, saß der Schafbauer drinnen und rief:

«Ins Himmelreich! Ins Paradies!»

«Ja, ja, versuch nur selber, ob du den Weg findest!» sagte der große Peter und warf ihn ins Wasser.

Als der große Peter das getan hatte und wieder heimwärts ging, kam ihm sein Bruder entgegen, der die Schafherde vor sich hertrieb. Der große Peter wunderte sich und fragte, wie denn der kleine Peter wieder aus dem Fluß herausgekommen sei und wo er die schöne Schafherde aufgelesen habe. «Das war ein brüderlicher Freundschaftsdienst von dir, daß du mich ins Wasser geworfen hast», gab der kleine Peter zur Antwort. «Ich bin gleich auf den Grund gesunken wie ein Stein, und da erblickte ich viele Schafherden, kannst du mir glauben. Da drunten gehen sie zu Tausenden, die eine Herde schöner als die andere. Und hier kannst du sehen: prächtige Wolle haben sie», sagte der kleine Peter. «Das ist schön von dir, daß du mir das erzählst», sagte der große Peter darauf; er lief heim zu seiner Frau, nahm sie mit ans Ufer des Flusses, kroch in einen Sack und hieß sie den Sack eiligst zubinden und über die Brücke ins Wasser werfen. «Ich will eine Schaf- herde holen; aber sollte ich zu lange unten bleiben, so ist es, weil ich mit der Herde nicht zurechtkomme, dann mußt du auch ins Wasser springen und mir helfen», sagte der große Peter. «Ja, bleib nur nicht so lange aus, ich warte so sehr auf die Schafe», gab die Frau zur Antwort. Sie blieb stehen und wartete eine Weile, aber schließlich dachte sie, ihr Mann könne wohl die Schafherde nicht richtig zusammentreiben, und sprang auch ins Wasser.

Nun hatte der kleine Peter sie alle los, erbte Haus und Hof, Pferde und Einrichtung und hatte selbst Geld genug, um sich Rinder zu kaufen.

41

Teufelsbeschwörung

Früher, als mein Oheim bei Huseby im Dienst war, trieb der Teufel es in Store-Valle bei Aage Sandaker so toll, daß sie weder Tag noch Nacht Ruhe vor ihm hatten. Denn Aage Sandaker hatte seine Seele dem Teufel verschrieben, so habe ich wenigstens gehört; gewiß ist aber, daß es viele Meilen in die Runde keinen schlimmeren Gesellen gab. Man sagte, daß der Teufel ihm bei allem half, und mit dem ganzen Kirchspiel lag er in Streit.

Aber einmal des Nachts, als mein Oheim mit einer Fuhre Holz von Svangstrand kam und an Store-Valle vorbeikam, hörte er, daß Leute drinnen waren; sie schlugen auf den Tisch und stritten sich. Er hielt und ließ die Pferde ausruhen, spaßeshalber, denn er dachte, es könne wohl eine Schlägerei geben; aber auf einmal sah er ganz deutlich, daß der Teufel mit den Beinen im Dachfensterchen stand und sich zum Stubenfenster hinunterbeugte, und er war so groß, daß er sich tief bücken mußte, so daß er krumm stand wie ein Fiedelbogen. Aber auf einmal fing er an, gegen den Fensterrahmen zu donnern, und der Oheim erstarrte fast vor Schreck, denn es war wie Donnerschlag und Krachen, und da hieb er auf die Pferde ein und ließ sie laufen, was sie konnten.

Und noch ein anderes Mal saßen sie beim Kartenspiel und

stritten und rauften. Den anderen ging es ganz schlecht, aber der Sandaker gewann ein Spiel um das andere und spielte sie alle zuschanden. Auf einmal fiel einem eine Karte auf den Fußboden, und er bückte sich, um sie aufzuheben; und da sah er, daß der Teufel unter dem Tisch saß und dem Sandaker half und eine Klaue um den Tischfuß gelegt hatte.

Da schickten sie nach dem Priester, und er kam gleich, denn er war nicht langsam, wenn es galt, den Teufel auszutreiben. Er zündete zwei Kirchenlichter an und stellte sie auf den Tisch. Kaum hatte er seinen Spruch angefangen, so ließ der Teufel den Tischfuß los und warf das Kartenspiel nach ihm, so wütend war er.

«Glaubst du, daß du mich auf die Art fängst, du Schwarzrock?» sagte der Teufel. «Du bist ja ein Dieb, denn du hast ein Garnknäuel und ein Stück Brot gestohlen!»

«Das Garn habe ich genommen, um meine Hose zu flikken, und das Brot, um meinen Hunger zu stillen», antwortete der Priester und fing wieder an zu beschwören. Aber der Teufel wollte nicht weichen. Da setzte der Priester seine Beschwörung so lange fort, bis es anfing, im Teufel zu knacken und krachen, denn er war doch sehr in Bedrängnis.

«Darf ich durch den Schornstein hinaus?» fragte der Teufel.

«Nein», sagte der Priester, denn hätte er das gestattet, so hätte er leicht das Dach mitgerissen.

«Darf ich denn durch das Schlüsselloch hier?» sagte der Teufel wieder.

«Nein, hier sollst du hinaus, mein Werter!» sagte der Priester und bohrte in die Fensterfassung ein kleines Loch mit einer Stopfnadel. Und da mußte der Teufel hinaus, ob er wollte oder nicht.

Nun war eine Zeitlang Ruhe. Aber als es mit Aage zu Ende gehen sollte, fing der Teufel wieder an, sein Wesen in der Gegend zu treiben. Um diese Zeit war ein lediges Mädchen bei Linnäs im Dienst, die hatte ein Kind. An einem Sonntagabend, als sie auf der Vigerbrücke stand und in das Wasser hinunterstarrte, kam er zu ihr als ein großer schwarzer Hund und leckte ihr die Hand, und in dem Augenblick hatte sie das Kind ins Wasser geworfen. Und in Store-Valle trieb er es ganz toll, und das war nicht verwunderlich, denn er wartete ein Jahr um das andere, daß Aage sterben sollte. Aber Aage lebte ruhig weiter, und schließlich glaubten die Leute, er habe auch den Teufel zum Narren gehalten. Ja, das war ein tüchtiger Kerl, der Aage, aber einen häßlicheren hätte man nicht leicht auftreiben können. Nun wußten sie sich wieder nicht anders zu helfen und schickten nach dem Priester. Als er hineinkam und «Guten Abend» gesagt hatte, wollte er sich auf einen Stuhl setzen. Aber in dem Augenblick kam einer und zog den Stuhl unter ihm weg, so daß er in ganzer Größe auf den Boden zu sitzen kam.

«Bringt eine leere Branntweinflasche, Mutter!» sagte der Priester – denn er war zornig –, und als er die Branntweinflasche hatte, fing er an zu beschwören, daß es nur so krachte in der ganzen Stube. Wie er nun mitten darin war, kam der Teufel durchs Schlüsselloch herein und kroch und winselte und schwänzelte wie ein Hund am Boden hin zu dem Priester, und gerade in die Branntweinflasche hinunter mußte er. Als er glücklich darin war, schlug der Priester einen Kork hinein und sagte:

«Nun sollst du, hol mich der Teufel, mein Ferkel sein!»

Und seit der Zeit hat man in Store-Valle nichts mehr vom Teufel vernommen.

Helge-Hal im blauen Berg

Es waren einmal zwei unheimlich alte Leute, die wohnten unter freiem Himmel. Alles, was sie hatten, waren drei Söhne, einen alten Kochtopf, eine alte Pfanne und eine alte Katze. Da starb der Mann, und nach einiger Zeit starb auch die Frau. Nun sollte das Erbe geteilt werden. Da nahm der älteste den alten Kochtopf, der zweite die alte Pfanne, und dem Ebe Aschenpeter blieb keine Wahl mehr, er mußte die alte Katze nehmen, er wurde nicht gefragt, ob er wollte oder nicht.

«Bruder Peter darf den Kochtopf auskratzen, wenn er ihn ausgeliehen hat», sagte Ebe, «Bruder Paul bekommt eine Brotrinde, wenn er seine Pfanne ausleiht, aber was fange ich mit der elenden Katze an?» Und er war böse und neidisch. Aber er kraulte doch die Katze und streichelte sie, und das behagte der Katze so gut, daß sie zu schnurren anfing und ihren Schwanz in die Höhe streckte.

«Wart, wart, ich will dir schon helfen», sagte die Katze, «wart, wart, ich will dir schon helfen!»

In der Hütte war nichts zu beißen und zu brechen. Bruder Peter und Bruder Paul waren jeder nach seiner Seite davongegangen. Nun zog auch Ebe ab, die Katze voraus und er hinterdrein; aber nach einer Weile kehrte er wieder um und ging heim, um zu sehen, ob der Boden auch gekehrt war, und die Katze pfotelte allein weiter. Als sie eine Weile tipp tapp tipp tapp ihres Wegs gelaufen war, kam sie auf einen großen Felsen; da traf sie ein ungeheures Rudel Rentiere. Die Katze schlich sich sachte um das Rudel herum, und in einem Satz sprang sie dem stattlichsten Bock zwischen die Hörner.

«Wenn du nicht gehst, wie ich will, kratz ich dir die Augen

aus und jage dich über Fels und Abgrund!» sagte sie. Da wagte der Bock nichts anderes zu tun, als was die Katze wollte, und es ging über Stock und Stein, von Felsklippe zu Felsklippe, dicht an Ebe vorbei, der gerade die Türschwelle zu Hause putzte, und in einem Satz ins Schloß hinein.

«Ich soll einen schönen Gruß von Ebe sagen, und ob der Herr König vielleicht diesen Rentierbock zum Anspannen haben wolle», sagte die Katze. Ja, er könne wohl ein so frisches und stattliches Tier brauchen, wenn er einmal zu Besuch zum Nachbarkönig fahren wolle.

«Das muß aber ein stolzer und mächtiger Herr sein, dieser Ebe», sagte der König, «wenn er mir solche Geschenke machen kann.»

«Ja, er ist der größte Herr in deinem Land und Reich», sagte die Katze, aber der König mochte fragen, soviel er wollte, mehr bekam er nicht heraus.

«Sag ihm, ich ließe schön danken», sagte der König und schickte ihm eine ganze Fuhre schöner Geschenke. Aber Ebe schaute an ihnen vorbei und kümmerte sich nicht darum.

«Bruder Peter darf den Kochtopf auskratzen, wenn er ihn ausgeliehen hat, Bruder Paul bekommt eine Brotrinde, wenn er seine Pfanne ausleiht. Aber was fange ich mit der elenden Katze an!» sagte er und war böse und neidisch; aber er kraulte die Katze doch und streichelte sie, und das behagte ihr so sehr, daß sie zu schnurren anfing und den Schwanz in die Höhe streckte.

«Wart, wart, ich will dir schon helfen», sagte die Katze, «wart, wart, ich will dir schon helfen!»

Am Tag darauf zogen sie wieder beide aus, die Katze voraus und Ebe hinterdrein. Aber nach einer Weile kehrte er wieder um, um nachzusehen, ob der Klapptisch zu Hause wohl gescheuert sei. Und die Katze pfotelte allein weiter. Als sie eine Weile tipp tapp tipp tapp ihres Weges gelaufen war, kam sie an einen dichten Waldhang. Da fand sie ein ungeheures Rudel Elche. Die Katze schlich sich sachte heran und saß auf einmal dem stattlichsten Elchbullen zwischen den Hörnern. «Wenn du nicht gehst, wie ich will, so kratz ich dir die Augen aus und jage dich über Fels und Abgrund!» sagte die Katze. Der Elch traute sich nichts anderes zu tun, als was die Katze wollte, und nun ging es wie der Blitz über Stock und Stein, von Felsklippe zu Felsklippe und gerade vorbei an Ebe, der vor dem Haus stand und die Fensterläden scheuerte, und in einem Satz ins Königsschloß hinein.

«Ich soll einen schönen Gruß sagen von Ebe und ob der Herr König nicht gern diesen Elchbullen haben wolle für Kurierdienste?» Das war klar, wenn der König einmal einen raschen Boten brauchte, so konnte er keinen rascheren im ganzen Reiche finden. «Das muß ein ganz besonders vornehmer Herr sein, dieser Ebe, wenn er solche Geschenke für mich hat», sagte der König.

«Ja, das kann man schon sagen, daß er ein vornehmer Herr ist», sagte die Katze, «sein Reichtum ist ohne Grenzen und Enden.» Und der König mochte weiterfragen, was er wollte, genauere Auskunft erhielt er nicht.

«Sag ihm, ich ließe schön danken, und er möchte mich doch besuchen, wenn er hier vorbeikommt», sagte der König und schickte ihm ein ebenso schönes Gewand, wie er es selbst trug, und drei Fuhren schöner Geschenke. Ebe aber mochte das Königsgewand überhaupt nicht anziehen und schaute die übrigen Geschenke gar nicht recht an.

«Bruder Peter darf den Kochtopf auskratzen, wenn er ihn ausgeliehen hat, Bruder Paul bekommt eine Brotkruste, wenn er die Pfanne ausleiht, aber was hilft mir die elende Katze!» sagte er trotz allem; aber er streichelte doch die Katze und legte sie an seine Wange und kraulte sie, und das behagte der Katze so sehr, daß sie noch mehr wie die ersten Male schnurrte und ihren Schwanz kerzengerade in die Luft streckte.

«Wart, wart, ich will dir schon helfen», sagte die Katze, «wart, wart, ich will dir schon helfen!»

Am dritten Tage zogen sie wieder aus, die Katze voran und Ebe hinterdrein. Aber nach einer Weile fiel ihm ein, umzukehren und die Mäuse aus dem Haus zu lassen, damit sie in der alten Hütte nicht ganz verhungern sollten; und die Katze ging allein weiter. Als sie eine Weile tipp tapp tipp tapp ihres Weges gegangen war, kam sie in einen dichten Tannenwald; da begegnete sie einem Bären, einer Bärin und einem kleinen Bärlein. Die Katze schlich sich sachte an sie heran, und auf einmal hing sie mit den Klauen am Kopf von Meister Petz.

«Wenn du nicht gehst, wohin ich will, so kratz ich dir die Augen aus und jage dich über Fels und Abgrund!» sagte die Katze, fauchte und machte einen Buckel. Da traute sich Meister Petz nichts anderes zu tun, als was die Katze wollte, und nun ging es im Sturm an Ebe vorbei, der eben alle jungen Mäuse über die Schwelle geschafft hatte, über Stock und Stein, von Felsklippe zu Felsklippe, daß die Erde bebte und wankte.

Der König stand gerade im Hauseingang und wunderte sich gar nicht wenig, als solche Gäste ankamen.

«Einen schönen Gruß von Ebe soll ich sagen und ob der Herr König nicht diesen Petz als General oder Reichsrat haben wolle?» sagte die Katze. Dem König war es mehr als lieb, einen solchen Weisen als seinen nächsten Ratgeber zu bekommen, daran war kein Zweifel.

«Sag ihm, ich ließe schön danken; aber ich weiß gar nicht, wie ich mich erkenntlich zeigen soll», sagte der König.

«Ja, er möchte gern die jüngste Prinzessin heiraten!» sagte die Katze.

«Ja, das ist aber viel verlangt», meinte der König, «aber er soll mich doch einmal besuchen.»

«Ebe geht nicht in so einfache Häuser», sagte die Katze.

«Hat er denn ein noch schöneres Schloß?» fragte der König.

«Noch schöner? Dein Schloß ist wie die schäbigste Hütte im Vergleich zu dem seinigen!» gab die Katze zur Antwort.

«Du wagst, vor mich zu treten und zu sagen, daß jemand in meinem Reich schöner wohnt als ich, der ich doch der König bin?» schrie der König und war außer sich vor Wut; er hätte fast der Katze den Hals umgedreht.

«Du wirst warten können, bis du es siehst», sagte die Katze. Der König sagte, ja, er wolle warten. «Aber wenn du mich angelogen hast, mußt du das Leben lassen, und wenn du sieben Leben hättest», sagte er.

Am Morgen machten der König und der ganze Hof sich auf, um nach dem Schloß des Ebe Aschenpeter zu reisen. Die Katze war in dem Hüttchen und holte Ebe ab, sie dachte, es wäre am besten, wenn sie beide sich eine Stunde früher auf den Weg machten. Als sie eine Weile gegangen waren, trafen sie Leute, die Schafe hüteten; über die ganze Ebene hin blökten und mähten die Schafe. Sie waren so groß wie stattliche Kälber und hatten so lange Wolle, daß sie auf der Erde nachschleppte. «Wem gehören die Schafe?» fragte die Katze.

«Helge-Hal im blauen Berg», sagten die Leute.

«Gleich kommt der Hof hier vorbei», sagte die Katze, «und wenn ihr da nicht sagt, daß sie Ebe gehören, so kratz ich euch die Augen aus und jag euch über Fels und Abgrund!» sagte die Katze und fauchte und machte einen Bukkel und fletschte die Zähne. Da bekamen die Hirten solche Angst, daß sie sogleich versprachen, zu tun, wie die Katze befahl.

«Aber wem gehören denn die vielen Schafe da?» fragte der König, als er hernach mit dem Hof vorbeikam. «Die sind ja geradeso schön wie die meinigen!»

«Die gehören Ebe», sagten die Hirten.

Dann wanderten die Katze und Ebe eine Strecke weiter; da kamen sie an einen dichten Waldhang. Dort trafen sie

Leute, die Geißen hüteten. Die Geißen hüpften und sprangen überall herum, und sie gaben so schöne Milch, daß man nirgends bessere finden konnte. «Wem gehören die Geißen?» fragte die Katze.

«Helge-Hal im blauen Berg», sagten die Hirten. Da machte die Katze wieder ihre grimmigen Anstalten, und die Leute fürchteten sich so, daß sie nicht wagten, gegen ihren Willen zu handeln.

«Aber wer in aller Welt hat denn so viele Geißen?» fragte der König. «Ich selbst habe keine schöneren!»

«Die gehören Ebe», sagten die Leute.

Nun wanderten sie wieder eine Weile; da trafen sie Leute, die Kühe hüteten; die Kühe brüllten und glänzten, wo man hinsah, und jede gab Milch für drei. Als die Katze vernahm, daß diese Hirten auch bei Helge-Hal im blauen Berg im Dienst standen, fauchte sie wieder und machte einen Buckel, und da waren alle Hirten gleich bereit, zu sagen, was sie haben wollte.

«Aber wem, um Gottes willen, gehört denn das schöne Vieh?» fragte der König. «Solches Prachtvieh gibt es in meinem ganzen Land nicht!»

«Das gehört dem Herrn Ebe», sagten die Hirten.

Dann wanderten sie wieder ein langes, langes Stück. Da kamen sie auf eine große Ebene, dort trafen sie Pferdehirten; auf dem ganzen Platz wieherten und tummelten sich die Pferde; und sie hatten ein so feines Fell, daß sie glänzten wie vergoldet; jedes von ihnen war ein ganzes Schloß wert.

«Für wen hütet ihr die Pferde?» fragte die Katze.

«Für Helge-Hal im blauen Berg», gaben die Leute zur Antwort.

«Ja, der Hof wird gleich hier vorbeikommen», sagte die Katze, «und wenn ihr da nicht sagt, daß ihr sie für Ebe hütet, so kratz ich euch die Augen aus und jag euch über Fels und Abgrund», sagte die Katze und fauchte und zeigte ihnen

Zähne und Klauen und war so böse, daß ihr den ganzen Rükken entlang die Haare zu Berge standen. Da bekamen die
Hirten schrecklich Angst und wagten nichts anderes zu sagen, als was die Katze wollte.

«Aber wem, um Himmels willen, gehören denn die vielen
Pferde?» fragte der König, als er mit dem Hof an dieser Stelle
vorbeikam.

«Die gehören Ebe», sagten die Hirten.

«So etwas habe ich meiner Lebtag noch nicht gehört oder
gesehen!» rief der König aus. «Was für ein vornehmer Herr
dieser Ebe sein muß, das geht über meinen Verstand.»

Die Katze und Ebe waren schon lang wieder unterwegs
und wanderten weit und immer weiter über Berg und Fels.
Am Abend in der Dämmerung kamen sie an ein Königsschloß, das glitzerte und schimmerte, als wäre es aus purem
Silber und Gold – und das war es auch. Es war düster und
traurig und einsam und öde da, und nirgends fand sich eine
Spur von Leben.

Hier traten sie ein, und die Katze stellte sich mit einem
Kuchen aus Roggenmehl mitten unter die Tür. Plötzlich
donnerte und polterte es, daß die Erde bebte und das ganze
Schloß wankte, das war der Troll, der heimkam. Auf einmal
wurde es wieder ruhig, und ehe man sich's versah, hatte
Helge-Hal im blauen Berg drei große greuliche Köpfe zur
Tür hereingestreckt.

«Laß mich herein! Laß mich herein!» schrie er, daß es nur
so dröhnte.

«Wart, wart ein Weilchen! Ich will dir nur erzählen, was
der Roggen durchzumachen hatte, ehe er zu diesem Kuchen
wurde», sagte die Katze und redete ihn gar lieblich an, «erst
wurde er gedroschen, dann wurde er geklopft, dann wurde
er geschlagen, dann wurde er gehauen, dann wurde er von
einer Wand an die andere geworfen, dann wurde er durch ein
Sieb gesiebt...»

«Laß mich herein, laß mich herein, du Plaudertasche!» schrie der Troll und war so zornig, daß die Funken von ihm sprühten.

«Wart ein wenig, wart ein wenig, ich will dir erzählen, was der Roggen durchzumachen hatte, ehe er zu diesem Kuchen wurde!» sagte die Katze und redete noch viel zierlicher auf ihn ein.

«Erst wurde er gedroschen, dann wurde er geklopft, dann wurde er geschlagen, dann wurde er gehauen, dann wurde er von einer Wand an die andere geworfen, dann wurde er durch ein Sieb geseiht und dahin und dorthin geschüttelt, dann kam er auf den Trockenboden und dann in den Ofen, bis es ihm so heiß wurde, daß er immer mehr aufging und herauswollte, aber er konnte nicht», sagte die Katze und ließ sich gute Weile.

«Scher dich weg und laß mich hinein!» schrie der Troll wieder und platzte fast vor Wut; aber die Katze tat, als ob sie nichts hörte, blieb stehen und schwatzte das Blaue vom Himmel herunter, ging hin und her dabei, und jedesmal, wenn der Troll hereinwollte, kam sie ihm unter der Tür mit dem Kuchen entgegen.

«Nein, schau nur die glänzende Jungfrau an, die da hinter dem Felsen heraufkommt!» sagte die Katze, nachdem sie lang und breit über die Leiden des Roggens gesprochen hatte. Und Helge-Hal im blauen Berg drehte seine drei Köpfe um und wollte die schöne Jungfrau auch sehen. Da ging die Sonne auf, und der Troll erstarrte zu Stein. Nun bekam Ebe all den Reichtum, den der Troll besessen hatte, die Schafe und die Geißen und die Kühe und alle die mutigen Pferde und das schöne goldene Schloß und auch noch etliche mächtige Säcke voll Geld.

«Jetzt kommt der König mit dem Hof», sagte die Katze, «geh nur hinaus vor die Tür und nimm sie in Empfang!»

Da machte sich Ebe auf und ging ihnen entgegen.

«Du bist aber ein sehr vornehmer Herr!» sagte der König zu ihm. «Du kannst meinetwegen die jüngste Prinzessin bekommen!»

Nun fing in höchster Eile ein groß Brauen und Backen an, und alles wurde für die Hochzeit bereitgemacht. Am ersten Tag des Festes kam die Katze und bat den Bräutigam, er solle ihr den Kopf abhauen. Er wollte durchaus nicht; aber die Katze fauchte und zeigte ihre Zähne, und da wagte Ebe ihr nicht zu widersprechen. Aber als der Kopf zu Boden fiel, verwandelte sich die Katze in den allerschönsten Prinzen. Der nahm die zweite Prinzessin zur Frau, und als der Brautzug unterwegs zur Kirche war, begegnete ihnen ein Prinz, der suchte eine Frau; der nahm die älteste Prinzessin. Nun feierten sie alle zusammen Hochzeit, daß man in zwölf Königreichen davon hörte, denn das Bier war stark und der Spielmann tüchtig dabei, und jeder tanzte und trank für ein Dutzend und zwei. Ich war bloß so lange dabei, bis das erste Bierfaß leer war; aber das war so groß, daß der Küchenmeister fast darin ertrunken wäre, denn er kletterte hinauf und wollte sehen, wieviel noch darin sei; da gab ihm ein Mädchen einen Puff, daß er kopfüber durchs Spundloch fiel; und wir wußten uns nicht anders zu helfen, als daß wir ganz furchtbar zu trinken anfingen, jeder, der nur ein Trinkgefäß auftreiben konnte. Schließlich konnten wir alle nicht mehr; da kam der Koch zum Hahnen herausgeschwommen mit der Zipfelmütze in der einen Hand und dem Maßkrug in der anderen. Und er lachte dröhnend laut, bis ihm die Tränen über die Backen liefen.

Schnipp schnapp schnaus
Hier ist das Märchen aus!

43

Der Herr vom Berg
und Johannes Blessom

Johannes Blessom war einmal unten in Kopenhagen und führte einen Prozeß, denn hierzulande konnte man sich in jenen Zeiten kein Recht verschaffen; wenn man zu seinem Recht kommen wollte, so blieb einem nichts anderes übrig, als nach Kopenhagen zu reisen. Das hatte Blessom getan, und das tat nach ihm auch sein Sohn, denn der hatte auch einen Prozeß. Also am Weihnachtsabend hatte Johannes mit den hochmögenden Herren geredet und seine Geschäfte erledigt und ging nun trübsinnig auf der Straße, denn er hatte Heimweh. Wie er so ging, kam ein Mann aus Vaage an ihm vorbei in weißer Bluse, mit einem Rucksack und Knöpfen, groß wie Silbertaler. Es war ein großer, gewichtiger Mann. Ihm schien, als sollte er ihn kennen, aber er ging sehr schnell.

«Du gehst aber sehr schnell», sagte Johannes.

«Ja, ich habe aber auch Eile», antwortete der Mann, «ich muß noch heute abend nach Vaage.»

«Wenn ich nur auch dahin könnte!» seufzte Johannes.

«Du kannst bei mir auf den Kufen stehen», sagte der Mann, «ich habe nämlich ein Pferd, das nur zwölf Schritt zu einer Meile braucht.»

Also machten sie sich auf, und Blessom hatte gerade genug zu tun, sich auf den Schlittenkufen festzuhalten, denn es ging durch Wetter und Wind, und er konnte weder Himmel noch Erde sehen.

Einmal machten sie halt und ruhten aus. Wo es war, konnte er nicht genau sagen, erst als sie wieder weitereilten, glaubte er einen Totenkopf auf einer Stange zu sehen. Als sie ein Stück Wegs weiter waren, fing Johannes Blessom zu frieren an.

«O weh, ich habe meinen einen Fäustling vergessen, da wo wir Rast machten; jetzt friere ich an meiner Hand!» sagte er.

«Das mußt du eben in Kauf nehmen, Blessom», sagte der Mann. «Wir sind nicht mehr weit von Vaage; als wir Rast machten, hatten wir den halben Weg.»

Als sie über die Finnebrücke kamen, machte der Mann halt und setzte Johannes ab.

«Nun hast du nicht mehr weit nach Hause», sagte er, «aber du mußt mir versprechen, daß du dich nicht umschaust, wenn du ein Brausen hörst und einen Lichtschein siehst.»

Das versprach Johannes und dankte für die Extrapost. Der Mann fuhr seiner Wege, und Johannes ging über den Hügel seinem Hof zu. Wie er so ging, hörte er ein Brausen im Jutulsberg, und der Weg vor ihm wurde plötzlich so hell, daß man hätte eine Nadel vom Boden aufheben können. Er dachte nicht daran, was er versprochen hatte, sondern drehte den Kopf, um zu sehen, was das sei. Da stand die Riesenpforte im Jutulsberg weit offen, und es schien und leuchtete heraus wie von vielen tausend Lichtern. Mitten darin stand der Riese, und das war der Mann, mit dem er gefahren war. Aber von der Zeit an saß ihm der Kopf schief, und so blieb er, solange er lebte.

44

Der Bursche und der Teufel

Es war einmal ein Bursche, der ging und knackte Nüsse; da fand er eine wurmige, und im selben Augenblick begegnete er dem Teufel. «Ist es wahr», sagte der Bursche, «was die Leute sagen, daß der Teufel sich so klein machen kann, wie er will, und durch ein Nadelöhr schlüpfen?» – «Ja!» gab der

Teufel zur Antwort. «Ach, da möchte ich auch sehen, wie du in die Nuß da kriechst!» sagte der Bursche. Der Teufel tat es. Aber als er durch das Loch gekrochen war, steckte der Bursche ein Hölzchen hinein. «Nun hab ich dich!» sagte er und steckte die Nuß in die Tasche. Als er eine Weile gegangen war, kam er an eine Schmiede; da ging er hinein und bat den Schmied, ob er ihm nicht die Nuß aufmachen wolle.

«Das ist ja eine Kleinigkeit», sagte der Schmied, nahm seinen kleinsten Hammer, legte die Nuß auf den Amboß und schlug zu, aber die Nuß wollte nicht entzweigehen. Da nahm er einen etwas größeren Hammer, aber der war auch noch nicht schwer genug. Dann nahm er einen noch größeren, aber mit dem richtete er auch nichts aus, und da wurde er zornig und nahm den allerschwersten Hammer. «Dich werde ich doch kleinkriegen!» sagte er und schlug zu, was er nur konnte; da ging die Nuß auseinander, daß das halbe Dach von der Schmiede davonflog, und es krachte, als ob die Hütte einfallen wollte. «Ich glaube gar, der Teufel war in der Nuß!» sagte der Schmied. «Er war auch da drin!» sagte der Bursche.

45

Manche Weiber sind so

Es waren einmal ein Mann und eine Frau, die wollten säen, aber sie hatten kein Saatkorn, und Geld, um welches zu kaufen, hatten sie auch nicht. Sie besaßen nur eine einzige Kuh, und die sollte der Mann in die Stadt bringen und verkaufen, um Geld für das Saatkorn zu bekommen. Am Ende wagte die Frau aber doch nicht, den Mann gehen zu lassen, denn sie fürchtete, er könnte das ganze Geld vertrinken. So machte sie sich selber mit der Kuh auf den Weg und nahm auch noch eine Henne mit.

In der Nähe der Stadt traf sie einen Metzger. «Willst du die Kuh verkaufen, Mütterchen?» fragte er. «Ja, das will ich wohl», sagte sie. «Was willst du denn dafür haben?» – «Für die Kuh muß ich wohl eine Mark bekommen, aber die Henne kannst du für zehn Taler haben», sagte sie. «Ja, die Henne kann ich nicht brauchen», sagte er, «die wirst du in der Stadt leicht los; aber für die Kuh will ich dir eine Mark geben.»

So verkaufte sie die Kuh und bekam ihre Mark; in der Stadt gab es aber niemanden, der für eine dürre, schäbige Henne zehn Taler zahlen wollte. Da ging sie zurück zu dem Metzger und sagte: «Ich kann und kann die Henne nicht loswerden! Du mußt sie mir auch noch abnehmen, du hast ja auch die Kuh genommen.»

«Darüber werden wir schon einig werden», sagte der Metzger, bat sie zu Tisch und gab ihr zu essen und schenkte ihr so viel Branntwein ein, daß sie betrunken wurde und endlich Verstand und Bewußtsein verlor. Während sie schlief, tauchte sie der Metzger in eine Tonne mit Teer und legte sie danach in einen Federhaufen. Als sie aufwachte, war sie über und über mit Federn bedeckt, und sie wunderte sich sehr darüber. «Bin ich es, oder bin ich es nicht? Nein, ich kann es gewiß nicht sein, das ist wohl ein großer, merkwürdiger Vogel. Was soll ich denn aber tun, damit ich sicher erfahre, ob ich es bin oder nicht? Ja, nun weiß ich es: Wenn ich nach Hause komme und die Kälber mich ablecken und die Hunde nicht bellen, dann bin ich es.»

Die Hunde hatten niemals zuvor ein solches Untier gesehen und fingen gewaltig an zu bellen, als ob Diebe und Schelme auf dem Hofe wären. «Nein, das kann ich bestimmt nicht sein», sagte sie. Und als sie in den Stall kam, wollten die Kälber sie nicht ablecken, weil sie den Teergeruch merkten. «Nein, das kann ich nicht sein, das muß ein merkwürdiger

Vogel sein», sagte sie. So stieg sie auf das Dach des Vorratshauses und fing an, mit den Armen zu schlagen, als ob sie Flügel wären, und wollte sich in die Luft erheben.

Als der Mann das sah, kam er mit einem Gewehr heraus und legte auf sie an. «Ach, schieß nicht, schieß nicht», rief die Frau, «ich bin es ja!» – «Ach, bist du es», sagte der Mann, «so steh nicht da wie eine Ziege, komm herunter und sage mir, was du beim Handeln ausgerichtet hast.» Da stieg sie wieder herab, aber sie hatte nicht einen einzigen Heller, denn die Mark, die sie vom Metzger bekommen hatte, war ihr im Rausch verlorengegangen. Als der Mann das hörte, rief er: «Jetzt bist du nicht mehr als doppelt so dumm, als du es früher schon gewesen bist!» und wurde zornig und sagte, er wolle davonziehen und niemals wieder zurückkommen, wenn er nicht drei andere Weiber träfe, die ebenso töricht seien. Er machte sich auf den Weg, und als er ein Stück weit gekommen war, sah er eine Frau, die hatte ein leeres Sieb und lief immer in ein neu gezimmertes Häuschen hinein und wieder heraus. Und jedesmal, wenn sie hineinlief, deckte sie die Schürze über das Sieb, als ob sie etwas darin hätte, und leerte es auf den Fußboden aus. «Was tust du da, Mütterchen?» fragte er. – «Ach, ich will nur ein wenig Sonne ins Haus tragen», erwiderte die Frau, «aber ich weiß nicht, wie das zugeht: wenn ich draußen bin, habe ich Sonne im Sieb, aber wenn ich hineinkomme, so ist sie mir verlorengegangen. Als ich noch in meinem alten Häuschen war, hatte ich Sonne genug, ohne daß ich sie hereinzutragen brauchte. Wenn mir nur jemand Sonne hereinschaffen könnte – ich würde ihm gerne dreihundert Taler geben.» – «Wenn du eine Axt hast», sagte der Mann, «so will ich dir Sonne genug hereinbringen.» Er bekam die Axt und schlug damit Fensteröffnungen in die Wände, denn die hatten die Zimmerleute vergessen; sogleich schien auch die Sonne herein, und er bekam seine dreihundert Taler.

Das war die erste, dachte der Mann, und zog weiter.

Nach einer Weile kam er vor ein Haus, aus dem schreck-liches Schreien und Heulen zu hören war. Er ging hinein und sah eine Frau, die unaufhörlich mit einem Holzprügel auf den Kopf ihres Mannes einschlug; über seinen Kopf hatte sie ein Hemd gezogen, in dem die Öffnung für den Hals fehlte. «Frau, willst du denn deinen Mann erschlagen?» fragte er. «Nein», sagte sie, «ich will doch nur in dieses Hemd ein Loch für den Hals machen!» Der Bauer schrie und jammerte: «Ach Gott, steh dem bei, der ein neues Hemd anziehen soll! Wenn nur einer meiner Frau beibringen könnte, wie man auf andere Art eine Halsöffnung in ein Hemd macht – ich wollte ihm gerne dreihundert Taler geben.» – «Das ist bald getan», sagte der andere, «gib mir nur eine Schere.» Er bekam die Schere, schnitt ein Loch in das Hemd, und dann zog er mit seinem Geld weiter.

Das war die zweite, sagte er zu sich selbst.

Nach einer Weile kam er zu einem Hof und dachte, dort eine Weile zu rasten, und ging hinein. «Woher kommst du denn?», fragte die Frau. «Ich komme aus Ringerike», ant-wortete er. – «Ach nein, nein, kommst du aus Himmelrike (dem Himmelreich)? Dann kennst du dort wohl auch Per den Zweiten, meinen seligen Mann?» Die Frau war dreimal ver-heiratet gewesen; ihr erster Mann und ihr jetziger waren üble Kerle, und so glaubte sie, daß nur der zweite in den Himmel gekommen wäre, denn er war solch ein guter Mann gewe-sen! – «Ja, den kenne ich gut», sagte der Besucher. «Wie geht es ihm denn dort?» fragte die Frau. «Ach, halt so, so», sagte der Mann aus Ringerike, «er schlägt sich so durch von einem Hof zum anderen, und er hat nichts zu essen, und Kleider auf dem Leibe hat er auch nicht – von Geld ganz zu schweigen.» – «Ach, lieber Gott, steh ihm bei!» rief die Frau. «Er hätte es doch nicht nötig, so armselig herumzuziehen. Er hat doch so viel zurückgelassen: eine ganze Kammer hängt voll mit seinen Kleidern, und eine große Truhe voll Geld steht auch noch da. Wenn du das mitnehmen willst, gebe ich dir ein Pferd und einen Karren zum Fahren; das Pferd soll er dann auch haben, und auf dem Karren kann er sitzen und von Hof zu Hof fahren und muß nicht mehr zu Fuß gehen.» – Der Mann aus Ringerike bekam einen ganzen Karren voll Kleider und eine Truhe voll blankes Silbergeld und so viel zu essen und trinken, wie er wollte; als er das alles hatte, setzte er sich auf den Karren und fuhr seines Weges.

Das war die dritte, sagte er zu sich selbst.

Aber in der Nähe auf einem Feld war der dritte Mann und pflügte, und als er einen Fremden mit Pferd und Karren von seinem Hofe wegfahren sah, ging er heim und fragte die Frau, was das denn für einer wäre, der eben mit dem blauen Pferd vom Hofe weggefahren sei. «Ach der», sagte sie, «das war ein Mann aus Himmelrike; er hat mir erzählt, daß es um Per den Zweiten, meinen seligen Mann, so gar armselig bestellt ist, daß er von Hof zu Hof ziehen muß und weder Kleider noch Geld hat, und da habe ich ihm die alten Kleider geschickt, die hier noch herumhingen, und auch die alte Truhe mit den Silbertalern drin.»

Der Mann konnte sich denken, wie das zugegangen war, sattelte ein Pferd und ritt vom Hof, so schnell er nur konnte. Es dauerte nicht lange, da war er dicht hinter dem Mann auf dem Karren; aber als der das merkte, lenkte er Pferd und Karren in ein Gebüsch, riß dem Pferd eine Handvoll Haare aus dem Schwanz und lief einen kleinen Hügel hinauf; dort band er den Pferdeschwanz in einer Birke fest, legte sich darunter und starrte zu den Wolken hinauf. «Nein, nein, nein», sagte er gleichsam zu sich selbst, als Per der Dritte dahergeritten kam, «nein, so etwas Seltsames habe ich noch niemals gesehen, nein wirklich, das habe ich noch nie gesehen!» Per stand da und sah ihm eine Weile zu und wunderte sich, ob der andere verrückt wäre oder was das sonst zu bedeuten hätte.

Endlich fragte er ihn: «Warum liegst du denn da, und auf was starrst du so?» – «Nein, so etwas habe ich noch nie gesehen!» sagte der andere. «Da ist gerade einer mit einem blauen Pferd zum Himmel hinaufgefahren; da hängt noch der Schwanz in der Birke, und dort oben zwischen den Wolken kann man noch das blaue Pferd sehen!» Per sah zum Himmel hinauf und vom Himmel wieder auf den Mann und sagte: «Ich kann überhaupt nichts anderes sehen als einen Pferdeschwanz in der Birke.» – «Freilich, von dort, wo du stehst, kann man auch nichts anderes sehen», sagte der andere, «aber komm nur hierher und lege dich auch hin und schau genau hinauf und wende die Augen nicht vom Himmel!»

Während Per der Dritte dalag und zum Himmel hinauf-starrte, bis ihm die Tränen in die Augen kamen, nahm der Mann aus Ringerike Pers Pferd, schwang sich darauf und machte sich damit und mit dem Pferdekarren davon. Als er es auf dem Wege rumpeln hörte, fuhr Per der Dritte auf, aber er war so verwirrt darüber, daß der andere mit seinen Pferden losfuhr, daß er erst auf den Gedanken kam, ihm nachzuset-zen, als es zu spät war.

Nun war er erst recht betrogen und genarrt; als er aber nach Hause zu seiner Frau kam, da fragte sie ihn, was er denn mit dem Pferde gemacht hätte. Da sagte er: «Ich habe es auch noch für Per den Zweiten mitgeschickt; ich habe mir ge-dacht, es ziemt sich nicht für ihn, auf einem elenden Karren von Hof zu Hof zu holpern; nun kann er den Karren verkau-fen und sich einen richtigen Wagen anschaffen, auf dem er fahren kann.» – «Ach, ich danke dir sehr! Ich hätte nie ge-glaubt, daß du ein so guter Mann bist», sagte die Frau.

Der Mann aus Ringerike hatte nun sechshundert Taler und einen Karren voll Kleider und Geld zusammengebracht. Als er nach Hause kam, da sah er, daß alle Felder gepflügt und besät waren. Als erstes fragte er seine Frau, woher sie denn jetzt Saatkorn bekommen hatte. «Ach», sagte sie, «ich habe immer sagen hören: Wer was sät, der erntet auch. So habe ich das Salz ausgesät, das die Händler aus dem Norden hier eingestellt hatten. Und wenn nur recht bald Regen kommt, da wird es wohl auch schön aufgehen.»

«Dumm bist du und dumm bleibst du, solange du lebst», sagte der Mann, «aber das ist auch gleich, denn die anderen sind nicht anders als du.»

46

Der Glücks-Anders

Ein reicher Bauer hatte zwei Söhne, die hießen Hans Niklas und Glücks-Anders. Der älteste war einer, aus dem man nicht recht klug werden konnte; es war bös mit ihm Kirschen essen, und er war noch habgieriger und geiziger, als die Leute aus Nordland gewöhnlich sind, obwohl sie selten zu wenig mit diesen schönen Eigenschaften gesegnet sind. Der andere, Glücks-Anders, war wild und übermütig, aber immer in guter Laune, und wenn er noch so fatal dran war, so sagte er doch immer, er sei ein Glückspilz. Wenn ihm der Adler, um sein Nest zu verteidigen, Kopf und Gesicht so bearbeitete, daß das Blut nur so floß, so behauptete er doch, er sei ein Glückspilz, wenn er nur mit einem Adlerjungen heimkam. Kenterte sein Boot, was auch zuweilen vorkam, und man fand ihn daran angeklammert, ganz heruntergekommen durch Nässe, Kälte und Anstrengung, und man fragte ihn, wie er sich fühle, so antwortete er: «Ach, ganz gut; ich bin ja gerettet; ich habe doch Glück.»

Als der Vater starb, waren sie beide erwachsen, und einige Zeit darauf mußten sie beide zu den Sandbänken hinaus, um einige Fischnetze zu holen, die seit dem Sommerfischen draußen geblieben waren. Es war spät im Herbst, nach der Zeit, wo die meisten Fischer auf der Sommerfahrt begriffen sind. Anders hatte seine Büchse bei sich, die ihn begleitete, wohin er auch ging. Hans Niklas sprach nicht viel auf der Fahrt, aber er dachte sich um so mehr. Zur Heimreise wurden sie erst fertig, als es gegen Abend ging.

«Hör, Glücks-Anders, weißt du was, heut nacht gibt's ein bös' Wetter», sagte Hans Niklas und schaute über das Meer hinaus; «ich meine, es ist am besten, wir bleiben hier bis morgen!»

«Ein Wetter gibt's nicht», sagte Anders, «die Sieben Schwestern haben ihre Nebelhaube nicht auf, da kannst du ganz ruhig sein.»

Aber der andere klagte, er sei so müde, und endlich beschlossen sie, die Nacht hierzubleiben. Als Anders aufwachte, war er allein; er sah weder Bruder noch Boot, bis er auf den höchsten Punkt der Insel kam; da entdeckte er ihn weit draußen, wie eine Möwe, die zum Land fliegt. Anders begriff die Sache gar nicht. Ein Eßvorrat war noch da, auch eine Schüssel mit Molken, seine Büchse und verschiedenes andere. Anders dachte nicht lange nach. «Er kommt wohl heut abend wieder», sagte er und machte sich über den Proviant, «ein Narr, wer die Courage verliert, solange er zu essen hat.» Aber kein Bruder ließ sich am Abend sehen, und Anders wartete Tag um Tag und Woche um Woche; da merkte er schließlich, daß er ihn auf der öden Insel ausgesetzt hatte, um das Erbe selbst ungeteilt behalten zu können, und so war es auch; denn als Hans Niklas auf der Heimfahrt Land in Sicht hatte, ließ er das Boot kentern und sagte, Glücks-Anders sei ertrunken.

Aber der ließ den Mut nicht sinken; er sammelte Treibholz am Strand, schoß Seevögel und suchte Muscheln und Wurzeln; er baute sich ein Floß aus Stangenholz und fischte mit einer Stange, die auch zurückgeblieben war. Eines Tages, als er gerade an der Arbeit war, fiel ihm eine Vertiefung oder Einsenkung im Sand in die Augen, wie die Kielspur einer großen nordländischen Jacht, und er konnte deutlich die Windungen der Taue vom Strand bis hinauf zum Gipfel der Insel verfolgen. Da dachte er bei sich selbst, nun habe es keine Gefahr mit ihm; denn er sah, daß es wahr war, was er oft gehört hatte, nämlich, daß die Meerleute hier ihren Aufenthalt hätten und einen eifrigen Schiffsverkehr trieben.

‹Gott sei Dank für die gute Gesellschaft! Das ist gerade, was ich brauche. Ja, es ist doch, wie ich sage, ich habe eben Glück›, dachte Anders bei sich selbst, vielleicht sagte er es auch; denn zuweilen mußte er notwendig ein wenig sprechen. So lebte er den Herbst über; einmal sah er ein Boot; da hing er einen Fetzen an eine Stange und winkte damit, aber in demselben Augenblick fiel das Segel, und die Leute setzten sich an die Ruder und fuhren in größter Eile wieder davon; sie glaubten, es seien die Meerkobolde, die da Zeichen gaben und winkten.

Am Julabend hörte er Fiedeln und Musik weit draußen auf dem Meer; als er hinauskam, sah er einen Lichtschein, der kam von einer großen Nordlandsjacht, die gegen das Land zuglitt – aber ein solches Schiff hatte er noch nie gesehen. Es hatte ein unerhört großes Rahsegel, das ihm aus Seide zu sein schien, und das zierlichste Tauwerk, nicht dicker, als wenn es aus Stahldraht wäre, und alles, was dazugehörte, war im Verhältnis dazu so schön und fein, wie ein Nordländer sich's nur wünschen kann. Die ganze Jacht war voll von blaugekleideten kleinen Leuten, aber die, die am Steuer stand, war geschmückt wie eine Braut und so prächtig wie eine Königin; sie hatte eine Krone auf und kostbare Kleider an. Aber das konnte er sehen, daß sie ein Menschenkind war; denn sie war groß gewachsen und schöner als die Meerleute; ja, sie kam dem Glücks-Anders so schön vor, wie er noch nie ein Mädchen gesehen hatte. Die Jacht steuerte auf das Land zu, wo

Anders stand; aber rasch bedacht, wie er war, eilte er in die Fischerhütte, riß sein Gewehr von der Wand und kroch hinauf auf den großen Bodenraum und versteckte sich so, daß er sehen konnte, was in der Hütte vor sich ging. Bald merkte er, daß es in dem Raum wimmelte; es wurde ganz voll, und es kamen mehr und mehr. Da fing es an, in den Wänden zu krachen, und das Häuschen weitete sich in allen Ecken und wurde so herrlich und prächtig, wie es bei dem reichsten Kaufherrn nicht sein könnte; es war fast wie in einem Königsschloß. Tische wurden mit den köstlichsten Gerichten gedeckt, und die Teller und Schüsseln und alles Gerät war aus Silber und Gold. Als sie gespeist hatten, fingen sie an zu tanzen. Unter dem Lärm des Tanzes kroch Anders zu der Luke, die auf der einen Seite des Daches war, und kletterte hinunter; dann rannte er zu der Jacht, warf seinen Feuerstahl über sie und schnitt, um größerer Sicherheit willen, mit seinem griffesten Messer ein Kreuz hinein. Als er wieder hinaufkam, war der Tanz in vollem Gang. Die Tische tanzten, und Bänke und Stühle und alles, was in der Stube war, tanzte mit. Die einzige, die nicht tanzte, war die Braut; sie saß nur und schaute zu, und wenn der Bräutigam sie holen wollte, so schickte sie ihn weg. Vorerst war an kein Halten zu denken: der Spielmann ruhte nicht und rastete nicht und griff nicht nach der Mütze, sondern er spielte munter weiter mit der linken Hand und trat den Takt dazu, bis er von Schweiß triefte und die Fiedel vor lauter Staub und Rauch nicht mehr sehen konnte. Als Anders merkte, daß es ihm auch in den Füßen zu zucken anfing, da, wo er stand, dachte er bei sich selbst: ‹Jetzt ist es am besten, ich knalle los, sonst spielt er mich von Grund und Boden.› Also wandte er sein Gewehr, steckte es durch die Fensteröffnung hinein und schoß es über den Kopf der Braut weg ab, aber verkehrt, sonst hätte die Kugel ihn selbst getroffen. In demselben Moment, als der Schuß fiel, stürzte das ganze Koboldvolk übereinander zur

Tür hinaus, aber als sie sahen, daß die Jacht festgezaubert war, jammerten sie und krochen in ein Loch im Berge. Aber alle die Gold- und Silbergeräte blieben zurück, und die Braut saß auch noch da. Sie erzählte dem Glücks-Anders, daß sie in den Berg verzaubert worden sei, als sie ein kleines Kind war. Als ihre Mutter einmal bei den Hürden war, um zu melken, hatte sie sie bei sich, aber als sie auf einen Augenblick heim-mußte, ließ sie das Kind im Heidekraut sitzen unter einem Wacholderbusch und sagte, sie dürfe von den Beeren essen, wenn sie nur dreimal sage:

«Ich eß Wacholderbeer blau
Mit Jesu Kreuz darauf;
Ich esse Preiselbeer rot
Mit Jesu Pein und Tod.»

Aber als ihre Mutter fort war, fand sie so viele Beeren, daß sie ihren Spruch zu sagen vergaß, und deshalb wurde sie in den Berg verzaubert. Es war ihr dort kein anderes Leid gesche-hen, als daß sie das oberste Glied vom linken kleinen Finger verlor, und sie hatte es gut gehabt bei den Kobolden; doch schien es ihr, daß nicht alles seine Richtigkeit hätte; es war, als ob etwas sie ängstigte, und sie hatte viel zu leiden unter der Zudringlichkeit des Kobolds, den sie ihr zum Bräutigam be-stimmt hatten. Als Anders hörte, wer ihre Mutter war und wo sie herstammte, da sah er, daß sie aus seiner Verwandt-schaft war, und sie wurden, wie man so sagt, schnell gute Freunde. Da konnte Glücks-Anders mit Recht sagen, daß er ein Glückspilz sei. Also fuhren sie heim und nahmen die Jacht und alles Gold und Silber und alle Kostbarkeiten, die in der Hütte zurückgeblieben waren, mit sich, und damit war An-ders viel reicher als der Bruder.

Aber der, der eine Ahnung hatte, wo all der Reichtum her-gekommen sein könnte, wollte nicht weniger reich sein. Er wußte, daß Trolle und Kobolde meist am Weihnachtsabend draußen herum ihr Wesen trieben; deshalb fuhr er um die Zeit nach den Sandbänken hinaus. Am Julabend sah er auch ein Feuer oder Licht, aber es war wie Irrlichter, die flackerten. Als es näher kam, hörte er ein Platschen, schreckliches Heulen und kalte durchdringende Schreie, und es roch nach Schlamm und Tang wie bei der Ebbe. Im Schrecken rannte er in die Hütte hinauf, von wo er die Trolle am Strand sehen konnte. Sie waren kurz und dick wie Heudiemen, waren ganz in Fell gekleidet, Fellkittel und Wasserstiefel und riesige Fäustlinge, die fast bis auf die Erde hingen. An Stelle von Kopf und Haar hatten sie ein Tangbündel. Als sie den Strand heraufkrochen, leuchtete es hinter ihnen wie von faulem Holz, und wenn sie sich schüttelten, so sprühten die Funken um sie. Als sie näher kamen, kroch Hans Niklas auf den Boden, wie sein Bruder getan hatte. Die Kobolde schleppten einen großen Stein in die Hütte und fingen an, ihre Handschuhe trockenzuklopfen, und zwischenhinein schrien sie, daß dem Hans Niklas das Blut zu Eis wurde auf seinem Bodenversteck. Dann nieste einer in die Asche auf dem Herd, um das Feuer zum Brennen zu bringen, während die anderen Heidekraut und Treibholz hereintrugen, so rauh und schwer wie Blei. Der Rauch und die Hitze hätten den Lauscher oben auf dem Boden fast umgebracht, und um wieder zu Atem und frischer Luft zu kommen, versuchte er, aus der Dachluke herauszukriechen; aber er war viel grobgliedriger als sein Bruder und blieb stecken und konnte weder heraus noch herein. Nun bekam er Angst und fing an zu schreien, aber die Kobolde schrien noch ärger und brüllten und heulten und polterten und lärmten drinnen und draußen. Aber als der Hahn krähte, verschwanden sie, und auch Hans Niklas kam los. Als er aber von der Reise nach Hause kam, da hatte er den Verstand verloren, und seit der Zeit konnte man oft auf den Speichern und im Vorratshaus, wo er gerade war, denselben unheimlichen kalten Schrei hören, an dem man in Nordland den Troll erkennt. Vor seinem Tod kam er doch wieder zu Verstand, und man legte ihn in christliche Erde, wie man sagt. Aber seit der Zeit hat keines Menschen Fuß mehr die Sandbänke betreten. Sie sanken, und die Meerleute, so glaubte man, zogen auf die Lekanginseln. Dem Glücks-Anders ging es immer gut; kein Schiff machte glücklichere Reisen als das seinige, aber jedesmal, wenn er an die Lekanginseln kam, wurde es windstill – die Kobolde gingen an Bord oder an Land mit ihren Waren –, aber nach einer Weile hatte er Fahrtwind, ob er nun nach Bergen wollte oder heimwärts. Er hatte viele Kinder, und alle waren sie tüchtig, aber allen fehlte das oberste Glied am linken kleinen Finger.

47

Das blaue Band

Es war einmal eine arme Frau, die hatte im Kirchspiel gebettelt. Sie führte einen kleinen Knaben mit sich. Als sie ihren Bettelsack voll hatte, ging sie nordwärts über das Gebirge und wollte wieder heim in ihr Dorf. Als sie ein Stück weit den Berg hinaufgekommen waren, fanden sie ein kleines blaues Strumpfband auf der Landstraße liegen. Der Bursche bat, er wolle es aufheben.

«Nein», sagte die Mutter, «da könnte Zauberei im Spiel sein», und sie zwang den Kleinen, ihr zu folgen. Als sie noch ein Stück höher gestiegen waren, sagte der Bursche, er müsse ein wenig vom Wege abseits gehen.

Unterdessen setzte die Frau sich auf einen gefällten Baum. Aber der Kleine blieb lange aus, denn als er so weit in den Wald gekommen war, daß ihn die Mutter nicht mehr sehen konnte, lief er hinunter, wo das Strumpfband lag, hob es auf und band es sich um den Leib. Da wurde er so stark, daß er meinte, den ganzen Berg in die Luft heben zu können.

Als er wiederkam, war die Frau böse und fragte, was er so lange getrieben habe. «Du machst dir keine Gedanken wegen der Zeit», sagte sie, «es geht doch gegen Abend. Du weißt, daß wir über dem Berg sein müssen, ehe es dunkel wird.»

Nun gingen sie wieder eine Weile, aber als sie in halber Höhe des Berges waren, wurde die Frau müde und wollte sich unter einen Busch legen.

«Mütterchen», sagte der Bursche, «darf ich nicht auf diesen hohen Berg hinaufgehen, während du ausruhst, und sehen, ob ich irgendwo Leute finde?»

Die Frau erlaubte es, und als er auf die Berghöhe kam, sah er gleich im Norden ein Licht. Er rannte wieder hinunter und sagte es der Frau. «Wir müssen gehen, Mutter, es ist nicht weit, bis wir zu Leuten kommen; ich sehe gleich im Norden ein schönes Licht.» Sie stand auf und nahm den Bettelsack und wollte es auch sehen; aber sie waren nicht lange gegangen, da hatten sie wieder einen Berg gerade vor der Nase.

«Das hätte ich mir denken können», sagte die Frau, «nun kommen wir nicht weiter; das ist doch schlimm, hier liegenzubleiben.» Der Kleine nahm den Bettelsack unter einen Arm und die Frau unter den andern und rannte mit der Last in fliegender Eile den Berg hinauf.

«Nun siehst du, daß es nicht weit ist zu den Leuten», sagte er, «siehst du, wie schön es leuchtet!» Aber die Frau meinte, das seien keine Leute, das müsse der Bergtroll sein, denn sie kannte sich im ganzen Bärenwalde aus und wußte, daß es nirgends Leute gab, nur auf der anderen Seite am Nordfuß des Berges. Als sie eine Weile gegangen waren, kamen sie an ein großes rot angemaltes Haus.

«Ach, wir gehen doch hinein; wir sehen ja das Licht; da müssen doch Leute sein», sagte der Bursche und ging voraus und die Frau hinterdrein. Aber in dem Augenblick, als er die Tür aufmachte, fiel sie in Ohnmacht, denn sie sah, daß ein großer schwerer Mann auf der Bank saß.

«Guten Abend, Vater», sagte der Bursche.

«Nun sitze ich hier schon dreihundert Jahre, und noch niemand hat mich Vater genannt», sagte der Mann, der auf der Bank saß. Der Bursche setzte sich neben ihn und fing mit ihm ein Gespräch an, als ob sie alte Bekannte wären.

«Aber wie geht es deiner Mutter», sagte der Mann, als sie eine Weile geplaudert hatten, «ich glaube, sie ist in Ohnmacht gefallen, du mußt nach ihr sehen.» Der Bursche ging hinaus, nahm die Frau und trug sie ins Haus hinein, da kam sie wieder zu sich und schlich sich davon und setzte sich in den Holzwinkel, aber sie hatte solche Angst, daß sie sich kaum hervorzuschauen traute. Nach einer Weile fragte der Bursche, ob sie über Nacht hierbleiben könnten. Ja, freilich, entgegnete ihm der Mann.

Nun plauderten sie wieder eine Weile, aber auf einmal bekam der Bursche Hunger und fragte, ob sie etwas zum Abendessen haben könnten. Das ließe sich schon machen, meinte der Mann. Nach einer Weile stand er auf und legte sechs Fuder dürres Fichtenholz aufs Feuer. Da bekam die Frau noch mehr Angst. «Nun will er uns auch noch verbrennen», sagte sie in ihrem Winkel. Als das Holz zu Kohlen verbrannt war, stand der Mann auf und ging hinaus.

«Gott helf uns mit deiner Unverfrorenheit! Siehst du denn nicht, daß du bei Trollen bist?»

«Ach was, das ist nicht so gefährlich», sagte der Bursche.

Nach einer Weile kam der Mann wieder mit einem Ochsen, so groß und dick, wie der Bursche noch nie einen gesehen hatte, und der Mann hieb ihm mit der geballten Faust ans Ohr, daß er tot niederfiel. Als er das getan hatte, nahm er ihn an allen vier Beinen, legte ihn auf die glühende Asche und drehte und wendete ihn, bis er außen ganz braun war. Dann ging er an einen Schrank, holte eine Silberschüssel hervor und legte den Ochsen darauf, und die Schüssel war so groß, daß der Ochse nirgends über den Rand hinausreichte. Das stellte er nun auf den Tisch und ging dann in den Keller und holte ein Weinfaß herauf, schlug den einen Boden aus, stellte das Faß auf den Tisch und legte zwei Messer dazu, die waren drei Ellen lang. Als er das getan hatte, hieß er seine Gäste sich zu Tisch setzen und essen. Der Bursche ging voraus und hieß die Frau auch niedersitzen; sie fing an, vor sich hinzujammern, und wunderte sich, wie man wohl mit diesen Messern hantieren könne. Aber der Bursche packte das eine und schnitt Stücke aus dem Schenkel des Ochsen heraus und legte seiner Mutter vor. Als sie eine Weile gegessen hatten, nahm er das Weinfaß zwischen die Hände und stellte es auf den Fußboden. Dann sagte er zu seiner Mutter, sie solle kommen, er wolle ihr zu trinken geben. Das Faß war so hoch, daß sie nicht hinaufreichen konnte. Aber der Bursche hob sie in die Höhe bis an den Rand und hielt sie, und er selber kletterte hinauf und hing sich über den Rand wie eine Katze, während er trank.

Als er seinen Durst gestillt hatte, nahm er das Faß und stellte es wieder auf den Tisch, dankte für das Essen und hieß seine Mutter auch herzutreten und sich bedanken, und so sehr sie auch Angst hatte, so wagte sie doch nichts anderes zu tun, als dem Mann für das Essen zu danken. Der Bursche setzte sich neben den Mann auf die Bank, und sie fingen wieder zu reden an. Als sie eine Weile gesessen waren, sagte der Mann: «Ich gehe und esse ein wenig Abendbrot.» Und damit ging er an den Tisch und aß den ganzen Ochsen mit Hörnern und Knochen, nahm das Weinfaß und trank daraus und setzte sich dann wieder auf die Bank. «Ich weiß nicht, wie das mit den Betten wird», sagte er, «ich habe nur eine Wiege hier; da könntest du dich wohl hineinlegen, und deine Mutter könnte im Bett schlafen.»

«Ja, danke, das geht ganz schön», sagte der Bursche, zog sich aus und schlüpfte in die Wiege – sie war genauso groß wie ein großes Bett –, und die Frau mußte dem Mann folgen und sich ins Bett legen, so sehr sie auch Angst hatte.

‹Hier ist nicht gut, sich schlafen zu legen, ich will doch wach bleiben und hören, wie es diese Nacht weitergeht›, dachte sich der Bursche.

Nach einer Weile fing der Mann mit der Frau zu sprechen an. «Hier könnten wir so schön und vergnüglich leben, wenn wir nur deinen Sohn los wären», sagte der Mann.

«Weißt du denn keinen Ausweg, was meinst du?» fragte die Frau. Er wolle es einmal versuchen, sagte der Mann. Er wolle so tun, als ob er die Frau für ein paar Tage behalten wolle, daß sie ihm die Hausarbeit tue, dann wolle er den Burschen mit ins Gebirge nehmen und Steine brechen und dabei einen Berg auf ihn wälzen. Das hörte der Bursche, wie er so lag.

Am nächsten Tage fragte der Troll – denn ein Troll war es, das war leicht zu merken –, ob er die Frau für ein paar Tage zur Hausarbeit haben könne, und im Laufe des Tages nahm er die große Eisenbrechstange und fragte den Burschen, ob er mit ihm auf den Berg gehen und Steine brechen wolle. «Gern», sagte der Bursche und ging mit. Als sie einige Steine gebrochen hatten, wollte ihn der Troll den Berg hinunterschicken, um nach den versprengten Stücken zu sehen. Während der Bursche das tat, stemmte und brach der Troll mit der Brechstange, bis er einen ganzen Berg ins Rollen brachte; der kam über den Burschen hinuntergerollt. Der Bursche stemmte sich aber dagegen, bis er darunter hervorkam, und ließ dann den Berg weiterrollen.

«Nun sehe ich, wie du es mit mir meinst», sagte der Bursche. «Du willst mich umbringen, aber jetzt geh nur du hinunter und schau nach den Stücken, jetzt will ich oben bleiben.» Der Troll wagte nichts anderes zu tun, als was der Bursche verlangte, und der Bursche warf einen ganz gewaltigen Berg hinunter, der auf den Troll fiel und ihm das eine Schenkelbein brach.

«Ach, du bist aber schwach», sagte der Bursche, stieg hinunter, hob den Berg in die Höhe und zog den Troll darunter hervor. Und dann mußte er ihn auf den Rücken nehmen und heimtragen. Er rannte davon mit ihm wie ein Pferd und schüttelte ihn, daß er schrie, als ob er am Spieße steckte.

In der Nacht fing der Troll wieder an, mit der Frau zu reden und zu überlegen, wie man den Burschen loswerden könne. «Wenn du keinen Weg weißt, um ihn loszuwerden – ich weiß keinen», sagte die Frau.

Er habe zwölf Löwen in einem Garten, sagte der Troll. Wenn man nur den Burschen dorthin bringen könnte, so würden sie ihn schon in Stücke reißen. Da meinte die Frau, damit habe es keine Not, sie wolle sich krank stellen und sagen, sie sei so elend und könne nicht wieder gesund werden, wenn sie nicht Löwenmilch bekomme. Der Bursche war wach und hörte alles. Als er am Morgen aufgestanden war, sagte die Frau, sie sei viel elender, als man sich denken könne, und wenn sie keine Löwenmilch bekomme, so werde sie gewiß nicht mehr gesund.

«Da wirst du schon lange krank bleiben müssen, Mutter», sagte der Bursche, «denn ich weiß nicht, wo Löwenmilch zu bekommen ist.»

Ja, meinte der Troll, Löwenmilch sei schon zu haben, wenn nur einer sie holen wollte. Seine Brüder hätten einen Garten, darin seien zwölf Löwen, und den Schlüssel könne er bekommen, sagte der Troll zum Burschen, wenn er Lust habe, die Löwen zu melken. Der Bursche nahm einen Schlüssel und einen Melkeimer und ging. Als er den Garten aufschloß und eintrat, stellten alle Löwen sich auf die Hinterfüße und wollten auf ihn losgehen. Der Bursche suchte sich den größten heraus, packte ihn an den Vorderbeinen und schlug ihn gegen Stock und Stein, bis nichts mehr von ihm übrig war als die Pfoten. Als das die anderen sahen, bekamen sie große Angst und krochen herbei und legten sich zu seinen Füßen wie beschämte Hunde. Von da an folgten sie ihm auf Schritt und Tritt, und als er heimkam, legten sie sich vor die Tür, mit den Vorderpfoten auf die Türschwelle.

«Nun sollst du wieder gesund werden von der Löwenmilch, Mütterchen», sagte der Bursche, als er heimkam; er hatte ein gehörig Teil in den Eimer gemolken. Aber der Troll lag auf dem Bett und schwor, das sei nicht wahr. Dazu gehöre ein anderer Kerl, um die Löwen zu melken. Als der Bursche das hörte, jagte er den Troll vom Bette und riß die Tür auf. Die Löwen stiegen an dem Troll in die Höhe und packten ihn, und der Bursche mußte sich ins Zeug legen und ihn aus ihren Klauen befreien.

In der Nacht verhandelte der Troll wieder mit der Frau. «Ich weiß nicht, wie wir diesen Burschen umbringen können», sagte der Troll, «er ist viel zu stark. Weißt du kein Mittel?» sagte er zur Frau. «Nein, wenn du keinen Ausweg weißt – ich weiß keinen», gab die Frau zurück.

«Ja, ich habe zwei Brüder auf einem Schloß», sagte wieder der Troll, «die sind zwölfmal stärker als ich, und deshalb verstießen sie mich und gaben mir nur den Hof. Aber sie wohnen im Schloß, und da ist ein Obstgarten dabei, darin wachsen Äpfel, und wer davon ißt, der schläft drei geschlagene Tage lang. Wenn wir den Burschen dorthin schicken und Äpfel holen lassen könnten! Wir sagen ihm, er dürfe ruhig auch davon versuchen, und wenn er nur erst schläft, so reißen ihn meine Brüder in Stücke.» Die Frau sagte, sie wolle sich krank stellen und sagen, sie könne nicht wieder gesund werden, wenn sie nicht von den Äpfeln bekäme; dann werde er schon gehen. Der Bursche lag wach und hörte alles. Am Morgen war die Frau krank und elend und schrie Ach und Weh, und sie könne nicht wieder gesund werden, wenn sie

nicht von den Äpfeln bekäme aus dem Garten, der den Brüdern des Trolls gehörte, aber sie habe ja niemand dorthin zu
schicken.

Der Bursche war sogleich bereit hinzugehen. Jedoch die elf
Löwen gingen auch mit. Als er in den Garten kam, kletterte
er an dem Apfelbaum hinauf und aß so viele Äpfel, wie er
konnte, und kaum war er wieder unten, so schlief er ein, aber
die Löwen legten sich im Kreise um ihn her. Am dritten Tage
kamen die Brüder des Trolls, aber nicht in Menschengestalt;
brüllend kamen sie angerannt wie tolle Stiere und wollten
wissen, was das für einer sei, der sich hierhergelegt hatte. Sie
sagten, sie wollten ihn zu Staub und Asche zermalmen, daß
nicht ein Fetzchen von ihm übrigbleiben solle. Aber die Löwen fuhren auf und rissen die Trolle in kleine Stücke, daß es
aussah, als ob man eine Kehrichttonne umgeworfen hätte,
und als sie damit fertig waren, legten sie sich wieder um den
Burschen her. Der Bursche erwachte erst spät am Nachmittag, und als er sich aufrichtete und sich den Schlaf aus den
Augen rieb, wunderte er sich, was da wohl los gewesen sein
könnte, als er die Fußstapfen ringsumher sah. Aber als der
Bursche ins Schloß eintrat, fand er da eine schöne Jungfrau,
die alles gesehen hatte. Die sagte: «Du kannst Gott danken,
daß du bei dem Kampf nicht dabei warst, sonst hätte es dein
Leben gekostet.»

«Was, mein Leben gekostet?» sagte der Bursche. Das sei
doch nicht in Gefahr, meinte er. Da bat sie ihn, hereinzukommen, damit sie miteinander sprechen könnten, sie habe keinen Christenmenschen gesehen, seit sie hier sei. Als er die
Tür aufmachte, wollten die Löwen auch mit hinein, aber das
Mädchen hatte solche Angst vor ihnen, daß sie aufschrie, und
da hieß der Bursche die Löwen draußen liegen bleiben. Nun
redeten sie über viel und vielerlei, und der Bursche fragte sie,
warum sie, die doch so schön sei, bei den häßlichen Trollen
sein wolle. Sie habe nie etwas von den Trollen wissen wollen,

sagte sie, und sie sei nicht aus freiem Willen hier, die Trolle hätten sie geraubt, sie sei die Tochter des Königs von Arabien. Wie sie weiterredeten, fragte die Königstochter, was denn der Bursche lieber wolle, ob sie heimreisen solle oder ob er sie heiraten wolle. «Ja, freilich wolle er sie heiraten, und sie solle nicht heimreisen.» Dann gingen sie durchs Schloß und schauten sich um, und schließlich kamen sie in einen großen Saal, da hingen hoch oben an der Wand zwei gewaltige Schwerter, die den Trollen gehört hatten. «Wenn du so stark wärest, daß du eins von diesen Schwertern brauchen könntest!» sagte die Prinzessin.

«Wer, ich?» fragte der Bursche. «Ich soll eins von diesen Schwertern brauchen können? Das ist doch gar nicht schwer!» Und er stellte zwei, drei Stühle aufeinander, kletterte hinauf und packte das größte Schwert beim Griff, warf es in die Luft und fing es im Fluge wieder auf und stieß es auf den Fußboden, daß der ganze Saal wackelte. Als er wieder heruntergestiegen war, nahm er es unter den Arm und trug es mit sich. Nachdem sie eine Weile in dem Schloß zusammengewesen waren, meinte die Prinzessin, sie wolle zu ihren Eltern reisen und ihnen erzählen, wie es ihr ergangen sei. Sie beluden ein Schiff, und sie reiste davon.

Als sie fort und der Bursche noch eine Weile in dem Schloß herumgestreift war, fiel ihm ein, daß er ja einen Auftrag hatte und daß er eine heilsame Frucht für seine Mutter holen sollte. Aber er dachte, die Frau war nicht so krank, daß sie nicht jetzt wieder heil und gesund sein sollte; trotzdem aber wollte er sehen, wie es ihnen ginge. Dem Mann ging es gut, und die Frau war auch schon längst wieder gesund.

«Ihr seid ja jämmerlich daran hier in der armseligen Hütte, kommt mit mir auf mein Schloß, da werdet ihr sehen, daß ich ein anderer Kerl bin», sagte der Bursche. Der Mann und die Frau gingen mit ihm, und unterwegs plauderten sie freundlich mit ihm und fragten ihn, wie er denn so stark geworden sei.

Ja, das komme von dem blauen Band, das er damals auf dem Berg gefunden habe, als sie vom Betteln heimwanderten, sagte der Bursche.

«Hast du es noch?» fragte die Frau. Ja, er habe es unter seinem Hosenbund, sagte der Bursche. Die Frau wollte es sehen. Da knöpfte er die Jacke auf und den Brustlatz und wollte es ihr zeigen. Aber die Frau griff mit beiden Händen zu, riß es ihm weg und wickelte es um ihre Hand. «Was soll ich mit dir machen, elender Lump, der du bist!» schrie sie. «Schlagen sollte man dich, daß das Hirn herausspritzt.» – «Das wäre ein zu leichter Tod für einen solchen Taugenichts!» sagte der Troll. «Wir sollten ihm die Augen ausbrennen und ihn in einem kleinen Boot aufs Meer aussetzen.»

Das taten sie auch, sosehr der Bursche bettelte und jammerte, aber als das Boot wegschwamm, schwammen die Löwen hinterdrein, und schließlich packten sie das Boot und zogen es zu einer Insel und setzten den Burschen unter eine Föhre. Sie fingen Wild für ihn und rupften die Vögel und brachten ihm ein ganzes Daunenbett zusammen. Aber er mußte alles roh essen, und blind war er auch. Eines Tages jagte der größte Löwe einen Hasen, und der war blind, denn er lief über Stock und Stein, und schließlich rannte er an einen Föhrenbusch und fiel so Hals über Kopf hinunter in einen Teich. Aber als der Hase wieder aus dem Wasser heraus war, fand er den Weg so gut, daß er dem Löwen entkam. ‹Na, na›, dachte der Löwe, zog den Burschen zum Teich und tauchte ihn hinein. Als der Bursche nun wieder sehen konnte, ging er hinunter ans Meer, bedeutete seinen Löwen, sie sollten sich dicht nebeneinanderlegen wie ein Floß, und stellte sich auf ihre Rücken, und so schwammen sie mit ihm ans Land. Als sie gelandet waren, ging er auf einen Birkenhügel, und die Löwen hieß er sich legen. Dann schlich er zum

Schlosse hin wie ein Dieb, um zu sehen, ob er nicht wieder zu seinem Bande kommen könnte, und als er zur Tür kam, schaute er durchs Schlüsselloch hinein und sah, daß das Band über einer Tür in der Küche hing. Nun stahl er sich durch den Hausgang hinein, denn es war niemand da. Als er aber das Band an sich genommen hatte, fing er an, mit den Füßen zu stampfen und zu trampeln wie verrückt. Da kam die Frau herausgefaucht.

«Liebster, bester Kleiner, gib mir das Band wieder!» sagte sie. «Nein, danke, nun sollst du das gleiche Schicksal haben, das du mir gewünscht hast», sagte der Bursche, und er tat ihr das gleiche an. Als der Troll das hörte, kam er herein und bat de- und wehmütig, man möge ihn doch nicht erschlagen. «Ja, du sollst am Leben bleiben, aber du bekommst die gleiche Strafe, die du mir angetan hast», sagte der Bursche und brannte ihm die Augen aus und setzte ihn in einem Boot aufs Meer, aber er hatte keine Löwen, die ihm folgten.

Nun war der Bursche allein, und da bekam er Sehnsucht nach der Prinzessin. Schließlich konnte er es nicht mehr länger aushalten, er hatte solches Heimweh nach ihr, daß er zu ihr reisen mußte. Da lud er vier Schiffe und wollte zu ihr nach Arabien segeln. Eine Zeitlang hatte er schönes ruhiges Wetter, aber auf einmal blieben sie ohne Wind bei einer Berginsel liegen. Da gingen die Schiffsleute an Land und tummelten sich zum Zeitvertreib herum. Dort fanden sie ein gewaltiges Ei, fast so groß wie ein kleines Haus. Sie fingen an, mit großen Steinen darauf einzuschlagen und zu hauen, aber sie waren nicht imstande, die Schale zu zerbrechen. Der Bursche kam nach mit seinem Schwert und wollte sehen, was da für ein Lärm war. Als er das Ei erblickte, meinte er, das sei doch leicht, das Ei zu zerbrechen, hieb mit seinem Schwert zu, daß die Schale sprang, und es kam ein Vogel heraus so groß wie ein Elefant.

«Nun haben wir etwas Dummes gemacht», sagte der Bursche, «das kann uns das Leben kosten.» Und er fragte die Schiffsleute, ob sie bei gutem Wind in vierundzwanzig Stunden nach Arabien segeln könnten. Ja, das könnten sie schon, meinten die Leute. Sie hatten guten Wind, segelten fort und gingen in Arabien nach dreiundzwanzig Stunden an Land. Gleich befahl der Bursche den Leuten, sich in einen Sandhügel einzugraben, daß sie kaum mehr die Schiffe im Auge behalten konnten. Der Bursche und der Steuermann gingen auf einen hohen Berg und setzten sich unter eine Fichte. Nach einer Weile kam der Vogel mit der Insel in den Klauen und ließ sie auf die Schiffe fallen, daß sie sanken. Als er das getan hatte, ging er auf den Sandhügel und schlug mit den Flügeln, daß es den Leuten fast die Köpfe abgerissen hätte, und dann fuhr er hinauf unter die Fichte, so gewaltig, daß es den Burschen um und um drehte. Aber der Bursche hatte sein Schwert bereit und führte einen Schlag auf den Vogel, daß er tot zu Boden fiel. Dann ging er in die Stadt, und da herrschte große Freude, weil der König seine Tochter wiederbekommen hatte. Aber jetzt hatte er sie selbst versteckt und bekanntmachen lassen, daß sie derjenige, der sie finde, zur Frau haben solle, obgleich sie schon versprochen sei.

In der Stadt traf der Bursche einen, der weiße Bärenfelle verkaufte; er kaufte ein Fell und zog es an. Der eine Schiffer mußte eine eiserne Kette kaufen und ihn daran führen, und so zogen sie in der Stadt herum und zeigten ihre Künste. Schließlich hörte der König, man habe noch nie so etwas Lustiges gesehen: ein weißer Bär tanze auf alle Arten, ganz nach Kommando. Also wurden sie zum König gerufen und sollten da ihre Künste zum besten geben, der König wollte es auch sehen. Als sie kamen, hatten alle Leute Angst, denn es hatte noch niemand ein solches Tier gesehen. Aber der Schiffer sagte, es sei gar keine Gefahr dabei, nur lachen dürfe man nicht; wenn sie lachten, würde der Bär sie umbringen. Als der König das hörte, ermahnte er seine Leute, daß sie ja nicht lachten. Aber mitten unter der Vorstellung kam des Königs Magd herein und fing an, sich auszuschütten vor Lachen; da fuhr der Bär auf sie los und riß sie in Fetzen. Die Leute vom Hof begannen zu jammern und der Schiffer am allermeisten. «Ach was», sagte der König, «es ist ja nur eine Magd, und das ist meine Sache und nicht eure.»

Als die Vorstellung fertig war, war es spät am Abend. «Es ist nicht der Mühe wert, daß du dich mit dem Bären heute noch auf den Weg machst», sagte der König, «der kann über Nacht hierbleiben.» – «Soll er sich hinter den Ofen legen?» fragte der Schiffer. «Nein, er soll auf Daunen und Kissen liegen», sagte der König und brachte einen ganzen Haufen herbei. Der Schiffer sollte in der Kammer nebenan schlafen. Um Mitternacht kam der König mit Licht und einem großen Schlüsselbund und nahm den weißen Bären mit. Er ging durch einen Gang nach dem anderen, durch Türen und Gemächer, treppauf und treppab. Schließlich kamen sie hinaus zu einer Brücke, die ins Meer führte. Da fing der König an, an Schrauben und Pflöcken zu drehen und zu rütteln und zog die einen auf und die andern hinunter, bis ein Häuschen aus dem Meer heraufgeschwommen kam. Darin hatte er seine Tochter. Denn er hatte sie so gern, daß er sie versteckt hielt, damit sie keiner finde. Er ließ den weißen Bären außen vor der Tür sitzen, während er hineinging und von ihm und seinem Tanz und seiner Schauspielerei erzählte. Seine Tochter sagte, sie habe Angst und wage nicht zuzusehen. Aber der König redete ihr zu und meinte, es sei gar keine Gefahr dabei, wenn sie nur nicht lache. Also ließ er den Bären herein, und der tanzte und machte Kunststücke, aber auf einmal fing die Magd der Prinzessin an zu lachen. Da fuhr der Bursche auf sie los und riß sie in Stücke. Die Prinzessin jammerte und klagte sehr.

«Ach was», sagte der König, «es ist ja nur eine Magd, und so eine will ich dir schon wieder verschaffen. Aber nun wird es am besten sein, wenn der Bär hierbleibt», sagte er, «denn ich habe keine Lust, bei nachtschlafender Zeit mit ihm durch alle Hausgänge zu rennen.» – Da wolle sie aber nicht dabeibleiben, meinte die Prinzessin. Doch der Bär rollte sich zusammen und legte sich hinter den Ofen, und schließlich legte sich auch die Prinzessin und ließ ihr Licht brennen.

Als der König fort war und alles still wurde, kam der weiße Bär und bat die Prinzessin, sie möge ihm das Halsband abnehmen. Die Prinzessin erschrak so, daß sie bald in Ohnmacht gefallen wäre, aber sie suchte, bis sie das Schloß fand, und kaum hatte sie das Halsband gelöst, so riß der Bär sich den Kopf ab. Da erkannte sie ihn und freute sich über alle Maßen und wollte gleich bekanntgegeben, daß er es sei, der sie befreit habe. Aber er wollte das nicht haben, er wollte sie sich noch einmal verdienen. Als sie am Morgen den König an den Pflöcken hantieren hörten, zog der Bursche die Bärenhaut wieder über und legte sich hinter den Ofen. «Nun, war er brav?» fragte der König.

«O freilich», sagte die Prinzessin, «er hat sich nicht einmal gerührt.» Auf dem Schloß nahm der Schiffer seinen Bären wieder in Empfang. Aber da ging der Bursche zu einem Schneidermeister und bestellte Prinzenkleider, und als sie fertig waren, ging er zum König hinauf und sagte, er wolle die Prinzessin finden. «Das haben schon viele gewollt», sagte der König, «aber es hat ihnen das Leben gekostet, denn wer sie nicht in vierundzwanzig Stunden findet, hat sein Leben verwirkt.» Damit habe es keine Gefahr, meinte der Bursche, er wolle sie suchen, und wenn er sie nicht finde, so sei das seine Sache.

Aber auf dem Schloß war ein Spielmann, der spielte zum Tanz auf, und Mädchen waren da, und der Bursche tanzte. Nach zwölf Stunden kam der König und sagte: «Es ist doch schade um dich; du suchst so ungeschickt, daß es dein Leben kosten wird.» – «Ach was, es hat keine Gefahr mit dem

Leichnam, solange er noch schnauft, wir haben ja Zeit vor uns», sagte der Bursche und tanzte, bis nur noch eine Stunde übrig war, dann wollte er zu suchen anfangen. «Ach, das nützt nichts», meinte der König, «jetzt ist die Zeit abgelaufen.»

«Zünd das Licht an und komm mit deinem großen Schlüsselbund», befahl der Bursche, «und geh mit mir, wohin ich gehe. Wir haben noch eine ganze Stunde.» Der Bursche ging den gleichen Weg, den der König in der vorigen Nacht gegangen war, und hieß den König alle Türen vor ihm aufschließen, bis sie an die Brücke kamen, die ins Meer hinausführte.

«Nun nützt es nichts mehr, die Zeit ist um, und du läufst gerade ins Meer hinaus», sagte der König.

«Es sind noch fünf Minuten», sagte der Bursche und riß und zerrte an den Pflöcken und Schrauben, daß das Haus heraufgeschwommen kam.

«Nun ist die Zeit um», schrie der König, «komm nun, mein Henker, und schneid ihm den Kopf ab!»

«Nein, wart ein wenig», sagte der Bursche, «es sind noch drei Minuten! Komm mit dem Schlüssel, daß ich hineinkann!»

Der König stand da und suchte nach dem Schlüssel und sagte, er könne ihn nicht finden, um die Zeit verstreichen zu lassen. «Hast du ihn nicht, so habe ich selber einen», sagte der Bursche und stemmte sich gegen die Tür, daß sie in Stücken auf dem Boden lag. Die Prinzessin kam ihm an der Tür entgegen und sagte, er sei ihr Befreier und sie wolle ihn heiraten. Sie bekam ihn, und der Bursche hielt Hochzeit mit der Königstochter von Arabien.

48
Der Pfarrer und der Küster

Es war einmal ein Pfarrer, der war ein solcher Grobian, daß er schon von weitem, wenn ihm auf der Landstraße jemand zu Wagen entgegengefahren kam, zu schreien anfing: «Macht Platz! Macht Platz für den Pfarrer!» Als er eines Tages wieder so ging, kam der König daher. «Platz! Platz!» schrie er schon von weitem. Aber der König fuhr, wie es ihm paßte, und fuhr eilig, so daß diesmal der Pfarrer ausweichen mußte, und als der König neben ihm war, rief er ihm zu: «Morgen kommst du zu mir aufs Schloß, und wenn du mir nicht drei Fragen beantworten kannst, die ich dir stellen werde, so mußt du zur Strafe für deine Hoffart den Pfarrersrock ausziehen!»

Das klang anders, als es der Pfarrer gewohnt war. Schreien und lärmen und sich vor Hoffart selbst nicht mehr kennen, das konnte er wohl; aber verständig Rede und Antwort stehen, das war nicht seine Stärke. Da ging er zum Küster, von dem die Meinung ging, er sei im Oberstübchen besser bedacht als der Pfarrer. Zu ihm sagte er, er traue sich nicht ins Schloß zu gehen, denn «ein Narr kann mehr fragen, als zehn Weise antworten!» sagte er und brachte den Küster dazu, an seiner Stelle hinzugehen. Der Küster machte sich auf, mit des Pfarrers Talar und Krause angetan. Der König empfing ihn draußen im Hausgang mit Krone und Zepter und war so prächtig angetan, daß er nur so leuchtete und glänzte.

«Nun, bist du da?» fragte der König. Ja, freilich sei er da.

«Jetzt sag mir zuerst», sagte der König, «wie weit ist es von Osten bis Westen?» – «Eine Tagesreise», sagte der Küster. «Wieso?» fragte der König. «Nun, die Sonne geht im Osten auf und im Westen unter und bringt das schön in einem Tag fertig», sagte der Küster.

«Schön», sagte der König, «aber jetzt sag mir, wieviel bin ich wohl wert, so wie ich hier stehe?»

«Nun, Christus wurde auf dreißig Silberlinge geschätzt, da darf ich dich wohl nicht höher als neunundzwanzig schätzen», sagte der Küster.

«Ja freilich», sagte der König, «aber da du so über alle Maßen klug bist, so sag mir auch, was ich jetzt denke?»

«Ach, Herr König, du denkst wohl, der Pfarrer stehe vor dir, aber da irrst du dich gewaltig, denn ich bin der Küster», sagte er.

«So fahr doch gleich nach Hause und sei Pfarrer, und der Pfarrer soll Küster sein!» sagte der König, und das geschah auch.

49
Der Schiffer und Herr Urian

Es war einmal ein Schiffer, der hatte ein unerhörtes Glück mit allem was er unternahm; keiner hatte so stattliche Ladungen, und keiner verdiente sich so viel Geld wie er, denn bei ihm strömte es nur so zusammen. Und ganz sicher gab es keinen, der solche Reisen riskieren konnte wie er, denn wo er hinfuhr, hatte er guten Wind, ja, man sagte sogar, wenn er nur seinen Hut drehe, drehe sich der Wind so, wie er wolle.

So fuhr er viele Jahre lang mit Holzfrachten sogar bis nach China hin und erwarb sich Geld wie Heu. Aber einmal fuhr er mit vollen Segeln in der Nordsee so schnell, als hätte er das Schiff mitsamt der Ladung gestohlen; aber der, der hinter ihm her war, fuhr noch schneller. Das war Herr Urian; mit dem hatte der Schiffer, wie ihr euch wohl denkt, einen Vertrag abgeschlossen, und der war auf diesen Tag und diese

Stunde abgelaufen; der Schiffer konnte jeden Augenblick darauf gefaßt sein, daß er kommen und ihn holen würde.

Da kam er aus der Kajüte herauf auf Deck und hielt Ausschau nach dem Wetter; dann rief er den Schiffszimmermann und noch etliche Leute und sagte, sie sollten sofort in den Schiffsraum hinuntergehen und zwei Löcher in den Boden des Schiffes hauen. Darauf sollten sie die Pumpen auf ihren Gestellen herausholen und ganz dicht auf die Löcher setzen, so daß das Wasser in den Röhren recht hoch stiege.

Die Leute wunderten sich und fanden diesen Befehl recht merkwürdig, aber sie taten, was er gesagt hatte. Sie machten die Löcher und setzten die Pumpen so dicht darauf, daß auch kein Tröpfchen Wasser an die Ladung kommen konnte; aber in den Pumpen stand die Nordsee sieben Fuß hoch.

Kaum hatten sie die Späne von der Arbeit über Bord geschafft, da kam auch schon Herr Urian in einem Windstoß und packte den Schiffer beim Kragen. «Wart, Alter, das pressiert nicht so schrecklich», sagte der Schiffer und fing an, sich zu wehren und die Klauen, die ihn festhielten, mit einem Pfriemen loszumachen. «Hast du dich nicht in dem Vertrag dazu verpflichtet, daß du mir immer mein Schiff dicht und trocken halten wolltest?» sagte der Schiffer. «Du bist mir ein sauberer Gesell. Schau dir nur die Pumpen an! Das Wasser steht sieben Fuß hoch in den Röhren. Pump, Teufel, pump mir das Schiff leer, dann kannst du mich haben und behalten, solang du willst!»

Der Teufel war dumm genug und ließ sich anführen; er schaffte und schwitzte, und der Schweiß lief ihm in hellen Bächen den Buckel hinunter, daß man damit eine Mühle hätte treiben können, aber er pumpte aus der Nordsee heraus und in die Nordsee hinein; schließlich hatte er es genug, und als er nicht mehr konnte, fuhr er in hellem Zorn heim zu seiner Großmutter, um sich auszuruhen. Den Schiffer ließ er Schiffer sein, solang er wollte, und wenn er nicht gestorben ist, so fährt er heut noch auf dem Meer herum und segelt, wohin er will, und läßt den Wind drehen, je nachdem er seinen Hut dreht.

50

Die Geschichte vom Schmied, den der Teufel nicht in die Hölle lassen wollte

In jenen Zeiten, als der Herr Jesus Christus und St. Petrus noch auf Erden wandelten, kamen sie zu einem Schmied. Er hatte mit dem Teufel einen Vertrag geschlossen, daß er ihm nach sieben Jahren gehören wolle, aber in der Zeit wolle er der Meister über alle Meister in der Schmiedekunst sein; und den Vertrag hatte er sowie auch der Teufel unterschrieben. Deshalb hatte er auch mit großen Buchstaben über die Tür seiner Schmiede geschrieben: «Hier wohnt der Meister über alle Meister.» Als nun der Herr Christus kam und das sah, ging er hinein. «Wer bist du?» sagte er zu dem Schmied. «Lies die Inschrift über der Tür!» antwortete der Schmied. «Aber am Ende kannst du nicht lesen, dann mußt du warten, bis einer kommt, der dir hilft.» Ehe der Herr Christus ihm antworten konnte, kam ein Mann mit einem Pferd, das er frisch beschlagen haben wollte. «Darf ich das vielleicht beschlagen?» sagte der Herr. «Du kannst es ja probieren», sagte der Schmied. «So schlecht kannst du es gar nicht machen, daß ich es nicht wieder rechtmachen könnte.» Der Herr Christus ging hinaus und nahm dem Pferd das eine Vorderbein ab, legte es in die Esse und machte das Eisen glühend; dann nahm er Nägel und einen Hammer und beschlug es und setzte es ohne Schaden wieder an dem Pferde fest. Als er damit fertig war, nahm er das andere Vorderbein und behandelte es ebenso; und als er auch das wieder festgesetzt hatte, nahm er die Hinterbeine, erst das rechte und dann das linke, legte sie in die Esse, machte das Hufeisen glühend, schärfte die Ecken und Kanten und verschweißte es dicht, und darauf setzte er dem Pferd die Beine wieder an. Inzwischen stand der Schmied da und schaute ihm zu. «Du bist doch kein so schlechter Schmied!» sagte er. «Meinst du?» sagte der Herr Christus.

Kurz darauf kam die Mutter des Schmiedes in die Schmiede und hieß ihn heimkommen und zu Mittag essen; sie war sehr alt, hatte einen krummen Rücken und Runzeln im Gesicht und konnte nur mit genauer Not noch gehen. «Gib jetzt acht, was du zu sehen bekommst!» sagte der Herr Christus; er nahm die Frau, legte sie in die Esse und schmiedete eine junge, schöne Jungfrau aus ihr. «Ich sage noch einmal», sagte der Schmied, «du bist gar kein so schlechter Schmied; über meiner Tür steht: ‹Hier wohnt der Meister über alle Meister›, aber ich muß geradeheraus sagen: Man lernt nicht aus.» Und damit ging er ins Haus und aß zu Mittag.

Als er wieder in die Schmiede gekommen war, kam ein Mann geritten, der wollte sein Pferd beschlagen haben. «Das ist schnell geschehen», sagte der Schmied. «Ich habe gerade eben eine neue Methode gelernt; die ist sehr praktisch, wenn man nicht viel Zeit hat», und damit fing er an, dem Pferde die Beine abzubrechen, und brach und schnitt so lange, bis er alle vier Beine ab hatte. «Denn ich weiß nicht, weshalb man sich mit einem nach dem anderen abmühen soll», sagte er. Die Beine legte er in die Esse, wie er es beim Herrn Christus gesehen hatte, tat tüchtig Kohlen darauf und ließ die Gesellen fest den Blasebalg ziehen. Aber es ging, wie wohl zu erwarten war: Die Beine verbrannten, und der Schmied mußte das Pferd bezahlen. Das behagte ihm gar nicht. Aber da kam ein altes Bettelweib des Weges daher, und er dachte: Gelingt das eine nicht, so gelingt wohl das andere. Er nahm die Frau und legte sie in die Esse, sie mochte jammern und bitten, so sehr sie wollte. «Du verstehst auch dein eigenes Bestes nicht, so alt du auch bist», sagte der Schmied. «Du wirst im Augenblick ein wunderschönes junges Mädchen werden, und ich nehme keinen Heller für meine Mühe.» Aber mit der armen Frau ging es nicht besser als mit den Pferdebeinen. «Das war gar nicht gut gemacht!» sagte der Herr Christus. «Ach, es wird wohl niemand viel nach ihr fragen», sagte der Schmied, «aber es ist schandbar, daß der Teufel sein Wort, das über der Tür steht, nicht besser hält.» – «Wenn ich dir nun drei Wünsche gewähren wollte», sagte der Herr Christus, «was würdest du dir da wünschen?» – «Probiere es», sagte der Schmied, «dann wirst du es sehen!» Da gab ihm der Herr drei Wünsche frei. «Also zuallererst wünsche ich mir», sagte der Schmied, «daß der, den ich auf jenen Birnbaum klettern heiße, dort oben bleiben muß, bis ich ihn selbst herunterkommen lasse; zum zweiten, daß der, den ich in jenen Lehnstuhl sitzen heiße, der in der Werkstatt steht, sitzen bleiben muß, bis ich selbst ihn aufstehen lasse; und zum dritten, daß der, der in meinen stählernen Geldbeutel kriecht, den ich in der Tasche habe, nicht herauskann, bis ich ihn selbst herauskriechen lasse.» – «Du hast gewünscht wie ein törichter Mann», sagte St. Peter. «Zuallererst hättest du dir Gottes Gnade und Huld wünschen müssen!» – «So hoch wagte ich mich nicht zu versteigen», sagte der Schmied. Damit nahmen der Herr Christus und St. Peter Abschied und zogen weiter.

So ging die Zeit um, und schließlich kam der Teufel, wie es im Kontrakt stand, und wollte den Schmied holen. «Bist du fertig?» fragte er und steckte die Nase zur Schmiedetür hinein. «Ach», sagte der Schmied, «ich sollte so notwendig erst einen Kopf an diesen Nagel schlagen; klettere du inzwischen auf den Birnbaum hinauf und pflücke dir eine Birne, denn du bist wohl hungrig und durstig von der Reise.» Der Teufel dankte für das freundliche Anerbieten und kletterte hinauf. «Ja, wenn ich mir die Sache recht bedenke», sagte der Schmied, «so kann ich in den nächsten vier Jahren keinen Kopf an den Nagel schmieden, denn das Eisen ist gar so hart; herunter kannst du aber während der Zeit nicht, du mußt so lange da oben sitzen bleiben und dich ausruhen!» Der Teufel bat und bettelte gar de- und wehmütig, ob er nicht herunterdürfe, aber es half ihm nichts. Schließlich mußte er versprechen, nicht mehr zu kommen, ehe die vier Jahre vorbei wären, wie der Schmied gesagt hatte. «Also, nun darfst du wieder herunter!» sagte der Schmied.

Als nun die Zeit um war, kam der Teufel wieder, um den Schmied zu holen. «Nun bist du wohl fertig», sagte er, «jetzt könntest du den Nagel doch fertig haben.» – «Ja, den Kopf hab ich fertig», sagte der Schmied, «aber ein bißchen zu früh bist du doch gekommen, denn ich habe die Spitze noch nicht geschärft. So hartes Eisen habe ich mein Lebtag noch nicht geschmiedet. Während ich nun die Spitze an dem Nagel schärfe, kannst du dich in meinen Lehnstuhl setzen und ausruhen, denn du bist doch wohl müde von der Reise.» – «Danke für das Anerbieten!» sagte der Teufel und setzte sich in den Lehnstuhl. Aber ehe er recht zum Ausruhen kam, sagte der Schmied wieder, wenn er sich's recht bedenke, so könne er die Spitze nicht rascher fertigbringen als in vier Jahren. Der Teufel bat zuerst sehr, ob er nicht aus dem Stuhl herausdürfe, aber dann wurde er böse und fing an zu drohen; der Schmied jedoch entschuldigte sich, so gut er konnte, und sagte, das Eisen sei schuld daran, weil es so hart sei, und er tröstete den Teufel damit, daß er ja so gut und bequem im Lehnstuhl säße, und genau nach vier Jahren dürfe er ja wieder heraus. Da gab's nun keinen Ausweg: der Teufel mußte dem Schmied versprechen, daß er ihn nicht holen wolle, ehe die vier Jahre um seien, und dann sagte der Schmied: «So, nun kannst du wieder aufstehen!», und der Teufel machte sich davon, so rasch er konnte.

Nach vier Jahren kam der Teufel wieder, um den Schmied zu holen. «Nun bist du doch gewiß fertig», sagte er und steckte die Nase zur Tür herein. «Fix und fertig!» sagte der Schmied. «Nun können wir gehen, wenn du willst. Aber hör einmal», sagte er, «eine Sache habe ich mir lang überlegt und schließlich gedacht, ich wollte dich fragen: Ist es wahr, was die Leute erzählen, daß der Teufel sich so klein machen kann, wie er will?» – «Freilich ist das wahr!» sagte der Teufel. «Ach, dann könntest du mir doch den Gefallen tun und in meinen stählernen Geldbeutel hineinkriechen und sehen, ob er kein Loch hat», sagte der Schmied, «ich habe Angst, ich könnte sonst mein Reisegeld verlieren.» – «Mit Vergnügen!» sagte der Teufel, machte sich ganz klein und kroch in den Beutel. Aber kaum war er drinnen, so machte der Schmied den Beutel zu. «Ja, er ist überall ganz und dicht», sagte der Teufel innen. «Ja, das ist ja ganz schön, was du da sagst», rief der Schmied, «aber es ist immer besser, den Brunnen zuzudecken, ehe die Kuh hineingefallen ist; ich will doch den Beutel noch ein wenig schweißen, nur um der Sicherheit willen.» Und damit legte er den Beutel in die Esse und machte ihn glühend. «Au! Au! Bist du verrückt! Weißt du nicht, daß ich in dem Beutel drinnen bin?» schrie der Teufel. «Ja, da kann ich dir nicht helfen», sagte der Schmied. «Es ist ein altes Sprichwort, man soll das Eisen schmieden, solange es heiß ist», und damit nahm er den großen Hammer, legte den Beutel auf den Amboß und schlug aus allen Kräften zu. «Au! Au!» schrie der Teufel. «Liebster! Bester! Laß mich nur heraus, dann will ich gewiß nicht mehr wiederkommen.» – «Ich glaube, jetzt ist er gut geschweißt», sagte der Schmied. «Jetzt kannst du wieder herauskriechen.» Damit machte er den

Beutel auf, und der Teufel machte sich eiligst davon und wagte sich nicht einmal umzusehen.

Als aber einige Zeit vergangen war, kam es dem Schmied in den Sinn, daß es nicht klug gewesen war, sich mit dem Teufel zu entzweien; ‹denn wenn ich nicht in den Himmel komme›, dachte er, ‹so könnte es mir passieren, daß ich kein Unterkommen fände, weil ich mich mit dem, der das Regiment in der Hölle führt, überworfen habe›, und er dachte bei sich, es sei am besten, so rasch wie möglich Unterkunft zu suchen, entweder im Himmel oder in der Hölle, dann wüßte er doch, wie er dran sei, und deshalb nahm er seinen Hammer auf die Schulter und machte sich auf den Weg. Als er nun ein gutes Stück gegangen war, kam er an den Kreuzweg, wo sich der Weg zum Himmel von dem zur Hölle scheidet; da traf er einen Schneidergesellen, der mit seinem Bügeleisen in der Hand dahergetrippelt kam. «Guten Tag!» sagte der Schmied. «Wo willst du hin?» – «In den Himmel, ob sie mich da hineinlassen», sagte er, «und du?» – «Ach, da können wir nicht weit zusammen gehn», sagte der Schmied, «ich habe vor, es zuerst in der Hölle zu versuchen, denn ich kenne den Teufel gut von früher her.» Damit trennten sie sich, und jeder ging seinen Weg; aber der Schmied war ein großer, kräftiger Mann und ging viel rascher als der Schneider, und so dauerte es nicht lange, bis er vor der Höllenpforte stand. Er trug der Wache auf, zu sagen, draußen stehe einer, der gerne eine Wort mit dem Teufel sprechen wolle. «Geh hinaus und frage, was es für einer ist!» sagte der Teufel zur Wache, und das geschah. «Einen schönen Gruß an den Teufel, und es sei der Schmied mit dem Beutel, er weiß schon», lautete die Antwort. «Und ich lasse ihn bitten, ob ich nicht gleich hereindürfte, denn ich habe den ganzen Morgen bis fast Mittag geschmiedet und nun den weiten Weg gemacht.» Als der Teufel die Antwort hörte, ließ er die Wache alle neun Schlösser an der Höllenpforte zuschließen, «und legt auch noch ein

Hängeschloß davor», sagte er, «denn wenn der herein-
kommt, so richtet er lauter Unfug in der ganzen Hölle an.» –
«Hier ist also keine Unterkunft zu haben», sagte der Schmied.
zu sich selbst, als er hörte, wie die Türe fest verschlossen
wurde. «Da muß ich's wohl im Himmel probieren», und
damit machte er kehrt und ging wieder zu dem Kreuzweg
zurück; da schlug er den Weg ein, den der Schneider gegangen war. Weil er sich ärgerte, daß er den langen Weg nutzlos
hatte hin und zurück machen müssen, schritt er mächtig aus
und kam gerade an die Himmelspforte, als St. Peter sie ein
bißchen öffnete, um den dürren Schneider hineinschlüpfen
zu lassen. Der Schmied war nur noch sechs oder sieben
Schritt davon entfernt. Am besten ist es, wenn ich eilig zu-
greife, dachte er sich, packte seinen Hammer und warf ihn
zwischen den Türspalt, als eben der Schneider hinein-
schlüpfte. Wenn der Schmied aber nicht durch den Spalt hineingekommen ist, so weiß ich nicht, wo er hingekommen ist.

51
Der Bursche, der drei Jahre
umsonst dienen sollte

Es war einmal ein armer Mann, der hatte einen einzigen
Sohn, aber der war so faul und ungeschickt, daß er überhaupt
nichts schaffen wollte. ‹Wenn ich den langen Kerl nicht meiner Lebtag füttern soll, so muß ich ihn weit fortschicken, wo
ihn kein Mensch kennt›, dachte sich der Vater. ‹Treibt er
sich einmal draußen herum, so wird er nicht so leicht wieder
heimkommen.› Also nahm er seinen Sohn und führte ihn
weit und breit in der Welt herum und bot ihn als Knecht an;
aber niemand wollte ihn nehmen. Schließlich, nach langer

Wanderung, kamen sie zu einem reichen Mann, von dem es hieß, er drehe jeden Schilling siebenmal um, ehe er sich von ihm trenne. Der wollte den Jungen als Knecht nehmen, und er sollte ihm drei Jahre umsonst dienen. Aber nach Ablauf dieser drei Jahre sollte der Herr zwei Tage hintereinander morgens in die Stadt gehen und das erste Ding kaufen, was er sehen würde, und am dritten Morgen sollte der Junge selbst losgehen und auch das erste Ding kaufen, das ihm begegnete. Das alles sollte er dann als Lohn bekommen.

Der Bursche diente die drei Jahre zu Ende und stellte sich besser an, als man gedacht hatte. Ein Musterknecht war er ja gewiß nicht, aber der Herr war auch nicht der beste, denn er ließ ihn die ganze Zeit durch in den gleichen Kleidern stek-ken, die er bei seinem Eintritt angehabt hatte; und da saß denn schließlich ein Flicken neben dem andern.

Als der Herr sich nun zu diesem Einkauf begeben sollte, machte er sich in aller Herrgottsfrühe auf den Weg. «Teure Waren sieht man nur am Tag», sagte er, «die treiben sich nicht so früh auf der Straße herum. Teuer genug kann es mich immer noch zu stehen kommen, denn es ist ja der rein-ste Zufall, was ich finde.» Das erste, was er auf der Straße sah, war eine alte Frau, und die trug einen Korb mit einem Deckel darüber. «Guten Tag, Mütterchen», sagte der Mann. «Guten Tag auch, Vater», sagte die Alte. «Was hast du in deinem Korb?» sagte der Mann. «Willst du das wissen?» fragte die Frau. – «Ja», sagte der Mann, «denn ich muß das erste kaufen, was mir in den Weg kommt.» – «Ja, wenn du es wissen willst, so kauf es!» meinte die Alte. «Was kostet es?» fragte der Mann. Vier Schillinge wolle sie dafür haben, sagte die Frau. Das schien ihm kein so ungeheurer Preis, er wolle dabei bleiben, sagte er und lüpfte den Deckel. Da lag ein jun-ger Hund im Korb. Als der Mann von der Reise in die Stadt nach Hause kam, stand der Bursche schon voller Ungeduld und Neugier, was er wohl als Lohn für das erste Jahr bekommen werde. «Seid Ihr schon wieder zurück, Herr?» sagte der Junge. «Jawohl», sagte der Bauer. «Was habt Ihr einge-kauft?» fragte der Bursche. «Es ist nichts Rares, was ich ge-kauft habe», sagte der Mann, «ich weiß gar nicht, ob ich es überhaupt vorzeigen soll; aber ich habe das erste gekauft, was zu bekommen war, und das war ein junger Hund», sagte er. «Dafür sollst du schönstens bedankt sein», sagte der Bur-sche, «Hunde habe ich schon immer gern gehabt.»

Am nächsten Morgen ging es nicht besser. Der Mann machte sich in aller Frühe auf den Weg und war noch nicht in der Stadt drinnen, als er schon wieder der Alten mit dem Korb begegnete. «Guten Tag, Mütterchen», sagte der Mann. «Guten Tag auch dir, Vater», sagte die Alte. «Was hast du heut in deinem Korb?», fragte der Bauer. «Willst du es wissen, so kauf es», war wiederum die Antwort. «Was kostet es?» fragte der Bauer. Vier Schillinge wolle sie dafür haben, sie habe nur den einen Preis. – Er wolle es kaufen, sagte der Mann, denn er dachte, er würde diesmal gewiß einen besseren Kauf machen. Er lüftete den Deckel, und dies-mal lag eine junge Katze im Korb. Als er nach Hause kam, stand der Bursche wieder und wartete, was er wohl für das zweite Jahr für einen Lohn bekommen werde. «Seid Ihr schon wieder da, Herr?» sagte er. «Jawohl», sagte der Bauer. «Was habt Ihr denn heute gekauft?» fragte der Junge. «Ach, nichts Besseres als gestern», sagte der Bauer, «aber ich habe getan, wie wir ausgemacht hatten, ich habe das erste gekauft, was mir in den Weg kam. Und das war dieses junge Kätzchen hier.» – «Du hättest es gar nicht besser treffen können», sagte der Bursche, «denn Katzen habe ich meiner Lebtag ebenso gern gehabt wie Hunde.» – ‹Dabei komme ich gar nicht so schlecht weg›, dachte der Mann bei sich, ‹aber wenn er sich selber auf den Weg macht, so wird die Sache schon anders ausschauen.›

Am dritten Morgen zog also der Junge selber aus, und als

er in die Stadt hineinkam, traf er wieder dieselbe Alte mit dem Korb am Arme. «Guten Morgen, Mütterchen», sagte er. «Guten Morgen auch dir, mein Junge», sagte die Alte. «Was hast du in deinem Korb?» fragte der Bursche. «Willst du es wissen, so kauf!» gab die Alte zur Antwort. «Willst du es verkaufen?» fragte der Junge. – Ja freilich, es koste vier Schillinge, sagte die Alte. Das sei ein guter Kauf, dachte sich der Bursche, und er wollte es nehmen, denn er müsse das erste kaufen, was ihm in den Weg komme. «Nun kannst du die ganze Herrlichkeit nehmen», sagte die Alte, «den Korb und was darin ist. Aber schau nicht hinein, ehe du zu Hause bist, hörst du?» Nein, er wolle ganz gewiß nicht hineinschauen, sagte er. Aber unterwegs sinnierte und überlegte er, was wohl in dem Korb sein möge, und ob er wollte oder nicht – er konnte sich nicht halten und mußte den Deckel ein wenig lüften und durch den Spalt hineinschauen. Aber in dem Augenblick fuhr durch den Spalt eine kleine Eidechse heraus und rannte so eilig über die Straße, daß es nur so surrte – und sonst war nichts im Korb. «Halt, wart ein wenig und renn nicht so davon, ich habe dich gekauft», sagte der Bursche. – «Stich mich ins Genick, stich mich ins Genick!» rief die Eidechse. Der Bursche war nicht faul, rannte hinter ihr drein und stieß ihr sein Messer ins Genick, als sie gerade in ein Mauerloch hineinschlüpfen wollte. In diesem Augenblick verwandelte sie sich in einen Mann, der war so schön und prächtig wie der prächtigste Prinz, und ein Prinz war er auch in Wirklichkeit.

«Nun hast du mich erlöst», sagte er, «denn die Alte, mit der du und dein Bauer gehandelt haben, ist eine Hexe, und die hat mich in eine Eidechse verwandelt und meine Geschwister in einen Hund und eine Katze.» Das schien dem Burschen eine merkwürdige Geschichte. «Jawohl», sagte der Prinz, «und eben war sie auf dem Wege, um uns ins Meer zu werfen und zu ertränken; aber wenn einer kommen und uns kaufen sollte, so mußte sie uns das Stück für vier Schillinge verkaufen; so war es ausgemacht. Nun sollst du mit mir heim zu meinem Vater ziehen und für deine Tat belohnt werden.» – «Das wird aber schön weit weg sein», sagte der Bursche. «Ach nein, das ist nicht so weit», meinte der Prinz, «das ist dort», sagte er und zeigte auf einen hohen Berg in der Ferne.

Sie marschierten nun, so rasch sie konnten; aber es war doch viel weiter, als es ausgesehen hatte. Denn sie kamen erst spät in der Nacht ans Ziel. Der Prinz klopfte an. «Wer klopft an meine Tür und stört meinen Schlaf?» rief es im Berge. Und die Stimme war so gewaltig, daß die Erde bebte. «Mach auf, Vater, dein Sohn kommt wieder heim!» rief der Prinz. Nun schloß der Vater rasch und froh auf. «Ich glaubte schon, du lägest auf dem Grund des Meeres», sagte der Alte. «Aber du bist nicht allein?» – «Das ist der, der mich erlöst hat», sagte der Prinz, «ich habe ihn gebeten, mitzukommen, damit du ihn dafür belohnen kannst.» Das wolle er schon besorgen, meinte der Alte. «Nun müßt ihr hereinkommen», sagte er, «ihr könnt hier getrost ausruhen.» Sie gingen hinein und setzten sich, und der Alte legte einen Arm voll Holzscheite und ein paar große Klötze ins Feuer, daß es in jedem Winkel hell wurde wie am lichten Tag, und wo sie hinschauten, da war es unerhört prächtig. So etwas hatte der Bursche noch nie gesehen, und so feines Essen und Trinken, wie es ihm der Alte vorsetzte, hatte er noch nie versucht; und die Schalen und Teller und Becher und Schüsseln waren alle zusammen aus purem Silber und blankem Gold.

Zu nötigen brauchte man die beiden jungen Leute nicht! Sie aßen und tranken und ließen sich's wohl sein, und dann schliefen sie bis weit in den nächsten Morgen hinein. Der Bursche war noch nicht wach, als der Alte schon kam und ihm einen Morgentrunk in einem goldenen Becher bot. Als er sein Lumpenzeug angezogen und gefrühstückt hatte, führte ihn der Alte herum und zeigte ihm alles und sagte, er dürfe sich aussuchen, was er wolle, als Belohnung, weil er den Prinzen erlöst hatte. Da war viel zu sehen und mehr zu nehmen, könnt ihr euch denken. – «Nun, was willst du haben?» fragte der König. «Du kannst nehmen, was du willst; du siehst ja, da ist genug zur Auswahl!» Der Bursche sagte, er müsse sich erst ein wenig bedenken und mit dem Prinzen sprechen. Das durfte er auch. «Nun hast du wohl viel Schönes gesehen?» fragte der Prinz. «Es ist schon so», sagte der Bursche. «Aber sag mir, was soll ich mir von all diesen Herrlichkeiten nehmen? Dein Vater sagt, ich dürfte mir aussuchen, was ich wolle.» – «Du sollst gar nichts nehmen von allem, was du gesehen hast», gab der Prinz zur Antwort, «aber mein Vater hat am Finger einen kleinen Ring, um den sollst du ihn bitten.» Das tat der Bursche und bat den König um den Ring von seinem Finger.

«Das ist mir das Liebste von allem, was ich habe», sagte der König, «aber mein Sohn ist mir ebenso lieb, darum will ich dir den Ring geben. Weißt du, was er für Kräfte hat?» Nein, das wußte der Junge nicht. «Wenn du ihn am Finger hast, so kannst du alles bekommen, was du haben willst!» sagte der König. Der Bursche bedankte sich aufs schönste, und der König und der Prinz wünschten ihm Glück auf die Reise und legten ihm ans Herz, ja recht gut auf den Ring aufzupassen.

Er war noch nicht lange unterwegs, da kam ihm der Gedanke, zu versuchen, was der Ring vermöge. Und er wünschte sich neue Kleider von unten auf, und kaum hatte er den Wunsch getan, so steckte er schon darin. Und er war so schön und glänzend wie ein neuer Nickel. Da dachte er bei sich, es wäre doch nett, wenn er seinem Vater einen Possen spielen könnte. «Er war auch nicht allzu freundlich, als ich noch zu Hause war.» Und nun wünschte der Bursche, er wolle vor seines Vaters Tür stehen, ebenso zerlumpt wie zuvor. Und in dem Augenblick stand er schon dort.

«Guten Tag, Vater, und schönen Dank für letztes Mal!» sagte der Bursche. Aber als der Vater sah, daß er noch viel abgerissener und zerlumpter heimkam, als er ausgezogen war, da wurde er böse und fing an zu schimpfen: «Mit dir ist gar nichts anzufangen, wenn du dir nicht einmal während der ganzen langen Dienstzeit Kleider auf den Leib verdient hast!» – «Ach, sei nur nicht so böse, Vater» sagte der Bursche, «du brauchst nicht nach den Lumpen auf einen Landstreicher zu schließen; nun sollst du den Freiwerber machen und zum König gehen und für mich um seine Tochter anhalten.»

«Geh, geh, das ist ja der reine Spott und Hohn», rief der Vater. Aber der Bursche behauptete, es sei die reine Wahrheit, und nahm einen Birkenast und jagte seinen Vater bis zum Tor des Königshofes. Da kam er nun gleich zum König hineingestolpert und weinte, daß ihm die Tränen nur so herunterkollerten.

«Nun, was ist denn dir passiert, mein guter Mann?» fragte der König. «Ist dir ein Unrecht geschehen, so will ich sehen, daß ich dir Recht schaffe.» Nein, es sei ihm kein Unrecht geschehen, sagte der Mann, aber er habe einen Sohn, der mache ihm die größten Sorgen: es sei gar nichts Rechtes mit ihm anzufangen, und nun habe er offenbar sein bißchen Verstand noch ganz und gar verloren. «Denn eben ist er mir bis zum Tor des Schlosses mit einem Birkenast nachgelaufen und hat mich bedroht, wenn ich ihm nicht die Königstochter zur Frau verschaffen wolle», sagte der Mann. –«Gib dich nur zufrieden, guter Mann», sagte der König, «und schick mir deinen Sohn einmal her, dann wollen wir sehen, wie wir uns einigen.»

Der Bursche kam zum König hereingeschossen, daß seine Lumpen nur so flatterten. «Bekomme ich deine Tochter?» rief er. «Ja, darüber wollten wir eben reden», sagte der König, «vielleicht ist dir gar nicht mit ihr gedient und ihr nicht mit dir», sagte er. Das könne schon sein, meinte der Junge.

Nun war vor kurzem ein großes Schiff aus dem Ausland gekommen, das konnte man vom Fenster des Schlosses aus sehen. «Nun wollen wir sehen», sagte der König, «kannst du in ein oder zwei Stunden ein Schiff verfertigen, das diesem da draußen in allem gleicht und ebenso schön ist, so bekommst du vielleicht meine Tochter», sagte der König.

«Wenn es sonst nichts ist!» sagte der Bursche. Dann ging er an den Strand hinunter und setzte sich in einen Sandhaufen, und als er lang genug dagesessen war, wünschte er, es solle im Fjord draußen ein Schiff liegen, vollständig ausgerüstet mit Masten und Segeln und allem Zubehör, und es solle in allem dem Schiffe gleichen, das schon draußen lag. Und sogleich lag es da, und als der König sah, daß statt einem Schiffe zwei dort lagen, kam er an den Strand hinunter und wollte sich die Sache genau anschauen. Da erblickte er den Jungen; der stand in einem Boot mit einem Besen in der Hand, als wollte er das Schiff noch zu guter Letzt blankputzen, aber als er sah, daß der König kam, warf er den Besen weg und rief: «Nun ist das Schiff fertig. Bekomme ich jetzt deine Tochter?»

«Das ist ganz schön», sagte der König, «aber du mußt doch noch eine Probe ablegen. Kannst du in einer Stunde oder zwei ein Schloß bauen, das dem meinigen in allem gleicht, so wollen wir weiter sehen!»

«Ist es sonst nichts?» rief der Bursche. Als er sich lang herumgetrieben hatte und die festgesetzte Zeit zu Ende ging, da wünschte er, es solle ein Schloß dastehen, das dem Königsschloß in allem gliche. Es dauerte nicht lange, so stand es da, könnt ihr euch denken. Und es dauerte auch nicht lange, bis der König mit der Königin und der Prinzessin kam und sich das neue Schloß besehen wollte. Der Bursche stand wieder mit dem Besen da und fegte und putzte. «Nun ist das Schloß fix und fertig. Bekomme ich sie jetzt?» schrie er.

«Das ist ganz schön», meinte der König, «komm nur herein, so wollen wir darüber reden», sagte er, denn er merkte, daß der Bursche mehr konnte als Brot essen, und er überlegte sich, wie er ihn wohl loswerden könnte. Der König ging voraus und gleich nach ihm die Königin, und so kam die Prinzessin gerade vor dem Burschen. Da wünschte er sich gleich, er wolle der Schönste in der ganzen Welt sein, und im Augenblick war er's. Als die Prinzessin sah, wie stattlich er mit einemmal geworden war, stieß sie die Königin an, und die stieß wieder den König an, und als sie sich satt gegafft hatten, war es ihnen aufgegangen, daß der Bursche doch mehr sei, als was er in seinem Lumpengewand zuerst geschienen hatte. Also machten sie aus, die Prinzessin sollte ihm schöntun, um herauszubringen, wie es sich denn mit ihm verhielte. Und die Prinzessin machte sich so süß und fein wie Zuckerbrot und heuchelte und schmeichelte um den Burschen herum, sie könne weder Tag noch Nacht ohne ihn sein, sagte sie. Als es gegen den ersten Abend ging, sagte sie: «Da wir uns doch heiraten sollen, du und ich, so hast du gewiß kein Geheimnis vor mir, und du wirst mir wohl nicht verbergen, wie du all diese schönen Sachen zustande gebracht hast.»

«Ach ja», sagte der Bursche darauf, «das sollst du schon erfahren; laß uns nur erst Mann und Frau sein, vorher gilt es nicht.»

Am nächsten Abend tat die Prinzessin ganz jämmerlich; sie merke wohl, sagte sie, daß er sich nicht besonders um seine Liebste kümmre, wenn er ihr nicht einmal sagen wolle, was sie gern wissen möchte. Wenn er ihr nicht einmal in einer solchen Kleinigkeit gefällig sein wolle, so sei es auch mit der ganzen Liebe nicht weit her. Da kam der Junge rein in Verzweiflung, und um sie wieder zu versöhnen, erzählte er ihr alles. Sie war nicht faul und ließ alles den König und die Königin wissen. Da machten sie aus, wie sie dem Burschen den Ring ablisten sollte, und dann, meinten sie, sei es wirklich nicht schwer, ihn loszuwerden.

Am Abend kam die Prinzessin mit einem Schlaftrunk und sagte, sie wolle ihrem Schatz einen Liebestrank geben, denn er habe sie offenbar nicht gern genug. Der Bursche dachte an nichts Böses und trank, und gleich darauf schlief er so fest ein, daß man ihm ruhig das Haus über dem Kopf hätte einreißen können. Da zog ihm die Prinzessin den Ring vom Finger, steckte ihn sich selber an und wünschte, der Bursche solle auf dem Kehrichthaufen in der Gasse liegen, so zerlumpt und abgerissen, wie er gekommen war, und an seiner Stelle wolle sie den schönsten Prinzen der Welt haben. Und das geschah auch im Augenblick.

Nach einer Weile wachte der Junge draußen auf dem Kehrichthaufen auf, zuerst meinte er zu träumen, aber als er merkte, daß der Ring verschwunden war, da begriff er, wie das alles zugegangen war, und es wurde ihm so verzweifelt zumute, daß er sich aufmachte und gleich ins Meer springen wollte.

Aber da begegnete er der Katze, die ihm sein Herr gekauft hatte. «Wo willst du hin?» fragte sie. «Ins Meer und mich ertränken», gab der Bursche zur Antwort.

«Tu es ja nicht», sagte die Katze, «du wirst deinen Ring schon wiederbekommen.»

«Ja, wenn das wahr ist, so...», sagte der Bursche.

Die Katze lief davon. Auf einmal kam ihr eine Ratte in den Weg. «Jetzt packe ich dich!» sagte die Katze. – «Ach, tu es nicht», sagte die Ratte, «du sollst auch den Ring wiederbekommen.»

«Ja, wenn das wahr ist, so...», gab die Katze zur Antwort.

Als die Leute im Schloß sich schlafen gelegt hatten, schlich die Ratte herum und schnupperte und lauerte, wo die Prinzessin und der Prinz lägen; und schließlich fand sie ein kleines Loch, und da kroch sie durch. Nun hörte sie, wie die Prinzessin und der Prinz noch miteinander sprachen, und sie merkte, daß der Prinz den Ring am Finger stecken hatte. Denn die Prinzessin sagte: «Gib wohl acht auf den Ring, mein Liebster!» – «Pah, durch Mauern und Wände kommt doch niemand herein um des Ringes willen!» sagte der Prinz darauf. «Aber wenn du meinst, daß er an der Hand nicht sicher genug ist, so kann ich ihn ja in den Mund nehmen.»

Nach einer Weile legte er sich auf den Rücken und wollte einschlafen. Aber da rutschte ihm der Ring in den Hals hinunter, und er mußte husten, daß der Ring herausfuhr und am Boden hinrollte. Witsch – packte ihn die Ratte und schlich damit hinaus zur Katze, die vor dem Rattenloch gelauert hatte. Aber inzwischen hatte der König den Burschen erwischt und in einen großen Turm setzen lassen und zum Tode verurteilt, weil er Spott und Hohn mit seiner Tochter getrieben hatte – sagte der König. Und in dem Turm sollte der Junge sitzenbleiben bis zur Hinrichtung. Doch die Katze schlich immer um den Turm herum und versuchte, mit dem Ring hineinzuwischen. Aber da kam ein Adler und packte sie mit seinen Fängen und flog mit ihr übers Meer. Aber auf einmal kam ein Falke und stürzte sich auf den Adler, und der ließ die Katze ins Meer fallen. Als sie das Nasse spürte, kam ihr die Angst, sie ließ den Ring fallen und schwamm ans Land. Sie hatte kaum das Wasser aus ihrem Fell geschüttelt und sich geputzt, so traf sie den Hund, den der Bauer dem Burschen gekauft hatte.

«Nein, was soll ich denn nur anfangen?» sagte die Katze und weinte und jammerte. «Der Ring ist fort, und den Burschen wollen sie umbringen!» – «Ich weiß nicht», sagte der Hund, «aber das weiß ich, daß es in meinem Bauche reißt und zerrt, als ob er sich umdrehen wollte; ärger könnte es nicht sein», sagte er.

«Siehst du, du hast dich gewiß überfressen», meinte die Katze.

«Ich esse nie mehr, als ich kann», sagte der Hund, «und jetzt habe ich gar nichts gegessen als einen toten Fisch, den die Ebbe hiergelassen hat.»

«Hatte vielleicht der Fisch den Ring verschluckt?» fragte die Katze. «Und nun mußt du auch mit dem Leben dafür büßen, daß du kein Gold verdauen kannst?»

«Das kann schon sein», meinte der Hund. «Dann wäre es aber am besten, wenn ich gleich stürbe, dann könnte der Junge vielleicht noch gerettet werden.»

«Ach, das ist nicht nötig», sagte die Ratte – sie war auch dabei –, «ich brauche keine große Öffnung, um hineinzukommen, und wenn der Ring wirklich drinnen ist, so werde ich ihn gewiß aufspüren.» Also schlüpfte die Ratte in den Hund hinein, und es dauerte nicht lange, so kam sie mit dem Ring wieder heraus. Also machte sich die Katze auf den Weg nach dem Turm und krabbelte hinauf, bis sie ein Loch fand, in das sie die Pfote stecken konnte, und brachte dem Burschen den Ring wieder.

Kaum hatte er ihn am Finger, so wünschte er, daß der Turm einstürzen möge, und im gleichen Augenblick stand er mitten unter der Tür und beschimpfte den König und die Königin und die Königstochter, als seien sie ganz gemeines Lumpenpack. Der König rief eiligst sein Kriegsheer zusammen und sagte, sie sollten den Turm umstellen und den Jungen gefangennehmen, es sei gleich, ob tot oder lebendig. Aber der Bursche wünschte nur, daß die ganze Armee bis unter die Arme in dem großen Sumpf drinnen im Gebirge stecken möge, und da hatten sie Mühe genug, um wieder herauszukommen – die, die nicht drin steckenblieben. Nun schimpfte er weiter, wo er aufgehört hatte, und als er sich schließlich alles und jedes vom Herzen geredet hatte, wünschte er, der König, die Königin und die Königstochter sollten ihrer Lebtag in dem Turm sitzen, in den sie ihn gesteckt hatten. Als sie festsaßen, nahm er das Land und Reich des Königs für sich; da wurde der Hund in einen Prinzen verwandelt und die Katze in eine Prinzessin; die nahm er zu seiner Frau, und sie hielten Hochzeit und feierten lang und reichlich.

52

Vom Hasen,
der verheiratet gewesen war

Es war einmal ein Hase, der ging im Grünen spazieren. «Hurrah, hei hopp!» schrie er, hüpfte und sprang und schlug einen Purzelbaum und machte ein Männchen im Grase. Da kam ein Fuchs angeschlichen.

«Guten Tag! Guten Tag!» sagte der Hase. «Ich bin so froh heute, denn ich hatte mich verheiratet, mußt du wissen», sagte er.

«Das ist ja recht schön», sagte der Fuchs.

«Nein», sagte der Hase, «das war nicht so besonders schön, denn die Frau hatte Haare auf den Zähnen, und ein Drache war sie auch dazu», sagte er.

«Das ist schlimm», sagte der Fuchs.

«Ach, das war doch nicht so schlimm», sagte der Hase, «denn sie hatte ordentlich Geld und dazu ein Haus.»

«Das ist ja recht schön», sagte der Fuchs.

«Ach nein, das war gar nicht so schön», sagte der Hase, «denn das Haus verbrannte und alles, was wir hatten.»

«Das ist aber wirklich schlimm», sagte der Fuchs.

«Ach nein, das war nicht so schlimm», sagte der Hase, «denn die Alte ist auch mitverbrannt!»

53

Der Bursche,
der um die Tochter der Mutter
im Winkel freien wollte

Es war einmal eine Frau, die hatte einen Sohn, und der war
so faul und langweilig, daß er überhaupt nichts Nützliches
anfangen wollte. Aber zum Singen und Tanzen hatte er Lust,
das tat er, so lang der Tag war, und wohl noch eine Weile in
die Nacht hinein. Je länger das ging, um so ärmlicher wurde
die Frau; der Bursche wuchs, und Essen wollte er haben, daß
man es fast nicht auftreiben konnte, und für Kleider ging
mehr und mehr drauf, je größer er wurde; lang hielten die
Kleider auch nicht, könnt ihr euch denken, denn der Bursche
sprang und tanzte in einem fort durch Wald und Feld.

Schließlich wurde es der Frau doch zu arg; sie sagte eines
Tages zu dem Buben, nun solle er doch endlich auf Arbeit
gehen und etwas Ordentliches anfangen, sonst müßten sie
alle beide am Hungertuche nagen. Aber dazu hatte der Bursche keine Lust, er sagte, er wolle lieber um die Tochter der
Mutter im Winkel freien, denn wenn er die bekäme, könne er
sein Lebtag in Lust und Freuden leben und singen und tanzen
und brauche sich nicht mit Arbeit zu plagen.

Als die Mutter das hörte, dachte sie, das wäre nicht einmal
so übel, und sie putzte den Burschen heraus, so gut sie
konnte, damit er stattlich aussehe, wenn er zur Mutter im
Winkel käme; und dann machte er sich auf den Weg.

Als er hinaustrat, schien die Sonne warm und schön; aber
in der Nacht hatte es geregnet, so daß der Boden weich war
und alle Pfützen voll Wasser standen. Der Bursche schlug
den kürzesten Weg zur Mutter im Winkel ein und sang und
sprang, wie er immer tat. Aber auf einmal, wie er so dahin-
hopste und sprang, kam er an einen Sumpf, und darüber lag

nur ein Knüppelsteg, und von diesem Steg aus mußte er einen Sprung über eine Pfütze auf einen Grasbüschel tun, wenn er seine Schuhe nicht schmutzig machen wollte. «Plump!» sagte es da. – In dem Augenblick, als er den Fuß auf den Grasbüschel setzte, ging es abwärts und immer abwärts, bis er in einem häßlichen, düsteren, dunklen Loche stand. Zuerst konnte er gar nichts sehen, aber als er ein Weilchen da war, erkannte er eine Ratte, die hin und her schwänzelte und schwanzelte und einen Schlüsselbund am Schwanz hängen hatte.

«Bist du da, mein Junge?» sagte die Ratte. «Dank sollst du haben, daß du kommst und mich besuchst; ich habe lange auf dich gewartet. Du kommst gewiß und willst um mich freien, und hast es wohl sehr eilig, das kann ich mir denken. Aber du mußt nur noch ein wenig Geduld haben, ich soll eine große Aussteuer bekommen und bin noch nicht zur Hochzeit fertig, aber ich will mein Bestes tun, daß die Hochzeit bald sein kann.»

Als sie das gesagt hatte, brachte sie ein paar Eierschalen zum Vorschein mit allerhand Eßbarem, wie es die Ratten fressen; das setzte sie dem Burschen vor und sagte: «Du mußt dich setzen und zugreifen; du bist gewiß müde und hungrig.»

Aber der Bursche hatte keinen sonderlichen Appetit auf diese Speisen. ‹Wenn ich nur weg und wieder oben wäre›, dachte er, aber er sagte nichts.

«Nun möchtest du gewiß wieder heim, denke ich», sagte die Ratte. «Ich weiß schon, daß du mit Ungeduld auf die Hochzeit wartest, und ich will mich eilen, so gut ich kann. Nimm hier diesen Leinenfaden mit, und wenn du hinaufkommst, darfst du dich nicht umsehen, sondern mußt geradenwegs heimgehen, und unterwegs mußt du immer sagen: ‹Vorne kurz und hinten lang.›» Und damit gab sie ihm einen Leinenfaden in die Hand.

«Gott sei Dank», sagte der Bursche, als er wieder oben war, «da gehe ich so bald nicht mehr hin.» Aber den Faden hatte er in der Hand, und er sprang und sang wie gewöhnlich. Doch obgleich er nicht mehr an das Rattenloch dachte, kam er doch ins Trällern und sang immerzu:

«Vorne kurz und hinten lang!
Vorne kurz und hinten lang!»

Als er daheim vor der Türe stand, wandte er sich um; da lagen viele, viele hundert Ellen feinster Leinwand, so fein, wie sie die geschickteste Weberin nicht schöner zustande bringt.

«Mutter, komm heraus, komm heraus!» schrie und rief der Bursche. Die Frau kam herausgestürzt und fragte, was denn los sei. Als sie das Gewebe sah, das da lag, so weit ihr Blick reichte und noch ein Stück länger, wollte sie ihren Augen nicht glauben, bis der Bursche erzählte, wie es zugegangen war. Aber als sie das gehört und die Leinwand zwischen den Fingern geprüft hatte, da freute sie sich so sehr, daß sie auch zu singen und zu tanzen anfing.

Dann nahm sie die Leinwand und schnitt sie zu und nähte Hemden davon für sich und ihren Sohn; mit dem Rest ging sie in die Stadt und verkaufte ihn und bekam ein schönes Stück Geld dafür. Nun lebten sie beide eine Zeitlang herrlich und in Freuden. Aber als es damit vorbei war, hatte die Frau keinen Bissen mehr im Hause, und da sagte sie zu ihrem Sohn, nun solle er sich endlich einen Dienst suchen und etwas Ordentliches anfangen, sonst müßten sie alle beide am Hungertuch nagen.

Aber der Bursche hatte eher Lust, zur Mutter im Winkel zu gehen und um ihre Tochter zu freien. Der Frau schien das auch so übel nicht, denn nun war der Bursche stattlich angezogen und sah gar nicht unansehnlich aus. Da putzte sie ihn heraus und richtete ihn her, so schön sie konnte, und er nahm selbst seine neuen Schuhe vor und putzte sie so blank wie Spiegelglas, und als er das getan hatte, ging er. Es war gerade wie das letztemal: Als er hinauskam, schien die Sonne so schön und warm, aber es hatte in der Nacht geregnet, und der Weg war weich und schmutzig, und alle Pfützen standen voller Wasser. Der Bursche schlug den kürzesten Weg zur Mutter im Winkel ein, und er sang und sprang, wie er es immer machte. Er ging einen anderen Weg wie das letztemal, aber wie er so dahinhüpfte und sprang, kam er auf einmal auf den Knüppel-steg über den Sumpf, und von diesem Steg aus mußte er über eine Pfütze auf einen Grasbüschel einen Sprung tun, wenn er seine Schuhe nicht schmutzig machen wollte. «Plumps!» sagte es da. Und er sank abwärts und konnte nicht anhalten, bis er in einem schrecklich häßlichen dunklen Loche stand. Zuerst konnte er gar nichts sehen, aber als er ein Weilchen dagestanden hatte, entdeckte er eine Ratte mit einem Schlüs-selbund am Schwanzende, die vor ihm hin und her schwän-zelte und schwanzelte.

«Bist du da, mein Junge?» sagte die Ratte. «Willkommen bei uns! Das ist nett von dir, daß du mich so bald wieder besuchst; du bist wohl sehr ungeduldig, das kann ich mir denken; aber du mußt wirklich noch ein Weilchen Geduld haben; denn es fehlt noch eine Kleinigkeit an meiner Aus-steuer; aber wenn du das nächstemal kommst, soll alles fertig sein.» Als sie das gesagt hatte, setzte sie ihm in Eierschalen allerhand Eßbares vor, wie es die Ratten fressen und gern mögen. Aber dem Burschen sah es aus wie gegessenes Essen, und er sagte, er habe keinen Appetit. ‹Wenn ich nur glücklich fort und wieder oben wäre!› dachte er, aber er sagte nichts.

Nach einer Weile sagte die Ratte: «Jetzt willst du wohl wie-der hinauf, denke ich. Mit der Hochzeit will ich mich eilen, so sehr ich kann. Aber nun nimm diesen Wollfaden mit, und wenn du hinaufkommst, so darfst du dich nicht umsehen, sondern mußt geradenwegs heimgehen, und unterwegs mußt du immer sagen: ‹Vorne kurz und hinten lang!›» Und damit gab sie ihm einen Wollfaden in die Hand.

«Gott sei Dank, daß ich losgekommen bin», sagte der Bursche zu sich selber, «dahin gehe ich gewiß nicht mehr», und dann sang und sprang er wieder wie gewöhnlich. An das Rattenloch dachte er nicht mehr, aber er war ins Trällern gekommen und sang in einem fort:

«Vorne kurz und hinten lang!
Vorne kurz und hinten lang!»

Als er zu Hause vor der Tür stand, schaute er sich zufällig um; da lag der feinste Kleiderstoff, viel hundert Ellen, fast eine halbe Meile lang, und so fein, daß kein Stadtherr einen Rock aus feinerem Stoff haben konnte.

«Mutter, Mutter, komm heraus, komm heraus!» rief der Bursche.

Die Frau trat unter die Tür, schlug die Hände über dem Kopf zusammen und wäre bald in Ohnmacht gefallen vor Freude, als sie all den schönen Stoff sah; und dann mußte der Bursche ihr erzählen, wie er dazu gekommen sei und wie es ihm vom ersten zum letzten gegangen war. Das gab einen mächtigen Wohlstand, könnt ihr euch denken. Der Bursche bekam schöne neue Kleider, und die Frau ging in die Stadt und verkaufte den Stoff Stück um Stück und bekam schweres Geld dafür und putzte ihre Stube heraus und wurde selbst auf ihre alten Tage so stattlich, daß sie eine vornehme Dame hätte vorstellen können. Sie lebten herrlich und in Freuden; aber schließlich hatte auch dieses Geld ein Ende, und eines Tages hatte die Frau keinen Bissen mehr im Hause, und da sagte sie zu ihrem Sohn, er solle sich nun einen richtigen Dienst suchen und etwas Ordentliches anfangen, sonst müßten sie beide am Hungertuch nagen.

Aber der Bursche meinte, es sei viel besser, zur Mutter im Winkel zu gehen und um ihre Tochter zu freien. Diesmal war die Frau auch einverstanden und widersprach dem Burschen nicht, denn nun hatte er neue feine Kleider und sah so stattlich aus, daß es ihr unmöglich schien, daß solch ein schöner Bursch sich ein Nein holen sollte. Da richtete sie ihn her und putzte ihn aufs schönste heraus, und er selbst nahm seine neuen Schuhe vor und wichste sie so blank, daß man sich darin spiegeln konnte, und als er das getan hatte, machte er sich auf den Weg.

Diesmal schlug er nicht den kürzesten Weg ein, sondern er machte einen großen Umweg, denn hinunter zu der Ratte wollte er nicht noch einmal, das Schwänzeln und Schwanzeln und ewige Hochzeitsgerede hatte er satt. Das Wetter und der Weg waren genauso wie die beiden ersten Male. Die Sonne schien, daß der Morast und die Pfützen glänzten, und der Bursche sang und sprang wie gewöhnlich. Und mitten im Hopsen und Springen, ehe er sichs versah, stand er wieder auf dem gleichen Steg, der über den Sumpf führte. Da mußte er über eine Pfütze hinüber auf einen Grasbüschel springen, wenn er seine blanken Schuhe nicht schmutzig machen wollte. «Plumps!» ging es mit ihm abwärts und hörte nicht auf, bis er wieder in dem gleichen häßlichen schmutzigen dunklen Loche stand. Zuerst freute er sich, weil er gar nichts sah, aber als er ein Weilchen dagestanden hatte, entdeckte er wieder die häßliche Ratte mit dem Schlüsselbund am Schwanze, die ihm so widerlich war.

«Guten Tag, mein Junge», sagte die Ratte, «willkommen sollst du sein; ich sehe, du kannst nicht lange ohne mich le-ben, dafür sollst du bedankt sein, aber jetzt ist auch alles fertig zur Hochzeit, und wir wollen gleich zur Kirche gehen.» Dar-aus wird sicher nichts, dachte sich der Bursche, aber er sagte nichts.

Da pfiff die Ratte, und es wimmelten Scharen von kleineren Ratten und Mäusen aus allen Winkeln hervor, und sechs große Ratten brachten eine Bratpfanne gezogen; zwei Mäuse setzten sich als Diener hintenauf, und zwei sprangen vorn auf und lenkten das Gefährt; etliche setzten sich hinein, und die Ratte mit dem Schlüsselbund nahm mitten unter ihnen Platz. Zu dem Burschen sagte sie: «Der Weg ist ein wenig eng hier, du mußt neben dem Wagen hergehen, mein Schatz, bis der Weg breiter wird, dann darfst du dich neben mich in den Wagen setzen.»

‹Das wird ja prächtig!› dachte der Bursche. ‹Wenn ich nur erst glücklich oben wäre, dann liefe ich der ganzen Bande davon›, dachte er, aber er sagte nichts. Er ging mit dem Zuge, so gut er konnte; zuweilen mußte er kriechen, manchmal mußte er sich bücken, denn der Weg war eng; aber als er besser wurde, ging er voraus und schaute sich um, wo man sich am besten davonstehlen und das Weite suchen könnte. Da hörte er plötzlich eine klare schöne Stimme hinter sich sagen: «Nun ist der Weg gut! Komm, mein Schatz, und steig in den Wagen!»

Der Bursche wandte sich rasch um, und vor Staunen wären ihm fast Nase und Ohren weggefallen. Da stand der prächtigste Wagen mit sechs weißen Pferden, und in dem Wagen saß eine Jungfrau so licht und schön wie die Sonne, und um sie herum saßen andere, die waren so hell und freundlich wie die Sterne. Das waren eine Prinzessin und ihre Gespielinnen, die alle miteinander verzaubert gewesen waren. Aber nun waren sie erlöst, weil er zu ihnen hinuntergekommen war und nicht widersprochen hatte.

«Nun komm!» sagte die Prinzessin. Da stieg der Bursche in den Wagen und fuhr mit zur Kirche. Als sie von der Kirche wieder wegfuhren, sagte die Prinzessin: «Jetzt wollen wir zuerst zu mir fahren, und dann wollen wir nach deiner Mutter schicken.»

‹Das ist ganz schön›, dachte der Bursche – er sagte gar

nichts, aber er meinte, es sei doch besser, zu ihm nach Hause zu fahren als hinunter in das häßliche Rattenloch. Aber auf einmal kamen sie an ein schönes Schloß; da zogen sie ein, und da sollten sie wohnen. Und gleich wurde ein prächtiger Wagen mit sechs Pferden nach der Mutter des Burschen geschickt, und als sie kam, fing das Hochzeitsfest an. Sie feierten vierzehn Tage, und vielleicht feiern sie noch. Wir wollen uns eilen, dann kommen wir vielleicht noch recht und können mit dem Bräutigam anstoßen und mit der Braut tanzen.

54
Dumme Männer und
arglistige Weiber

Es waren einmal zwei Weiber, die stritten miteinander, wie es eben Weiber ab und zu tun, und weil sie nichts anderes zum Streiten hatten, da zankten sie sich darüber, wer von ihnen den dümmsten Mann hätte. Je länger sie stritten, um so schlimmer wurde es; am Ende waren sie nahe dabei, aufeinander einzuschlagen, denn man weiß ja: Unfrieden ist leichter geboren als begraben, und übel ist es, wo der Verstand fehlt. Die eine sagte, es gäbe gar nichts, was ihr Mann nicht glauben würde, wenn sie es ihm einredete, denn er sei so leichtgläubig wie die Trolle. Die andere meinte dagegen, es gäbe nichts, und wäre es noch so dumm, was ihr Mann nicht tun würde, wenn sie ihn dazu überredete; denn er sei einer von jenen, die weder Nadel noch Knäuel finden können.

«So laß uns versuchen, wer von uns seinen Mann am besten zum Narren halten kann, dann werden wir sehen, wer der dümmste ist», sagten sie am Ende, und so wurden sie einig.

Als der erste Mann aus dem Walde nach Hause kam, sagte seine Frau: «Ach, Gott helfe dir! Das ist doch gar zu schlimm, du bist gewiß krank, wenn du nur nicht gar sterben mußt!» – «Mir fehlt nichts anderes als etwas zu essen und zu trinken», sagte der Mann. – «Ach, lieber Gott, steh uns bei!» kreischte die Frau. «Das wird schlimmer und schlimmer mit dir, im Gesicht siehst du schon aus wie ein Toter. Du mußt dich gleich hinlegen! Ach, das kann gewiß nicht mehr lange dauern!» In dieser Weise fuhr sie fort, bis ihr Mann ihr wirklich glaubte, daß er dem Tode schon ganz nahe wäre, und sie brachte ihn dazu, sich niederzulegen, die Hände zu falten und die Augen zu schließen. Endlich legte sie ihn auf das Leichenstroh und dann in den Sarg, aber damit er nicht ersticke, während er so dalag, hatte sie ein paar Löcher in die Sargbretter gebohrt, durch die er Luft bekommen und auch hinausschauen konnte.

Die andere Frau nahm ein Paar Wollkämme, setzte sich nieder und tat, als wollte sie Wolle krempeln, aber sie hatte keine Wolle dazu genommen. Als ihr Mann hereinkam, sah er dem närrischen Schauspiel zu und sagte: «Ein Spinnrad, das sich nicht dreht, ist wenig nütz, doch krempelt sie ganz ohne Woll', so ist die Frau wohl dumm und toll!» – «Ohne Wolle?» sagte die Frau. «Aber ich habe doch Wolle zum Krempeln; du kannst sie nur nicht sehen, weil sie gar so fein ist.» Als sie nun genug gekrempelt hatte, zog sie das Spinnrad hervor und begann zu spinnen. «Nein, das ist aber wirklich arg», sagte der Mann, «da sitzt du und läßt die Spindel sausen und wirst noch das Spinnrad entzweimachen, wenn du kein Garn darauf hast!» – «Kein Garn darauf?» sagte die Frau. «Das Garn ist nur so fein, daß es anderer Augen als deiner bedarf, es zu sehen!» Als sie alles gesponnen hatte, machte sie den Webstuhl fertig, zog die Kettfäden auf, haspelte das Garn, nahm das Schiffchen und webte Tuch. Dann nahm sie es vom Webstuhl ab, stampfte es, schnitt es zu und nähte daraus Kleider für ihren Mann, und als sie fertig waren, hängte sie sie in die Kleiderkammer. Der Mann hatte weder das Tuch sehen können noch sah er nun die Kleider; aber nun glaubte er endlich selber, sie wären so fein, daß er sie nicht sehen konnte, und so sagte er: «Ja, ja, wenn sie so fein sind, so werden sie wohl eben so fein sein!»

Aber eines Tages sagte seine Frau zu ihm: «Heute mußt du zum Totenmahl gehen, der Bauer im Nordhof wird heute begraben; da solltest du wohl die neuen Kleider anziehen!» Ja, so mußte er also zum Leichenschmaus gehen, und sie half ihm die neuen Kleider anziehen, denn sie waren doch so fein, daß er sie leicht zerreißen konnte, wenn er sich selbst ohne Hilfe anzöge.

Als er auf den Hof kam, wo der Leichenschmaus abgehalten werden sollte, hatten alle schon reichlich und kräftig getrunken; ich kann mir denken, ihre Trauer wurde nicht gerade größer, als sie ihn in seinen neuen Kirchenkleidern sahen. Aber als es nun zum Friedhof ging, sah der Tote durch seine Atemlöcher heraus und schlug ein lautes Gelächter an. «Nein, jetzt muß ich aber lachen», rief er, «geht da nicht Ola vom Südhof splitternackt zu meinem Begräbnis!»

Als die Leute im Leichengefolge das hörten, waren sie nicht faul, machten den Sarg auf, und der mit den neuen Kirchenkleidern fragte, wie es denn zugehe, daß er im Sarge liege und rede und lache, während sie ihn zu Grabe trügen: da wäre es doch besser zu weinen. «Weinen gräbt keinen aus dem Grabe heraus», sagte der andere. Als sie aber so miteinander sprachen, kam es ans Licht, daß ihre Weiber das alles zusammen angerichtet hatten. So gingen die Männer nach Hause und taten das Klügste, was sie jemals getan hatten. Und wenn es jemanden gibt, der wissen möchte, was das war, der braucht nur die Birkenrute zu fragen.

55

Das Soria-Moria-Schloß

Es waren einmal ein Paar Leute, die hatten einen Sohn, und der hieß Halvor. Schon als er noch ein kleiner Knabe war, wollte er gar nichts tun, sondern saß nur immer am Herd und wühlte in der Asche. Seine Eltern gaben ihn da und dort in die Lehre; aber Halvor blieb nirgends, denn wenn er ein paar Tage dort gewesen war, so lief er wieder aus der Lehre davon und ging heim und setzte sich wieder an den Herd und wühlte in der Asche. Aber einmal kam ein Schiffer und fragte Halvor, ob er nicht Lust habe, mit ihm zu gehen und auf dem Meer zu fahren und fremde Lande zu sehen? Dazu hatte Halvor wohl Lust und besann sich gar nicht lange.

Wie lange sie auf dem Meer fuhren, weiß ich nicht, aber auf einmal kam ein gewaltiger Sturm, und als er vorbei war und es wieder ruhig wurde, wußten sie nicht, wo sie waren; sie waren an eine fremde Küste verschlagen worden, die keiner von ihnen kannte.

Als sich nun gar kein Lüftchen rühren wollte, blieben sie da liegen, und Halvor bat den Schiffer um Erlaubnis, an Land zu gehen und sich umzusehen, denn das wollte er lieber als daliegen und schlafen. «Meinst du, du kannst dich vor den Leuten zeigen?», fragte der Schiffer. «Du hast ja sonst keine Kleider als die Lumpen, in denen du stehst und gehst!» Halvor blieb bei seinem Willen und erhielt auch schließlich die Erlaubnis. Aber er solle wieder zurückkommen, wenn sich der Wind wieder einstellte. Halvor ging, und es war ein schönes Land. Wo er auch hinkam, da waren große Ebenen mit Äckern und Wiesen, aber Leute sah er überhaupt nicht. Der Wind machte sich wieder auf, aber Halvor fand, er habe noch nicht genug gesehen, und er wollte gerne noch ein bißchen weitergehen und schauen, ob denn gar keine Leute zu finden seien. Nach einer Weile kam er auf eine große Straße, die war so eben, daß man leicht ein Ei auf ihr hätte rollen können. Auf dieser Straße zog nun Halvor weiter, und als es gegen Abend ging, sah er weit in der Ferne ein großes Schloß; und das leuchtete weithin. Da er den ganzen Tag gewandert war, ohne richtigen Proviant bei sich zu haben, war er tüchtig hungrig; und je mehr er sich dem Schlosse näherte, um so mehr bekam er auch Angst.

Im Schloß war Feuer im Herd, und Halvor ging in die Küche, die war wunderschön. Da waren die Geschirre aus Silber und Gold, aber Leute waren keine zu sehen. Als Halvor eine Weile gewartet hatte und niemand herauskam, ging er hin und machte eine Tür auf. Da sah er eine Prinzessin sitzen und spinnen. «Ach nein!» rief sie. «Kommen wirklich Christenmenschen hierher? Aber es ist am besten, wenn du wieder gehst, wenn der Troll dich nicht verschlucken soll; denn hier wohnt ein Troll mit drei Köpfen.»

«Und wenn er viere hätte, so wollte ich ihn doch gern sehen», sagte der Bursche. «Und gehen will ich nicht; ich habe nichts Böses angestellt; aber du mußt mir etwas zu essen geben, denn ich habe furchtbar Hunger.» Als Halvor sich sattgegessen hatte, sagte die Prinzessin zu ihm, er solle probieren, ob er das Schwert schwingen könne, das an der Wand hing. Aber er konnte es nicht schwingen, nein nicht einmal lüpfen. «Ja», sagte die Prinzessin, «da mußt du einen Schluck aus der Flasche nehmen, die daneben hängt, denn das tut der Troll, wenn er das Schwert brauchen will.» Halvor nahm einen Schluck, und gleich konnte er das Schwert schwingen, als wäre es nichts. Nun, meinte er, könne der Troll ruhig kommen. Da kam er auch schon dahergesaust; Halvor stellte sich hinter die Tür. «Huh, hier riecht's nach Christenblut», sagte der Troll und steckte den Kopf zur Tür herein. «Ja, das sollst du gleich merken», rief Halvor und hieb ihm alle Köpfe ab. Die Prinzessin war voller Freude, daß sie erlöst war, und tanzte und sang; aber da kam ihr der Gedanke an ihre Schwestern, und sie sagte: «Wenn nur meine Schwestern auch erlöst wären!» – «Wo sind sie?» fragte Halvor. Da erzählte sie ihm: die eine sei von einem Troll entführt worden auf ein Schloß, das sechs Meilen entfernt sei, und die andere in ein Schloß, das davon nochmals neun Meilen fern läge.

«Aber jetzt», sagte sie, «mußt du mir zuerst helfen, diesen Leichnam hinauszuschaffen.» Halvor war sehr stark, er schaffte alles hinaus und machte ganz rasch alles sauber und ordentlich. Dann ließ er sich's wohl sein, und am nächsten Tag brach er im Morgengrauen auf. Er hatte gar keine Ruhe, sondern wanderte den ganzen Tag. Als er das Schloß zu Gesicht bekam, wurde ihm wieder ein wenig angst; es war viel schöner als das andere; aber auch hier war kein Mensch zu sehen. Da ging Halvor in die Küche und hielt sich gar nicht auf, sondern trat gleich ins nächste Gemach. «Nein, wagt da ein Christenmensch herzukommen!» rief die Prinzessin. «Ich weiß nicht, wie lange ich schon hier bin; aber die ganze Zeit habe ich keinen Christenmenschen gesehen. Es ist wohl am besten, wenn du ganz rasch wieder fortgehst, denn hier wohnt ein Troll mit sechs Köpfen.» – «Nein, ich gehe nicht», sagte Halvor, «und wenn er noch einmal sechs Köpfe hätte.» – «Er packt dich und verschluckt dich bei lebendigem Leib!» sagte die Prinzessin. Aber das half nichts. Halvor wollte nicht gehen; er hatte keine Angst vor dem Troll. Aber Essen und Trinken wollte er haben, denn er war hungrig und durstig nach der langen Wanderschaft. Er bekam, soviel er wollte; aber dann wollte die Prinzessin ihn wieder fortschicken. «Nein», rief Halvor, «ich gehe nicht; ich habe nichts Böses getan, und ich brauche mich vor niemand zu fürchten.» – «Danach fragt der Troll nicht», meinte die Prinzessin, «denn er packt dich, ohne zu fragen; aber wenn du durchaus nicht gehen willst, so versuche, ob du nicht das Schwert schwingen kannst, das der Troll im Krieg braucht.» Er konnte es nicht schwingen; aber da sagte die Prinzessin, er solle einen Schluck aus der Flasche nehmen, die daneben hing, und als er das getan hatte, konnte er das Schwert schwingen. Auf einmal kam der Troll, und der war so groß und dick, daß er schräg gehen mußte, um durch die Tür hereinzukommen. Als er seinen ersten Kopf hereingeschoben hatte, schrie er: «Huhu, ich rieche Christenblut!» In dem Augenblick hieb ihm Halvor das erste Haupt ab und dann alle übrigen. Die Prinzessin freute sich über alle Maßen; aber es kam ihr der Gedanke an ihre Schwestern, und sie wünschte, sie möchten auch erlöst sein. Halvor meinte, das ließe sich schon machen, und wollte gleich aufbrechen; aber zuvor mußte er der Prinzessin helfen, den toten Troll hinauszuschaffen, und dann am nächsten Morgen machte er sich auf den Weg. Es war ein langer Weg bis zum Schloß, und er rannte und lief, um zu guter Zeit anzukommen. Gegen Abend sah er das Schloß, und es war viel schöner als die beiden anderen. Diesmal hatte er fast gar keine Angst, sondern ging durch die Küche und gleich hinein. Da saß eine Prinzessin, die war über alle Maßen schön. Sie sagte gerade wie die anderen, es sei noch kein Christenmensch hergekommen, seit sie da sei, und hieß ihn wieder gehen, sonst würde der Troll ihn bei lebendigem Leib auffressen, denn er habe neun Köpfe. «Und wenn er noch einmal neun hätte und dann noch neun dazu, so gehe ich doch nicht», sagte Halvor und stellte sich an den Ofen. Die Prinzessin bat ihn flehentlich, er solle doch gehen, damit ihn der Troll nicht auffresse, aber Halvor sagte: «Laß ihn kommen, wenn er will!» Da gab sie ihm das Trollschwert und hieß ihn einen Schluck aus der Flasche nehmen, damit er es schwingen könne.

Da kam auf einmal der Troll dahergesaust; er war noch größer und gewaltiger als die beiden anderen und mußte sich auch schräg zur Tür hineinzwängen. «Huh, ich rieche Christenblut!» In dem Augenblick schlug ihm Halvor den ersten

Kopf ab und darauf alle anderen, aber der letzte hatte das zäheste Leben, und es machte Halvor die größte Mühe, ihn abzuschlagen, obgleich er doch fand, er sei sehr stark.

Nun kamen alle Prinzessinnen auf dem Schloß zusammen und waren so vergnügt, wie sie ihrer Lebtag noch nie gewesen waren, und sie waren verliebt in Halvor und er in sie, und er konnte die auswählen, die er am liebsten hatte; aber die jüngste war von allen am meisten in ihn verliebt.

Halvor wurde aber wunderlich und ganz still und schweigsam; da fragte die Prinzessin, nach was er denn Verlangen habe und ob er nicht gern bei ihnen sei. Nein, das gefalle ihm sehr, denn sie hätten ja genug zu leben, und es gehe ihm gut, aber er habe Heimweh, denn seine Eltern lebten noch, und die wolle er gerne wiedersehen. Das könne sich leicht machen lassen, meinten die Prinzessinnen. «Du sollst unversehrt hin und wieder zurückkommen, wenn du unserm Rat folgen willst.» Er werde gewiß nichts wider ihren Willen tun, sagte Halvor. Da schmückten sie ihn, daß er so schön wurde wie ein Königssohn, und steckten ihm einen Ring an den Finger, der hatte die Eigenschaft, daß man sich damit fort und wieder zurück wünschen konnte. Er dürfe aber den Ring nicht wegwerfen und ihre Namen nicht nennen, sagten die Prinzessinnen, sonst sei es mit der Herrlichkeit vorbei, dann werde er sie nie mehr wiedersehen.

«Wäre ich nun zu Hause in meiner Heimat!» sagte Halvor, und der Wunsch ging gleich in Erfüllung. Halvor stand vor dem Haus seiner Eltern, ehe er sich's recht versah. Es war in der Abenddämmerung, und als die alten Leute sahen, daß da so ein schöner stattlicher Fremder kam, gerieten sie so in Verlegenheit, daß sie mit Bücken und Knicksen kein Ende finden konnten. Halvor fragte nun, ob er nicht über Nacht hier unterkommen könne. «Nein, das geht wirklich nicht, wir sind nicht so eingerichtet», sagten sie, «und es fehlt uns dies und jenes, was ein solch vornehmer Herr wünschen könnte; am besten geht der Herr hinauf in den Herrenhof, von dem er hier den Schornstein sehen kann, die Leute dort sind reich eingerichtet.» – «Nein», sagte Halvor, «da hinauf will ich erst morgen früh; aber jetzt laßt mich hier über Nacht bleiben, ich kann ja am Herd sitzen.» Dagegen konnten die Alten nichts sagen, und so setzte sich Halvor denn an den Herd und wühlte in der Asche wie früher, als er daheim der Faulpelz war.

Sie plauderten nun über allerlei und erzählten Halvor das eine und das andere, und schließlich fragte er, ob sie denn gar keine Kinder hätten. Ja, sie hätten einen Sohn gehabt, der Halvor hieß, aber sie wüßten nicht, wo er hingewandert sei und ob er überhaupt noch lebe oder schon tot sei. – «Könnte nicht ich dieser Halvor sein?» sagte Halvor. – «Nein, ganz gewiß nicht», fuhr die Frau auf, «Halvor war so faul und langweilig und wollte nie etwas schaffen, und außerdem war er so zerlumpt, daß bei ihm ein Fetzen den anderen in die Flucht schlug, aus dem hätte nie so ein stattlicher Herr werden können, wie Ihr es seid.»

Nach einer Weile mußte die Frau an den Herd treten und das Feuer schüren, und als der Feuerschein auf Halvor fiel, gerade wie früher, als er in der Asche wühlte, da erkannte ihn die Frau.

«Ja, du bist es wirklich, Halvor?» rief sie, und es gab eine solche Freude bei den Alten, daß es gar nicht zu sagen ist, und Halvor mußte nun erzählen, wie es ihm ergangen war, und die Frau freute sich so sehr über ihn, daß sie ihn auf der Stelle ins Herrenhaus führen wollte und ihn den Mädchen zeigen, die immer so stolz und hochnäsig gewesen waren. Sie ging voraus und Halvor hinterdrein. Als sie hinaufkam, erzählte sie, Halvor sei wiedergekommen und sie sollten nur sehen, wie stattlich er sei, er sähe aus wie ein Prinz, sagte sie. «Das können wir uns denken», sagten die Mädchen und warfen die Köpfe zurück, «er wird wohl der gleiche zerlumpte Kerl sein, der er früher war.» In dem Augenblick trat Halvor ein, und da wurden die Mädchen so verlegen, daß sie ihre Kleider am Herd liegen ließen, wo sie sich die Flöhe gefangen hatten, und im bloßen Unterrock hinausliefen. Als sie dann wieder hineinkamen, schämten sie sich so sehr, daß sie kaum wagten, Halvor anzublicken, gegen den sie immer so stolz und hochnäsig gewesen waren. «Nun habt ihr immer so getan, als ob ihr so fein und schön wäret wie sonst niemand auf der Welt. Aber ihr solltet nur einmal die älteste Prinzessin sehen, die ich befreit habe», sagte Halvor, «gegen die seht ihr aus wie Stallmägde, und die mittlere ist noch schöner; aber die jüngste, die meine Liebste ist, die ist schöner als Sonne und Mond; Gott wollte, sie wären hier, daß ihr sie sehen könntet!» sagte Halvor.

Kaum hatte er ausgeredet, so standen sie da; aber da war er sehr bestürzt, denn nun fiel ihm ein, was sie gesagt hatten. – Im Herrenhof wurde ein großes Festmahl gehalten zu Ehren der Prinzessinnen, und sie wurden sehr gefeiert. Aber sie wollten nicht bleiben. «Wir wollen zu deinen Eltern», sagten sie zu Halvor, «und dann wollen wir hinaus und uns umsehen.» Er ging mit ihnen. Da kamen sie an ein großes Wasser außerhalb des Hofes. Dicht daneben lag ein schöner grüner Hügel, da wollten die Prinzessinnen sich setzen und eine Weile ausruhen, «denn es ist so schön, aufs Wasser zu sehen», sagten sie. Sie setzten sich, und als sie eine Weile geruht hatten, sagte die jüngste Prinzessin: «Ich möchte dich ein wenig lausen, Halvor!» Halvor legte seinen Kopf in ihren Schoß, und sie lauste ihn, und es dauerte nicht lange, so schlief Halvor ein. Da zog sie ihm den Ring vom Finger und gab ihm statt dessen einen anderen, und dann sagte sie: «Haltet euch alle an mir fest – wären wir doch auf dem Soria-Moria-Schloß!»

Als Halvor aufwachte, merkte er wohl, daß er nun die Prinzessinnen verloren hatte, und fing an zu weinen und zu jammern und war so ganz in Verzweiflung, daß ihm gar nicht zu helfen war. Wie sehr ihn auch die Eltern baten, er wollte nicht daheim bleiben, sondern nahm Abschied und sagte, er werde sie wohl nie mehr wiedersehen, denn wenn er seine Prinzessinnen nicht mehr fände, so sei es ihm nicht mehr der Mühe wert zu leben.

Dreihundert Taler hatte er noch, die nahm er in die Tasche und machte sich auf den Weg. Als er eine Weile gegangen war, begegnete er einem Mann mit einem netten Pferd; das wollte er kaufen und fing an, mit dem Mann zu verhandeln. «Ich habe zwar nicht daran gedacht, das Pferd zu verkaufen», sagte der Mann, «aber wenn wir einig werden könnten!» Halvor fragte, was er dafür haben wolle. «Ich habe nicht viel dafür gegeben, und es ist auch nicht sehr viel wert; es ist ein gutes Reitpferd, aber zum Ziehen taugt es nicht viel; doch Euren Schnappsack und Euch selbst kann es ganz gut tragen, wenn Ihr von Zeit zu Zeit ein Stück zu Fuß geht», meinte der Mann. Schließlich einigten sie sich über den Preis, und Halvor legte dem Pferd seinen Schnappsack auf, und von Zeit zu Zeit ging er zu Fuß, und dann ritt er wieder. Am Abend kam er an einen grünen Hügel, und darauf stand ein großer Baum; unter den setzte er sich. Er ließ das Pferd frei laufen und legte sich nicht zum Schlafen, sondern nahm seinen Schnappsack hervor. Als der Tag kam, wanderte er wieder weiter, denn ihm dünkte, er könne nirgends ruhen. Den ganzen Tag lang ging und ritt er durch einen großen Wald, in dem viele grüne Lichtungen waren, die freundlich zwischen den Bäumen schimmerten. Er wußte nicht, wo er war, und wußte nicht, wohin er zog, aber er ließ sich nicht länger Zeit zum Ausruhen, als bis in einer von den grünen Lichtungen das Pferd gefressen und er auch seinen Schnappsack vorgenommen hatte. Er ging und ritt immerfort und glaubte, der Wald würde nie ein Ende nehmen.

Aber am Abend des nächsten Tages sah er etwas zwischen

den Bäumen glänzen. ‹Wenn da noch Leute wach wären, daß ich mich ein wenig wärmen könnte und etwas zu essen bekäme!› dachte Halvor. Als er hinkam, war es eine kleine elende Hütte, und durch das Fenster sah er ein Paar alte Leute drinnen sitzen, sie waren so alt und grauköpfig wie Tauben, und die Frau hatte eine so lange Nase, daß sie sie am Herd als Schürhaken brauchte. «Guten Abend! Guten Abend!» sagte die Alte. «Aber was wollt Ihr denn hier? Seit mehr als hundert Jahren ist hier kein Christenmensch mehr gewesen.» Halvor erzählte, er suche das Soria-Moria-Schloß, und fragte, ob sie den Weg dahin wisse. «Nein», gab die Frau zur Antwort, «das weiß ich nicht, aber eben kommt der Mond, den will ich fragen; er muß es wohl wissen, denn er scheint ja auf alle Dinge.» Als der Mond nun hell und klar über den Baumwipfeln stand, ging die Frau hinaus. «Du Mond, du Mond», schrie sie, «kannst du mir den Weg nach dem Soria-Moria-Schloß sagen?» – «Nein», sagte der Mond, «das kann ich nicht, denn als ich dorthin schien, stand vor mir eine Wolke.»

«Warte noch ein wenig», sagte die Alte zu Halvor, «gleich kommt der Westwind; der weiß es gewiß, denn er faucht und bläst in jeden Winkel. Sieh da, ein Pferd hast du auch!» sagte die Alte, als sie wieder hereinkam. «Ach, laß das arme Vieh doch nicht hier an der Tür stehen und verhungern, führ es lieber hinaus auf die Weide. Oder willst du vielleicht mit mir einen Tausch machen? Wir haben ein Paar alte Stiefel, mit denen du in einem Schritt zwölf Meilen weiter kommst; die will ich dir für das Pferd geben, dann kommst du rascher zum Soria-Moria-Schloß.» Damit war Halvor gleich einverstanden, und die Alte freute sich so über das Pferd, daß sie fast zu tanzen angefangen hätte. «Denn jetzt kann ich auch in die Kirche reiten», sagte sie. Halvor konnte keine Ruhe finden und wollte gleich wieder weiter, aber die Frau meinte, das sei nicht so eilig. «Leg dich auf die Ofenbank und schlaf ein wenig, denn ein Bett haben wir nicht für dich», sagte sie, «ich werde schon aufpassen, wenn der Westwind kommt.»

Auf einmal kam der Westwind dahergefahren, daß es in den Wänden krachte. Die Frau rannte hinaus. «Du Westwind! Du Westwind!» schrie sie. «Kannst du mir den Weg zum Soria-Moria-Schloß sagen? Hier ist einer, der es wissen will.» – «Ja, freilich», sagte der Westwind, «ich muß gerade dorthin und Wäsche trocknen zu der Hochzeit, die bald sein soll. Wenn er rasch zu Fuß ist, so kann er mit mir kommen.» Halvor rannte hinaus. «Du mußt dich eilen, wenn du mitwillst», sagte der Westwind; und gleich ging es auf und davon über Berg und Tal, über Land und Meer, daß Halvor kaum mitkonnte. «Jetzt habe ich keine Zeit mehr, dich weiter zu begleiten», sagte der Westwind, «denn ich muß erst ein Stück Tannenwald umreißen, ehe ich auf die Bleiche komme und die Wäsche trockne. Aber wenn du immer den Bergen entlanggehst, so triffst du einige Mädchen, die stehen und waschen, und dann bist du nicht mehr weit vom Soria-Moria-Schloß.»

Nach einer Weile kam Halvor zu den Mädchen, die Wäsche wuschen, und die fragten, ob er nichts vom Westwind gesehen hätte, er solle kommen und die Kleider zur Hochzeit trocknen. «Ja», sagte Halvor, «er reißt nur noch ein Stück Tannenwald nieder, er wird bald hier sein», und dann fragte er nach dem Weg zum Soria-Moria-Schloß. Den zeigten sie ihm, und als er zum Schloß kam, war es so voller Pferde und Menschen, daß es nur so wimmelte. Aber Halvor war so zerlumpt und abgerissen, weil der dem Westwind über Stock und Stein gefolgt war, daß er sich abseits hielt und nicht vortreten wollte, außer am letzten Tag beim Mahle. Da mußten die Leute, wie es Brauch war, auf das Wohl der Braut und des Bräutigams trinken und ihnen Glück wünschen; und der Mundschenk sollte ihnen allen zutrinken, den Rittern und den Knechten. Da kam er auch schließlich an Halvor. Der

trank die Gesundheit, ließ den Ring, den die Prinzessin ihm
an den Finger gesteckt hatte, als er am Wasser lag, ins Glas
fallen und hieß den Mundschenken, er solle die Braut grüßen
und ihr den Ring bringen. Da stand die Prinzessin gleich vom
Tisch auf. «Wer hat wohl am ersten verdient, eine von uns zu
bekommen», sagte sie, «der, der uns befreit hat, oder der nun
hier als Bräutigam sitzt?» Da war nur eine Meinung, und als
Halvor das hörte, war er nicht faul und tat die Lumpen von
sich ab und schmückte sich als Bräutigam. «Ja, das ist der
Rechte!» rief die jüngste Prinzessin, als sie ihn erblickte, und
sie jagte den andern auf und davon und hielt mit Halvor
Hochzeit.

56

Der Bursche
mit dem Biertönnchen

Es war einmal ein Bursche, der hatte lange Zeit bei einem
Manne in Nordnorwegen gedient. Dieser Mann war ein
Meister in der Kunst des Bierbrauens; sein Bier war so unge-
wöhnlich gut, daß man nirgends seinesgleichen fand. Als der
Bursche seinen Abschied nehmen und der Mann ihm seinen
verdienten Lohn bezahlen sollte, da wollte er nichts anderes
haben als ein Fäßchen von dem Bier, das der Mann für Weih-
nachten gebraut hatte. Ja, und das bekam er auch und zog
damit vom Hofe, und er trug es eine lange Zeit, aber je länger
er das Biertönnchen trug, um so schwerer wurde es. Da sah
er sich um, ob nicht jemand käme, der mit ihm trinken
könnte, so daß das Bier weniger und seine Last leichter
würde.

Nach langer, langer Zeit traf er einen alten Mann mit

einem großen Bart. «Guten Tag», sagte der Mann. «Auch dir guten Tag», sagte der Bursche. «Wo willst du denn hin?» sagte der Mann. «Ich suche einen, der mit mir trinkt, damit mir mein Fäßchen leichter wird», sagte der Bursche. «Kannst du nicht ebensogut mit mir trinken wie mit einem anderen?» sagte der Mann. «Ich bin so weit und so lange umhergewandert, und nun bin ich müde und durstig.» – «Ja, das kann ich wohl», sagte der Bursche, «aber woher kommst du, und wer bist du denn?» – «Ich bin der Herrgott, und ich komme aus dem Himmel», sagte der Mann. – «Da mag ich nicht mit dir trinken», sagte der Bursche, «denn du machst einen so großen Unterschied zwischen den Menschen hier auf Erden und hast es so ungleich eingerichtet, daß einige so reich werden und andere so arm. Nein, mit dir mag ich nicht trinken», sagte er und trottete mühsam mit seinem Fäßchen weiter.

Als er wiederum ein Stück gegangen war, wurde das Tönnchen aufs neue so schwer, daß er meinte, er könnte es nicht länger tragen, wenn nicht einer käme, mit dem er trinken konnte, so daß das Bier im Fäßchen sich verminderte. Ja, und da traf er einen häßlichen, hageren Mann, der in großer Eile dahergefegt kam. «Guten Tag», sagte der Mann. «Auch dir guten Tag», sagte der Bursche. «Wo willst du denn hin?» sagte der Mann. «Ach, ich suche einen, der mit mir trinkt, damit mir mein Fäßchen leichter wird», sagte der Bursche. «Kannst du nicht ebensogut mit mir trinken wie mit einem anderen?» sagte der Mann. «Ich bin so weit und so lange umhergezogen, und ein Tropfen Bier könnte einem alten Wanst guttun», sagte er. «Ja, das kann ich wohl», sagte der Bursche, «aber wer bist du denn, und woher kommst du?» fragte er. «Ich? Mich kennen alle, ich bin der Teufel und komme aus der Hölle», sagte der Mann. «Nein», sagte der Bursche, «du quälst und plagst nur die Menschen, und wenn irgendwo ein Unglück geschieht, so ist es immer deine

Schuld, sagt man. Nein, mit dir mag ich nicht trinken», sagte der Bursche.

So ging er noch lange, lange Zeit mit seinem Biertönnchen weiter, bis es ihm so schwer deuchte, daß er meinte, er könnte es nicht mehr länger tragen. Er sah sich wieder um, ob da nicht einer käme, der mit ihm trinken könnte, so daß das Fäßchen leichter würde. Ja, und endlich sah er wiederum einen Mann, und der war so dürr und klapperig, daß es rein ein Wunder schien, wenn seine Glieder überhaupt noch zusammenhingen. «Guten Tag», sagte der Mann. «Auch dir guten Tag», sagte der Bursche. «Wo willst du denn hin?» fragte der Mann. «Ich möchte sehen, ob ich nicht einen finde, der mit mir trinkt, damit mein Tönnchen ein wenig leichter wird, es ist so schwer zu tragen», sagte der Bursche. «Kannst du nicht mit mir trinken, ebensogut wie mit einem anderen?» sagte der Mann. «Ja, das kann ich wohl», sagte der Bursche. «Du, wer bist du denn eigentlich?» – «Man nennt mich den Tod», sagte der Mann. «Mit dir will ich trinken», sagte der Bursche, ließ das Fäßchen nieder und goß Bier in einen Becher. «Du bist ein Ehrenmann, denn du machst sie alle gleich, die Armen und die Reichen.» So trank er ihm zu, und dem Tod schien das ein herrlicher Trank, und da der Bursche es ihm wohl gönnte, tranken sie abwechselnd, so daß das Bier weniger und das Fäßchen leichter wurde. Zuletzt sagte der Tod: «Ich habe niemals einen Trank bekommen, der besser schmeckte und mir so wohl getan hat wie das Bier, das du mir geschenkt hast; mir war, als würde ich im Innern neu geboren, und ich weiß nicht, was ich dir zum Dank dafür geben soll.» Aber als er sich eine Weile bedacht hatte, da sagte er, das Fäßchen solle von nun an niemals mehr leer werden, wie viele auch daraus trinken mochten, und das Bier darin sollte zu einem Heiltrank werden, so daß der Bursche Kranke wieder gesund machen könnte, besser als ein Arzt. Und dann sagte er, wenn er zu einem Kranken käme, da würde der Tod immer dort sein und sich ihm zeigen, und das sollte er als sicheres Zeichen haben: wenn der Tod zu Füßen des Kranken säße, da könnte er den mit einem Trank aus dem Fäßchen heilen, aber wenn er ihm zu Häupten sitze, da gebe es keine Medizin und keine Hilfe mehr.

Der Bursche war bald berühmt und wurde weit und breit zu den Kranken gerufen, und er half vielen und machte sie wieder gesund, denen kein Arzt vorher hatte helfen können. Wenn er in ein Zimmer kam und sah, wo der Tod bei dem Kranken saß, sagte er sogleich, ob er genesen oder sterben würde, und immer trafen seine Worte zu. Er wurde ein reicher und mächtiger Mann, und zuletzt holte man ihn zu einer Königstochter in einem fernen Lande. Sie war so gefährlich krank, daß sich kein Arzt mehr zutraute, ihr zu helfen, und so versprach man dem Burschen alles, was er nur wünschen und verlangen mochte, wenn er sie nur wieder gesund machen könnte. Als er zur Königstochter kam, saß der Tod an ihrem Kopfende, aber er war wohl eingenickt und schlummerte ein wenig, und während dieser Zeit ging es ihr besser. «Hier geht es um Leben oder Tod», sagte der Doktor, «und wenn ich recht sehe, gibt es wohl keine Hilfe.» Aber da sagten alle, er möge ihr doch helfen, und wenn es Land und Reich kosten sollte. Da sah er den Tod an, und während der dasaß und schlummerte, winkte er den Dienern und hieß sie das Bett rasch umdrehen, so daß der Tod ans Fußende zu sitzen kam, und sobald das geschehen war, gab er ihr den Heiltrank, und sie war gesund.

«Nun hast du mich betrogen», sagte der Tod, «nun sind wir quitt.» – «Mir blieb nichts anderes übrig, wenn ich Land und Reich gewinnen sollte», sagte der Bursche. «Das wird dir nicht viel helfen», sagte der Tod, «deine Zeit ist um, denn nun gehörst du mir.» – «Ja, wenn es sein muß, dann soll es so sein», sagte der Bursche, «aber du erlaubst mir doch wohl, zuerst noch ein Vaterunser zu beten.» Ja, das erlaubte ihm der

Tod; der Bursche aber hütete sich wohl, ein Vaterunser zu beten. Alles andere betete er, aber das Vaterunser kam nicht auf seine Zunge, und zuletzt meinte er, er hätte den Tod wirklich überlistet. Dem Tod aber dauerte das zu lange, und so ging er eines Nachts in des Burschen Zimmer und hängte eine große Tafel mit dem Vaterunser über sein Bett. Als er erwachte, begann er sogleich zu lesen, und ehe er sich's versah, war er beim Amen. Aber da war es zu spät.

Nachwort

Mehr als fünfzig Jahre sind seit dem Erscheinen der ersten Ausgabe dieser Sammlung vergangen, doch wird jeder Norweger auch heute noch die Übersetzung von Dr. Klara Stroebe bewundern müssen. Sie war offenbar mit der norwegischen Sprache eng vertraut, fand auch für eigentümliche, speziell norwegische Begriffe einen treffenden deutschen Ausdruck, und sie verstand es, den Ton und die Eigenart norwegischer Erzähler im Deutschen anschaulich wiederzugeben. Ihre wichtigsten Quellen waren die grundlegenden Sammlungen von Asbjørnsen und Moe, die inzwischen in Norwegen häufig, zum Teil mit den Illustrationen norwegischer Künstler, in Neuauflagen erschienen sind. In diesen fünf Jahrzehnten ist auf dem Gebiet der norwegischen Volkskunde viel gearbeitet worden, Märchen- und Sagentexte in Hülle und Fülle wurden gesammelt und zugänglich gemacht, und in der Volkskundeforschung konnten neue Wege angedeutet werden. Aber unter den Tausenden von Texten, die in dieser Zeit aufgezeichnet wurden, findet man nur ganz vereinzelt neue, bisher in Norwegen nicht bezeugte Typen, fast immer handelt es sich um mehr oder minder gute Varianten zu schon bekannten Märchen, und die Sammler in jüngerer Zeit stießen nur noch selten auf alte Tradition, weit häufiger jedoch auf einen Nachhall gedruckter Bücher. Die «klassischen» norwegischen Märchensammlungen stammen dagegen aus einer Zeit, in der die Märchentradition in Norwegen noch wirklich lebendig war. Es schien deshalb angebracht, die Auswahl von Dr. Stroebe im wesentlichen beizubehalten, und der Begründer und frühere Herausgeber dieser Reihe, Prof. Friedrich von der Leyen, stimmte diesem Vorschlag noch kurz vor seinem Tode im Jahre 1966 zu. So wurden nur sechs Stücke der alten Ausgabe durch andere Texte (Nr. 6, 17, 28, 45, 54 und 56) ersetzt, an einigen wenigen Stellen wurden geringfügige sprachliche Korrekturen vorgenommen, und die Anmerkungen wurden neu geschrieben.

Wie die erste Ausgabe enthält auch diese neben Märchen und Schwänken eine erhebliche Anzahl von Stücken, die eigentlich den Volkssagen zuzuzählen sind. Es handelt sich dabei vor allem um einige Sagen von Trollen und von den Unterirdischen (Huldren, Tussen usw.), die sich in ihrer reicheren epischen Ausformung von den meisten anderen Arten norwegischer Volkssagen abheben.

Der Glaube an Trolle ist schon seit langem geschwunden, und einige Trollsagen scheinen sich den Trollmärchen anzunähern; im Gegensatz dazu treten die Unterirdischen niemals in Märchen auf, und der Glaube an sie war noch in unserem Jahrhundert in manchen norwegischen Ansiedlungen anzutreffen. Troll- und Huldrensagen sind aber so populär und scheinen für Norwegen so charakteristisch zu sein, daß sie auch in dieser Sammlung beibehalten wurden.

Das Interesse an den volkstümlichen Überlieferungen und der Sinn für ihren geschichtlichen Wert hängen, wie so oft dargelegt, mit dem Geist der Romantik zusammen, und die erste Anregung kam auch in Norwegen – wie in vielen Ländern Europas – von den «Kinder- und Hausmärchen» der Brüder Grimm und von den Schriften Jacob Grimms im besonderen. Der norwegische Pfarrer und Historiker Andreas Faye war in Deutschland mit Jacob Grimm zusammengetroffen und von ihm gefragt worden, ob in Norwegen noch Märchen und Sagen lebten. Faye nahm diese Anregung auf und veröffentlichte eine Sammlung von Sagen *(Norske Sagn.* Arendal 1833; 2. Auflage unter dem Titel *Norske Folke-Sagn* 1844). Die erste Auflage seiner Sammlung wurde scharf kritisiert, und für die zweite Auflage suchte er nach geeigneten Mitarbeitern. Auf diese Weise kam er mit P. Chr. Asbjørnsen und J. Moe in Verbindung, die sich schließlich entschlossen, selbst eine Ausgabe von Märchen vorzubereiten[1]. Die Namen der beiden werden so oft zusammen genannt, daß man sie allzu leicht als eine Einheit betrachtet, und doch waren sie Menschen ganz verschiedener Herkunft und mit verschiedenartigen Interessen, die sich freilich in dem Bereich der Volkserzählungen trafen, obgleich auch hier die Unterschiede zwischen ihnen deutlich sichtbar sind.

Peter Christen Asbjørnsen (1812–1885) stammte aus städtischer Umgebung; sein Vater war Handwerksmeister in der damals kleinen Hauptstadt, und hier, wo immer zahlreiche Gesellen, Lehrjungen und die Dienerschaft lebten, sowie auf ausgedehnten Wanderungen in der Umgebung der Stadt hatte er schon viele Geschichten gehört. Als er später nach Ringerike kam, einer Landschaft westlich der Stadt, traf er mit Jørgen Moe (1813–1882) zusammen, der von einem großen Hof in Ringerike stammte. Moes Vater war ein angesehener Mann und vertrat seinen Distrikt in der Nationalversammlung. Ringerike war ein Bezirk mit besonders reichen Traditionen, hier gab es gute Erzähler – «wandernde Rhapsoden», wie J. Moe sie nennt –, die von den Bauern freundlich aufgenommen wurden. Asbjørnsen und Moe, die ge-

---

1 Über die Arbeitsweise von Asbjørnsen und Moe, die Entstehung ihrer Sammlungen und den Anteil, den jeder von ihnen an der Sammel- und Publikationsarbeit hatte, unterrichtet am besten ihr Briefwechsel, s. A. Krogvig: Fra det nationale gjennembruds tid. Kristiania 1915.

meinsam von einem privaten Informator für das Abitur vorbereitet wurden, schlossen in jugendlicher Begeisterung nach «altnordischem Ritual» Blutsgemeinschaft miteinander.

Asbjørnsen wurde später Naturwissenschaftler, machte sich als Botaniker und Zoologe einen Namen und kam als Forstmann mit Waldarbeitern, Jägern und Holzfällern in Verbindung, von denen er nicht wenige Märchen und Sagen aufzeichnen konnte. Viele der von ihm veröffentlichten Märchen- und Sagentexte faßte er in einen Rahmen, z. B. in die Schilderung einer Rentierjagd oder eines Abends auf einem Hofe, wo er anschaulich die Umgebung und die Menschen beschrieb, mit denen er gesprochen oder von denen er seine Geschichten gehört hatte. Sein Vorbild war dabei offensichtlich Jacob Grimms Übersetzung der Irischen Elfenmärchen nach der Sammlung von Crofton Croker.

Jørgen Moe, der später Theologie studierte und schließlich Bischof wurde, besaß starkes literarisches Interesse, schrieb selbst viel, und einige seiner Gedichte sind bis heute allgemein bekannt geblieben. Auch die Volkstraditionen betrachtete er anfangs vor allem vom Blickpunkt der Literatur aus, sie waren ihm «Stoffe für Poesie», und erst 1833, als er mit den Schriften Jacob Grimms näher bekannt wurde, verstand er, welchen geschichtlichen Wert die Volkstradition besitzt. So war er – wie es nicht zuletzt auch aus dem Briefwechsel zwischen ihm und Asbjørnsen sichtbar wird – in der Sammel- und Publikationsarbeit der Führende; ein Vergleich zwischen den ersten, von Asbjørnsen selbst veröffentlichten Stücken und späteren zeigt, daß er erst nach längerer Zeit die für norwegische Märchen und Sagen eigentümliche Sprache und Erzählweise wirklich beherrschte. Für Moe stand die Treue gegenüber den Quellen im Vordergrund, und seine Einleitung zur zweiten Ausgabe der von ihm und Asbjørnsen gemeinsam herausgegebenen Sammlung (1852) zeigt, wie er sich die Ideen Jacob Grimms zu eigen gemacht hatte, insbesondere auch dessen Forderung, das Erzählte so wiederzugeben, wie er es gehört hatte. Diese Forderung ist freilich, nach Moes eigenen Worten, leicht aufzustellen, aber zum Verzweifeln schwer zu erfüllen. In Norwegen hängt dies nicht zuletzt mit den komplizierten Sprachverhältnissen zusammen. Etwa vier Jahrhunderte lang, bis 1814, war Norwegen mit Dänemark vereint, die Regierung und andere Behörden waren in Kopenhagen (vgl. oben Nr. 43). Dänisch, in der Aussprache etwas geändert, war die Sprache der Kirche, der Schule und der Rechtspflege, und alles, was geschrieben wurde, wurde dänisch geschrieben oder nach dänischen Vorbildern geformt. Eine einheitliche norwegische Schriftsprache existierte gar nicht, denn die Bevölkerung außerhalb der Stadt verwendete ihre Mundart, und die Geographie Norwegens bringt es mit sich, daß die Mundarten recht verschieden sind. Sie stammen jedoch alle von der altnorwegischen Sprache ab und stehen ihr häufig in Einzelheiten noch verhältnismäßig nahe. Ivar Aasen, ein norwegischer Sprachforscher, stellte aus den verschiedenen Mundarten eine einheitliche Schriftsprache zusammen, die sich dann lebendig weiterentwickelte und heute als zweite Landessprache anerkannt ist (*Landsmål* oder *Nynorsk* gegenüber dem aus dem Dänischen entwickelten *Riksmål* oder *Bokmål*). – Asbjørnsen und Moe standen vor der Schwierigkeit, eine im Dialekt mitgeteilte Geschichte so in die Schriftsprache überzuführen, daß ihr eigentümliches Gepräge nicht verlorengeht. Das ist ihnen wirklich gelungen, und ein in den früheren Ausgaben enthaltenes Verzeichnis schwerverständlicher Wörter konnte in den späteren Ausgaben fast ganz weggelassen werden, weil diese Wörter inzwischen in den allgemeinen Sprachgebrauch aufgenommen worden waren. Asbjørnsen hat auch, gleichsam als Testament, an zukünftige Herausgeber die Forderung hinterlassen, die Texte immer auf der Höhe der Entwicklung der Volkssprache zu halten.

Die Zeit um die Mitte des vorigen Jahrhunderts wird in Norwegen (und anderen skandinavischen Ländern) oft der «nationale Durchbruch» genannt. Zu dieser Zeit drangen die nationalen Elemente immer stärker in die Kultur und das Leben des Volkes ein, die Sprache und die verschiedenen Kunstarten – man denke z. B. an Ibsens Per Gynt oder an Griegs Musik – wurden davon wesentlich geformt. Die Volkstraditionen, insbesondere die Märchen und Sagen, hatten an dieser Entwicklung von Anfang an einen großen Anteil, und sie erlangten dabei eine Position, die für die künftige Arbeit, das Sammeln und die Erforschung von Märchen und Sagen, von Volksliedern etc., von großer Bedeutung war. Ähnliches geschah zu dieser Zeit auch in Finnland, wo ebenfalls eine Sprache und eine Kultur, nämlich die finnische, neben der schwedischen vernachlässigt worden war. Als später der finnisch sprechende Teil der Bevölkerung die Mehrheit erlangte und seine Sprache die Allgemeinsprache des Landes wurde, war es ebenfalls gerade die Volksdichtung, die *Kalevala*, die ein grundlegendes Element in der Kultur des Landes wurde.

Nach dem Tode von Asbjørnsen und Moe gingen ihre Aufzeichnungen in die Hände von Moltke Moe über, des Sohnes von Jørgen Moe. Moltke Moe, ein hervorragender Sammler und bedeutender Forscher, der in zahlreichen Arbeiten das Gesammelte wissenschaftlich behandeln und erklären konnte, war in den folgenden Jahren der Mittelpunkt volkskundlicher Forschungsarbeit in Norwegen. Er wurde Professor für Volkskunde an der Universität, möglicherweise der erste Professor für Volkskunde überhaupt. Am Ende schenkte er alle seine Sammlungen der Universität, unter der Bedingung, daß dafür ein Institut eingerichtet würde, von dem aus die zukünftige Arbeit geleitet werden konnte und wo Sammler die Möglichkeit hatten, mit Hilfe von Stipendien ihre Arbeit fortzusetzen. Ein solches Institut mit dem Namen *Norsk Folkeminnesamling* («Norwegische Volkskunde-

Sammlung») wurde 1920 gegründet und im Bibliotheks-
gebäude der Universität untergebracht. Als später ein neues Universitätsgebäude erbaut und Volkskunde als Ex-
amensfach anerkannt worden war, wurden neue Räumlich-
keiten eingerichtet und mehrere Forscher angestellt, und von
da an trug das Institut die Bezeichnung *Institutt for Folkemin-
nevitskap*. – Die Norwegische Volkskunde-Sammlung bzw.
das Institut hat beinahe von Anfang an eine Schriftenserie unter dem Titel *Norsk Folkeminnelags skrifler* herausgegeben,
in der u. a. mehrere bisher unveröffentlichte Sammlungen
von Märchen und Sagen, z. T. nach älteren Aufzeichnungen,
erschienen sind. Bis jetzt sind insgesamt 95 Nummern herausgekommen; für die ersten 50 Nummern wurde ein syste-
matisches Register veröffentlicht (NFL 50), und nach Nr. 100
ist ein weiteres geplant. – Der erste Leiter des Instituts und
Nachfolger Moltke Moes als Professor für Volkskunde war
Knut Liestøl. Unter den vielen Büchern und Aufsätzen über
volkskundliche Themen sei hier besonders seine zweibän-
dige Ausgabe von Asbjørnsens *Norske Huldreeventyr og Folkesagn* erwähnt, der er eine Biographie Asbørnsens als Ein-
leitungsband vorangestellt hat. Die beiden anderen Bände
enthalten die Sagen mit Anmerkungen und mit Photogra-
phien von den Schauplätzen.

Die ständig wachsende Zahl von Aufzeichnungen und
Notizen im Institut machte die katalogmäßige Ordnung und
Erfassung des reichen Materials notwendig. Deshalb wurden
zwei Kataloge als Kartothek angelegt, der eine als Sachkata-
log, der andere nach geographischen Gesichtspunkten geordnet, so daß leicht ersichtlich ist, wo gesammelt worden ist
und wo nicht. 1921 erschien auch ein gedruckter Katalog
(Reidar Th. Christiansen: Norske Eventyr. Kristiania 1921),
in dem die norwegischen Märchen nach Typen geordnet
analysiert wurden. Inzwischen ist freilich schon viel Neues
dazugekommen (vgl. NFL 50). – Auch ein Verzeichnis der

Wandersagen mit einem systematischen Katalog der entsprechenden norwegischen Varianten ist veröffentlicht worden (R. Th. Christiansen: The Migratory legends. Helsinki 1958. FFC 175).

Wie oben hervorgehoben wurde, hat die Natur Norwegens dazu geführt, daß zwischen den einzelnen Teilen des Landes große Unterschiede bestehen. Das zeigt sich sowohl in der Mundart als auch im täglichen Leben und auch in der Volkstradition. Man kann den Unterschied etwa in den Märchen sehen. Es sind ganz offenbar dieselben Märchen, der Unterschied zeigt sich jedoch in einzelnen Zügen und in der Wiedergabe. Ein guter Erzähler hat es so formuliert: «Eine klare Meinung in wenigen Worten auszudrücken, das ist das Richtige.» Bei den Sagen ist es etwas anders; da spielt z. B. die Ernährungsweise eine große Rolle, ob man seine Nahrung vom Lande oder vom Meer gewinnt. Der Hintergrund wie auch die «mythischen Wesen» sind da verschieden. – In Kürze sind die Hauptgebiete, wo man mehr oder minder den Unterschied in der Tradition merkt, diese: *Ost-Norwegen* (O). Das ist das ebene Land mit den großen Seen und den langen Tälern, die oben im Gebirge enden, wo meistens der Übergang nach Westen war. An Größe sind die Teile recht verschieden. So ist *Telemark* als Einheit zu rechnen, weil in diesen isolierten Gegenden die frühen Sammler die beste Tradition fanden und aufzeichneten. *Süd-Norwegen* (S) ist auch recht klein, hat aber durch den herkömmlichen Weg nach Dänemark und weiter nach dem Kontinent ein besonderes Gepräge erhalten. *West-Norwegen* (W) ist größer. Hier hat der alte Verkehr über das Meer die Tradition in den Märchen besonders beeinflußt. – *Tröndelag* (Tr) ist ebenfalls nur ein kleines Gebiet, hat aber eine gewisse Eigenart. Und der *Norden* (N), entlang der Küste, hat eine Tradition, wo man in den Erzählungen durch die vielen Fischer, die jährlich zusammenkamen, starken Einfluß von auswärts findet.

Ein Leben mit steten Wanderungen ist in einem nordnor-
wegischen Sprichwort reflektiert: «Es wächst um den Fuß,
der geht. Daheim sitzt die hungrige Krähe.» Diese lokalen
Unterschiede machen es sehr schwierig, die Frage zu beantworten: Kann man überhaupt von dem charakteristischen
Gepräge der norwegischen Märchen sprechen? Da die Märchen fast alle international sind, muß sich ein solches Gepräge
in der Art zeigen, wie in Norwegen diese alten Geschichten
wiedergegeben werden. Jørgen Moe hörte hier einen Wider-
hall vom Ton und Stil der altnorwegischen Saga. Für den
Erzähler waren aber nur die gedruckten Sagatexte bekannt,
jedenfalls geschrieben und nicht mündlich erzählt. Die Sagas
sind wohl einmal auch erzählt worden, und eine etwaige
Übereinstimmung zwischen dem Märchenstil und der Saga
mag vielleicht in gewissen, mehr allgemeinen Zügen existieren. Falls es wirklich eine Übereinstimmung gibt, muß sie in
der Eigenart der Personen liegen.

Über die Märchenerzähler haben wir leider nur spärliche
Nachrichten, so etwa in einem Buch von Rikard Berge:
Norsk Sogekunst («Norwegische Märchenkunst»), 1924.
Hier gibt er eine Schilderung der Erzählerin Anne Golid aus
Telemark; sie soll über hundert Märchen im Gedächtnis gehabt haben, und schon J. Moe hat einige davon aufgeschrieben. In Süd-Norwegen lebte ein Mann, der als guter Märchenerzähler bekannt war. Zwei Sammler haben ihn im
Abstand von etwa 15 Jahren besucht, beide machten Aufzeichnungen, und in den Texten beider war kaum ein Wort
geändert.

Fragt man, wie lange Zeit die Märchen in Norwegen heimisch seien, wird oftmals gesagt, daß einige schon in der
Eddadichtung erscheinen. Dabei muß man aber den Unterschied zwischen *Motiv* und *Märchen* ins Auge fassen. Die
Schwanjungfrauen, die in dem Märchen von der verschwun-
denen Gattin auftreten, begegnen uns wohl schon in der Vø-

lundarkvida der Edda, aber da in einem ganz anderen Zusammenhang. Die Fortsetzungen sind völlig verschieden. Man kann jedoch annehmen, daß auch in alter Zeit Märchen erzählt worden sind, gelegentlich werden sie auch erwähnt. Der Verfasser einer Saga über einen König sagt in der Vorrede seines Buches: «Besser ist es, diese Sage als Unterhaltung zu lesen als die Geschichten, die die Hirtenknaben einander erzählen, in denen niemand weiß, was wahr sei, und wo übrigens der König am Ende oft als der Geringste dasteht.»

Bei der Frage nach der typischen Eigenart norwegischer Märchen könnte man vielleicht eine Antwort durch eine Untersuchung darüber erwarten, welche Märchentypen bei uns am beliebtesten waren. Im Verzeichnis der Märchen sind es offenbar die Typen, wo der Held wider einen Riesen streitet und Prinzessinnen befreit (NE 300, 301 und 302) und die Märchen von der Auffindung des verlorenen Gatten oder Gattin (NE 402–425). Eben diese Märchen sind aber ebensooft in anderen Ländern aufgezeichnet. Typisch norwegisch ist es aber, daß fast immer ein Riese der Gegner des Helden ist. Aus dem Volksglauben sind jetzt die Riesen verschwunden, leben nur in den Märchen und den alten Volksliedern. Die Unterirdischen sind dagegen nicht in den Märchen anzutreffen, sie gehören in die Welt der Sage, wie oben erwähnt wurde.

Die Welt unserer Märchen ist dagegen ganz norwegisch. Da reist man «über sieben blaue Berge» oder durch meilenweite Wälder, und einer, der nach dem Süden gegangen ist, bemerkt, daß er in ein Land kam, wo alle Wege gerade sind und nicht wie die Wege daheim. Der König hat einen Hof wie jeder Bauer, selbstverständlich weit größer, und es ist immer der jüngste Sohn von einem kleinen Hof, der die Prinzessin heiratet.

So sind unsere Märchen einst nach Norwegen gekommen

und sind einheimisch geworden, indem sie Denkweise und Vorstellungen der Einwohner angenommen haben. Wann und woher: das wissen wir nicht. Um das herauszufinden, hätte man mühsam die Geschichte jedes einzelnen Märchens durchforschen müssen. In seinen Bildern, der Erzählweise, der Darstellung der Umwelt und vielen anderen Einzelheiten ist unser Märchenschatz charakteristisch für Norwegen, auch wenn die gleichen Märchenstoffe noch in vielen anderen Ländern verbreitet sind.

ANHANG

Quellennachweis

(Ein Verzeichnis der wichtigsten norwegischen Sammlungen bis 1929 ist leicht zugänglich bei BP, Bd. 5, S. 37)

Asbj.-Moe NFE   Norske Folkeeventyr, samlede ved Peter Christen Asbjørnsen og Jørgen Moe. I.–II. Christiania 1842 bis 1844. – Die Ausgabe blieb unvollständig, vom 2. Bd. erschien nur ein Heft. Eine vollständige Ausgabe war erst:

~ 2. Ausg. (1852)   Norske Folkeeventyr, samlede og fortalte af P. Chr. Asbjørnsen og J. Moe. 2den forøgede Udgave. Christiania 1852. – Diese Ausgabe enthält als einzige eine umfangreiche Einleitung und zahlreiche Varianten in Anmerkungen, beides vorwiegend von J. Moe.

~ 3. Ausg. (1866)   Dass., 3die Udgave. Christiania 1866.

~ Rev. Ausg.   P. Chr. Asbjørnsen og Jørgen Moe: Norske Folke-Eventyr. Fællessamlingen. Revideret Udg. ved Moltke Moe. I.–II.. Kristiania 1898.

Asbj. NFE   Norske Folke-Eventyr, fortalte af P. Chr. Asbjørnsen. Ny Samling. (Med Bidrag fra Jørgen Moes Reiser og Optegnelser.) Christiania 1871. – In dieser Ausgabe wurden die Märchen im Anschluß an die von Asbjørnsen und Moe gemeinsam herausgegebene Sammlung als Nr. 61 – Nr. 105 weitergezählt, in späteren Auflagen erhielten sie neue Nummern.

~ Rev. Ausg.   P. Chr. Asbjørnsen: Norske Folkeeventyr. Ny samling. 3. utg. Rev. av Moltke Moe og Anders Krogvig. Kristiania 1914.

Asbj. NHE   P. Chr. Asbjørnsen: Norske Huldreeventyr og Folkesagn. I.–II. Christiania 1845–1848. – Auch die beiden Teile der 2. Aufl. erschienen in großem Abstand (1859–1866), erst die 3. Aufl. erschien in einem Band:

~ 3. Ausg. (1870)   Dass., Tredje Udgave. Christiania 1870.

~ Ausg. L.   Norske huldreeventyr og folkesagn. Fortalt av
                    P. Chr. Asbjørnsen. Saml. 1.2. Utg. av Knut Lie-
                    støl. Oslo 1949. – Die Ausgabe enthält zahlreiche
                    Anmerkungen und Photographien von Erzählern
                    und den Gegenden, in denen die Sagen spielen. Als
                    Einleitungsband dazu erschien: Knut Liestøl:
                    P. Chr. Asbjørnsen. Mannen og livsverket. Oslo
                    1947.
Bergh (1882)   Hallvard Bergh: Nye Folke-Eventyr og Sagn fra
                    Valdres og Hallingdal. Tredje Samling. Christiania
                    1882.
Bugge / Berge   Norske eventyr og sagn, optegnet av Sophus Bugge
                    og Rikard Berge. I.–II. Kristiania 1909–1913.
Faye   Norske Folkesagn samlede og udgivne av Andreas
                    Faye. Arendal 1833. – 2. Aufl. Christiania 1844. –
                    Neue Ausgabe in NFL 63 (1948).
Janson   Kristoffer Janson: Folkeeventyr, uppskrivne i San-
                    deherad. Kristiania 1878.
Landstad   M. B. Landstad: Mytiske sagn fra Telemarken. Oslo
                    1926 (NFL 13).
Løland   Rasmus Løland: Norsk Eventyrbok. Kristiania
                    1905.
NFlkd III.   Norsk Folkediktning. III. Segner. Utg. Knut Lie-
                    støl. Oslo 1939.
Olsen   Ole Tobias Olsen: Norske folkeeventyr og sagn
                    samlede i Nordland. Kristiania 1912.
Skar   Johannes Skar: Gamalt or Sætesdal. I.–VIII. Oslo
                    1903–1916. – Neudruck Oslo 1961 ff.

Abkürzungen und häufig zitierte Werke

AT	Antti Aarne and Stith Thompson: The types of the folktale. Second revision. Helsinki 1961 (= FFC 174).
BP	Johannes Bolte und Georg Polívka: Anmerkungen zu den Kinder- und Hausmärchen der Brüder Grimm. 5 Bde. Leipzig 1913–1932.
FFC	Folklore Fellows Communications. Helsinki 1907 ff.
HWA	Handwörterbuch des deutschen Aberglaubens. 10 Bde. Berlin und Leipzig 1927–1942.
HWM	Handwörterbuch des deutschen Märchens. Bd. I.–II. Berlin und Leipzig 1933–1940.
KHM	Kinder- und Hausmärchen der Brüder Grimm.
Leyen, Ergbd.	Friedrich von der Leyen: Das deutsche Märchen und die Brüder Grimm. Düsseldorf–Köln 1964 (MdW Ergänzungsband).
Liungman	Waldemar Liungman: Die schwedischen Volksmärchen. Herkunft und Geschichte. Berlin 1961. – (Deutsche Ausgabe von W. L.: Sveriges samtliga folksagor i ord och bild. III. Bd. Varifrån kommer våra sagor? Djursholm 1952.)
MdW	Die Märchen der Weltliteratur.
ML	Reidar Th. Christiansen: The migratory legends. A proposed list of types with a systematic catalogue of the Norwegian variants. Helsinki 1958 (= FFC 175).
NE	Reidar Th. Christiansen: Norske Eventyr. En systematisk fortegnelse efter trykte og utrykte kilder. Kristiania 1921. – (Eine stark verkürzte Ausgabe in englischer Sprache ohne detaillierte Quellenangaben und Motivbeschreibung erschien unter dem Titel: The Norwegian fairytales. A short summary. Helsinki 1922. FFC 46.)
NFL	Norske Folkeminnelags Skrifter. Oslo 1921 ff.
NFS	Norsk Folkeminnesamling. Norwegian Folklore Institute. Oslo.

Nyerup   Rasmus Nyerup: Almindelig Morskabslæsning i
                Danmark og Norge igjennem Aarhundreder. Kjø-
                benhavn 1816.
Thompson   Stith Thompson: The folktale. New York 1946.
                [2] 1951.

Anmerkungen

Vorbemerkung: Die AT-Typennummern werden nur dann angegeben, wenn sie von den NE-Typennummern abweichen; im allgemeinen sind AT- und NE-Nummern identisch.

1 Per Gynt. Asbj. NHE (1859) II, S. 77; Ausg. L. I, S. 149. – ML 6060 (Haustiere der Trolle als Bären) + ML 6015 (Trolle beim Weihnachtsfest). – Die Sagen, die von Per Gynt handeln, hat Asbjørnsen in die Skizze *Rensdyrsjakt ved Rondane* («Eine Rentierjagd in Rondane», geschr. 1845) eingeflochten. Der Erzähler war ein junger Bursche, Embret Hougen, der später Schulmeister wurde. Er hat selbst geschildert, wie er mit Asbj. zusammentraf (Ausg. L. II, Anm. S. 155). – Per Gynt war der Besitzer eines Hofes, der südlich von Rondane lag, und Rondane ist ein Bergmassiv in der Dovre-Gegend. Dieser Skizze entnahm H. Ibsen die Sagen, die er in seinem Drama «Per Gynt» verwertete, wobei er den *Bøyg* (Der Krumme) symbolisch deutete.

2 Die Insel Utröst. Asbj. NHE I, S. 259; Ausg. L. II, S. 247. – ML 4075. – Zuerst 1849 in einem kleinen Kalender gedruckt, später in NHE aufgenommen. Erzählt von cand. theol. F. Schmidt, der im hohen Norden gewirkt hat. *Röst* heißt die äußerste Insel der Lofoten, und weiter im Meer draußen liegt *Utröst*, wo die Unterirdischen wohnen; wie alles, das ihnen gehört, ist die Insel nur sichtbar, wenn es die Einwohner wollen. Utröst ist schon 1624 erwähnt. Das Leben dort ist vom Leben in den kargen Küstendistrikten ganz verschieden, es ist so, wie die Menschen es sich wünschen. Es gibt vor der Küste Norwegens – wie in anderen Küstenländern auch – noch mehrere solche Inseln; vor der Westküste Irlands soll die Insel *Hy Brazil* liegen, die man auf den Karten von 1565 bis etwa 1860 findet. Eine Flugschrift (London 1675) schildert einen Besuch dort, doch ganz anders als Isaaks Erlebnisse in Utröst. Das einzige Gemeinsame ist der Nebel, durch den sie segelten.

3 Die Totenmette. Asbj. NHE I, S. 121; Ausg. L. I, S. 117. – ML 4015. – Die Sage steht in der Skizze *En gammeldags juleaften* («Ein Weihnachtsabend in alter Zeit», geschr. 1843), die zuerst in einer Zeitung veröffentlicht wurde. Der Weihnachtsabend wurde in einem Hause im Zentrum der damals kleinen Hauptstadt gefeiert, unweit der «Kirche des Erlösers» und Asbjørnsens Geburtshaus. Die Sage von der Totenmesse ist in vielen Ländern bekannt, in Norwegen ist sie auch im hohen Norden bei den Lappländern belegt; ML verzeichnet etwa 25 Varianten. Die ältesten Belege finden sich bei Gregor von Tours (im 6. Jahrh.) und Thietmar von Merseburg, vgl. die Anmerkungen NFlkd III, S. 78, ferner BP III, S. 472 ff.

4 Drei Zitronen. Asbj. NFE Nr. 66, S. 22; Rev. Ausg. Nr. 6, S. 23. – NE 408. – Von Asbj. 1843 in Kristiania nach der Erzählung der Mutter Dreyer aufgezeichnet. Sie war eine *Kurvkone*, d. h. eine Frau, die mit einem Korbe umherging und verschiedene Sachen verkaufte. Das Märchen, das in Norwegen nur einmal belegt ist, ist nicht einheimisch, sondern gehört zum Märchenschatz des südlichen und östlichen Europa. Es ist auch ein Beispiel dafür, wie unerwartet und auch unerklärlich ein Märchen in ganz fremden Umgebungen auftauchen kann. Die Erzählerin mag selbst aus diesen Ländern stammen, wahrscheinlicher ist, daß sie das Märchen in irgendeinem Buche gelesen und es danach selbst erzählt hat. – Vgl. BP II, S. 125, Anm. 2.

5 Der unterirdische Nachbar. Asbj. NHE I, S. 85 u. S. 149; Ausg. L. I, S. 148. – ML 5075. – Die Rahmenerzählung in die Asbj. diese Sage eingefügt hat, heißt *En natt i Nordmarka* («Eine Nacht in Nordmarken», geschr. 1844). Nordmarken ist die Gegend unmittelbar nördlich der Hauptstadt, mit meilenweiten Wäldern, reich an Gewässern und heute noch nicht bebaut. Es ist noch der große Naturpark für die Bevölkerung der Stadt, man kann da heute noch fischen gehen, wie es Asbj. getan hat. Von den Menschen, mit denen er dort zusammentraf, hörte er viele Sagen. Die Sage vom unterirdischen Nachbarn wurde von einem Mann aus Hadeland (einem Nachbardistrikt weiter im Westen) erzählt, aber der Schauplatz ist nach Telemark verlegt. Die Sage ist fast in ganz Norwegen verbreitet, in ML 5075 sind etwa 150 Varianten verzeichnet, und zahlreiche Belege finden sich auch in den skandinavischen Nachbarländern. Nach dem Volksglauben müssen Menschen und Unterirdische die Welt als Nachbarn teilen. Wohlstand und Glück hängen vom guten Verständnis zwischen ihnen ab, und es ist erklärlich, daß daraus leicht Spannungen entstehen können, solche Sagen scheinen dafür stets neue Beweise zu liefern.

6 Die Toten im Meer und die Toten auf dem Lande. – Olsen, S. 14 (von der Insel Luroy, Lofoten), wieder abgedruckt in NFlkd III, S. 77. – ML 4065. – Die Sage ist in Nordnorwegen heimisch und dort recht verbreitet; ML verzeichnet etwa 15 Varianten, 12 davon aus Nordland und Finnmark. – Der *Draug* ist der Geist eines Menschen, der im Meer verschwunden und nicht in geweihter Erde bestattet ist. Deshalb ist er der Feind aller Menschen und sucht sie zu verderben. Sein Schreien ist zu hören, ist eine Voraussagung des Todes. In älterer Sprache wurde jeder Tote Draug genannt, aber jetzt heißen nur die Toten im Meer so. Die Sage vom Kampf zwischen den Seligen und den Verdammten war schon im Mittelalter bekannt, und Gemälde von solchem Streit findet man in einigen alten Kirchen, z. B. in Hildesheim.

7 Der Kamerad. Asbj. NFE Nr. 100, S. 201; Rev. Ausg. Nr. 40, S. 40. – NE 507. AT 507 A. – Die Haupterzählung ist von Asbj. in Aadal geschrieben, unter Benutzung zweier Aufzeichnungen aus Valdres (Asbj.) und einer aus Telemark (J. Moe), die alle in den Archiven des Institutes bewahrt sind. Das Märchen wurde erst in zwei Kalendern veröffentlicht (1855 und 1866), später in NFE aufgenommen. Es ist mit 16 Varianten in NE registriert, mehrere sind inzwischen noch dazugekommen. International ist das Märchen vom dankbaren Toten weit verbreitet und sehr alt (Tobiasgeschichte). Vgl. BP III, S. 490 ff., KHM 217, ferner A. Wesselski: Märchen des Mittelalters. Berlin 1925. S. 204 ff., Nr. 12.

8 Espenklotz. Janson Nr. 8, S. 29; auch Löland, S. 302. – NE 650. AT 650 A. – Kurz und bündig ist hier der Lebenslauf des riesenstarken Helden geschildert. Das Märchen ist weit verbreitet, und der Ursprung der Stärke des Helden wird verschieden erklärt, hier kommt es daher, weil er von einer Espe stammt. Der erste Mensch hieß nach der Edda-Mythologie *Ask*, d. h. Esche. Mehr ausgesponnen ist das Märchen in Nr. 37, Murmel Gänseei. Siehe die Anm. dazu.

9 Die Trollhochzeit. Asbj. NHE I, S. 50; Ausg. L. I, S. 59. – ML 6005. – In *Berte Tuppenhaugs fortellinger* («Berte Tuppenhaugs Erzählungen»), geschr. 1843. Berte Tuppenhaug war eine sogenannte «Weise Frau» in Romerike, wo sich Asbj. in der Zeit aufhielt; sie kannte Zauberformeln, magische Gebräuche und auch Sagen aller Art. Diese Sage ist nach Hadeland verlegt. Es wird häufig erzählt, daß die Unterirdischen in den Sennhütten einkehren, wenn die

Menschen im Herbst die Alm verlassen. Wenn dann ein Mädchen allein zurückbleibt, vor allem wenn sie heiraten soll, wird sie von den Unterirdischen besonders verfolgt. Die Tiere, insbesondere Pferde und Hunde, sind empfindlicher für solche Wesen als Menschen; wie so oft, ist auch hier die Rettung ein Schuß über das Haus oder die Trolle. Die Sage ist in Norwegen weit verbreitet, ML 6005 registriert etwa 130 Varianten, und auch in allen anderen nördlichen Ländern ist die Sage geläufig.

10 Der reiche Peter Krämer. Asbje.–Moe NFE 2. Ausg. (1852) Nr. 5, Anm. S. 391; Rev. Ausgabe Nr. 5, S. 24. – NE 461. AT 930 + AT 461. – Von Asbj. in Röken aufgezeichnet. Der Schluß ist aus einer Variante aus Hardanger (W) übernommen. In NE sind etwa 25 Varianten verzeichnet. – Über das Märchen hat A. Aarne eine Studie geschrieben: Der reiche Mann und sein Schwiegersohn. Helsinki 1920. FFC 23. Vgl. auch BP I, S. 276, KHM 29. Zwei Märchen scheinen hier vereint zu sein: «Der reiche Mann und sein Schwiegersohn» und «Drei Haare vom Bart des Teufels». Einige der hier vorkommenden Motive sind alt, wie «Die vertauschten Briefe», die schon in der Hamletsage dieselbe Rolle spielen, vgl. Schick, Corpus Hamleticum, Bd. I.

11 Der Huldrehut. Asbj. NHE I, S. 157; Ausg. L. I, S. 157. – ML 6050. – Asbj. hatte 1842 einen Besuch in der Landschaft Eidsvold gemacht und war auch an den Fluß Andelv gekommen; 1845 schrieb er die Skizze En aften ved Andelven («Ein Abend am Andelv»), in der auch diese Sage enthalten ist. Sie wurde ihm von der Kinderfrau Anna Marie erzählt, die auf dem Pfarrhof diente und als Märchenerzählerin berühmt war. Eine Tochter des Pfarrers, die später recht bekannt gewordene Schriftstellerin Camilla Collet, hat sie anschaulich geschildert (vgl. Ausg. L, S. 248). – Der Huldrehut macht seinen Träger unsichtbar, eine charakteristische Eigenschaft der Unterirdischen, des «Huldrevolks» (zu hylja «verbergen», also: die Verborgenen).

12 Marienkind. Asbj.–Moe NFE Nr. 8, S. 34; 2. Ausg. (1852) Anm. S. 401; Rev. Ausg. I, S. 46. – NE 710. – Von J. M. in Ringerike aufgezeichnet. In den Anmerkungen ist der Inhalt von drei Varianten, alle aus nahe gelegenen Gegenden, mitgeteilt; in NE sind noch ein paar weitere Varianten aus Westnorwegen registriert. Das Märchen ist weit verbreitet, vgl. BP I, S. 13; KHM 3. Einzelne Motive werden auch in einem anderen Zusammenhang verwendet, wie z. B. das

Spiegelbild im Brunnen. Der Text hier ist der Übersetzung von Fr. Breseman (Berlin 1847) entnommen.

13 Hexe Pfarrerin. Asbj. NHE I, S. 281; Ausg. L. II, S. 275. – In dieser Form nicht in ML, andere Hexensagen s. ML 3030 – ML 3080. – Die Geschichten, die in der Skizze *På højden av Aleksandria* («Auf der Höhe von Alexandria», geschrieben 1862) stehen, hat Asbj. während einer Reise nach dem Mittelmeer gehört, die er 1850 als Proviantverwalter auf dem Kreuzer *Ørnen* («Adler») machte. Er schildert die Küsten, die er sah, das Meer, und ließ sich von den Matrosen Geschichten erzählen. Diese Sage hörte er von einem Matrosen aus Kristiansand (Südnorwegen); sie ist auch aus anderen Gegenden bekannt. Sagen von Hexen sind in der norwegischen Tradition recht gewöhnlich; sie sind ein Nachklang des Hexenwahns, der lange Zeit hindurch mit Greueln und Hexenverbrennungen in den europäischen Ländern herrschte. In Norwegen waren um 1860 nicht viel mehr als anderthalb Jahrhunderte vergangen, seitdem der Wahn endgültig verschwunden war.

14 Der Sturmzauber. Asbj. NHE I, S. 248; Ausg. L. II, S. 268. – Nicht in ML. – Die Rahmengeschichte heißt hier *Makrelldorg* («Beim Makrelenfang» geschr. 1851). In Wirklichkeit hörte Asbj. diese Sage 1851 von einem Freunde, cand. med. P. Schübeler, auf einer zoologischen Exkursion im Kristianiafjord. In irgendeiner Weise steht die Sage in Verbindung mit einem Ereignis im Jahre 1670, als zwei Frauen vor das Gericht in Kristiansand gebracht wurden, weil sie Hexerei getrieben hatten. Sie hatten sich in Raben verwandelt und wollten ein Schiff zum Sinken bringen, weil sie dem Schiffer nach dem Leben trachteten. Es gelang ihnen aber nicht, weil sich auf Deck ein Mann aufhielt, der ein Gebetbuch bei sich trug.

15 Der Meisterdieb. Asbj. – Moe NFE Nr. 34, S. 152; 2. Ausg. (1852), Anm. S. 440; Rev. Ausg. I, S. 208. – NE 1525 D + AT 1525 A. – Von Asbj. in Sel (Gudbrandsdal) aufgezeichnet. In der 2. Ausg. (1852) sind 3 Varianten kurz referiert, darunter zwei aus W, eine aus Süd. In NE sind insgesamt etwa 25 Varianten verzeichnet. Das Märchen ist weit verbreitet; Dr. Stroebe schrieb dazu in der ersten Ausgabe: «Überall hat das Volk seine heimliche Freude an Schlauheit und verwegener Dieberei, ... deshalb hat dieses Märchen in vielfach wechselnder Gestalt überall Heimatrecht». Vgl. BP III, S. 379 Bis 406, KHM 192, Liungman, S. 301.

16 Der ehrliche Vierschilling. Von Asbj. – Moe erst in die dritte Ausgabe aufgenommen, Asbj.–Moe NFE (1866), Nr. 59, S. 306. – NE 1651. – Von J. Moe in Östfold aufgezeichnet; außerdem sind fünf andere norw. Varianten bekannt, vgl. NE. Das Märchen bildet gewissermaßen einen Gegensatz zum vorigen und will zeigen, daß absolute Ehrlichkeit, wenn auch übertrieben, ebenfalls zu Glück und Vermögen führt. Das Märchen ist weit verbreitet, vgl. BP II, S. 69, KHM 70. Es ist zu finden in älteren Sammlungen von erbaulichen Geschichten und in Sammlungen von Exempla. In England ist der Held Sir Richard Whittington, der im 14. Jh. in London Lord Mayor war. Ein Volksbuch mit dem Namen als Titel ist mehrfach gedruckt worden, in Dänemark 1726, in Norwegen 1743. Wahrscheinlich stammen einige Varianten aus dieser Quelle, vgl. Nyerup, S. 242.

17 Wie König Olav der Heilige die Kirche in Seljord gebaut hat. Von dem Pfarrer M. B. Landstad um 1840 in Seljord (Telemark) aufgezeichnet, aber erst 1926 in der Sammlung *Mytiske sagn fra Telemarken* veröffentlicht (NFL 13, S. 38). – ML 7065. – König Olav, gefallen in einer Schlacht im Jahre 1030, ist in norwegischen Sagen noch heute wohlbekannt, vgl. z. B. Olav Bø: Olav den Heilage. Oslo 1955. Zahlreiche in ML 7065 verzeichnete Sagen handeln von Kirchen, die er gebaut haben soll. Er war es, der das Christentum in Norwegen einführte. Darüber hinaus sind in Norwegen viele Erzählungen über König Olav bewahrt, besonders von seinem Kampf gegen die Trolle (Riesen) und die Unterirdischen. – Das Motiv, den Namen eines unbekannten Helfers zu erraten, ist auch sonst im Märchen häufig, vgl. BP I, S. 490 ff., KHM 55, ferner Edw. Clodd: Tom-Tit-Tot. London 1898.

18 Die Zauberäpfel. Bugge / Berge I, S. 61. – NE 566. – Das Märchen ist in Norwegen recht selten, NE verzeichnet nur 6 andere, recht verschiedene Varianten. Es gehört zum Kranz der Märchen von den Wunderdingen, und das Motiv mit diesen Äpfeln bildet gewöhnlich den Schluß, wo der Held die anderen Dinge, die er verloren hat, wiedergewinnt. Das Märchen ist weit verbreitet, vgl. BP I, S. 470 ff. sowie BP III, S. 3 ff. (zu KHM 122), ferner Antti Aarne: Vergleichende Märchenforschungen. In: *Mémoires de la Société Finno-Ougrienne* 25. Helsinki 1903. S. 85–97. Das bekannte Volksbuch vom Fortunatus wurde 1640 auch in Dänemark gedruckt, und die norwegischen Fassungen führen vielleicht auf diesen Druck zurück, vgl. Nyerup, S. 157.

19 Dem fehlt nichts, in den alle Weiber verliebt sind. Asbj.–Moe NFE

Nr. 38, S. 188; 2. Ausg. (1852) S. 458; Rev. Ausg. II, S. 111. –
NE 580. – Das Märchen ist in Norwegen recht selten, unsere Fassung wurde von J. Moe in Seljord (Telemark) aufgezeichnet, eine
andere in NE erwähnte Variante hörte Moe in Ringerike, die wie die
hier gedruckte beginnt. Eine weitere Variante hörte Asbj. einen Matrosen auf der Reise nach dem Mittelmeer erzählen (vgl. zu Nr. 13
oben). Das Märchen ist in den übrigen nordischen Ländern bekannt.
Möglicherweise stammt es wie das vorige aus einem Volksbuche
mit dem Titel: «Eine Geschichte von drei Brüdern, von denen der
Jüngste die Eigenschaft geerbt hat, ein guter Freund der Mädchen zu
sein. Er wurde später mit einer Prinzessin vermählt.» Das Buch
wurde in Dänemark seit 1711 mehrmals gedruckt, darin finden wir
noch andere «Lustige Geschichten». Viel besser erzählt das Märchen
diese «lustige Geschichte», besonders wenn es, wie hier, von einem
guten Erzähler wiedergegeben wird. Zum Volksbuch vgl. Nyerup,
S. 272.

20 Selbst getan. Asbj. NHE I, S. 10; Ausg. L. I, S. 21. – Vgl. AT 1137. –
Gedruckt in der Skizze *Kvernsagn* («Mühlengeschichten», geschr.
1843 oder 1845). Einst hatte in Norwegen jeder seine eigene Mühle,
wo die Unterirdischen und allerlei Spuk wirksam waren. Asbj. hatte
die Sage an A. Faye für seine *Norske folkesagn* geschickt (vgl. Nachwort), hat sie aber später von neuem in seine NHE aufgenommen.
Nun läßt er einen Jungen, der im Dunkel der Mühle ängstlich war,
die Geschichte erzählen. Ein Vergleich der beiden Texte ist recht
interessant, weil er von der Entwicklung seiner Kunst als Erzähler
einen Eindruck gibt. Der falsche Name, der den anderen die Rettung
gibt, ist sehr alt; in gleicher Weise rettet sich schon Odysseus vor
Polyphem. Siehe O. Hackmann: Die Polyphemsage in der Volksüberlieferung. Helsingfors 1904. Vgl. ferner zum Märchen BP III,
S. 375 ff.

21 Das Meistermädel. Asbj.–Moe NFE Nr. 46, S. 222, 2. Ausg.
(1852), Anm. S. 457; Rev. Ausg. II, S. 8. – NE 313. Von J. Moe 1842
in Seljord nach Anne Golid (vgl. Nachwort) aufgezeichnet. In den
Anmerkungen zur 2. Ausg. (1852) hat Moe 8 Varianten kurz referiert und dabei bemerkt, daß das Märchen in Norwegen eine sehr
weite Verbreitung habe; in NE sind etwa 60 norwegische Varianten
verzeichnet. Auch in anderen Ländern ist es sehr häufig anzutreffen,
vgl. etwa BP II, S. 516 ff. (zu KHM 113, De beiden Künnigeskinner)
und BP III, S. 406 ff. (zu KHM 193, Der Trommler). Die Hauptteile

des Märchens sind die schwierigen Aufgaben (AT 313, II) und die magische Flucht (AT 313, III), die in den meisten Varianten vorkommen. Häufig schließt das Märchen mit der Episode von der vergessenen Braut, dem Erwachen aus dem magischen Vergessen und der Vermählung mit der ersten Braut (AT 313, IV–VI). Im übrigen ist die Komposition des Märchens oft recht kompliziert, und es existieren sehr stark voneinander abweichende Fassungen.

22 Der Bursche, der seinen Herrn in Harnisch brachte. Janson, Nr. 7, S. 24. – NE 1000 + NE 1025 + NE 1004 + vgl. NE 1029 + NE 1005 + NE 1006 + NE 1012. – Im Gegensatz zum vorigen Märchen, wo sich eine bestimmte Reihe von Begebenheiten in festem Zusammenhang entwickelt, besteht dieses aus einer Reihe von Episoden, die im einzelnen in den verschiedenen Varianten wechseln können. Den Rahmen bildet immer der Dienstkontrakt mit der Bedingung, nicht zornig zu werden. Die zahlreichen möglichen Einzelepisoden, die in diesen Rahmen eingefügt werden können, sind registriert in NE (bzw. AT) 1001–1161. Vgl. ferner BP II, S. 285 ff. (zu KHM 90). NE registriert im ganzen etwa 60 Varianten. In unserer Geschichte ist der Herr ein Bauer, häufig ist er jedoch auch in Norwegen ein Riese oder Troll, die ja für dumm gehalten werden, wogegen der Diener der übliche schlaue Bursche ist.

23 Vom Riesen, der sein Herz nicht bei sich hatte. Asbj.–Moe NFE Nr. 36, S. 171; 2. Ausg. (1852), Anm. S. 450; Rev. Ausg. II, S. 8. – NE 302. – Von J. Moe in Seljord 1843 nach derselben Erzählerin aufgezeichnet wie oben Nr. 21. In den Anmerkungen zur 2. Ausg. (1852) werden zwei Varianten kurz referiert, in NE 302 sind insgesamt 25 Varianten verzeichnet. Das Märchen ist international und in vielen Ländern anzutreffen, vgl. z. B. BP III, S. 434 ff. (zu KHM 197), und Journal of American Folklore 36, S. 501. Der Aufbau des Märchens ist recht konstant, vgl. die *Formula*, wie man den Weg nach der Stelle finden kann, wo das Herz ist, oder die Weise, in der der Held befähigt wird, dahin zu kommen. Das Motiv vom verborgenen Leben ist weit verbreitet und bei primitiven Völkern praktisch verwendbar, vgl. Panzer: Studien zur Germanischen Sagengeschichte, und Frazer: The Golden Bough. Verborgen wird das Herz oder das Leben, nicht die Seele, denn wo diese alleine auftritt, liegt der Besitzer im tiefen Schlaf; vgl. die Sage vom Guntram (ML 4000).

24 Die drei Prinzessinnen im Weißland. Asbj.–Moe NFE Nr. 9, S. 38,

2. Ausg. (1852), Anm. S. 402; Rev. Ausg. I, S. 51. – NE 400. – Von J. Moe in Ringerike aufgezeichnet. In Anm. sind 2 Varianten aus Hardanger und Hedmarken erwähnt. (O); NE verzeichnet etwa 50 Varianten. Fast in allen Teilen des Landes hat man das Märchen angetroffen, auch bei den Lappländern im hohen Norden; auch in vielen anderen Ländern ist es bekannt. Das Thema ist die Heirat zwischen einem irdischen Mann und einer Frau aus der anderen Welt. Als Anfang werden verschiedene Motive gebraucht, wie hier der Fischfang, häufiger die Schwanenjungfrauen. Einen Gegensatz bildet das Märchen, in dem der Gatte kein Mensch ist (NE 425, vgl. Nr. 25). Auch andere Motive wechseln, etwa, in welcher Weise der Held imstande ist, seine Frau wiederzufinden; vgl. BP II, S. 318 ff. und S. 335 ff. (zu KHM 92 und 93), BP III, S. 406 ff. (zu KHM 193).

25 Sorge und Leid. Bergh (1882), Nr. 1. – NE 425. AT 425 A. – Dieses Märchen ist, wie erwähnt, ein Gegensatz zum vorigen. Es wird gewöhnlich das Märchen von Amor und Psyche genannt, nach der alten Geschichte bei Apuleius, der älteren Variante. Mehrere Fassungen sind verzeichnet, vgl. BP II, S. 229 ff. (zu KHM 88), BP III, S. 37 ff. (zu KHM 127). Das Märchen ist in Norwegen ebenso häufig aufgeschrieben worden wie das vorige: in NE 425 findet man etwa 70 Varianten. Einige Züge wechseln, besonders häufig am Anfang. Hier ist es der Wunsch einer Tochter, die ihren Vater bittet, ihr eine bestimmte Sache von seiner Reise mitzubringen. In anderen Varianten wird sie von einem Tier, oft einem Bären, weggeführt. Als sie ihn verloren hat, sind es die Winde oder Vögel, die sie wieder zu ihm führen. Mehrere Studien über das Märchen sind geschrieben worden, z. B. E. Tegethoff: Studien zum Märchentypus von Amor und Psyche. Bonn und Leipzig 1922, und später J.-Ø. Swahn: The tale of Cupid and Psyche. Lund 1955.

26 Der Sturz vom Kirchturm. Asbj. NHE I, S. 179; Ausg. L. I, S. 173. – Einige Geschichten von Hexen sind schon im vorigen erzählt worden, andere werden folgen und sind von derselben Quelle, dem Totengräber von Eidsvold. In einer Skizze schildert Asbj., wie er ihn suchte und schließlich fand und wie er ihn zum Erzählen brachte. Diese Sage ist, wie Dr. Stroebe in der ersten Ausgabe schrieb: «eine tolle Geschichte von Hexen und dem Teufel». Wie auch in vielen anderen Sagen, hat ein verwegener Mann die Hexen bei ihrem Feste sehen wollen. Der Schluß ist aber original. Hexen-Sagen vgl. ML 3045.

27 Kari Holzrock. Asbj.-Moe NFE, Nr. 19 S. 79, 2. Ausg. (1852), Anm. S. 414; Rev. Ausg. I, S. 106. – NE 510. – Von Asbjørnsen in Røken, unweit von der Hauptstadt, aufgezeichnet; in den Anmerkungen zur 2. Ausg. (1852), sind 6 Varianten ausführlich referiert und in NE werden etwa 50 andere verzeichnet. Die Varianten stimmen im wesentlichen überein, doch mit einigen Verschiedenheiten. Der Heldin hilft ein Tier oder ihre tote Mutter. – Das Märchen vom Aschenputtel, Cendrillon, Cinderella, hat eine sehr große Verbreitung. Vgl. BP I, S. 165 ff. (zu KHM 21). Einige früh gedruckte Varianten, wie Perrault, *Cendrillon* (1697), haben besonders in England einen großen Einfluß gehabt. Vgl. Anna Birgitta Rooth: The Cinderella Cycle. Lund 1957.

28 Der Ursprung der Unterirdischen. Johannes Skar, Gamalt or Sætesdal III, S. 53 (1908). – Vgl. ML 5055. – Setesdal ist ein langes Tal in Südnorwegen, das etwa von Kristiansand nordwärts geht. In alten Zeiten war es recht isoliert, und die Bevölkerung hatte an ihren alten Sitten und Traditionen treuer festgehalten als in den meisten anderen Gegenden. Glücklicherweise gab es hier einen Mann, Johannes Skar, der die wertvollen Volksüberlieferungen sammelte. Er war mit dem Volke und mit der recht eigenartigen Mundart vertraut, und seine Sammlungen sind in den 8 Bänden *Gamalt or Sætesdal* zugänglich gemacht worden. Neben den vielen Sagen von den «Tussen», die zeigen, wie tiefe Wurzeln dieser Glaube hatte, fand er auch, was man eine Theologie dieses Glaubens nennen könnte, die den Ursprung in alten Büchern und alter Gelehrtheit des Mittelalters hatte. Die Hauptfragen waren: Woher stammen die Tussen, und wie wird es ihnen am Jüngsten Tage gehen?

29 Der weiße Bär König Valemon. Asbj. NFE Nr. 90, S. 154; Rev. Ausg. Nr. 30, S. 134. – NE 425. AT 425 A. – In Setesdal (vgl. zu Nr. 28) von dem Künstler August Schneider aufgezeichnet. In seinen Anmerkungen in der zweiten Ausgabe (1852) von Asbj.-Moe NFE S. 461 hat J. Moe bei einem Märchen des gleichen Typus (AT 425) erwähnt, daß im Tal eine andere Variante dieses Märchens aufgezeichnet war, die er aber nicht kannte. Wahrscheinlich war es dieselbe, die hier als Nr. 29 geschrieben steht.

30 Die Katze, die so viel fressen konnte. Asbj. NFE Nr. 102, S. 222; Rev. Ausg. Nr. 42, S. 191. – NE 333. Vgl. AT 2027. – Von Asbj. 1847 in Gudbrandsdal aufgeschrieben mit Übernahme einzelner Züge aus anderen Fassungen, darunter eine aus Hardanger (W). In

NE sind 17 Varianten verzeichnet. Der Fresser ist in einigen, wie hier, ein Tier, kann aber auch ein Mensch sein, wie z. B. der Dicke Bauer. Daß Menschen oder Tiere, die von irgendeinem Ungeheuer verschlungen sind, wieder unversehrt herauskommen, ist in der alten Mythologie erwähnt, kommt aber auch in Märchen vor, BP I, S. 40 (zu KHM 5, Der Wolf und die sieben jungen Geißlein), und BP I, S. 234 ff. (zu KHM 26, Rotkäppchen). Das grotesk-komische Kettenmärchen hier kann gewiß als Kindermärchen bezeichnet werden.

31 Östlich von der Sonne und westlich vom Mond. Asbj.-Moe NFE, Nr. 41, S. 200, 2. Ausg. (1852) Anm. S. 461; Rev. Ausg. II, S. 48. – NE 425. – Von Asbj. in Telemark aufgeschrieben. In einer der angeführten Varianten heißt der Ritter Varivan, eine andere aus Ringerike nennt das Märchen: Der Wolf und die Königstochter. Vgl. die Anmerkungen zu Nr. 25 und 29, die dem gleichen Typ zugehören.

32 Zottelhaube. Asbj.-Moe NFE Nr. 54, S. 271, 2. Ausg. (1852), Anm. S. 493; Rev. Ausg. II, S. 174. – NE 711. – Von Moe in Aaseral (S) aufgezeichnet. In den Anm. eine Variante, von Asbj. in Vaagaa (Gudbrandsdal) aufgezeichnet, mit dem Titel *Bukketøsen* («Bocksmädel»). Ferner sind in NE noch 4 Varianten verzeichnet, 2 aus Telemark, 2 unbekannter Herkunft. Der Märchentyp 711 ist somit in Norwegen recht selten, ebenso auch anderswo. Nach Liungman ist das Märchen in Dänemark, auf Island und in Italien bekannt, AT bringt auch einige Belege aus Irland, Griechenland und der Türkei. – Man hat das Märchen mit der angelsächsischen Legende von König Offa in Verbindung gesetzt, aber die beiden sind doch so verschieden voneinander, daß man an einen Zusammenhang kaum glauben kann. Die bedeutungsvolle Frage, die den Zauber bricht, wird auch in anderen Märchen verwendet.

33 Die Reise im Braukessel. Asbj. NHE I, S. 179; Ausg. L. I, S. 172. – Vgl. ML 3045. – Noch eine von den Sagen, die der Eidsvolder Totengräber Asbj. erzählte (vgl. oben), hier nach dem Dovregebirge verlegt. Die Sage von dem Manne, der den Hexen folgen will, ist, wie oben erwähnt, recht gewöhnlich. Diese Variante ist von gewissem Interesse, da man eine literarische Verbindung wiedererkennt. Der norw.-dänische Verfasser Ludvig Holberg hat ein Schauspiel geschrieben, «Uden Hoved og Hale», in dem er über den Hexenglauben spricht, und da findet man deutliche Nachwirkungen der Sage. So sagt auch hier der Reiter auf dem Kessel: «Dies war ein verteufelter Sprung eines Braukessels.» – Die Sage ist auch in anderen Ländern geläufig; in Norwegen ist sie nach ML in etwa 150 Varianten bekannt. Sie ist schon in älteren Quellen zu finden; so hat sie der Engländer Giraldus Canbrensis erzählt, der auch behauptet, daß er selbst die Hexe gesehen hätte, als sie in den Fluß Rhone stürzte, weil sie den Namen Jesu nannte.

34 Die Waldfrau. Asbj. NHE I, S. 46; Ausg. L. I, S. 57. – ML 5095. – Geschrieben 1843 nach der Erzählung der «weisen Frau» (vgl. oben Nr. 9). Es war, sagte sie, ihr Oheim, der dies erlebt hatte. Ihm hatte die Huldre nachgestellt und ihn zuletzt sogar mit sich genommen. Er war keineswegs der einzige, der solches erlebt hat, etwa 150 Fälle sind in ML verzeichnet. Die Einzelheiten können stark variieren, aber einige Züge kehren häufig wieder, z. B. daß solche Frauen einen Kuhschwanz haben, wie auch die Episode, daß sie festsitzen und der Schwanz steckenbleibt. Auch ist es häufig so, daß nach solchen Erlebnissen die Männer nicht mehr «richtig» sind, d. h. ein wenig verrückt.

35 Vom goldenen Schloß, das in der Luft hing. Asbj. NFE Nr. 72, S. 45; Rev. Ausg. Nr. 12, S. 42. – NE 531. – Von Asbj. aufgezeichnet während der Reise mit «Ørnen», erzählt von einem Matrosen aus der Gegend bei Kristiansund (W) (vgl. zu Nr. 14), mit Zügen aus einer Variante aus Hedmark (O). Das Märchen ist weit ausgesponnen, was vielleicht davon herrühren kann, daß es von einem Volksbuche stammt, dessen Titel lautet: «Der ehrenvolle Weg durch Dornen, den Bryde, der Schütze, gegangen ist» (vgl. Nyerup, S. 231). NE verzeichnet 28 andere Varianten. Zur weiteren Verbreitung vgl. BP II, S. 79 ff. (zu KHM 71) und BP III, S. 84 f. (zu KHM 134) sowie BP III, S. 18 ff. (zu KHM 126). Beständig wiederkehrend sind solche Züge wie der Esel als helfendes Tier und die vielen Prinzessinnen, die befreit werden.

36 «Herauf und hernieder zum Dachfirst». Asbj. NHE, 3. Ausg. (1870) S. 118; Ausg. L. S. 172. – ML 3045. – Noch eine der Hexengeschichten des Totengräbers (vgl. oben Nr. 14 und 33), nach Dovre verlegt. Das Wortspiel lautet im Norwegischen Mønsas («Dachfirst») und Jønsas (ein Berg, wo die Hexen ihre Feste hielten), aber wie Dr. Stroebe bemerkt: «Dachfirst muß nun im Deutschen die Rolle des Bergnamens übernehmen.» – Die Salbe, die der Hexe die Fähigkeit gab zu fliegen, ist in den Hexenprozessen öfters erwähnt. Sie wurde vielleicht aus Pflanzen zubereitet, die narkotische Eigenschaften hatten.

37 Murmel Gänseei. Asbj. NFE Nr. 96, S. 172; Rev. Ausg. Nr. 36, S. 149. – NE 650. AT 650 A. – Von Asbj. um 1849 im Gudbrandsdal aufgezeichnet. Von anderen Varianten, die er besaß, hat er Züge eingefügt, einige waren ihm brieflich zugeschickt. Der Name ist der Titel einer Variante, die J. Moe in Ringerike aufgeschrieben hatte. Oben ist «Der Espenklotz» (Nr. 8) ein Märchen vom gleichen Typ. NE verzeichnet 35 Varianten, somit ist das Märchen also wohlbekannt. Solche riesenstarken Helden sind offenbar Ideale in Norwegen gewesen, in der alten Mythologie ist ja Thor der Gott, ein solcher, der die Stärke hatte, wenn er den Gürtel umspannte (vgl. F. von der Leyen: Das Märchen in den Göttersagen der Edda. Berlin 1899. S. 45 ff.). Über die Verbreitung des Märchens vgl. BP II, S. 285 ff. (zu KHM 90, Der junge Riese).

38 Die Trollfrau. Asbj. NHE I, S. 77; Ausg. L. I, S. 79. – ML 5090. – In der Skizze *En aftenstund i et proprietærkjøkken* («Ein Abend in der Küche des Hofes», 1845) schildert Asbj. das tägliche Leben auf dem Hofe, wo er als Informator angestellt war. Gelangweilt durch das politische Gespräch des Hofbesitzers, ist er in die Küche gegangen, um den Erzählungen der Leute zuzuhören. Der Schmied hat diese Sage von der Trollfrau erzählt. Sie ist weit mehr sympathisch als die Waldfrau (Nr. 34 oben), obwohl beide vom Geschlecht der Unterirdischen sind und nichts mit den Trollen zu schaffen haben. Viele Sagen werden von Männern erzählt, die mit einem solchen Weib verheiratet waren; in ML sind 175 dieser Art registriert. Meistens sind diese Frauen tüchtig und gut, und dadurch, daß sie zeigen, wie stark sie sind, bringen sie den Gatten zu Vernunft. Die Episode in der Schmiede ist der übliche Schluß.

39 Des Königs Hasen. Asbj. NFE Nr. 98, S. 190; Rev. Ausg. Nr. 38, S. 164. – NE 570. – Das Märchen ist aus 4 Varianten zusammengesetzt, alle aus Ost-Norwegen, und zwar aus den Gemeinden Röken, Aadal, Öyer und Asker, dazu noch eine von J. Moe in Ringerike aufgezeichnete sowie eine Variante aus Hardanger (W). Ferner verzeichnet NE noch 6 weitere Varianten, die im Archiv des Instituts bewahrt sind. Über die weitere Verbreitung vgl. BP III, S. 267 ff. (zu KHM 165) und Liungman, S. 176.

40 Der große und der kleine Peter. Asbj.-Moe NFE, Nr. 53, S. 265; 2. Ausg. (1852), Anm. S. 492; Rev. Ausg. II, S. 148. – NE 1535. – Das Märchen ist aus einer Reihe Einzelepisoden zusammengesetzt, aus zwei Varianten aus Gudbrandsdal, anderen ebenfalls aus Ost-

Norwegen und einer aus Telemark; die Anmerkungen geben darüber Auskunft. In NE sind in allem etwa 25 Varianten registriert.
Vgl. weiter BP II, S. 1 ff. (zu KHM 61, Das Bürle). Als passender
Titel wurde von R. Köhler vorgeschlagen: List und Leichtgläubig-
keit. Das Märchen ist schon im Mittelalter bekannt und wird in latei-
nischer Sprache als Gedicht von *Unibos* erzählt, vgl. BP II, S. 6, Text
bei Grimm und Schmeller: Lateinische Gedichte des 10. und
11. Jahrh. (1838, S. 354). – Weltberühmt ist *Store Klaus og Lille
Klaus* von H. C. Andersen. Über sein Verhältnis zum Volksmär-
chen vgl. Christensen in der Zeitschrift *Danske Studier* 1906. – Vgl.
auch F. von der Leyen: Der kleine und der große Klaus. In: Orbis
Litterarum, København 1956, S. 407–416.

41 Teufelsbeschwörung. Asbj. NHE II, S. 109; Ausg. L. II, S. 93. –
ML 3015. – Die Skizze *Plankekjørerne* («Die Holzfuhrleute», 1848)
schildert das rauhe Leben der Männer, die, als noch keine Eisenbahn
da war, den Transport der Holzwaren von den Walddistrikten in
den inneren Gegenden des Landes nach der Stadt besorgten. Es war
eine harte Arbeit, und sie hatten bestimmte Häuser, wo sie übernachten konnten. Da wurde natürlich viel Branntwein getrunken,
es gab viel Kartenspiel und manche Schlägerei. Diese Sage wurde
von einem Manne erzählt, der sie nach Lier, nahe bei Drammen,
verlegte. Dieselbe Geschichte soll aber auch an vielen anderen Orten
geschehen sein; ML 3015 hat etwa 50 Varianten. Auch anderswo ist
die Sage bekannt. Gewöhnlich ist aber der Teufel durch ein kleines
Loch in der Fensterscheibe hinausgefahren.

42 Helge-Hal im blauen Berg. Bergh (1883), Nr. 2, S. 19, öfter gedruckt. – NE 545 B. – In Asbj.-Moe NFE Nr. 28 liegt eine Variante
vor, und in den Anmerkungen zur 2. Ausg. (1852), S. 430, sind noch
3 Varianten erwähnt; NE registriert noch etwa 20 andere. Das Märchen ist auch in anderen Ländern geläufig, vgl. BP III, S. 487 (zu
KHM, 214, Der gestiefelte Kater). Als Quelle dieses Märchens hat
vielleicht das Märchen *Le chat botté* bei Perrault gedient. Wie andere
von Perraults Märchen ist es in die Tradition anderer Länder aufgenommen worden, vgl. etwa Liungman, S. 151, wo Varianten bei
Straparoea (um 1550) und Basile (um 1630) erwähnt werden.

43 Der Herr vom Berg und Johannes Blessom. Asbj. NHE I, S. 189;
Ausg. L. I, S. 178. – ML 5005. – Als selbständige Sage (geschr. 1843)
gedruckt, wobei Asbj. auf einen Rahmen verzichtet und nur die
Herkunft der Sage kurz angibt. Er reiste 1842 durch Vaagaa (Gud-

brandsdal) und war nach dem Pfarrhof gegangen, begleitet von einem Talbauern. Dieser hat ihm die Sage erzählt, die mit einem steilen Felsen verknüpft war. Im Felsen, gleich neben dem Pfarrhof, gab es eine Öffnung wie ein Portal, und diese galt als die Tür zum Palast des *Jutul*, d. h. Troll. Blessom ist ein Hof, nicht weit entfernt. Der genannte Johannes muß um das Jahr 1800 gelebt haben. Ein Zeitgenosse Asbjørnsens hatte eine ältere Verwandte, die in Vaagaa gelebt hat und sich daran erinnern konnte, den Johannes gesehen zu haben, dessen Kopf schief gewesen sei. Die Stelle, wo sie ausruhten, war die Hinrichtungsstätte für Verbrecher, wo auch deren Köpfe auf Pfähle gesetzt wurden.

44 Der Bursche und der Teufel. Asbj.-Moe NFE Nr. 30, S. 133; 2. Ausg. (1852) Anm. S. 434; Rev. Ausg. I, S. 182. – Vgl. AT 330, III, b. – Von J. Moe in Ringerike aufgezeichnet. Eigentlich ist der hier kurz und bündig erzählte Schwank nur der Schluß vieler Erzählungen von Teufeln und Geistern.

45 Manche Weiber sind so. Asbj.-Moe NFE Nr. 10, S. 51; 2. Ausg. (1852), Anm. S. 406; Rev. Ausg. Nr. 10, S. 58. – AT 1382 + AT 1383 + AT 1384 + vgl. AT 1245 + vgl. AT 1285 + AT 1540 + AT 1200. – Von Asbj. in Gjerdum (O) aufgezeichnet, erst in dem Kalender *Nor* 1838 gedruckt. J. Moe erwähnt zwei andere Varianten, die in den meisten Punkten übereinstimmen; NE verzeichnet unter Typ 1383–1384 12 weitere. – Das Märchen besteht aus einer Reihe verschiedener Episoden, die alle die Dummheit der Weiber zeigen sollen. Das Thema ist offenbar überall besonders populär gewesen, vgl. BP I, S. 335 (zu KHM 34), ferner Pauli, Schimpf und Ernst, Ausg. J. Bolte I, S. 271. Die Komplikation durch den mißverstandenen Namen ist häufig, gewöhnlich hört die Frau «Paradies» anstatt «Paris». Diese Geschichte ist auch als Volksbuch gedruckt, vgl. Nyerup, S. 262.

46 Das Glücks-Anders. Asbj. NHE I, S. 268; Ausg. L. II, S. 254. – 1851 von Asbj. nach der Erzählung von cand. theol. P. Schmidt und Ivar Aasen aufgezeichnet, aus Helgeland (N). Eine deutsche Übersetzung erschien schon 1858: Nord und Süd. Ein Märchenstrauß von P. Chr. Asbj. und J. G. Th. Gräße. Dresden 1858. – Die Insel ist eine recht große, ebene Sandbank, wo es keine Bewohner gibt, weder Menschen noch Unterirdische wie in Utröst. Die Fischerei soll dort besonders ergiebig sein. Die «sieben Schwestern» sind sieben Berge in einer Reihe an der Küste des Landes. Wenn sie Nebelhauben tragen, kommt Unwetter. Die Sage erinnert an die Prosaeinleitung zum Eddagedicht «Grímnismal», wo auch einer von seinem treulosen Bruder zurückgelassen wird, aber der Zusammenhang ist nicht derselbe (vgl. Sophus Bugge: Studien über die Entstehung der nordischen Götter- und Heldensagen. München 1889. S. 27 und S. 450). Andere Motive: die Musik, nach der alles tanzen muß, der Schluß, das Schicksal des Bruders sind in solchen Sagen gewöhnlich.

47 Das blaue Band. Asbj.-Moe NFE Nr. 58, S. 293; 2. Ausg. (1852), Anm. S. 501; Rev. Ausg. II, S. 178. – NE 590. – Von Asbj. in Aadal (O) aufgeschrieben. In den Anmerkungen erwähnt J. Moe keine Variante. Er vermutet den Einfluß von Tausendundeiner Nacht; NE hat nur zwei andere Fassungen. Vgl. BP III, S. 1 f. (zu KHM 121, Der Königssohn, der sich vor nichts fürchtete). Müllenhoff hat eine Variante «Das blaue Band», die aber vom norw. Märchen recht verschieden ist (K. Müllenhoff: Sagen, Märchen und Lieder der Herzogtümer Schleswig, Holstein und Lauenburg. Neue Ausg. Schleswig 1921. Nr. 604, S. 434). Thompson, S. 113, behauptet, daß das Märchen eigentlich europäisch sei, andere haben, wie J. Moe, an die Sindbad-Geschichten in Tausendundeiner Nacht als Quelle gedacht.

48 Der Pfarrer und der Küster. Asbj. NFE Nr. 86, S. 126; Rev. Ausg. Nr. 26. – NE 922. – Aus 2 Aufzeichnungen, die J. Moe in Valdres gemacht hat, zusammengestellt. NE verzeichnet noch 6 andere, die in einzelnen Zügen abweichen. Zum Märchen vgl. die grundlegende Studie «Kaiser und Abt» von W. Anderson (Helsinki 1923, FFC 42). Die Entwicklung der Geschichte in orientalischen und abendländischen Schriften wird hier dargelegt, vgl. auch Pauli, Schimpf und Ernst, ed. Bolte Nr. 44, und eine alte englische Ballade *King John and the Abbot* aus dem 16. Jahrh., siehe Child, English and Scottisch Ballads, Nr. 45 A, ferner BP III, S. 214 ff. (zu KHM 152).

49 Der Schiffer und Herr Urian. Asbj. NFE Nr. 69, S. 33; Rev. Ausg. Nr. 9, S. 32. – NE 1179. – 1865 von Asbj. nach der Erzählung eines Mannes aus der Drontheim-Gegend aufgezeichnet; in Norwegen ist keine andere Variante bekannt. – Vgl. BP III, S. 16 (zu KHM 125, Der Teufel und seine Großmutter). Die Geschichte ist im Baltikum bekannt. In der obigen Sage begibt sich der Teufel schließlich ganz ermüdet nach Hause zu seiner Großmutter, um sich auszuruhen.

50 Die Geschichte vom Schmied, den der Teufel nicht in die Hölle lassen wollte. Asbj.-Moe NFE Nr. 21, S. 91; 2. Ausg. (1852), Anm. S. 422; Rev. Ausg. I, S. 123. – NE 330. – Von J. Moe in Ringerike

aufgezeichnet. In der Anmerkung ist eine Variante aus dem Gudbrandsdal erwähnt, die die Episode vom Jungmachen eines alten
Weibes erzählt, wozu Moe auf eine Sage verweist (vgl. Fornmanna
sogur X, S. 65 und S. 175, s. auch J. Grimm: Deutsche Mythologie,
4. Aufl., S. XXXI f. u. ö.). NE verzeichnet noch andere Varianten. –
Über die Verbreitung des Märchens vgl. BP II, S. 149 ff. (zu
KHM 81) und S. 163 ff. (zu KHM 82). – Häufig ist der Schluß so, daß
der Schmied auch in den Himmel nicht eingelassen wird und als
Irrlicht umhergehen muß. Thompson, S. 45, bemerkt, daß es sehr
schwierig wäre, die Geschichte des Märchens zu schreiben, da so
viele andere Assoziationen eingewirkt haben.

51 Der Bursche, der drei Jahre umsonst dienen sollte. Asbj. NFE
Nr. 63, S. 8; Rev. Ausg. Nr. 3, S. 11. – NE 560. – Aus zwei Fassun-
gen, die im wesentlichen übereinstimmen, beide aus Gudbrandsdal,
die eine von Asbj. aufgezeichnet, die andere von einem Schullehrer
Hansen. NE hat keine anderen Varianten. Das Märchen gehört zum
Kreise von Erzählungen, in denen magische Kräfte eine besondere
Rolle spielen. A. Aarne: Vergleichende Märchenforschungen. Hel-
singfors 1907, S. 3 bis 82. – Das Märchen ist in verschiedenen Län-
dern Europas bekannt, vgl. BP II, S. 541 ff. (zu KHM 116), ferner
Liungman, S. 163. Nach Thompson, S. 71, soll das Märchen aus
Indien stammen, kommt auch in den alten italienischen Sammlun-
gen vor.

52 Vom Hasen, der verheiratet gewesen war. Asbj. NFE Nr. 73, S. 58;
Rev. Ausg. Nr. 13, S. 50. – NE 96. AT 96★. – Ein witziger
Schwank, den Asbj. von Ivar Aasen gehört hatte. In Telemark hatte
auch J. Moe ihn kennengelernt.

53 Der Bursche, der um die Tochter der Mutter im Winkel freien
wollte. Asbj. NFE Nr. 77, S. 73; Rev. Ausg. Nr. 17, S. 66. –
NE 402. – Aus Østfold (O), von Prof. J. P. Broch erzählt. NE hat im
ganzen 6 Varianten verzeichnet, wozu später 2 neue hinzukamen.
Am Schluß erfolgt die Erlösung der Braut dadurch, daß der Bursche
keinen Widerspruch erhebt. Zum Märchen vgl. BP II, S. 30 ff. (zu
KHM 63, Die drei Federn), sowie BP II, S. 466 (zu KHM 106). Die
Braut ist auch bisweilen eine Katze, ein Frosch oder eine Unke, vgl.
von der Leyen, Ergbd. S. 114.

54 Dumme Männer und arglistige Weiber. Asbj. NFE, Nr. 78, S. 80. –
NE 1406. – Von Asbj. in Sogn (W) aufgezeichnet, einige Züge eingeflochten aus einer Variante aus Telemark (J. Moe) und einer aus

Nordland (O. T. Olsen). NE registriert im ganzen 6 Fassungen. In der Welt der Märchen gibt es dumme Weiber (vgl. oben Nr. 45); es war deshalb richtig zu zeigen, daß es auch Männer gibt, die ebenso dumm sind. Die Anekdote kannte schon Jaques de Vitry, vor 1245, und mehrere andere Sammlungen im Mittelalter haben sie aufgenommen. In Schweden als Schillingdruck 1693 und 1740, vgl. Liungman, S. 294.

55 Das Soria Moria Schloß. Asbj.-Moe NFE Nr. 27, S. 115; 2. Ausg. (1852), Anm. S. 429; Rev. Ausg. I, S. 157. – NE 400. – Von Asbj. in Røken aufgezeichnet, vgl. Nr. 24 oben (die drei Prinzessinnen im Weißland).

56 Der Bursche mit dem Biertönnchen. Asbj. NFE Nr. 105, S. 236; Rev. Ausg. Nr. 45, S. 202. – NE 332. – Die Haupterzählung wurde von J. Moe in Telemark aufgezeichnet. Eine damit übereinstimmende Fassung (von Lofoten) hatte Ivar Aasen Asbj. erzählt; dazu gibt es eine aus Hardanger (W), die besser der in anderen Ländern vorkommenden Form entspricht. Vgl. BP I, S. 377 ff. (zu KHM 44). Zur Geschichte des Märchens vgl. HWM II, S. 615.

Inhalt

Die Märchen der Weltliteratur in bibliophiler Ausstattung

Seit 1912 sind mehr als 100 Bände dieser traditionsreichsten deutschsprachigen Märchensammlung erschienen. Diederichs Märchen der Weltliteratur sind in der fest gebundenen Originalausgabe eine bibliophile Kostbarkeit in bildschöner Ausstattung. Wissenschaftlich zuverlässig erarbeitet und übersetzt. Mit fremdsprachigen Textproben und einer Übersichtskarte der jeweiligen Region. Mit Informationen über Erzähler und Märchensammler. Ausführliche Kommentare sowie Hinweise auf weiterführende Literatur machen diese Buchreihe zu einer Fundgrube für den echten Märchenfreund.

Eugen Diederichs Verlag